John Eyton Bickersteth Mayor

Ricardi de Cirencestria Speculum historiale de gestis regum Angliæ

From the copy in the Public Library, Cambridge. Vol. 1: A.D. 447 - 871

John Eyton Bickersteth Mayor

Ricardi de Cirencestria Speculum historiale de gestis regum Angliæ
From the copy in the Public Library, Cambridge. Vol. 1: A.D. 447 - 871

ISBN/EAN: 9783337273828

Printed in Europe, USA, Canada, Australia, Japan

Cover: Foto ©ninafisch / pixelio.de

More available books at **www.hansebooks.com**

RERUM BRITANNICARUM MEDII ÆVI SCRIPTORES,

OR

CHRONICLES AND MEMORIALS OF GREAT BRITAIN AND IRELAND

DURING

THE MIDDLE AGES.

Ric. de C.

← 3

THE CHRONICLES AND MEMORIALS

OF

GREAT BRITAIN AND IRELAND

DURING THE MIDDLE AGES.

PUBLISHED BY THE AUTHORITY OF HER MAJESTY'S TREASURY, UNDER THE
DIRECTION OF THE MASTER OF THE ROLLS.

ON the 26th of January 1857, the Master of the Rolls submitted to the Treasury a proposal for the publication of materials for the History of this Country from the Invasion of the Romans to the Reign of Henry VIII.

The Master of the Rolls suggested that these materials should be selected for publication under competent editors without reference to periodical or chronological arrangement, without mutilation or abridgment, preference being given, in the first instance, to such materials as were most scarce and valuable.

He proposed that each chronicle or historical document to be edited should be treated in the same way as if the editor were engaged on an Editio Princeps; and for this purpose the most correct text should be formed from an accurate collation of the best MSS.

To render the work more generally useful, the Master of the Rolls suggested that the editor should give an account of the MSS. employed by him, of their age and their peculiarities; that he should add to the work a brief account of the life and times of the author, and any remarks necessary to explain the chronology; but no other note or comment was to be allowed, except what might be necessary to establish the correctness of the text.

The works to be published in octavo, separately, as they were finished; the whole responsibility of the task resting upon the editors, who were to be chosen by the Master of the Rolls with the sanction of the Treasury.

The Lords of Her Majesty's Treasury, after a careful consideration of the subject, expressed their opinion in a Treasury Minute, dated February 9, 1857, that the plan recommended by the Master of the Rolls " was well calculated for the accomplishment of this important national object, in an effectual and satisfactory manner, within a reasonable time, and provided proper attention be paid to economy, in making the detailed arrangements, without unnecessary expense."

They expressed their approbation of the proposal that each chronicle and historical document should be edited in such a manner as to represent with all possible correctness the text of each writer, derived from a collation of the best MSS., and that no notes should be added, except such as were illustrative of the various readings. They suggested, however, that the preface to each work should contain, in addition to the particulars proposed by the Master of the Rolls, a biographical account of the author, so far as authentic materials existed for that purpose, and an estimate of his historical credibility and value.

Rolls House,
 December 1857.

RICARDI DE CIRENCESTRIA

SPECULUM HISTORIALE

DE GESTIS REGUM ANGLIÆ.

nisiqueꝫ sepies vigilauit ẻpcio ꝫtꝫfecit ubi etiã eꝫ
familiã ꝛegis xlj. ãnlt̃o ceciderꝫt paganis igi
tur ad̃ naue fugiẽtibꝫ veñt̃ in coñtꝛariã fugiẽn
ciũ pisatibꝫ ꝑpidãtibꝫ ꝭtꝫ naũbꝫ nauffagiũ ꝑ
culerꝫt quos ṁstꝛi ꝛex cõprhendere ꝫ vinci
lis a͂ctibꝫ conṡtꝛigere ipo ꝛege iubẽte oms
patibulo suspendit. Cemo oẽm tꝫpore quo eꝫ
suꝑuixit. regnū in pace tꝛactãn tot̃̃contꝛabat̃
in iostaꝯiacombꝫ cerlay in lapidõno elemoꝭ
ꝰay in ẽprosicõne legẽ quibꝫ milior̃ ꝑapa citaṫꝫ
ꝑincipr̃ ꝫ simplex fideliū deuocio sꝫ maiestꝫ
De morte Alfredi ṗ̃us Alũedi ꝛegis magni ꝑ
ṁ ꝛonache Anglie Capitulũ Oecaui
mus vñ Oecꝫ. Clemẽtissim̃ꝰ ꝛex ꝛng̃
lor̃ Alfred̃ ꝭiue Alũedꝫ postꝗ̃ xxix.
ãnis ꝫ menoſibꝫ lv. ꝛegnū tenuiſſet gꝫ
tꝛo kalendas ꝛonembꝫ eſſet ẻ̃ ꝛegia iudicioꝫe ꝭta
ꝑ ꝛeano tꝫpli ẽmuatã etꝫni depulit eſt au
te Ubtecomo in nono aꝛonaffio quod ipe fndaue
ꝛat ꝫ ẻtola beate ṁortaliteꝫ indut̃ ubi genera
le ẻxpectit ẻsuꝛecciõem tũ ibide demo coꝛon̈
ꝫ ẻpsuꝑsti̅ cri̅ ꝭpi̅ in tuba ẽ̃ ẽpſcꝛiuii̅ eſt taliꝫ

Ostꝛo. nobilis̀tem iunata tibi ꝑbreut̃ honoꝛe Amſ
potꝛ Alũedo dedit ꝑbeꝛto ꝭ labore ꝑeꝑetiꝫ ꝗ̃
labor noṁ cui ꝫ mixta doloꝛ ꝗ̃ modo uitꝫꝫ eꝛat
ad ꝫ ẻaſtına bella ꝑaꝛabat ꝗ̃ modo uictoꝛ eꝛat ad
ẻaſtına bella ꝑaiebat̀ iam poſt̃ cũ ſacꝛos̃ ꝛegni
uicto ꝭ laboꝛeꝫ ꝭpe ẻ̃ ẻti uã quies ꝑeꝑetuꝫ ꝑle
nẻ̃de ẻuccessione Oolbaꝛdi ṗ̃us cognoṁco
ꝫ moꝛ̃ ṗmogenit̃ ẻ̃ Alfredi ꝭiue Alũede ṗ̃u oꝛ
ṁo Oomini ꝑaꝛ De Anglie. cꝫꝫ
Oecꝫ. quo Oolbaꝛdꝫ ꝑ̃us Alfredi ſi
ue Alũedꝫ ꝛex ṗ̃mogenit̀ ꝭ lꝛeꝝꝫꝫ
cultꝛa patꝛe inferior. ꝭed potencia
patꝛe ꝫ dignitate gloꝛioſos ꝛegnū
Anglie eſt ꝭublimite ꝭ infignit̃ ꝫ
ſi in ꝛegnū eſſet faſtigio ꝭublimat̃. Oꝫ Oedelwoldo
Oiteꝛ patꝛuelꝫ eꝫ filꝫ qui ꝫ̃ꝛego genere nõ ꝗ̃
Oobat̃ inferioꝛ. nec potencia minoꝛe oñ nisꝫ
aſꝑiꝛabat ad ꝛegniꝫ uillaꝫ ꝛegiaꝭ Oꝛodeaꝫ ꝫ
Oribuꝛnã uſuꝛpauit ꝭ iniuſteno ualnis obſaꝫ

Incipit liber qui vocatur Speculum Historie de gestis Regum Anglie de causis vocacionis Anglie et aduentu ipsi in Britanniam.

Post primum insule Britannie Regem nomine Brutu a quo dicta insula que prius Albion vocabatur Britannia a Bruto externi tenentur Britanni cum plurimis Regibus per annos et multa multos in eadem insula cum varia sibi successissent. tandem quidem nomine Vortigernus Ambrosianus incestuosus in excidii regni stare et quiena licentiam sedibus Britannie monarchia indebite adeptus est. And est anno Christo 447. quam Rege Britannie Constance nomine Alio regis Constantini quem idem Vortig...

consul sed effex et monachus in Regem sullima ut per racione dei Vortigerni a piceis inferius stabi que ipsius constantius inielis Ambrosii et Vterpendragon ipse timore prefati Vortegerni ne ab ipso perderet in mortem Britannia tristicie cum Vortigernus nocentis cibi pacem in regno Britannie conspexisset cum dimpost regni Britannie materia et compraeset alios cuiquelii est stem cum Britanno principe illo in tempore omnes pene iuuenes fuerue et prius unde facilius a deo Vortigi euenus fuerit ut cum eos regnare debuisse sed ipse ipsius Vortegerni in regni Britannie primen iniquitas et addit cunctis omnibus per cunctis nacionibus esse diuulgata in supplierim in eum Scon a Cyno et prim ab Acolone quos Vortegerni contra conceives indemat et regno Britanno accipimu infestacione et labore gravius impugnabantur...

Nam bello et flamma pestis et rapina omnia consimentes contrarii terem que pestis Factni Faulebir ornatura et plebs omplementi go contramita comi pcelleriu oltano et agit de huic insula eo hostibus impugnatu non atingit fames pruallem perunt consumptir ne quasi me dias nostra plebs contra voilicietur Ingento pesto gladi infestabat a deo quidem urt viii difficile mortuos sepellire Rex itaque cum iusto desiderio et bellico incitat stomachi fatigato ona hostium impugneret igniuis amid agenui in defolacionem inclinat tam cum omnibus plaure urgentem Saxonii et prius transmarinis in auxiliu conuocarent qui diuino nutu disposita istos esse utrueniret ona improbos...

RICARDI DE CIRENCESTRIA

SPECULUM HISTORIALE

DE GESTIS REGUM ANGLIÆ.

FROM THE COPY IN THE PUBLIC LIBRARY, CAMBRIDGE.

EDITED

BY

JOHN E. B. MAYOR, M.A.,

FELLOW OF ST. JOHN'S COLLEGE, CAMBRIDGE.

PUBLISHED BY THE AUTHORITY OF THE LORDS COMMISSIONERS OF HER MAJESTY'S
TREASURY, UNDER THE DIRECTION OF THE MASTER OF THE ROLLS.

VOL. I.

A.D. 447—871.

LONDON:

LONGMAN, GREEN, LONGMAN, ROBERTS, AND GREEN.

1863.

Printed by
EYRE and SPOTTISWOODE, Her Majesty's Printers,
For Her Majesty's Stationery Office.

CONTENTS OF VOL. I.

RICARDI DE CIRENCESTRIA SPECULUM HISTORIALE DE GESTIS REGUM ANGLIÆ.

INCIPIT PROŒMIUM IN SPECULUM HISTORIALE DE GESTIS REGUM ANGLIÆ.

PRUDENTIÆ veterum mos inolevit laudabilis res memoriæ dignas suis in temporibus factas ad notitiam
futurorum beneficio stili commendare, ne oblivione
reminiscendorum æmula novercante a recordatione pos-
teritatis penitus tollerentur, quæ successivis temporibus
studio legentium forent indubio profutura.   Mores
namque et actus præcedentium subsequentibus redundant
in exemplum.   Hinc est quod inter tales scriptores
illustrissimos extiterunt plures in Anglia viri doctissimi,
qui Anglorum gesta regum variis in codicibus luculento
sermone curarunt depingere : quatinus et facta regum
digna recolerentur memoria, et succedenti non laterent
ætati quæ merito fuerant imitanda.   Nempe inter cetera
regna sub mundi cardine constituta speciali gloria de
suorum   sanctitate   regum   Anglia   refulget ;   quorum
meritis decoratur, quorum suffragiis adiuvatur, et quorum
exemplis   ad   summam   virtutum   penitus   informatur.
Quidam   namque   Anglorum   regum   gloria   et   divitiis
gubernaculum regni in pace optinebant, considerabantque
ex cuius munere venit, unde ad apicem regalem promoti
fuerunt : iccirco de bonis sibi a Deo collatis eidem repen-
dere sedule affectabant : qua de re in pauperum re-
creatione largas dederunt eleemosynas, circa ecclesiarum

A

et monasteriorum fundationes operam dabant, praediis et possessionibus in honorem ipsius Dei multipliciter ea ditantes ac privilegiis diversis fulcientes, expensis innumeris non parcendo. Unde ab ipso summo retributore Deo iam vicem suorum beneficiorum optinent in cœlo. Alii autem regum Anglorum consilii gloria sceptrum regni tenentes, post eleemosynarum largitiones, post monasteriorum ecclesiarumque fundationes ab ipsis factas, pro Christi amore insignia deponentes regalia spontaneum sumpserunt monachatum, omnibus etiam quae videbantur in mundo possidere propter Evangelium relictis, in Christi discipulatu usque ad finem vitæ permanentes, centuplum in cœlo recepturi in habitu et paupertate monachali de sæculo migraverunt. Alii vero ipsorum Anglorum regum præferentes patriæ peregrinationem, regno minoribus dimisso, sceptraque regalia pro Christo linquentes, peregrinam vitam a solo proprio remoti usque ad finem vitæ suæ indesinenter coluerunt. Alii etiam venerabilium Anglorum regum divitiis gloria et sanctitate præfulgentes, castimoniæque decorati puritate, virginitatis candore sicut lilia floruerunt, eligentes pro amore Christi heredibus carere in terris, ut hereditatem consequerentur in cœlis. Alii præterea memorandorum Anglorum regum, sicut et ceteri de quibus prælocuti sumus, virtutum exercitiis præpollentes, pro iure regni et republica contra hostiles invasiones dimicarunt, seque discrimini mortis obicientes magis elegerunt pro patria et reipublicæ defensione gloriose occumbere, quam vitam ignavam aut Deo odibilem dierum diuturnitate infeliciter possidere; sicque digno coronati martyrio inter cœlorum cives perenniter regnare meruerunt. Ad hæc alii dictorum Anglorum regum fortitudine et industria habenas regni moderantes, gloria floruerunt militari, finesque regni sui

contra exterorum incursiones fortiter tuentes vicinaque
regna suo subdentes imperio, ac triumphalibus adornati
victoriis, audaciæ animositatisque exemplum suis posteris
reliquerunt.　Ceterum vero inter primos Anglorum reges
quidam fuerunt, de quibus etiam præsens historia tacere
non debet, qui religionem Christianam prorsus ignorantes
vanis gentilium serviebant erroribus.　Hi tamen in re
militari et bellicis congressionibus tam famosi extiterunt,
quod et illorum gesta memoranda præfati historiographi
ad legentium utilitatem suis in codicibus decreverunt
annotare.　Et, ut breviter præsentem concludamus materiam, in Anglorum regibus vix aut raro quempiam
reperies, qui in vita sua aliquod non commiserit laudabile aut virtuosum, quod posteris suis non inmerito
relinqueretur in exemplum.　Talium igitur et tantorum
gesta principum veneranda memorati scriptores, ut diximus, ad instructionem futurorum suis scriptis commen-
darunt, quatinus dictorum exemplis principum posteri
ad incitamenta virtutum provocati, eos quos mirarentur
imitari studerent.　Horum ergo venerabilium gesta regum a prudentissimis viris variis in locis diversisque in
codicibus luculenter descripta, ego frater Ricardus ecclesiæ beati Petri Westmonasterii prope Londoniam
monachus, quamvis indignus, ad utilitatem legentium et
fratrum consolationem præsens opus compilare curavi,
et ea quæ in chronicis multiplicium studio relatorum
exarata perpendere valui veracibusque descriptionibus
vidi digesta, in codicem compegi præsentem, ut si in
eventu aliqui de dictis libris, ex quibus ista compilavi,
ad manus lectoris non affuerint, aut sibi defecerit librorum copia, ex quorum contextu præsentia transtuli, tunc
præsens pagina studio legentis satisfaciat in hac parte,
et avide sitienti gesta degustare regalia ex præsenti

The author, Richard, a monk of St. Peter's, West-minster, compiled his work from many old chro-nicles.

rivulo a fonte veridicorum recto cursu prosiliente tribua-
tur potus sitim anhelantis sufficienter sedaturus. A
primo autem adventu Saxonum in Britanniam, modo
Angliam dictam, qui temporibus Vortigerni tunc regis
Britannum contingebat, praesens opus, sicut subsequentia
plenius declarabunt, dignum duximus inchoandum. Et
sic deinceps gesta regum linealiter succedentium pertrac-
tare curavimus, quatinus facta regalia dignissima laude
memoranda diligenter ea intuenti luce clarius elucescant.

EXPLICIT PROŒMIUM.

INCIPIUNT CAPITULA LIBRI PRIMI SPECULI HISTORIALIS
DE GESTIS REGUM ANGLLÆ.

LIBER PRIMUS.

INCIPIT LIBER QUI VOCATUR SPECULUM HISTORIALE DE
GESTIS REGUM ANGLIÆ.

CAP. I.

*De causa vocationis Anglorum et de adventu
ipsorum in Britanniam.*

POST primum insulæ Britanniæ regem nomine Brutum Britain
(a quo dicta insula, quæ prius Albion vocabatur, Bri- from
Brutus.
tannia a Bruto extitit denominata, incolæ quoque insulæ
præfatæ dicti fuerunt Britanni) cum plurimi reges per
annorum curricula multorum in eadem insula sorte varia
sibi successissent, tandem quidam nomine Vortigernus, Vortigern
vir lubricus et incestuosus, in exitium regni, sicut se- ma' es himself king of
quentia luculentius declarabunt, Britanniæ monarchiam Britain.
indebite adeptus est, anno videlicet gratiæ quadringentesimo quadragesimo septimo.   Nam rege Britanniæ, A.D. 447.
Constante nomine, filio regis Constantini, quem idem
Vortigernus tunc consul Gewisseorum de monacho in
regem sublimaverat, proditione dicti Vortigerni a Pictis
interfecto, fratribusque ipsius Constantis, videlicet Aurelio
Ambrosio et Utherpendragon, propter timorem præfati
Vortigerni, ne ab ipso perimerentur, in minorem Britanniam transvectis, cum Vortigernus neminem sibi parem
in regno Britanniæ conspexisset, capiti suo inposuit
regni Britanniæ diadema, et conprincipes suos super- Matth.
gressus est.   Nam ceteri Britanniæ principes illo in Westm.
p. 153.
tempore omnes præne iuvenes fuerunt ac pueri.   Unde Cf. Rog.
facilius a dicto Vortigerno circumventi fuerunt, ut super Wend.
vol. i.
eos regnare debuisset.   Quum igitur ipsius Vortigerni pp. 5, 6.

in regem Britanniæ promoti iniquitas et animi levitas omnibus per circuitum nationibus esset divulgata, insur-

Invasion of the Picts and Scots. rexerunt in eum Skoti a Circio et Picti ab Aquilone, quorum Vortigernus centum concives interemerat, et regnum Britanniæ acerrima infestatione et labore continuo inpugnabant. Nam ferro et flamma, prædis et rapinis omnia consumentes, gentem peccatricem, quæ regio fastui favebat, contriverunt, et sic plebs simul cum rege contaminata comnuni percellitur ultione. Et quod A famine. de populo miserando hostilis irruptio non attigit, fames prævalida penitus consumpsit, ut sic quasi inter duas molas plebs contrita volveretur. Ingruente peste gladius grassabatur, adeo quidem ut nec vivi sufficerent mortuos sepelire.[1] Rex itaque cum populo desolato et bellicis incursionibus fatigato, contra hostium irruptionem ignarus quid ageret, in desolationem inclinavit. Tandem omnibus placuit ut gentem Saxonum de partibus transmarinis in auxilium convocarent. Quod Divino nutu dispositum Matth. Westm. p. 154. Cf. Bed. i. 15; Rog. Wend. pp. 7, 8. constat esse, ut veniret contra improbos malum, sicut evidentius rerum exitus comprobabit. Mittuntur interea nuntii, ut quod prælocutum est compleatur.

Vortigern invites the Saxons to his aid. A.D. 449. Anno igitur gratiæ quadringentesimo quadragesimo nono gens Anglorum sive Saxonum a rege Britanum Vortigerno invitata in regnum Britanum tribus longis navibus advehitur, et in orientali parte insulæ locum manendi a rege quasi pro patria pugnatura suscepit, et ut Britanni ipsis militantibus debita stipendia pro-Saxons, Angles, and Jutes. viderent. Advenerunt igitur de tribus Germaniæ populis fortioribus, id est Saxonibus, Anglis, et Jutis. De Jutarum autem origine sunt Cantuarii et Wictuarii, hoc est ea gens quæ Vectam tenet insulam, et ea quæ Seat of the Jutes; of the Saxons; usque hodie in provincia Occidentalium Saxonum Jutarum natio nominatur, posita[2] contra ipsam insulam Vectam. De Saxonibus vero (id est ea regione

---

[1] *sepelire*] sepellire, MS. | [2] *posita*] pontam, MS.

quæ nunc antiquorum Saxonum natio cognominatur)
venerunt Orientales Saxones, Meridiani Saxones, et
Occidui Saxones. Porro de Anglis (hoc est de illa *of the Angles.*
patria quæ Angulus dicitur et ab eo tempore usque
hodie manere desertus perhibetur) Orientales Angli,
Merci, cum Northumbrorum gente, quæ ad Boream
Humbri fluminis habitat, ceterique Anglorum populi
sunt exorti. Duces vero eorum perhibentur fuisse
duo fratres Hengistus et Horsa qui fuerant filii *Hengist and Horsa.*
Withgisii, cuius pater Witha, cuius pater Wetha, cuius
pater Woden, de cuius stirpe multarum provinciarum
regium genus originem duxit. Cumque tandem in
præsentia regis essent constituti, quæsivit ab eis quam *Cf. Galfrid. Monum. vi. 10.*
fidem quamque religionem patres eorum coluissent.
Cui Hengistus, "Deos patrios, scilicet Saturnum, Jo- *Saxon re-ligion.*
vem, atque ceteros qui mundum gubernant colimus,
maxime autem Mercurium, quem lingua nostra Woden
appellamus. Huic patres nostri veteres dedicaverunt *Woden, Wodenes-day.*
quartam feriam septimanæ, quæ usque in hodiernum
diem Wodenesday appellatur. Post illum colimus
deam inter ceteras potentissimam vocabulo Fream, *Frea, Fre-day.*
ex cuius vocabulo Freday appellamus. Frea, ut volunt
quidam, idem est quod Venus, et dicitur Frea, quasi
Froa, a frodos quod est spuma maris, de qua nata est
Venus secundum fabulas, unde idem dies appellatur
dies Veneris." Ad hæc Vortigernus : " De credulitate
vestra, quæ potius incredulitas dici potest, vehementer
doleo : de adventu autem vestro gaudeo, quia in
tempore congruo vos necessitati meæ sive Deus sive
alius optulit. Opprimunt me etenim inimici mei
undique, et si laborem præliorum meorum mecum
communicaveritis, retinebo vos honorifice infra regnum
meum, et diversis muneribus et agris ditabo." Parue-
runt illico barbari, et fœdere confirmato in curia cius
remanserunt.

12   RIC. DE CIRENC. SPEC. HIST.

CAP. II.

Ut Vortigernus Rex ad bellum provocatus auxilio Saxonum hostes vicerit.

Matth.
Westm.
p. 155.
Cf. Rog.
Wend.
pp. 10, 11.
Incursion
of the Picts
and Scots.
A.D. 450.

ANNO gratiæ quadringentesimo quinquagesimo emergentes ex more Scoti cum Pictis ex partibus Aquilonis exercitum nimis grandem confecerunt, atque Aquilonales insulæ partes cœperunt depopulare. Quod ubi Vortigerno nuntiatum fuisset, collegit milites atque trans Humbram in obviam perrexit. Nec multum oportuit cives pugnare: nam Saxones qui aderant tam viriliter præliabantur, ut hostes qui prius vincere solebant sine mora in fugam propellerent. Cumque Picti pilis et lanceis in prælio uterentur, Saxones longis gladiis et securibus decertabant. Vortigernus ergo per eos victoria potitus, donaria sua ipsis ampliavit, atque duci eorum Hengisto dedit agros plurimos in Lindeseya, quibus sese suosque sustentaret commilitones. At Hengistus, cum esset vir astutus, comperta regis amicitia, ipsum in hunc sermonem adivit: "Domine mi, undique inquietant te inimici tui atque minantur tibi, dicuntque sese conducturos ex Armoricano tractu Aurelium Ambrosianum, ut te deposito ipsum in regem promoveant. Si placet ergo, mittamus in patriam nostram, ut invitemus ex ea milites, ut numerus noster augeatur." Rex igitur eius consilio atque petitioni adquiescens, præcepit Hengisto in Germaniam mittere, ut milites ex ea invitati festinum timiditati suæ conferrent auxilium. Nec mora: missa in Germaniam legatione, nuntii revertentes decem et octo naves electis militibus oneratas adduxerunt. Adduxerunt etiam filiam Hengisti, nomine Ronwen, cuius pulcritudine Vortigernus illectus, postulavit eam a patre suo. Hengistus vero, comperta animi regis levitate, concessit ei filiam suam. Intravit itaque Sathanas in cor regis, qui cum esset

They are
driven back
by Vortigern and
the Saxons.

Cf. Galfr.
Monum.
vi. 11.

Hengist
summons
more Saxons from
Germany.

Christianus, cum pagana coire desiderabat. Nupsit
igitur eadem nocte rex paganæ, quæ ultra modum
placuit ei. Post hæc abiecta uxore sua legitima, ex
qua tres inclitos filios generaverat, scilicet Vortimerum,
Katigernum, et Pascentium, atque ex eadem coniuge
filiam, quam in societatem tori suscipiens, filium ex ea
procreaverat, unde a sancto Germano et ab omni episcoporum conventu excommunicatus extiterat, dictam
Ronwen ex consensu patris sui Hengisti duxit in
uxorem.

Vortigern
marries
Ronwen.
daughter of
Hengist.

Vortigern
is excom-
municated.

CAP. III.

Ut Vortigernus propter Saxones miserit.

Matth.
Westm.
p. 157.
Cf. Rog.
Wend.
p. 13.
A.D. 453.

ANNO gratiæ quadringentesimo quinquagesimo tertio
Hengistus, cum Vortigerno filiam suam copulasset,
ipsum in hunc modum allocutus est, dicens: "Audi
consilium meum, et invitemus adhuc et filium meum
Octam cum fratruele suo Abissa; viri enim bel-
latores sunt, et tibi subdent regiones quas des eis ad
tenendum de vobis, quæ sunt in Aquilonalibus Britanniæ partibus iuxta murum inter Deiram et Scotiam; qui detinebunt ibidem impetum barbarorum,
et sic citra Humbrum in pace remanebit." Paruit
Vortigernus, atque illico missis legatis, venerunt Octa et
Abissa et Cerdicius cum trecentis navibus armata
manu repletis. Quos omnes Vortigernus benigne suscepit, desiderabilibusque ditavit donativis. Quod cum
vidissent Britones, timentes proditionem eorum, dixerunt
regi, ut ipsos ex finibus expelleret. Non enim debebant
pagani Christianis communicare, quia hoc lex Christiana
prohibebat. Immo etiam de coniugio regis detestando
murmur resonat, et procerum querimonia: de quo
quidam ait metrice et eleganter:

Vortigern
invites
Octa, son
of Hengist,
into Bri-
tain.

Octa,
Abissa,
and Cerdic
arrive with
300 ships.

Fears of
the Britons.

> Lex connectit eos, amor et concordia lecti.
> Sed lex qualis, amor qualis, concordia qualis?
> Lex exlex, amor odibilis, concordia discors.

Insuper tanta adventantium multitudo supervenerat, ut indigenis terrori essent, quibus debuerant esse praesidio. At Vortigernus contempsit consiliis suorum adquiescere, quia super omnes gentes propter coniugem suam Saxones diligebat. Hengistus vero in territorio Lindeseye, quod prius ex dono regis Vortigerni acceperat, castellum construxit ad receptionem sui et suorum; quod castellum lingua Anglorum Twangcastre nominatur, quod sonat castrum corrigiae, eo quod tantum terrae spatium ad aedificandum castrum illud sibi concedebatur, quantum cum una corrigia circuire posset. Unde et Hengistus corium tauri in subtilem corrigiam redegit, et locum praedictum circuivit.

Cf. Galfr. Monum. vi. 11.

Twangcastre built by Hengist.

CAP. IV.

Rege Vortigerno deposito, filius eius Vortimerius ei succedens Saxones devicit.

Matth. Westm. p. 157; Rog. Wend. p. 13.

A.D. 454. The Britons depose Vortigern, and raise Vortimer to the throne.

Vortimer defeats the Saxons.

ANNO gratiae quadringentesimo quinquagesimo quarto magnates Britanniae regem Vortigernum penitus deserentes, unanimiter Vortimerium filium eius in regem sublimaverunt. Qui consiliis eorum in omnibus adquiescens, coepit expellere Saxones; et insequens eos usque ad flumen Dorowente, ubi victoria potitus est, multos trucidavit. Fugit autem cum illis Vortigernus, qui propter uxorem suam Ronwen quod potuit (quia uxorius erat) auxilium impendebat.

CAP. V.

De maxima probitate regis Vortimerii, et quod Horsus fuit primus rex Kantiae.

Matth. Westm. p. 158; Rog. Wend. p. 14.

A.D. 455.

ANNO gratiae quadringentesimo quinquagesimo quinto, qui est annus adventus Anglorum in Angliam, id est

Britanniam, septimus, gens Anglorum cum Vortigerno viribus resumptis cœperunt iterum Vortimerium regem Britonum ad bellum provocare. Convenientes autem hinc et inde apud Aillepord cunei acriter et diu pug- *Battle of Aillepord.* naverunt. Tandem pondus prælii in Saxones est conversum, qui et pugnam deseruerunt et campum. Britones vero viriliter insequentes illorum innumeram multitudinem peremerunt. Ceteris autem dispersis, Vorti- *Successes of the* merius cum victoria ad propria remeavit. Nec multo *Britons.* post Vortimerius, cum fratribus suis Katigerno et Pascentio, et universo insulæ populo, Saxonibus bellum indixit. Quibus congregatis, acies disposuerunt ad bellum. Horsus vero frater Hengisti, cui Vortigernus *Horsus,* Kantiæ provinciam contulerat, et rex a suis concivibus *king of Kent, kills* dicebatur, percussit aciem Katigerni fratris Vortimerii *Katigern,* regis tanto impetu, ut ad modum pulveris dissiparetur. *and is kill-ed by Vor-* Deinde Katigernum ab equo prostratum interfecit. *timer.* Quod videns Vortimerius frater eius, irruit in eum, et illo interfecto reliquias cohortis suæ ad Hengistum fugavit. Sepulcrum quoque Horsi in Orientalibus *Bed. II. E.* Kantiæ partibus adhuc famosum ostenditur. *i. 15.*

CAP. VI.

Ut defuncto Horso Saxones Hengistum regem in Kantia fecerunt.

Matth. Westm. p. 58 ; Rog. Wend. p. 15.

ANNO gratiæ quadringentesimo quinquagesimo sexto *A.D. 456.* Horso primo rege Kantiæ defuncto, Saxones Hengistum *Hengist king of* fratrem eius in regnum Kantiæ sublimaverunt. Quo *Kent.* etiam anno ter contra Britones pugnasse legitur. Sed probitati Vortimerii resistere non valens, ad insulam Thanet confugit, ubi cotidio prælio navali vexabatur. *The Saxons are dri-* Tandem Saxones cymbas suas vix ingressi, relictis *ven back to* mulieribus et filiis, in Germaniam redierunt. *Germany.*

Matth.
Westm.
p. 159.
Cf. Rog.
Wend.
p. 16.

CAP. VII.

*De morte Vortimerii regis Britanum, et quomodo
Vortigernus revocaret Hengistam, ut veniret in
Britanniam.*

A D. 460.
Death of
Vortimer.

ANNO gratiæ quadringentesimo sexagesimo Vortimerius rex Britonum defunctus est, cum quo simul
spes et victoria Britannorum est extincta.   Quo
defuncto misit Vortigernus instinctu uxoris suæ Ronwen

Vortigern
recals Hen-
gist.

in Germaniam propter Hengistum, ut veniret in Britanniam privatim et cum paucis, ne, si aliter veniret,
Britones communi inpetu ei obviarent.

Matth.
Westm.
p. 159.
Cf. Rog.
Wend.
p. 17;
Galfr.
Monum.
vi. 15, 16.
Return of
Hengist.
A.D. 461.

CAP. VIII.

Hengistus rediit in Britanniam.

ANNO gratiæ quadringentesimo sexagesimo primo
Hengistus, audito obitu Vortimerii, cum tribus milibus
armatorum sibi sociatis in Britanniam est reversus.
Sed cum tantæ multitudinis adventus Vortigerno prin-
cipibusque regni nuntiatus fuisset, indignati sunt valde
et constituerunt cum illis præliari.   Quod cum Hengisto
filia sua per internuntios clam indicasset, gentem
patriæ sub specie pacis perdere cogitavit, misitque
legatos ad regem, dicens se non tantam multitudinem
conduxisse, ut vel sibi vel regno aliquam ingereret
violentiam : sed æstimabat Vortimerium adhuc vivere,
quem super omnia cupiebat expugnare.   Sed quoniam
nunc ipsum esse defunctum non hæsitabat, sese et
populum suum dispositioni suæ committebat, ut quos
optaret in regno retinuisset, et residui in Germaniam
vela retorquerent.   Cumque talia regi nuntiarentur,
necnon et dies et locus ut hæc firmarentur de communi consensu præfigeretur, iussit rex omnes Saxones
Kalendis Maii in pago Ambrosii convenire, ut ibidem
prædicta firmarentur.   Præcepit autem Hengistus commilitonibus suis, ut unusquisque longum cultrum infra

caligas haberet, et cum Britones securius colloquium contrectarent, unusquisque paratus facto signo, videlicet ut quum ipse Hengistus Anglice proclamaret, "Nymeth ʒowre Sexes," statim extractis cultris quos in caligis suis absconditos habebant, socium Britonem sibi astantem cito iugularet. Quod et ita factum est. Hengistus vero illico Vortigernum per pallium detinuit; ceteri autem astantes principes nihil talia praemeditatos circiter quadringentos sexaginta viros, barones, inclitos, et consules, iugularunt. Aderat tunc consul Claudiocestriæ, vocabulo Eldol, qui visa proditione arripuit palum quem forte invenerat; et quemcunque illo attingebat,[1] confestim occidit; nec prius de eo loco recessit, donec septuaginta viros consumpto palo interfecisset. Sed tandem cum tantæ multitudini resistere nequivisset, divertit se ab illis atque civitatem suam petivit. Multi hinc et inde ceciderunt; sed victoriam Saxones habuerunt, quod Britones inermes resistere non potuerunt.

Massacre of the Britons.

Eldol kills 70 Saxons.

Victory of the Saxons.

CAP. IX.

Quomodo Saxones Vortigerno regi comminantes petierunt civitates suas atque munitiones pro vita.

Matth. Westm. p. 160; Rog. Wend. p. 18.

ANNO gratiæ quadringentesimo sexagesimo secundo Saxones Vortigerno regi mortem comminantes, ligaverunt eum, petieruntque civitates suas atque munitiones pro vita. Quibus ilico quicquid affectaverant concessit, ut vivus abcedere sineretur. Quod cum iuramento confirmatum fuisset, solverunt eum; atque urbem Londoniam primo adeuntes ceperunt, deinde Eboracum, necnon et Wyntoniam, quasque provincias devastantes, nobiliores urbes Britanniæ receperunt. Vortigernus

A.D. 462. Vortigern seized by the Saxons, and forced to grant them cities and strongholds.

London, York, and Winchester taken.

---

[1] *attingebat*] attigebat, MS.

Vortigern
retires into
Wales.
Cf. Galfrid.
Monum.
viii. 2.
autem sic desolatus, et inscius quid contra gentem
Saxonum ageret, secessit ad occiduas partes Cambriæ
apud oppidum Genorium super flumen Gwaniæ in monte
Cloareio, et sese pro tutamine infra oppidum inclusit.

Matth.
Westm.
p. 160.
Cf. Rog.
Wend.
p. 19.

CAP. X.

*Ut gens Britonum misit in minorem Britanniam pro
Aurelio Ambrosiano et Uterpendragon fratre eius.*

A.D. 464.
The bro-
thers Aure-
lius Am-
brosianus
and Uther-
pendragon
summoned
from Brit-
tany by the
Britons.
ANNO gratiæ quadringentesimo sexagesimo quarto
gens Britonum in minorem Britanniam nuntios ad
Aurelium Ambrosianum et Uterpendragonem fratrem
eius, qui præ timore Vortigerni illuc missi fuerant,
destinantes, postulaverunt obnixius et instanter, ut
velociter ex tractu Armaricano ad illos venientes,
Saxonibus et rege Vortigerno expulsis, Britanniæ
susciperent diadema. At illi iam adultæ[1] ætatis ex-
istentes, iter suum proinde cum navibus et armatis
Matth.
p. 170;
Rog.
p. 34.
Aurelius is
chosen
king.
militibus paraverunt. Nec mora: applicuit Aurelius
Ambrosius cum fratre suo Uterpendragone et innumera manu armatorum. Convenerunt itaque Britones
undique dispersi, et convocato regni clero, Aurelium
in regem erexerunt.

CAP. XI.

Matth.
Westm.
p. 170;
Rog.Wend.
p. 34.

Ut Vortigernus incendio periit.

A.D. 466.
ANNO gratiæ quadringentesimo sexagesimo sexto, cum
Britanni regem Aurelium cohortarentur, ut in Saxones
impetum faceret, dissuasit rex. Nam prius voluit persequi Vortigernum. Deinde exercitum suum in Cambriam
Aurelius
marches
against
Vortigern.
dirigens, oppidum Genorium petivit. Ut igitur ad illud
pervenit, proditionis patri et fratri illatæ reminiscens,

---

[1] *adultæ*] adhulte, MS.

astantibus ait : " Respicite, duces nobilissimi, huius turris
mœnia Vortigernum protegere si possint, qui fertilem
patriam devastavit, nobiles regni exterminavit, sanctas
ecclesias destruxit, et Christianitatem fere a mari usque
ad mare delevit; et, quod magis dolendum censeo,
patrem meum et fratrem prodidit. Nunc, cives nobilissimi, viriliter agite, et vindicate nos prius in illum,
per quem hæc omnia accesserunt; et deinde arma
vertamus in hostes." Nec mora: diversis machina- Galfrid. Monum. viii. 2.
tionibus adhibitis, mœnia diruere nituntur.   Postremo
cum cetera defecissent, adhibuerunt ignem, qui cum Death of Vortigern.
alimentum suscepisset, non cessavit donec turrim et
Vortigernum conbussit.

De isto Vortigerno diversæ sunt opiniones.   Nam dici- Various accounts respecting him.
tur a quibusdam quod rex Vortigernus, formidans robur
Saxonum, duxit Ronwen filiam Hengisti in uxorem.
Dicitur etiam quod ad cumulum damnationis propriæ
propriam duxit filiam, ex qua filium genuerat.   Unde
et a sancto Germano et ab omni cœtu episcoporum ex-
communicatus, fugit ad Occidentem Cambriæ.   Dicitur Nenn. c. 50; Henr. Hunt. p. 708, B.
et quod Vortigernus quia sanctum Germanum audire
nollet, immo fugeret sanctum insequentem, ignis de cœlo
descendens combussit cum in turri sua.   Quod videntes
Saxones, plurimam partem de suis domum miserunt.
Unde Britanni collecto exercitu duce Ambrosio Aurelio Aurelius, with Vorti-gern's sons,
cum duobus filiis Vortigerni, Vortimerio scilicet et marches into Kent against Hengist.
Vortierio, aciem contra Horsum et Hengistum in Kan-
tiam duxerunt.

In legenda sancti Germani habetur, quod cum Vor- Legend of St. German.
tigernus Germano hospitium denegaret, subulcus regis,
videns sanctos Dei afflictos, hospitium exhibuit, vitulum
occisum ad cibum tradidit; sed post cœnam sanctus
Dei Germanus vitulum resuscitavit.   In crastino vero
ex Dei mandato sanctus Germanus regem Vortigernum
deposuit, et eius subulcum cunctis stupentibus regem
constituit.   Ac ex tunc reges Britannorum ex genere
subulci prodierunt.

CAP. XII.

Quomodo Aurelius Ambrosius cum Hengisto pugnavit.

Matth.
Westm.
p. 171;
Rog. Wend.
p. 36.

A.D. 473.

Battle of
Wipede-
flete.

AURELIUS AMBROSIANUS anno gratiæ quadringentesimo septuagesimo tertio Hengistum et Osricum filium suum, cognomento Coser,[1] ad bellum provocans,
duodecim cuneos Britonum ordinavit, in loco qui postea
Wipedeflete dicebatur, quod a denominatione cuiusdam
militis nomine Wiped, ex parte Anglorum ibidem tunc
interfecti; ubi diu et acriter ex utraque parte pugnantes sanguinem non minimum profuderunt. Sed
victoria dubia et adeo lacrimabilis fuit, quod multo
postea tempore nec Saxones fines Britonum, nec Britones Kantiam intrare præsumerent. Unde Saxones, ut
prædiximus, quemdam principem magnum Wipped
appellatum ibidem inter ceteros amittentes, locum belli
ad memoriam ipsius Wippedflete denominaverunt.

CAP. XIII.

Elle primus rex Australium Saxonum ex Anglis venit in Angliam sive Britanniam.

Matth.
Westm.
p. 172;
Rog. Wend.
p. 38.
(A.D. 477.)

A.D. 473.
Elle with
his three
sons,
Cymen,
Pleneyng,
and Cessa,
lands at Cy-
menescora.

Elle first
king of
Sussex.

EODEM anno Elle dux et tres filii eius, Cymen,
Pleneyng, et Cessa, in Britanniam venientes, in loco
qui postea a Cymene Cymeneseora, id est Portus
Cymeni, dicebatur, applicuerunt. Egredientibus autem
illis, innumera Britonum turba convolarunt, et bellum
ilico inierunt. Sed Britones campum deserentes, ad
proximum nemus, quod Andredeswold dicebatur, fugati
sunt. Saxones vero littora maris in Southsexia occupantes, magis magisque sibi regionis illius spatia sub-
iugarunt, et tunc incepit regnum Australium Saxonum,
cuius rex primus ex Anglis Elle extiterat.

---

[1] *Æsc*, chap. 16 below.

CAP. XIV.

*Quomodo Britones convenerunt ad pugnam contra
Elle et filios suos apud Mereredesbourn.*

BRITONES duce Ambrosio Aureliano convenerunt ad
pugnam apud Mereredesbourn contra Elle et filios suos,
anno gratiæ quadringentesimo octogesimo quinto, et
cum diu et acriter pugnam commisissent, Elle cum
filiis suis non sine dispendio Britonum campum dese-
ruit. Misit ergo Elle in patriam suam, maiorem quærens
copiam armatorum.

Matth.
Westm.
p. 173;
Rog. Wend.
p. 39.

A.D. 485.
Elle de-
feated by
the Britons
at Mere-
redesbourn.

CAP. XV.

*Quomodo Aurelius Ambrosianus Saxones ad pugnam
provocans, gloriosam victoriam est adeptus.*

AMBROSIUS AURELIANUS, maxima Britonum multitudine collecta, Saxones ad pugnam provocare disposuit,
anno videlicet gratiæ quadringentesimo octogesimo
septimo. Exercitum itaque suum versus Aquilonem
dirigens, Hengistum cum suis Saxonibus trans Humbrum
invenit. Hengistus vero cum adventum ipsius comperisset, audacter in obviam[1] et in campo, qui Maisebely
vocabatur, quo Aurelius erat transiturus, subitum atque
furtivum impetum facere affectans, Britones non præ-
meditatos disposuit occupare. Quod tamen Aurelium
non latuit, nec iccirco campum distulit adire; ubi dispositis militaribus utrobique legionibus congrediuntur acies,
cruoremque non minimum hinc indeque diffundentes,
stragem magnam peregerunt. Hinc Britones, hinc
Saxones variis casibus vulnerati gladio consumuntur.
Demum cum Hengistus socios suos succumbere vidit,
Britonesque prævalere, confestim diffugit, atque oppidum

Matth.
Westm.
p. 173;
Rog. Wend.
40;
Galfrid.
Monum.
viii. 4.

A.D. 487.

Battle of
Maisebely
between
Aurelius
and Hen-
gist.

Hengist
flies to
Kaerconan.

---

[1] Read with Rog. Wend. *perrexit audacter in obviam*, &c.

Kaercronan, quod nunc Cunicgeburh appellatur, petivit.
Sciens vero quod omne tutamen suum in gladio et
hasta consisteret, oppidum intrare noluit, quia illud
Aurelio resistere nequaquam æstimavit. Insequitur
eum Aurelius, et quoscunque in itinere reperiebat,
amputatis capitibus ad mortem destinavit. Potitus
itaque victoria Aurelius, Deum cœli ex intimo cordis
affectu glorificavit, qui sibi de hostibus concessit
triumphare.

Cap. XVI.

Quomodo Aurelius Hengistum bello victum cepit,
ac decapitare præcepit, et quomodo Osric successit
in Cantiam.

Matth.
Westm.
p. 174;
Rog. Wend.
p. 41.

A.D. 489.

AURELIUS AMBROSIUS epistolas anno gratiæ quadringentesimo octogesimo nono ad universos Britanniæ fines
dirigens, præcepit ut omnes, qui potuerunt arma movere,
ad eum quantocius convenirent, et paganos exterminare

Aurelius
attacks
Hengist
beyond the
Don.

a Britanniæ finibus non cessarent. Congregatis igitur
omnibus, promovit exercitum Ambrosius versus Aquilonem, et Hengistum cum Saxonibus super flumen quod
Don appellatur aciebus ad bellum instructis invenit.
Quid multa? concurrentibus hinc inde catervis acerrimam
pugnam commisere, cruorem non minimum diffundentes.
Dumque in hunc modum diutissime decertassent, dux

Eldol
seizes
Hengist.

Claudiocestriæ Eldol, cui ardens inerat desiderium cum
Hengisto congrediendi, cum phalange cui præerat cuneos
penetrans, cepit Hengistum per nasale cassidis, summis-
que utens viribus ipsum infra concives suos pertraxit.
" Desiderium meum," inquit, " hodie adimplevit Deus.

Flight of
the Saxons.

Victoria enim nobis in manu est." Diffugerunt itaque
Saxones, quo impetus quemque ducebat: quos Aurelius
insequens viriliter trucidavit. Octa vero filius Hengisti
cum maiori multitudine Eboracum, Cosa autem urbem
Aldclud petierunt. Ut igitur triumphavit Aurelius, cepit
urbem Conani, et ibidem tribus diebus moratus est.

Post hæc convocatis ducibus, præcepit decernere quid de Hengisto fieri debuisset. Surgens itaque Eldadus, episcopus Claudiocestrensis et frater Eldol ducis, iussit omnes tacere, et ait frendens præ ira. " Etsi omnes istum liberare vellent, ego eum in frusta concidam. Quid hæsitatis effeminati? Nonne Samuel propheta, cum regem Amelech in bello captum membratim concidisset, ait: ' Sicut fecisti matres sine liberis, sic faciam matrem tuam esse sine liberis hodie inter mulieres?' Similiter facite de isto altero Agag, qui multas matres suis orbavit filiis." His dictis, Eldol educto gladio duxit eum extra urbem, et amputato capite ad Tartara destinavit.

Discussion about the doom of Hengist.

He is beheaded by Eldol.

Successit ei Osric filius eius, cognomento Æsc, super gentem Saxonum in Kantia, a quo reges Kantiæ usque hodie Æsckinges vocantur. Dederat namque Vortigernus provinciam illam Hengisto pro filia sua Ronwen, ut superius est relatum, et sic eam annis viginti quatuor quasi iure hereditario possidebat.

Osric succeeds to the throne of Kent; from whose surname, Æsc, the kings of Kent were called Æsckinges.

Cap. XVII.

Ut Octa misericordiam impetravit.

Matth. Westm. p. 175; Rog.Wend. p. 43.

AURELIUS AMBROSIUS exercitum suum duxit ad Eboracum, ut Octam filium Hengisti expugnaret, anno gratiæ quadringentesimo nonagesimo. Cumque civitatem obsedisset, timuit Octa urbem contra tantam multitudinem retinere. Communicato itaque salubri consilio, egressus est cum nobilibus qui secum erant, seque suosque in hæc verba præsentavit: " Victi sunt dii mei; Deumque tuum regnare non hæsito, qui tot nobiles ad te venire compellit. Accipe ergo nos, et nisi[1]

A.D. 490. Octa, son of Hengist, is besieged in York by Aurelius, and capitulates.

---

[1] *nisi* Sec. hand. " Et nisi misericordiam habueris, habe nos legatos et " ad quodlibet supplicium, &c." Galfrid. Monumet. viii. s. Cf. Matth. Westm p. 175.

misericordiam adhibueritis, ad quodcunque supplicium
voluntarie paratos." Motus igitur pietate Aurelius misericordiam habuit[1] de eis. Exemplo etiam Octæ venit
et Cosa, ceterique qui diffugerant, misericordiam impe-
trantes. Dedit ergo eis regionem prope Scotiam, et
fœdus cum eis confirmavit.

Matth.
Westm.
p. 178;
Rog. Wend.
p. 48.

A.D. 492.
Elle brings
reinforce-
ments from
Germany,
and lays
siege to
Andrede-
cestre.

CAP. XVIII.

*Ut Elle rex Australium Saxonum Andredecestre
urbem munitissimam obsedit.*

ELLE, qui regionem Australium Saxonum, ut supra-
dictum est, occupaverat, anno gratiæ quadringentesimo
nonagesimo secundo venit ex partibus Germaniæ militare
adducens subsidium, cuius fretus auxilio Andredecestre
urbem munitissimam obsedit. Quo audito, convenerunt
undique Britones ad modum examinis apum, et assi-
lientibus Saxonibus a tergo semper assistentes cum viris
sagittariis, hostes acriter infestabant. Dimissis ergo
mœnibus, Saxones gressus et arma in Britones dirigebant.
At Britones pedum velocitate et corporum agilitate illis
præstantiores, silvas petebant, atque iterum Saxonibus
ad mœnia tendentibus, rursum a tergo infestabant.
Hac arte Saxones diutius fatigati, stragem non minimam
sunt perpessi. Tunc Saxones exercitum in duas partes
dividentes, partem unam mœnibus civitatis, alteram ad
debellandos Britones assignarunt. Cives vero diuturna
fame fatigati et macerati, cum iam pondus infestantium
Saxonum diutius ferre nequivissent, omnes in ore gladii

He destroys
the town.
perierunt; civitatemque hostes funditus deleverunt.
Locus autem civitatis usque hodie transeuntibus ostenditur desolatus. Mansit ergo ibidem Elle cum tribus filiis
suis, et regionem illam quæ usque hodie Anglice Suth-
sexe, Latine autem Regio Australium Saxonum dicitur,
colere cœpit.

---

[1] *habuit*] hinc, MS.

CAP. XIX.

Ut Certik primus rex Occidentalium Saxonum venit in Britanniam.

CERTIK et filius eius Kinerik cum quinque navibus in Britanniam applicuerunt, in loco qui postea de nomine eius Certichesora, id est portus Certik, dicebatur, anno gratiæ quadringentesimo nonagesimo quarto. Quo die convenit universa multitudo regionis contra eos, et pugnam viriliter commiserunt. Inventis autem Saxonibus asperis, Britanni sese subtraxerunt, et Saxones in terra hostili, non sine frequentibus bellis incolarum, littora maris ibidem magis ac magis occupare cœperunt. Ab isto Certik[1] reges Occidentalium Saxonum originem habuerunt.

(marginal note: Matth. Westm. p. 178; Rog. Wend. p. 50.)

(marginal note: Certik, first king of Wessex, lands at Certichesora. A.D. 494.)

CAP. XX.

De coronatione Utherpendragonis, et quomodo Octa filius Hengisti atque Cosa cognatus suus moliti sunt bellum movere et suos fines dilatare.[2]

UTHERPENDRAGON, frater Aurelii regis Britonum defuncti, audita morte fratris, cum festinatione Wintoniam venit, et convocato populo regni et clero, Britanniæ diadema suscepit anno gratiæ quadringentesimo nonagesimo octavo.

Sub his diebus Octa filius Hengisti atque Cosa cognatus suus, cum soluti essent a fœdere quod Aurelio pepigerant, moliti sunt regi Uther bellum movere et suos fines dilatare. Maxima igitur Saxonum multitudine stipati Aquilonales Britanniæ provincias invaserunt, et munitiones ab Albania usque ad Eboracum penitus destruxerunt. Postremo cum .

(marginal note: Matth. Westm. p. 188; Rog. Wend. p. 52; Galfrid. Monum. viii. 18.)

(marginal note: Utherpendragon succeeds his brother Aurelius. A.D. 498.)

(marginal note: Octa and Cosa take up arms.)

---

[1] *Certik*] Certi, MS. | [2] *dilatare*] dilitare, MS.

They lay
siege to
Aclud.

urbem Aclud obsidere incepissent, supervenit Uterpendragon cum tota fortitudine regionis, et cum illis
pugnam commisit. Restiterunt viriliter Saxones, et
Britones in fugam propulerunt, insecutique sunt eos
Saxones usque ad montem Danco. Cum sole dies
emicuit, occupaverunt montem Britones, illumque pro
refugio habuerunt, quid agerent ignorantes. Tandem
salubri consilio decreverunt nocturnum in hostes impetum facere, atque ipsos soporatos et inermes occupare.
Statuti itaque per turmas et armati castra hostium
petunt, eosque acriter invadunt. Qui ita ex improviso
occupati inutiliter prælium reddiderunt, cum ceteri
ex præmeditatione audaciam recepissent. Tandem
capti Octa[1] atque Cosa, et Saxones penitus dissipati.
Denique omnibus pacificatis, rex Laudoniam perrexit,
Octam quoque et Cosam ibidem in carcere servare fecit.

They are
defeated
and taken
prisoners.

Matth.
Westm.
p. 182 ;
Rog.Wend.
p. 55.
(A.D.501.)

CAP. XXI.

Unde Portesmouth nomen sortitur.

Port with
his two
sons lands
at the place
called from
him Ports-
mouth.

PORT et duo filii eius Bleda et Magla cum duabus
navibus applicuerunt in Britanniam in loco, qui de
nomine Port Portismouth nomen accepit. Porro regionis
illius habitatores expellentes maris litora occuparunt,
et locum tunc desertum inhabitare cœperunt.

Matth.
Westm.
p. 182 ;
Rog.Wend.
p. 58.
(A.D.508).

CAP. XXII.

Certik et filius eius Kinerik Britones ad bellum provocaverunt.

Certik de-
feats the
Britons,
who lose
their
general

CERTIK et filius eius Kinerik Britones ad prælium
provocaverunt. Infirmabatur enim Uther rex Britonum,
nec se potuit in latus aliud declinare. Unde ducem
Nathanliot principem militiæ Britonum ordinavit. Con-

---

[1] *Octa* added in a late hand.

venientibus autem Saxonibus et Britonibus, pugnam Nathanliot and 5000 men.
acriter commiserunt. Sed Saxones aciebus Britonum
perforatis ducem Nathanliot peremerunt. Corruerunt
etiam cum eo quinque milia virorum, et Saxones cum
victoria lætantes recesserunt.

Matth.
Westm.
p. 183 ;
Rog. Wend.
p. 57 ;
Galfrid.
Monum.
viii. 21.

CAP. XXIII.

Quomodo Octa et Cosa de carcere evaserunt.

CUSTODES carceris, quo Octa et Cosa tædiosam agebant Octa and
vitam, donariis corrupti fugerunt cum eis in Germaniam, Cosa escape
atque cum classe maxima in exitium Britanniæ redierunt to Germany, and
anno gratiæ quingentesimo nono. Commisit igitur rex return with
Uther exercitum Britanniæ Loth consuli Leicestriæ,[1] viro a large force.
strenuissimo. Cumque in hostes progressum fecisset, A.D. 509.
multotiens ab eis repulsus est, quia Britanni noluerunt They defeat the
ipsius consiliis obedire. Britons under the command of Loth.

CAP. XXIV.

Quomodo Saxones convenerunt omnes in unum ut
insulanos a finibus suis expellerent.

Matth.
Westm.
p. 183 ;
Rog. Wend.
p. 58.

ANNO gratiæ quingentesimo undecimo, videntes A.D. 511.
Saxones qui Britanniam inhabitabant Utherpendragon The Saxons unite
regem gravi infirmitate depressum, convenerunt omnes their forces,
in unum, ut insulanos a finibus suis expellerent, et and ravage
iunctis viribus fertilem patriam sibi in perpetuum the island.
subiugarent. Perlustrantes itaque quasque provincias,
cum neminem sibi resistere cognovissent, totam fere
insulam a mari usque ad mare devastare cœperunt.
Insulani autem regem infirmum deserentes, ad montium
abrupta et silvarum latibula confluxerunt, secundum
illud antiquum proverbium :

Cui caput infirmum, cetera membra dolent.

---

[1] *Leic⁹.* MS. ; *Leyli* Matth. Westm. p. 183 ; *Leir,* Galfrid. ; *Led,* Rog. Wend.

CAP. XXV.

Ut Utherpendragon in lectica portatus Saxones vicerit.

Matth.
Westm.
p. 183;
Rog. Wend.
p. 58;
Galfrid.
Monum.
viii. 22, 23.
(A.D. 512.)

REX Britonum Utherpendragon de regni subversione procerumque desolatione necnon et populi dispersione vehementer commotus, convocatis omnibus regni sui magnatibus, acriter eis de superbia et segnitie increpavit: convicia etiam multa cum opprobriis inferens, iuravit quod ipsemet illos in hostes conduceret, ut animos omnium ad statum et audaciam pristinam revocaret. Praecepit ergo feretrum sibi fieri quo portaretur, cum alteriusmodi progressum infirmitas denegaret. Imposito itaque rege in lectica, cum tota fortitudine regni Verolamium perrexit, ubi iam Saxones universam patriam affligebant. Cumque edocti essent Octa et Cosa de adventu Britonum, regemque eorum in feretro advenisse, dedignati sunt cum illo praeliari, quia in vehiculo veniebat. Receperunt itaque se infra urbem, valvasque prae indignatione patentes reliquerunt. At Utherpendragon iussit eius[1] urbem obsidere, et moenia undique complanare; stragemque non minimam Saxonibus inferentes, moenibus subversis iam essent ingressi, nisi Saxones resistere perstitissent. Mane autem facto, egressi sunt Saxones catervis bellicis dispositis, Britones ad praelium provocantes. Restiterunt audacter Britones, invadunt viriliter Saxones, et necem mutuam utrobique conficiunt. Denique post multas cruentas congressiones regi Britonum cessit victoria, interfectisque Octa et Cosa, ceteri Britonibus terga dederunt.

King Uther is borne in a litter before his troops.

He defeats the enemy at Verolamium. Death of Octa and Cosa.

---

[1] eius] ocius, Matth. Westm. p. 184.

CAP. XXVI.

De morte Ellæ regis Australium Saxonum.

Matth.
Westm.
p. 184;
Rog.Wend.
p. 60.

ANNO gratiæ quingentesimo decimo quarto venerunt nepotes Certich, Sthuph et Wilgarus, cum duabus navibus in Britanniam, et applicuerunt in occidentali parte Britanniæ. Venerunt igitur duces Britonum contra eos ad prælium, sed fortitudo eorum ilico dissipata est. Facta est fortitudo Certich terribilis valde; nempe universam insulam hostiliter pertransiens vix invenit qui repugnaret. Unde in dies singulos aucta est magnificentia Saxonum.

Eodem anno Elle, quem omnes Saxones pro rege habuerunt, defunctus est, regnavitque pro eo Cissa filius eius, de cuius nomine Cicestria, quam ipse fundavit, nomen sortita est.

CAP. XXVII.

Quod defuncto rege Utherpendragon Arthurus filius eius in Regem Britonum est erectus.

Matth.
Westm.
p. 185;
Rog.Wend.
p. 61;
Galfrid.
Monum.
ix. 1.

ANNO gratiæ quingentesimo decimo sexto defuncto Utherpendragon rege Britonum, convenerunt pontifices cum clero regni et populo, ac Arthurum filium eius, iuvenem quindecim annorum, in regem magnifice erexerunt. Erat enim inauditæ virtutis atque largitatis; unde tantam gratiam promeruit, ut a cunctis etiam et ab hostibus commendaretur. Confluebat autem ad cum tanta militum fortitudo, tantaque militantium multitudo, quod sufficienter quæ illis ministraret stipendia distribuenda non haberet. Invitaverant igitur eo tempore Saxones concives suos ex Germania, et duce Colgrino subiugaverant sibi totam insulæ partem quæ a flumine Humbri usque ad mare Katanensium dilatatur. Quo audito, Arthurus cum subdita sibi

gente Eboracum petivit, a Saxonibus iam subactum.
Colgrinus autem adventum Arthuri comperiens, cum
multitudine maxima iuxta flumen Duglas obviam

perrexit. Et facto congressu, Arthurus Colgrinum
in fugam coegit, ac fugientem insecutus, cum infra
Eboracum obsedit.   Baldulphus vero frater Colgrini
circa maritima adventum Saxonum expectans, proposuit nocturnam in Arthurum facere irruptionem.
Sed Arthurus per exploratores praemunitus, misit
Cadorem Cornubiae ducem cum militibus sexcentis
et tribus milibus peditum ad viam qua hostes veniebant: qui inopinatum impetum facientes, quibusdam
interfectis et laceratis, ceteros in fugam compulerunt.

CAP. XXVIII.

Ut dux Cheldricus venit a Germania cum navibus
septingentis et in Albaniam applicuit.

ANNO gratiae quingentesimo decimo septimo venit
dux Cheldricus a Germania cum navibus septingentis,
et in Albaniam applicuit.   Timuerunt itaque Britanni
contra tantam multitudinem dubium inire certamen.
Unde Arthurus obsidionem Eboraci relinquens, ad

urbem Londoniarum cum exercitu suo recessit.   Deinde
habita cum suis deliberatione, misit nuntios in minorem
Britanniam ad regem Hoelum, qui ei calamitatem
Britanniae intimarent.   Erat autem Hoelus filius sororis
Arthuri, ex Dubricio rege Armoricanorum Britonum
generatus.   Unde audito periculo quod avunculo suo
imminebat, copiosum iussit parari navigium, collec-
tisque quindecim milibus armatorum, proximo ventorum
flatu in portu Hamonis applicuit.   Excepit illum
Arthurus cum gaudio et honore debito.

Cap. XXIX.

Ut apud Lincolniam Saxonibus inventis, Arthurus fecit ex eis stragem inauditam.

ANNO gratiæ quingentesimo decimo octavo[1] Arthurus rex Britonum collecto exercitu grandi, urbem Kaerludcoit, quæ nunc Lincolnia dicitur, petivit, ubi inventis Saxonibus, stragem fecit ex eis inauditam.   Ceciderunt namque ex illis una die sex milia hominum, qui partim fluminibus submersi, partim telis perforati, partim in fugiendo trucidati, vitas et animas miserabiliter exhalarunt.   Arthurus vero fugientes insecutus, non cessavit donec ad nemus Colidonis pervenerunt, ibique ex fuga confluentes Arthuro resistere conati sunt, sese viriliter defendentes.   Quod Arthurus intuens, iussit arbores circa partem illam nemoris incidi, et truncos ita in circuitu locari, ut egressus eis penitus negaretur. Volebat namque eos ibidem tam diu obsidere, donec omnes inedia interirent.   At Saxones, quo vescerentur non habentes, eo pacto petierunt egressum, ut saltem Germaniam nudis corporibus petere sinerentur.   Tunc Arthurus inito consilio petitioni eorum adquievit; retinens eorum opes et spolia reddendique vectigal obsides, solummodo recessum concessit.

Matth. Westm. p. 186; Rog. Wend. p. 63; Galfrid. Monum. ix. 3. A.D. 518. Arthur defeats the Saxons at Lincoln with great slaughter.

The fugitives are allowed to return to Germany.

Cap. XXX.

Quomodo pœnituit Colgrinum, Baldulphum, et Cheldricum pactum cum Arthuro fecisse.

ANNO gratiæ quingentesimo vicesimo pœnituit Colgrinum, Baldulphum, et Cheldricum Saxones pactum cum Arthuro fecisse.   Unde in Britanniam revertentes, in Totenosio litore applicuerunt, et ad ultimum urbem Badonis obsederunt.   Rumore itaque divulgato, Arthurus

Matth. Westm. p. 186; Rog. Wend. p. 64; Galfrid. Monum. ix. 3–5. A.D. 520. Colgrin, Baldulph, and Cheldric return to Britain

---

[1] D. xvii., MS.; 518, Matth. Westm., Rog. Wend.

obsides eorum suspendi præcepit; deinde obsidionem
petens, præcepit omnibus ad arma convolare.   Ipse
loricam indutus, galeam simulacro draconis insculptam
capiti adaptavit : humeris quoque suis clipeum vocabulo
Pridwen appendit, quo imago sanctæ Dei genitricis picta
ipsam ad memoriam sæpissime revocabat : accinctus
etiam Caliburno gladio optimo : lancea nomine [Ron]¹
eius dexteram decoravit.   Deinde catervis dispositis
audacter Saxones invasit.   Ipsi autem die tota viriliter
resistentes, Britones assidue prosternebant.   Vergente
tandem sole ad occasum, Saxones proximum occupant
montem, illum pro castro habituri.   At ubi sol diem
reduxisset, Arthurus cum exercitu suo montis cacumen
ascendit.   Sed in ascendendo multos suorum amisit :
Saxones namque occurrentes facilius vulnera infligebant.
Britanni tamen maxima probitate cacumen montis adepti,
hostibus strages acerrimas ingerebant : quibus Saxones
arma prætendentes omni nisu resistebant.   Cumque
multum diei in certando consumpsissent, Arthurus
tandem, abstracto Caliburnio, nomen Beatæ Mariæ
Virginis invocavit, atque rapido impetu sese infra densas
hostium acies immittens, quemcunque attingebat² sine
ictus nugatoria iteratione perimebat.   Nec cessavit
impetum facere, donec quadringentos et sexaginta
viros solo Caliburnio gladio peremit.   Quod videntes
Britones, densatis illum turmis sequuntur, stragem
undique facientes.   Ac Cheldricus, viso sociorum periculo,
cum reliquo exercitu in fugam conversus est.   Iussit
itaque rex Arthurus Cadorem ducem Cornubiæ illos
insequi.   Qui postremo cum nihil tutaminis accepissent,
laceratis agminibus Thanet insulam petierunt.   Insequitur eos ibidem dux, nec quievit donec perempto
Cheldrico ceteros in deditionem accepit.

Margin notes:
and lay siege to Bath.
Arthur's armour.
He attacks the Saxons.
He destroys 460 of them single-handed.
They retreat to the Isle of Thanet, where Cheldric is slain. The survivors surrender.

---

¹ *Ron*] om. MS. | ² *attingebat*] attigelat, MS.

Cap. XXXI.

Quomodo Modredus, cui Arthurus custodiam totius Britanniæ cum uxore sua commisit, appetens in Britannia regnare, solum Cerdicum regem Occidentalium Saxonum timens, dedit Cerdico ut sibi faveret septem provincias.

Matth. Westm. pp. 190, 191 ; Rog. Wend. pp. 71, 72 ; Polychron. lib. v. p. 225. (A.D. 536–540.)

REX Arthurus partes Gallicanas suæ dicioni subdere cupiens, parato navigio Modredo nepoti suo custodiam totius Britanniæ cum uxore sua commisit. Deinde mare cum prosperitate pertransiens Estrusiam, quæ nunc Normania dicitur, sine difficultate subegit. Denique ulterius procedens universas Galliæ provincias sibi subiugavit. Modredus vero regnare appetens in Britannia, sed solum Cerdicum regem Occidentalium Saxonum timens, dedit Cerdico ut sibi faveret septem alios pagos sive provincias, scilicet Sowthsex, Sowthreiam, Barkshire, Wilteshire, Dorset, Devenshire, et Cornubiam. Cerdicus autem his consentiens, suas provincias novis Anglis instauravit, et coronatus fuit more gentilium apud Wintoniam super Anglos. Modredus vero coronatus extitit super Britones apud Londoniam.

Arthur leaves his kingdom in charge to Modred, his nephew, and crossing the channel conquers Normandy. Modred buys the support of Cerdic by giving up to him 7 counties. Cerdic is crowned at Winchester ; Modred, at London.

Cap. XXXII.

Certik primus rex Occidentalium Saxonum obiit, cui successit Kenrik filius eius.

Matth. Westm. p. 189 ; Rog. Wend. p. 70. (A.D. 533.)

ANNO gratiæ quingentesimo tricesimo Certik primus rex Occidentalium Saxonum obiit, et regnavit pro eo Kineric filius eius triginta[1] annis.

A.D. 530. Certik, first king of Wessex, dies. His son Kineric reigns 30 years.

---

[1] xxvi. Matth. Westm., Rog. Wend.

Matth.
Westm.
p. 193 ;
Rog. Wend.
p. 77.
A.D. 548.
Ida, first
king of the
Northum-
brians.

CAP. XXXIII.

Quod regnum Northumbrorum initium sumpsit.

ANNO gratiæ quingentesimo quadragesimo octavo regnum Northumbrorum exordium sumpsit.   Cum enim
proceres Anglorum magnis laboribus et continuis patriam
illam subiugassent, Idam iuvenem nobilissimum regem

His twelve
sons.

sibi unanimiter præfecerunt.   Genuit autem ex regina
sua sex filios, Addam scilicet, et Elricum, Theodoricum,
Æthelricum, Osmerum, et Theodfredum ; præterea ex
concubinis alios sex filios generavit, scilicet Ogam, et
Aliricum, Eccham, Osbaldum, Segor, et Segotherum.

He reigns
twelve
years, and
builds
Baenburc
castle.

Isti omnes venerunt in Britanniam cum navibus quadraginta, et apud Flemesburc applicuerunt.   Regnavit
autem Ida annis duodecim, et castellum de Baenburc
construxit ; quod prius ligneis palis, postea muro circuivit.   [Genealogiam eius sequentia declarabunt.] [1]

Matth.
Westm.
p. 194 ;
Rog. Wend.
p. 80.
A.D. 559.
Death of
Kenrik
king of
Wessex.

Ceaulinus,
his son,
reigns
30 years.

CAP. XXXIV.

*Kenrik rege defuncto Occidentalium Saxonum
Ceaulinus successit.*

ANNO gratiæ quingentesimo quinquagesimo nono
Kenrik rex Occidentalium Saxonum defunctus est, et
regnavit pro eo Ceaulinus filius eius triginta annis.

---

[1] The words in brackets are struck out in the MS.

Matth.
Westm.
p. 194 ;
Rog. Wend.
p. 81.
A.D. 560.
Death of
Ida.

CAP. XXXV.

Quomodo regnum Northumbrorum est divisum.

ANNO gratiæ quingentesimo sexagesimo defuncto
Ida rege, Northumbrorum regnum in duo regna est
divisum. Siquidem Elle filius Ýffe ducis strenuissimi
in Deira regnare incepit, et regno tale nomen dedit, et
annis triginta in eo regnavit. Adda vero filius Idæ
in regno Berniciorum patri successit, et septem annis
regnavit. Iste est Elle rex Deirorum, de quo in vita
beati Gregorii papæ fit mentio, sicut subscripta doce-
bunt.

Eodem anno Athelbertus rex magnus Cantuariorum secundum quosdam regnare incepit, quibus etiam
Beda[1] consentit. Verumtamen aliorum sententia apparet
probabilior.

Division of
the king-
dom of
Northum-
bria into
Deira and
Bernicia.
Elle, king
of Deira,
reigns 30
years.
Adda, son
of Ida,
reigns 7
years in
Bernicia.
Bede and
others as-
sign to this
year the
accession
of Athel-
bert king
of Kent.

CAP. XXXVI.

*Quomodo Athelbertus Ermerici filius incepit regnare
in Kantia.*

ANNO gratiæ quingentesimo sexagesimo sexto Æthelbertus Ermerici filius regnum Kantiæ suscipiens, quinquaginta sex annis illud strenuissime gubernavit. Hic
regum Angliæ potentissimus usque ad confinium Humbræ fluminis, quo meridiani et septentrionales populi
dirimuntur, imperii sui fines extendens, omnium illarum
provinciarum gentibus nobilissime imperavit.

Matth.
Westm.
p. 196 ;
Rog. Wend.
p. 83.
A.D. 566.
Æthelbert
son of
Ermeric,
begins to
reign in
Kent, and
reigns 56
years.

---

[1] H. E. ii. 5.

CAP. XXXVII.

Matth.
Westm.
p. 196;
Rog.Wend.
p. 83.

Glappa rex regnavit in regno Berniciorum.

A.D. 567.
Glappa
succeeds
Adda as
king of the
Bernicians,
and reigns
5 years.

ANNO gratiæ quingentesimo sexagesimo septimo, defuncto Adda rege Berniciorum, Glappa regnavit pro eo quinque annis.

CAP. XXXVIII.

Matth.
Westm.
p. 196;
Rog.Wend.
p. 83.

Quomodo Ceaulinus rex Westsaxonum et Cutha frater eius pugnaverunt contra Ethelbertum regem Kantiæ.

A.D. 568.
Ceaulin,
king of
Wessex,
defeats
Ethelbert,
king of
Kent.

ANNO gratiæ quingentesimo sexagesimo octavo Ceaulinus rex Westsaxonum et Cutha frater eius causis compellentibus contra Ethelbertum regem Kantiæ pugnaverunt. Ubi Ethelbertus, duobus comitibus suis interfectis, ipsemet in fugam conversus est.

CAP. XXXIX.

Matth.
Westm.
p. 196;
Rog.Wend.
p. 84.

De Ethelwaldo rege.

A.D. 569.
Theodwald
succeeds
Glappa as
king of the
Bernicians,
and reigns
one year.

ANNO gratiæ quingentesimo sexagesimo nono, defuncto Glappa rege Berniciorum, regnavit pro eo Theodwaldus uno anno.

CAP. XL.

Matth.
Westm.
p. 196;
Rog.Wend.
p. 84.

De Frethewlfo rege.

A.D. 570.
Frethe-
wlph reigns
7 years in
Bernicia.

ANNO gratiæ quingentesimo septuagesimo Frethewlfus regnavit in Bernicia[1] septem annis.

---

[1] *Bernicia*] originally written Deira.

CAP. XLI.

De cyclo paschali, et Wlfa rege Est Anglorum.

ANNO gratiæ quingentesimo septuagesimo primo completus est cyclus unus sancti paschæ annorum quingentorum viginti duorum, ex quo Dominus noster Iesus crucifixus est, indictione septima, anno secundum Græcos a traditione[1] mundi quinquies millesimo septuagesimo quinto; et tunc Wlfa rex regnavit in Est Anglia.

Matth.
Westm.
p. 196;
Rog. Wend.
p. 84.
A.D. 571.
A.M. 5075.
First paschal cycle since the crucifixion.
Wlfa king of East Anglia.

CAP. XLII.

Quod Theodoricus successit Frethewlfo in regno Berniciorum.

ANNO gratiæ [quingentesimo][2] septuagesimo septimo, defuncto rege Berniciorum Frethelwlfo, Teodoricus successit annis septem.

Matth.
Westm.
p. 197;
Rog. Wend.
p. 86.
A.D. 577.
Theodoric succeeds Frethewlf, and reigns 7 years.

CAP. XLIII.

Quod post Wiffam regem Orientalium Anglorum Titulus successit.

ANNO gratiæ quingentesimo septuagesimo octavo post Wiffam regem Orientalium Anglorum, a quo reges illius provinciæ Wiffingas dicuntur, Titulus filius eius regnum suscepit. Erat autem Titulus pater Redwaldi, qui a Wodenio decimus extitit.

Matth.
Westm.
p. 197;
Rog. Wend.
p. 86.
A.D. 578.
Death of Wiffa (Wlfa) king of the East Angles.
Accession of his son Titulus.

---

[1] *traditione*] Read *conditione*. Matth. Westm. p. 196.   [2] *quingentesimo*] om. MS.

CAP. XLIV.

Matth.
Westm.
p. 197 ;
Rog.Wend.
p. 86.
A.D. 580.
Ceaulin,
king of
Wessex,
takes Bed-
ford and
other
towns.

Quod Ceaulinus rex Westsaxonum multa castra cepit.

ANNO gratiæ [quingentesimo] [1] octogesimo Ceaulinus Rex Westsaxonum cepit castellum Bedeanforde, quod modo Bedeforde nuncupatur, cum aliis, videlicet Lienheri, Alesbury, Bensintone, Hemesham, Glouerniam, Cirencestriam, et Bathoniam. Et magnificatum est nomen eius vehementer.

CAP. XLV.

Matth.
Westm.
p. 198 ;
Rog.Wend.
p. 88.
A.D. 584.
Ceaulin
joins battle
with the
Britons at
Frithon-
leia. His
brother
Cuthwin
falls, and
his troops
are put to
flight.

Quod Ceaulinus rex et frater eius Cuthwinus cum Britannis [2] bellum commiserunt.

ANNO gratiæ quingentesimo octogesimo quarto [3] Ceaulinus rex Westsaxonum et frater eius Cuthwinus bellum cum Britannis [2] commiserunt apud Frithonleiam, ubi Cuthwinus graviter oppressus et peremptus est. Victi sunt igitur Angli et fugæ dati.

CAP. XLVI.

Matth.
Westm.
p. 198 ;
Rog.Wend.
p. 88.
A.D. 585.
Creodda
first king
of Mercia.

The eight
Saxon
king-
doms :—

Quod regnum Merciorum initium sumpsit, cuius rex primus Creodda fuit.

ANNO gratiæ quingentesimo octogesimo quinto regnum Merciorum initium sumpsit, quod primus omnium Creodda tenuit. Inchoata sunt igitur hoc tempore omnia Anglorum sive Saxonum regna, quæ octo numerantur :— Regnum videlicet Kantiæ, cuius caput est Dorobernia ; regnum Australium Saxonum, id est

---

[1] *quingentesimo*] om. MS.
[2] *Britannis*] Britaniis, MS.

[3] *quarto*] A later correction ; orig. *quinto*, as it seems.

Southsex, **cuius caput** est civitas Cicestriæ ; regnum Orientalium Saxonum, id est Eastsex, **cuius caput** est civitas Londoniæ ; regnum Orientalium Anglorum, id est Eastanglia, cuius **caput Norwicum ; regnum West**saxonum sive Occidentalium Saxonum, **cuius caput** est civitas Wentana, quæ modo **Wyntonia dicitur ; regnum Merciæ,**[1] sive Middelanglia, cuius **caput** est Dorkecestria, nunc vero Lincolnia ; regnum **Northum**brorum, cuius caput est Eboracum. **Hoc regnum,** videlicet **Northumbrorum,** dividitur in duo **regna, id est Deirorum et Berniciorum,** sicut **dictum est supra.**

Kent, Sussex, Essex, East Anglia, Wessex, Mercia, Deira, and Bernicia.

CAP. XLVII.

Quomodo Britones patriam **suam** *deserentes* **in** *Walliam recesserunt.*

Matth. Westm. p. 198 ; Rog.Wend. p. 89.

ANNO gratiæ quingentesimo octogesimo sexto **Malgoni** Britannorum **regi Karetius** civilium amator bellorum successit, **Deo et Britonibus inimicus.** Cuius inconstantiam reges **memorati, Anglorum** videlicet **et Saxonum,** comperientes, **insurrexerunt unanimiter** in eum, et post **prælia multa fugaverunt** eum a civitate in civitatem, donec ad ultimum **commisso prælio** ipsum ultra **Sabrinam in Walliam fugaverunt.** Clerici vero et sacerdotes, mucronibus undique micantibus ac flammis in ecclesiis circumquaque crepitantibus, omnes simul in exterminium pellebantur. Decesserunt itaque Britonum reliquiæ in occidentalibus regni partibus, Cornubia videlicet atque Wallia, maximam insulæ partem relinquentes. Unde crebras et ferales irruptiones sine intermissione hostibus inferebant. Tunc archipræsules Theonus **Londoniensis** et Thadiocus **Eboracensis,** cum omnes **ecclesias sibi subditas solo tenus destructas**

A.D. 586. Malgo, king of the Britons, dies, and Karet succeeds ; who is driven by the Saxons into Wales.

Many of the Britons withdraw to Wales,

---

[1] *Merciæ*] Merce, MS.

vidissent, cum pluribus ordinatis, qui in tanto discriminis superfuerant, cum reliquiis sanctorum in Cambriam diffugerunt, timentes ne barbarorum irruptione tot et tantorum ossa veterum a memoriis hominum delerentur, si ipsa in imminenti[1] minime subtraxissent.

and others fly to Brittany. Plures etiam Armoricanam Britanniam petentes totam ecclesiam duarum provinciarum, Loegriae videlicet et Northanhumbriae, a conventibus suis viduatam deseruerunt et inanem. Quibusdam vero sanctorum corporibus quae in sepulcris iacebant reverenter occultatis, tumulos terrae superposuerunt, ne ab hostibus despectui haberentur. Erant enim Anglorum sive Saxonum reges armis strenuissimi et pagani atrocissimi, qui nihil potius quam Christum et Christianorum cultum subvertere sitiebant. Nam siqua ecclesia terra subiugata illaesa servabatur, hoc magis ad confusionem

The Saxons use the British churches as idol temples. nominis Christi quam ad gloriam faciebant. Nempe ex eis deorum suorum templa facientes, profanis suis sacrificiis sancta Dei altaria polluerunt.

Itaque Britanni regni diadema multis temporibus amittentes, videlicet usque ad tempora Cadwallonis, quem Beda Cedwallam vocat, illam patriae partem quae eis remanserat, non uni regi sed tribus tyrannis subiectam, civilibus bellis saepissime infestare non ces-

The three British kingdoms. Cornwall, (Cornu Walliae), Demecia (South Wales), Venedocia (North Wales). sabant. Residebant igitur miserrimae Britonum reliquiae in tribus provinciis, Cornubia videlicet (quae Cornu Walliae a quibusdam dicitur, eo quod in mare sese quasi cornu extendat), Demecia quae Australis Wallia appellatur, Venedocia quae North Wallia nuncupatur. His finibus quamvis eis invitis contenti, a fide tamen Christi nunquam recesserunt. Sed in hoc tantum repre-

Lasting enmity between the Britons and Saxons. hensibiles iudicantur, quod semper gentem Anglorum et etiam usque in hodiernum diem quasi per eos propriis finibus proscripti odio mortali perstringunt, nec illis

---

[1] *ipsa in imminenti*] ipsa imminenti periculo, Matth. Westm., p. 199.

libentius quam canibus communicare volunt. Sunt
autem provinciæ eorum inexpugnabiles, videlicet nemo-
rum densitatibus consitæ, altis vallatæ paludibus, præ-
ruptis tumentes montibus, unde sæpissime quasi mures[1]
de cavernis erumpentes gentem Anglorum nequiter
infestant, nec aliud ab eis in bello nisi capita solum
pro redemptione requirunt.

Hac denique tempestate ecclesia beati martyris
Albani, quæ post passionem suam miro tabulatu lapideo atque eius martyrio condigna legitur fabricata,
deiecta penitus cum aliis creditur et deleta, donec per
ministerium Offæ regis, angelo sibi revelante, corpus
gloriosi confessoris ac martyris inventum est, et monasterium eius denuo fabricatum.

St. Alban's
church de-
stroyed ;

restored
by King
Offa.

CAP. XLVIII.

De distinctionibus regnorum et regum Angliæ.

Matth.
Westm.
p. 200 ;
Rog.Wend.
p. 91.

SUBIUGATA itaque Britannia civibusque proscriptis,
reges Anglorum sive Saxonum terras undique occupant,
regna dilatant, et pro uniuscuiusque possibilitate regnis
suis limites ponunt. Regnabant autem his temporibus
in insula octo reges, quorum nomina hæc sunt :—Æthelbertus videlicet in Kantia, Cissa in Suthsexia, Ceaulinus
in Westsexia, Credda in Mercia, Erkenwinus in East-
sexia, Titulus[2] in Estanglia, Elle in Deira, Alfridus in
Bernicia.   Hæc denique regna processu temporis ita
distinguebantur : — Reges autem Cantuariæ in sola
Kantiæ provincia dominabantur. Reges Southsexiæ in
illa tantum provincia dominabantur. Reges Estsexiæ
in illa provincia et in Middlesexe dominabantur.

The eight
Saxon
kings :—
Æthelbert
of Kent,
Cissa of
Sussex,
Ceaulin of
Wessex,
Credda of
Mercia,
Erkenwin
of Essex,
Titulus of
East An-
glia, Elle
of Deira,
Alfrid of
Bernicia.
Limits of

---

[1] *mures*] muri, MS. ; mures, | [2] *Titulus*] Titula, MS.
Matth. Westm., p. 199.

their respective dominions.

Reges Estangliæ in Northfolk et Southfolc dominabantur, necnon et in provincia Cantabregensi, donec a rege Offa Merciorum mutilati sunt. Reges Merciorum dominabantur in provinciis Glouernensi, Wigornensi, Warewicensi, Cestrensi, Derebiensi, Scropesberiensi, Notingehamensi, Lincolniensi, Leircestrensi, Oxeniensi, Herefordensi, Staffordensi, Northamtunensi, Bukingehamensi, Bedefordensi, Huntendunensi, Cantabregensi, et Hertfordensi. Reges Westsaxonum dominabantur in provinciis Bercensi, Dorsetensi, Devoniensi, Sowthamptonensi, Sowthereiensi, Wiltunensi, Salesberiensi, Bathoniensi. Istis igitur provinciis inter sex reges distributis, quandoque ad invicem bella civilia commiserunt. Duo reges qui sunt in Northumbria dominabantur a magno flumine Humbriæ usque ad mare Scotiæ. De his autem sufficienter superius dictum est.

They change the name of the island from Britannia to Anglia.

His ita dispositis placuit dictis regibus Britanniam et memoriam Britannorum penitus delere; unde communiter statuerunt, quatinus insula non a Bruto Britannia, sed ab Anglis Anglia vocaretur.

CAP. XLIX.

De Sledda rege Orientalium Saxonum.

Matth.
Westm.
p. 200;
Rog.Wend.
p. 93.
A.D. 587.
Erkenwin,
king of
Essex, dies.
His son
Sledda
succeeds.

ANNO gratiæ quingentesimo octogesimo septimo defuncto Erkenwino rege Orientalium Saxonum, Sledda filius eius, a Wodenio decimus, regnavit pro eo.

CAP. L.

Quod Athelfridus rex Berniciorum filiam Elle regis Deirorum coniugem accepit.

Rog.Wend.
p. 93.
A.D. 588.
Æthelfrid,
king of
Bernicia,
marries the
daughter of
Elle, king
of Deira.
Their seven sons.

ANNO gratiæ quingentesimo octogesimo octavo Æthelfridus rex Berniciorum filiam Elle regis Deirorum coniugem accepit, et ex ea septem filios processu temporis generavit. Nomina autem filiorum hæc sunt: Eanfridus, **Oswaldus, Oslacus, Oswidus, Osa** et **Offa.**[1]

Eodem anno Credda Merciorum rege mortuo, Wibba filius eius successit **tribus annis.**

Death of Credda, king of Mercia. His son Wibba reigns 3 years.

CAP. LI.

De *nativitate* regis Seberti.

ANNO gratiæ quingentesimo octogesimo nono Sledda rex Orientalium Saxonum ex filia Ermenrici regis olim Cantuariorum genuit Sebertum, qui post patrem regnavit. Iste Sebertus fuit fundator ecclesiæ beati Petri Westmonasterii, sicut inferius luculenter patebit.

Matth. Westm. p. 201; Rog.Wend. p. 94. A.D. 589. Birth of Sebert, son of Sledda.

CAP. LII.

De *morte Cissæ regis Australium Saxonum.*

ANNO gratiæ quingentesimo nonagesimo defuncto Cissa rege Australium Saxonum, regnum illud ad regem Occidentalium Saxonum Ceaulinum devolutum est.

Matth. Westm. p. 201; Rog.Wend. p. 94. A.D. 590. Death of Cissa, king of Sussex. His kingdom falls to Ceaulin, king of Wessex.

CAP. LIII.

Quod Ceolricus rex in regnum Occidentalium Saxonum successit, et Elle regi Deirorum Ethelfridus successit.

Matth. Westm. p. 201; Rog.Wend. p. 95.

ANNO gratiæ quingentesimo nonagesimo tertio Ceaulinus et frater eius Quichelinus decesserunt, et Ceolricus Ceaulino in regno Occidentalium Saxonum successit **quinque annis.**

A.D. 593. Death of Ceaulin. Ceolric his successor reigns 5 years.

---

[1] *Offa*] Offa, Oswinus, Matth.Westm , p. 201.

On the
death of
Elle, his
son Edwin
is sup-
planted by
Athelfrid,
king of
Bernicia.

Eodem anno Elle rex Deirorum defunctus est. Quo
mortuo, Athelfridus rex Berniciorum filium eius Edwinum expellens regno Deirorum, duo regna strenuissime gubernavit.   Ac Edwinus in exilium pulsus
exulavit cum Redwaldo rege Orientalium Anglorum,
quousque per illum regno suo restitutus est.

Matth.
Westm.
p. 202 ;
Rog.Wend.
p. 96.
A.D. 594.
Wibba,
king of the
Mercians,
dies. Cher-
lus, his
successor,
reigns 10
years.

CAP. LIV.

De obitu Wibbæ regis.

ANNO gratiæ quingentesimo nonagesimo quarto
Wibba rex Merciorum obiit.   Cui successit Cherlus,
non filius sed consanguineus eius, decem annis.

CONCLU-
SION.

ET quoniam Historiam de Gestis et successione
Regum Anglorum, quam ab anno adventus ipsorum
primitus in Britanniam, videlicet ab anno gratiæ quadringentesimo quadragesimo nono, usque ad annum
gratiæ quingentesimum nonagesimum sextum, qui est
annus centesimus quadragesimus septimus adventus
ipsorum in Britanniam, prout in scriptis sanctorum
patrum luculenter existit declarata, stilo nostro deduxi-
mus exhaustam ; nunc vero quia tempus gratiæ
attigimus, in quo Oriens ex alto gentem nostram
Anglicanam dignatus est visitare, ipsam a superstitione
gentili ad fidei sacræ culturam misericorditer evocando,
First Book
contains
the Pagan
Period. iccirco Historiæ nostræ prælibatæ Libro Primo metam
figentes ad Secundum Librum operis præsentis stilum
nostrum duximus convertendum.

EXPLICIT LIBER PRIMUS.

Incipit Prologus in Librum Secundum Speculi Historialis de Gestis Regum Anglorum.

PROSEQUENTES igitur materiam inchoatam de gestis et successione Regum Anglorum, Secundum Librum Historiæ nostræ iam ingressi, de nostræ gentis conversione ad[1] Christianæ fidei religionem per sacros et apostolicos doctores gratiose innormatæ, ac etiam de statu regum et successoribus dictæ gentis usque ad tempora Alfredi sive Aluredi, qui primus inter Anglorum reges fuit monarcha, et ad quem monarchia regni Anglicani totaliter extitit devoluta, in præsenti libro operis nostri duximus consequenter inserere.

Preface to the Second Book. Beginning with the conversion of the Saxons, it will be continued to the union of the country under one monarch Alfred.

Explicit Prologus.

---

[1] *ad*] et ad, MS.

Incipiunt Capitula Libri Secundi Speculi Historialis
de Gestis Regum Angliæ.

---

[1] *sibi*] sive, MS. But see below.

Quod mortuo **Sledda** rege Orientalium **Saxonum Sebertus** filius eius regnavit pro eo. *Cap.* xiv.

Ut rex Northumbrorum Æthelfridus mille et ducentos monachos interfecerit. *Cap.* xv.

De obitu beati papæ Gregorii. *Cap.* xvi.

Quod Augustinus Britanniarum archiepiscopus ordinavit **duos** episcopos, Mellitum videlicet et Justum, **et** de dedicatione ecclesiæ beati Petri Westmonasterii. *Cap.* xvii.

Ceolricus rex Occidentalium Saxonum obiit. *Cap.* xviii.

De regibus Anglorum. *Cap.* xix.

Ethelbertus rex Cantuariorum obiit. *Cap.* xx.

Quod **Edbaldus** rex, filius Ethelberti, in regno patri succedens ad culturam idolorum revertitur. *Cap.* xxi.

Qualiter Laurentius archiepiscopus **Cantuariæ** ab apostolorum principe flagellatur. *Cap.* xxii.

De pugna inter Æthelfridum regem **Northumbrorum** et Reodwaldum regem Orientalium **Anglorum.** *Cap.* xxiii.

Gens Northumbrorum cum rege suo **Edwino** verbum fidei prædicante [Paulino][1] suscepit. *Cap.* xxiv.

Quod **Edwinus** rex accepit a Bonifacio papa litteras ad fidem exhortatorias. *Cap.* xxv.

Quod Bonifacius papa misit litteras ad Æthelburgam coniugem dicti regis Edwini. *Cap.* xxvi.

De oraculo cœlesti, quod Edwino quondam exulanti apud Reodwaldum regem pietas Divina revelare dignata est. *Cap.* xxvii.

Quod rex **Edwinus** cum cunctis gentis suæ nobilibus ac plebe perplurima **fidem** et lavacrum sanctæ regenerationis accepit. *Cap.* xxviii.

Quod tanta fuit pax tempore regis Edwini in **Anglia,** quod mulier cum uno parvulo per totum regnum eius a mari usque ad mare **nullo** se lædente perambulare valeret. *Cap.* xxix.

Quod **Honorius** papa regi Edwino litteras miserat exhortatorias. *Cap.* xxx.

De pugna inter regem **Edwinum** Northumbrorum et Cadwallonem regem Britonum. *Cap.* xxxi.

---

[1] *Paulino*] om. MS.; but see below.

---

¹ *sive*] second hand.

De Kinewlfo Occidentalium Saxonum rege.   De Brithrico
    rege Occidentalium [Saxonum]¹.   *Cap.* lxiii.
De sancto Æthelberto rege Orientalium Anglorum.   *Cap.* lxiv.
De Egfrido rege Merciorum.   *Cap.* lxv.
De Egbrihto Westsaxonum rege.   *Cap.* lxvi.
De sancto Kenelmo rege Merciorum.   *Cap.* lxvii.
De causa Danicæ afflictionis.   *Cap.* lxviii.
De Ethelwlfo sive Adulfo rege Westsaxonum.   *Cap.* lxix.
De sancto Eadmundo rege et martyre.   *Cap.* lxx.
De successione filiorum Æthelwlfi regis Westsaxonum.
    Cap. lxxi.

---

¹ *Saxonum*] om. MS.; but see below.

INCIPIT LIBER SECUNDUS SPECULI HISTORIALIS DE
GESTIS REGUM ANGLIÆ.

CAP. I.

Quod Augustinus fuit missus a beato Gregorio in Bed. H.E.
Britanniam ad prædicandum genti Anglorum. i. 23; ii. 1.

ANNO gratiæ quingentesimo nonagesimo sexto, qui A.D. 596.
est annus centesimus quadragesimus octavus adventus In the 148th (or,
Anglorum in Britanniam ut eam subiugarent, vel se- as Bede
cundum Bedam[1] adventus Anglorum annus circiter says,150th)
centesimus quinquagesimus, beatus papa Gregorius, Di- the coming
vino monitus instinctu, misit servum Dei Augustinum gles, pope
et alios plures monachos cum eo timentes Deum Gregory
prædicare verbum Dei genti Anglorum. Sed opinio, gustine
quæ de beato Gregorio traditione maiorum ad nos into Eng-
usque perlata est, non est silentio prætereunda; qua land.
videlicet ex causa admonitus tam sedulam erga salutem
nostræ gentis curam gesserit. Dicitur enim, sicut in Legend of
legenda dicti patris liquido patet, quod die quadam and the
cum advenientibus nuper mercatoribus multa venalia in English
forum fuissent collata, multi[2] ad emendum confluxis- slaves.
sent, et ipsum Gregorium inter alios advenisse ac
vidisse inter alia pueros venales positos candidi corporis
ac venusti vultus, capillorum quoque forma egregia.[3]
Quos cum aspiceret, interrogavit, de qua regione vel
terra essent allati. Dictumque est, quia de Britannia

---

[1] *Bedam*] H. E. i. 23.
[2] *multi*] multique, Beda, H. E.
ii. 1.

[3] *egregia*] egregii, MS.

insula, cuius incolae talis essent aspectus. Rursus interrogavit, utrum iidem insulani Christiani essent, an
paganis adhuc erroribus essent implicati. Dictumque
est, quod essent pagani. At ille intimo ex corde longa
trahens suspiria: "Heu, pro dolor," inquit, "quod tam
lucidi vultus homines tenebrarum auctor possidet,
tantaque frontispicii gratia mentem ab interna gratia
vacuam gestat!" Rursus ergo interrogavit, quod esset
vocabulum gentis illius. Responsum est, quod Angli
vocarentur. At ille, "Bene," inquit, "Angli[1]; nam et
angelicam habent faciem, et tales angelorum in coelis
decet esse coheredes. Quod habet nomen ipsa provincia de qua isti sunt allati?" Responsum est, quia
"Deiri" vocarentur iidem provinciales. At ille, "Bene,"
inquit, "Deiri, quasi de ira eruti, et ad misericordiam
Christi vocati. Rex provinciae illius quomodo appellatur?" Responsum est, quod "Elle" diceretur. At ille
alludens ad nomen ait: "Alleluya! laudem Dei Creatoris illis in partibus oportet cantari." Accedensque
ad pontificem Romanae apostolicae[2] sedis (nondum enim
erat ipse pontifex factus) rogavit ut genti Anglorum in
Britanniam aliquos verbi ministros per quos ad Christum converterentur[3] mitteret, seipsum paratum esse in
hoc opus Domino cooperante perficiendum, si tamen
apostolico papae hoc ut fieret placeret. Quod dum
perficere non posset, quia etsi pontifex concedere illi
quod petierat voluit, non tamen cives Romani ut tam
longe ab urbe secederet potuerunt permittere; mox ut
ipse pontificatus officio functus est, perfecit opus diu
desideratum, alios quidem praedicatores mittens, sed ipse
praedicationem ut fructificaret suis exhortationibus ac
precibus adiuvans. Misit ergo beatus papa Gregorius
servum Dei Augustinum, sicut praediximus, et alios

---

[1] *Angli*] om. Bed.
[2] *apostolicae*] et apostolicae, Bed.
[3] *converterentur*] converteretur, Bed.

plures cum eo monachos timentes Deum[1] prædicare
verbum Dei genti Anglorum.   Qui [cum][2] iussis ponti-
ficalibus obtemperantes, memoratum opus aggredi cœpissent, iamque aliquantulum itineris confecissent, perculsi
timore inerti redire domum potius, quam barbaram,
feram, incredulamque gentem, cuius nec linguam quidem
nossent, adire cogitabant, et hoc esse tutius communi
consilio decernebant.   Nec mora: Augustinum, quem
eis episcopum ordinandum si ab Anglis susciperentur
disposuerat, domum remittunt, qui a beato Gregorio
humili supplicatu optineret, ne tam periculosam, tam
laboriosam, tam incertam peregrinationem adire deberent.   Quibus ille exhortatorias mittens litteras, in opus
eos verbi Divino confisos auxilio proficisci suadet.   Quarum videlicet litterarum ista est forma:

The mis-
sion of
Augustine.

"Gregorius servus servorum Dei, servis Dei[3] nostri.
Quia melius fuerat bona non incipere, quam ab his
quæ cœpta sunt cogitatione retrorsum redire, summo
studio, dilectissimi filii, oportet ut opus bonum, quod
auxiliante Domino cœpistis, impleatis.   Nec labor vos
ergo itineris, nec maledicorum hominum linguæ deter-
reant: sed omni instantia omnique fervore quæ incho-
astis Deo auctore peragite: scientes quod laborem
magnum maior æternæ retributionis gloria sequitur.
Remeanti autem Augustino præposito vestro, quem et
abbatem vobis constituimus, in omnibus humiliter
obedite: scientes hoc vestris animabus per omnia pro-
futurum, quicquid a vobis fuerit in eius admonitione
completum.   Omnipotens Deus sua vos gratia protegat,
et vestri laboris fructum in æterna me patria videre
concedat; quatinus etsi vobiscum laborare nequeo,
simul in gaudio retributionis inveniar, quia laborare

Gregory
encourages
the mis-
sionaries to
persevere.
(Greg. Ep.
vi. 51.)

---

[1] *Deum*] Dominum, Bed. i. 23. | [3] *Dei*] Domini, Bed.
[2] *cum*] om. MS. But see Bed. |

scilicet[1] volo.　Deus vos incolumes custodiat, dilectissimi filii.

" Data die decima kalendarum Augustarum, imperante domino nostro Mauricio Tiberio piissimo Augusto quarto decimo, post consulatum eiusdem domini anno tertio decimo, indictione quarta decima."

CAP. II.

Quod beatus Gregorius misit litteras ad Ethereum Arelatensem Archiepiscopum.

MISIT etiam tunc idem venerandus pontifex Gregorius ad Ethereum Arelatensem archiepiscopum litteras, ut Augustinum pergentem Britanniam benigne susciperet, quarum litterarum iste est textus:

" Reverentissimo et sanctissimo fratri Ethereo coepiscopo, Gregorius servus servorum Dei.　Licet apud sacerdotes habentes Deo placitam caritatem religiosi viri nullius commendatione indigeant; quia tamen aptum tempus se scribendi ingessit, fraternitati vestræ nostra mittere scripta curavimus: insinuantes, latorem præsentium Augustinum servum Dei, de cuius certi sumus studio, cum aliis servis Dei illic nos pro utilitate animarum auxiliante Domino direxisse: quem necesse est ut sacerdotali studio sanctitas vestra adiuvare, et sua ei solacia præbere festinet.　Cui etiam ut promptiores ad suffragandum possitis existere, causam vobis ei iniunximus subtiliter indicare; scientes quod ea cognita, tota vos propter Deum devotione ad solaciandum, quia res exigit, commendetis.[2]　Candidum præterea presbyterum, communem filium, quem ad

---

[1] *scilicet*] si licet, MS.; scilicet, Bed.

[2] *commendetis*] commodetis, Bed. i. 24.

gubernationem patrimoniali ecclesiæ nostræ transmi-
simus, caritati vestræ in omnibus commendamus. Deus
te incolumen custodiat, reverentissime frater.

"Data die decimo kalendarum Augustarum, impe- Jul. 23.
rante domino nostro Mauricio Tiberio piissimo Augusto [anno decimo quarto, post consulatum eiusdem
domini nostri]¹ anno tertio decimo, indictione quarta
decima."

Cap. III.

Quod Augustinus cum famulis Christi qui erant cum Bed. i. 25.
eo rediit in opus verbi pervenitque Britanniam.

ROBORATUS ergo confirmatione beati patris Gregorii A.D. 597.
Augustinus cum famulis Christi qui erant cum eo, rediit Augustine
in opus verbi pervenitque Britanniam. Erat eo tem- lands in
pore rex Æthelbertus in Kantia potentissimus, qui ad the Isle of
Thanet.
confinium usque Humbræ fluminis maximi, quo meridiani et septentrionales Anglorum populi dirimuntur,
fines imperii tetenderat. Est autem ad orientalem
Kantiæ plagam Tanatos insula non modica, id est,
magnitudinis iuxta consuetudinem æstimationis Anglorum, familiarum sexcentarum, quam a continenti terra
secernit fluvius Wantsuma, qui est latitudinis circiter
trium stadiorum, et duobus tantum in locis est trans-
meabilis: utrumque enim caput protendit in mare. In
hac ergo applicuit servus Domini Augustinus, et socii
eius viri ferme quadraginta. Acceperat autem, præci- He an-
piente beato Gregorio papa, de gente Francorum inter- nounces
pretes, et mittens ad Æthelbertum, mandavit se venisse to Ethel-
de Roma, ac nuntium ferre optimum, qui sibi obtem- bert, king
of Kent.

---

¹ *anno—nostri*] om. MS. But see Bed.

perantibus æterna in cœlis gaudia et regnum sine fine
cum Deo[1] vivo et vero futurum sine ulla dubietate
promitteret. Qui hæc audiens, manere illos in ea quam
adierant insula, et eis necessaria ministrari, donec
videret quid eis faceret, iussit. Nam et antea fama
ad eum Christianæ religionis pervenerat, utpote qui
et uxorem habebat Christianam de gente Francorum
reginam, vocabulo Bertham: quam ea condicione a
parentibus acceperat, ut ritum fidei ac religionis suæ
cum episcopo quem ei adiutorem fidei dederant, nomine
Liuthardo, inviolatum servare licentiam haberet.

The king
visits Au-
gustine.
    Post dies ergo venit ad insulam rex, et residens sub
divo iussit Augustinum cum sociis ad suum ibidem
advenire colloquium. Caverat autem[2] ne in aliquam
domum ad se introirent, vetere usus augurio, ne superventu suo, si quid maleficæ artis habuissent, cum superando deciperent. At illi non dæmonica sed Divina
virtute præditi veniebant, crucem pro vexillo ferentes
argenteam, et imaginem Domini Salvatoris in tabula
depictam, letaniasque canentes pro sua simul et eorum
propter quos et ad quos venerant salute æterna Domino
supplicabant. Cumque ad iussionem regis residentes
verbum ei vitæ una cum omnibus qui aderant eius
comitibus prædicarent, respondit rex dicens: "Pulcra
quidem sunt verba et promissa quæ affertis; sed quia
nova sunt et incerta, non his modo possum assensum
tribuere, relictis eis quæ tanto tempore cum omni
Anglorum gente servavi. Verum quia de longe in
regnum meum peregrini venistis, et ut ego mihi
videor perspexisse, ea quæ vos vera et optima crede-
batis, nobis quoque communicare desiderastis'; nolumus molesti esse vobis: quin potius benigno vos
hospitio recipere, et quæcunque victui vestro sunt
necessaria ministrare curamus: nec tamen prohibemus

---

[1] *Deo*] do, first hand ; deo, second hand.   [2] *autem*] enim, Bed.

quin omnes quos potestis fidei vestræ religionis præ-
dicando societis." Dedit ergo eis mansionem in civi- And allows him to re-
tate Dorobernensi, quæ imperii sui totius erat metro- side at Can-
polis, eisque, ut promiserat, cum administratione victus terbury.
temporalis licentiam quoque prædicandi non abstulit.
Appropinquans autem Augustinus cum sociis suis civitati
Dorobernensi more suo cum cruce sancta et imagine
magni Regis Domini nostri Iesu Christi, hanc letaniam
consona voce modulabantur : "Deprecamur Te, Domine,
in omni misericordia Tua, ut auferatur furor Tuus et
ira Tua a civitate ista et de domo sancta Tua, quoniam peccavimus. Alleluya."

CAP. IV.

Quod in data sibi mansione cœperunt apostolicam Bed. i. 26.
primitivæ ecclesiæ vitam imitari.

AT ubi datam sibi mansionem intraverant, cœperunt Devout life
apostolicam primitivæ ecclesiæ vitam imitari; oratio- of the mis-
sionaries.
nibus videlicet assiduis, vigiliis ac ieiuniis serviendo,
verbum vitæ quibus poterant prædicando, cuncta huius
mundi velut aliena spernendo, ea tantum quæ victui
necessaria videbantur ab eis quos docebant accipiendo,
secundum ea quæ docebant ipsi per omnia vivendo, et
paratum ad patiendum adversa quæque vel etiam moriendum pro ea quam prædicabant veritate animum
habendo. Quid mora? crediderunt nonnulli et baptizabantur, mirantes simplicitatem innocentis vitæ ac
dulcedinem doctrinæ eorum cœlestis. Erat autem
prope ipsam civitatem ad orientem ecclesia in honorem
sancti Martini antiquitus facta, dum adhuc Romani
Britanniam incolerent, in qua regina,[1] quam Christianam

---

[1] *regina*] regina regina, MS.

fuisse praediximus, orare consueverat. In hac ergo et
ipsi primo convenire, psallere, orare, missas facere,
praedicare et baptizare coeperunt; donec rege ad fidem
converso, maiorem praedicandi per omnia et ecclesias

Baptism of
Ethelbert. fabricandi vel restaurandi licentiam acciperent. At ubi
ipse etiam inter alios delectatus vita mundissima sanc-
torum et promissis eorum suavissimis, quae vera esse
miraculorum quoque multorum ostensione firmaverant,
credens baptizatus est, coeperunt plures, et non pauci
cotidie, ad audiendum verbum confluere, ac relicto gen-
tilitatis ritu unitati se sanctae Christi ecclesiae credendo
sociare. Quorum fidei et conversioni ita congratulatus
esse rex perhibetur, ut nullum tamen cogeret ad Chris-
tianismum, sed tantummodo credentes artiori dilectione
quasi concives sibi regni coelestis amplecteretur. Didicerat enim a doctoribus autoribusque suae salutis, ser-
vitium Christi voluntarium non coacticium esse debere.
Nec distulit, quin etiam ipsis doctoribus suis locum
sedis eorum gradui condignum in Doroberni metropoli
sua donaret, simul et necessarias in diversis speciebus
possessiones conferret.

CAP. V.

Bed. i. 27.

Quod Augustinus genti Anglorum est episcopus ordinatus.

Augustine
is conse-
crated by
Ethereus. INTEREA vir Domini Augustinus venit Arelas, et ab
archiepiscopo eiusdem civitatis Ethereo, iuxta quod
iussa sancti patris Gregorii acceperat, episcopus genti
Anglorum ordinatus est. Reversusque in Britanniam,
misit continuo Romam Laurentium presbyterum et
Petrum monachum, qui beato pontifici Gregorio gentem
Anglorum fidem Christi suscepisse et se episcopum
factum esse referrent: simul et de eis quae necessariae
videbantur quaestionibus eius consulta flagitans. Nec
mora: congrua quaesitui responsa recepit; quae etiam
huic historiae nostrae commodum duximus inserere.

Cap. VI.

Interrogationes Augustini et responsiones Gregorii.

Bed. i. 27; Greg.Epist. xi. 64.

INTERROGATIO beati Augustini episcopi Cantuariensis ecclesiæ " de episcopis, qualiter cum suis clericis conversentur, vel de his quæ fidelium oblationibus accedunt altario, quantæ debeant fieri portiones."

Questions of Augustine, and replies of Gregory.
1. Distribution of church revenues.

Responsio Gregorii. " Qualiter episcopus agere debeat in ecclesia sacra Scriptura testatur, quam te[1] bene nosse dubium non est, et specialiter beati Pauli ad Timotheum epistolæ, in quibus eum erudire studuit qualiter in domo Dei conversari debuisset. Mos autem sedis apostolicæ est, ordinatis episcopis præcepta tradere, ut ex omni stipendio quod accedit quatuor debeant fieri portiones; una videlicet episcopo et familiæ propter hospitalitatem atque susceptionem; alia clero; tertia pauperibus; quarta ecclesiis reparandis. Sed quia tua fraternitas monasterii regulis erudita seorsum fieri non debet a clericis suis, in ecclesia Anglorum, quæ autore Deo nuper adhuc ad fidem perducta est, hanc debet conversationem instituere, quæ in initio nascentis ecclesiæ fuit patribus nostris; in quibus nullus eorum ex his quæ possidebant aliquid suum esse dicebat, sed erant eis communia omnia.

Church revenues divided into four portions: 1.for the bishop; 2. for the clergy; 3. for the poor; 4. for repairs of churches.

" Si qui vero sunt clerici extra sacros ordines constituti, qui se continere non possunt, sortiri uxores debent et stipendia sua exterius accipere. Quia et

Marriage of clergy.

---

[1] *te*] de, MS.

Their stipend and rule of life. de eisdem patribus de quibus præfati sumus novimus scriptum, quod dividebatur singulis prout cuique opus erat. De eorum quoque stipendio cogitandum atque providendum est, et sub ecclesiastica regula sunt tenendi, ut bonis moribus vivant et canendis psalmis invigilent, et ab omnibus illicitis et cor et linguam et corpus Deo auctore conservent. Communi autem vita viventibus iam de faciendis portionibus vel exhibenda hospitalitate et adimplenda misericordia nobis quid erit loquendum? cum omne quod superest in causis piis ac religiosis erogandum est; Domino Magistro omnium docente: Quod superest, date eleemosynam, et ecce omnia munda sunt vobis."

2. Masses. *Interrogatio beati Augustini.*[1] "Cur cum una scitur[2] fides, sunt ecclesiarum diversæ consuetudines, et altera consuetudo missarum in sancta Romana ecclesia atque altera in Gallia tenetur?"

Responsio beati Gregorii. "Novit fraternitas tua Romanæ ecclesiæ consuetudinem, in qua se meminit nutritam. Sed mihi placet, ut sive in Romana, sive in Galliarum, seu in qualibet ecclesia, aliquid invenisti quod plus Omnipotenti Deo possit placere, sollicite eligas, et in Anglorum ecclesia, quæ adhuc ad fidem nova est, institutione præcipua, quæ de multis ecclesiis colligere potuisti, infundas. Non enim pro locis res, sed pro bonis rebus loca amanda sunt. Ex singulis quibusque ecclesiis, quæ pia, quæ religiosa, quæ recta sunt elige, et hæc quasi in fasciculum collecta apud Anglorum mentes in consuetudinem depone."

3. Sacrilege. *Interrogatio beati Augustini.* "Obsecro quid pati debet, si quis aliquid de ecclesia furto abstulerit?"

---

[1] *Augustini*] Et altera consuetudo missarum, erased in MS.   [2] *scitur*] sit, Bed.

Responsio beati Gregorii.   " Hoc tua fraternitas ex
persona furis pensare potest, qualiter valeat corrigi.
Sunt enim quidam qui habentes subsidia furtum
perpetrant, et sunt alii qui hac in re ex inopia de-
linquunt : unde necesse est ut quidam damnis, quidam
vero verberibus ; et quidam districtius, quidam autem
levius corrigantur.   Et cum paulo districtius agitur,
ex caritate agendum est, et non ex furore : quia
ipsi hoc præstatur qui corrigitur, ne gehennæ ignibus
tradatur.   Sic enim nos fidelibus tenere disciplinam
debemus, sicut boni patres carnalibus filiis solent,
quos et pro culpis verberibus feriunt, et tamen ipsos,
quos doloribus affligunt, habere heredes quærunt, et
quæ possident ipsis servant, quos irati insequi videntur.   Hæc ergo caritas in mente tenenda est, et ipsa
modum correctionis dictat, ita ut mens extra rationis
regulam omnino nihil faciat.   Addis etiam, quomodo
ea quæ furto de ecclesiis abstulerint reddere debeant.
Sed absit ut ecclesia cum augmento recipiat, quod
de terrenis rebus videtur amittere, et lucra de vanis
quærere."

Interrogatio beati Augustini.   " Si debeant duo germani fratres singulas sorores accipere, quæ sunt ab
illis longa progenie generatæ ?"

Responsio beati Gregorii.   " Hoc fieri modis omnibus
licet : nequaquam enim in sacris eloquiis invenitur,
quod huic capitulo contradicere videatur."

Interrogatio beati Augustini.   " Usque ad quotam generationem debeant fideles cum propinquis sibi coniugio
copulari ? et in novercis et cognatis si liceat copulari
coniugio ?"

Responsio beati Gregorii.   " Quædam terrena lex in
Romana republica permittit, ut sive fratris et sororis,[1]
seu duorum fratrum germanorum vel duarum soro-

*4. Mar-
riage with
brother's
wife's sis-
ter.*

*5. Mar-
riage of
kindred.*

---

[1] *fratris et sororis*] frater et soror. MS.´ Cf. Justinian. Instit. i. 10, § 4.

rum filius et filia misceantur.   Sed experimento didicimus, ex tali coniugio sobolem non posse succrescere : Et sacra lex prohibet cognationis turpitudinem revelare.   Unde necesse est ut iam tertia vel quarta generatio fidelium licenter sibi iungi debeat : nam secunda quam diximus a se omni modo debet abstinere.   Cum noverca autem misceri grave est facinus, quia et in lege scriptum est :[1] 'Turpitudinem patris tui non revelabis.'   Neque enim patris turpitudinem filius revelare potest.   Sed quia scriptum est :[2] 'Erunt duo in carne una ;' qui turpitudinem novercæ quæ una caro cum patre fuit revelare præsumpserit, profecto patris turpitudinem . revelavit.   Cum cognata quoque misceri prohibitum est, quæ per iunctionem priorem caro fratris fuerit facta.   Pro qua re etiam Johannes Baptista capite truncatus est et sancto martyrio consummatus,[3] cui non est dictum ut Christum negaret, et pro Christi confessione occisus est ;[3] sed quia idem Dominus noster Jesus Christus dixerat :[4] 'Ego sum veritas ;' quia pro veritate Johannes occisus est, videlicet pro Christo sanguinem fudit.   Quia vero sunt multi in Anglorum gente, qui dum adhuc in infidelitate essent, huic nefando coniugio dicuntur admixti, ad fidem venientes admonendi sunt ut se abstineant,[5] et grave hoc esse peccatum cognoscant.   Tremendum Dei iudicium[6] timeant ne pro carnali dilectione tormenta æterni cruciatus incurrant.   Non tamen pro hac re sacri corporis ac sanguinis Domini communione privandi sunt, ne in eis illa ulcisci videantur, in quibus se per ignorantiam ante lavacrum baptismatis astrinxerunt.   In hoc enim tem-

---

[1] Levit. xviii. 7.

[2] Gen. ii. 24.

[3] *consummatus—occisus est*] Perhaps we should read, consummatus, et pro . . . occisus est ; cui non . . . negaret ; sed quia, &c.

[4] John xiv. 6.

[5] *abstineant*] abstinent, MS.

[6] *Tremendum — iudicium*] Tremendum dedi iud. et, & c., MS.

pore sancta ecclesia quædam per fervorem corrigit, quædam per mansuetudinem tolerat, quædam per considerationem dissimulat, atque ita portat et dissimulat, ut sæpe malum quod adversatur portando et dissimulando compescat. Omnes autem qui ad fidem veniunt, admonendi sunt, ne tale aliquid audeant perpetrare. Si qui autem perpetraverint, corporis et sanguinis Domini communione[1] privandi sunt: quia sicut in his qui per ignorantiam fecerunt, culpa aliquatenus toleranda est, ita in his fortiter insequenda, qui non metuunt sciendo peccare."

Interrogatio beati Augustini. " Si longinquitas itineris magna interiacet, ut episcopi non facile valeant convenire, an debeat sine aliorum episcoporum præsentia episcopus ordinari ?"

6. Consecration of bishops.

Responsio beati Gregorii. " Ut quidem in Anglorum ecclesia, in qua adhuc solus tu episcopus inveniris, ordinare episcopum non aliter nisi sine episcopis potes. Nam quando de Gallis episcopi veniunt, qui in ordinatione episcopi testes assistant?[2] Sed fraternitatem tuam ita volumus episcopos ordinare, ut ipsi sibi episcopi longo intervallo minime disiungantur, quatinus nulla sit necessitas; ut in ordinatione episcopi pastores quoque alii quorum præsentia valde est utilis facile debeant[3] convenire. Cum igitur auctore Deo ita fuerint episcopi in propinquis sibi locis ordinati, per omnia episcoporum ordinatio sine aggregatis tribus vel quattuor episcopis fieri non debet. Nam in ipsis rebus spiritualibus, ut sapienter et mature disponantur, exemplum trahere a rebus etiam carnalibus possumus. Certe enim dum coniugia in mundo celebrantur, coniugati quique convocantur, ut qui in via iam coniugii præcesserant, in subsequentis quoque copulæ gaudio

---

[1] *communione*] communione, MS.   [2] *assistant*] assitant, MS.

[3] *debeant*] non debeant, MS.; debeant, Bed.

miscantur. Cur non ergo et in hac spirituali ordinatione, qua per sacrum ministerium homo Deo coniungitur, tales conveniant, qui vel in provectu ordinati
episcopi gaudeant, vel pro eius custodia Omnipotenti
Deo preces pariter fundant?"

7. Relation
of Augus-
tine to the
bishops of
Gaul and
Britain.

Interrogatio beati Augustini. "Qualiter debemus cum
Galliarum atque Britannorum episcopis agere?"

Responsio beati Gregorii. "In Galliarum episcopis
nullam autoritatem tribuimus: quia ab antiquis prae-
decessorum meorum temporibus pallium Arelatensis
episcopus accepit, quem nos privare auctoritate per-
cepta minime debemus. Si igitur contingat ut fraternitas tua ad Galliarum provinciam transeat, cum
eodem Arelatensi episcopo debet agere, qualiter si
qua sunt vitia in episcopis, corrigantur. Qui si forte
in disciplinae vigore tepidus existat, tuae fraternitatis
zelo accendendus est. Cui etiam epistolas fecimus, ut
cum tuae sanctitatis praesentia in Galliis et ipse tota
mente subveniat, et quae sunt Creatoris nostri iussioni
contraria ab episcoporum moribus compescat. Ipse
autem extra autoritatem propriam episcopus Galliarum
iudicare non poteris; sed suadendo, blandiendo, bona
quoque[1] opera tua eorum imitationi monstrando, pra-
vorum mentes ad sanctitatis studia reforma: quia scriptum est in lege:[2] 'Per alienam messem transiens, falcem
mittere non debet, sed manu spicas conterere et man-
ducare.' Falcem ergo iudicii mittere non potes in ea
segete, quae alteri videtur commissa; sed per affectum
boni operis frumenta Dominica vitiorum suorum paleis
expolia, et in ecclesiae corpus[3] monendo et persua-
dendo quasi mandendo converte. Quicquid vero ex
autoritate agendum est, cum praedicto Arelatensi episcopo agatur, ne praetermitti possit hoc, quod antiqua

---

[1] *quoque*] quosque, MS.   [3] *corpus*] corpore, Bed.
[2] Deut. xxiii. 25.

patrum institutio invenit. Britannorum vero omnes
episcopos tuæ fraternitati committimus, ut indocti
doceantur, infirmi persuasione roborentur, perversi auctoritate corrigantur."

Interrogatio beati Augustini. "Si prægnans mulier
debeat baptizari? aut postquam genuerit, post quantum tempus possit ecclesiam intrare? aut etiam ne
morte præoccupetur quod genuerit, post quot dies
hoc liceat sacri baptismatis sacramenta percipere?
aut post quantum tempus huic vir suus possit in
carnis copulatione coniungi? aut si menstrua consuetudine tenetur, an ecclesiam intrare ei liceat, aut sacræ
communionis sacramenta percipere? aut vir suæ coniugi permixtus, priusquam lavetur aqua, si ecclesiam
possit intrare? vel etiam ad mysterium communionis
sacræ accedere? Quæ omnia rudi Anglorum genti
oportet haberi comperta."

8. Should pregnancy, or child-birth, or menstruation exclude from baptism or public worship?

Responsio beati Gregorii. "Hoc non ambigo fraternitatem tuam esse requisitam, cui iam responsum
reddidisse me arbitror. Sed hoc quod ipse dicere
et sentire potuisti, credo quia mea apud te volueris
responsione uti et firmari. Mulier etenim prægnans
cur non debeat baptizari, cum non sit ante Omnipotentis Dei oculos culpa aliqua fecunditas carnis? Nam
cum primi parentes nostri in paradiso deliquissent,
immortalitatem quam acceperant recto Dei iudicio per-
diderunt. Quia itaque idem Omnipotens Deus humanum genus. pro culpa sua funditus extinguere noluit,
et immortalitatem homini pro peccato suo abstulit, et
tamen pro benignitate suæ pietatis fecunditatem ei
sobolis reservavit. Quod ergo naturæ humanæ ex
Omnipotentis Dei dono servatum est, qua ratione
poterit a sacri baptismatis gratia prohiberi? In illo
quippe mysterio, in quo omnis culpa funditus extin-
guitur, valde stultum est, si donum gratiæ contradicere videatur. Cum vero enixa fuerit mulier, post
quot dies debeat ecclesiam intrare, Testamenti veteris

præceptione[1] didicisti, ut pro masculo diebus triginta
tribus, pro femina autem diebus sexaginta sex debeat
abstinere. Quod tamen sciendum est quia in mysterio
accipitur. Nam si hora eadem qua genuerit actura
gratias intrat ecclesiam, nullo peccati pondere gravatur:
voluptas enim carnis, non dolor in culpa est.   In
carnis autem commixtione voluptas est: nam in prolis
prolatione gemitus. Unde et ipsi primæ matri omnium dicitur,[2] 'In doloribus paries.' Si itaque enixam
mulierem prohibemus ecclesiam intrare, ipsam ei pœnam
suam in culpam deputamus. Baptizari autem vel
enixam mulierem, vel hoc quod genuerit, si mortis
periculo urgetur, vel ipsam hora eadem qua gignit,[3]
vel hoc quod gignitur, eadem hora qua natum est,
nullo modo prohibetur: quia sancti mysterii gratia,
sicut viventibus atque discernentibus cum magna
discretione providenda est; ita quibus mors imminet,
sine ulla dilatione offerenda; ne dum adhuc tempus
ad præbendum redemptionis mysterium quæritur, interveniente paululum mora inveniri non valeat qui
redimatur.

  " Ad eius vero concubitum vir suus accedere non
debet, quoadusque qui gignitur[4] purificetur.[5] Prava
autem consuetudo in coniugatorum moribus surrexit,
ut mulieres filios quos gignunt nutrire contem-
nant, eosque aliis mulieribus ad nutriendum tra-
dant, quod videlicet ex sola causa incontinentiæ
videtur inventum: quia dum se continere nolunt,
despiciunt lactare quos gignunt. Hæ itaque quæ
filios suos ex prava consuetudine aliis ad nutriendum
tradunt, nisi purgationis tempus transierit, viris suis
non debent admisceri: quippe quia et sine partus

---

[1] Levit. xii.
[2] Gen. iii. 16.
[3] *gignit*] gingnit, MS.

[4] *gignitur*] gingnitur, MS.
[5] *purificetur*] ablactatur, Bed.

causa, cum in consuetis menstruis detinentur, viris suis misceri prohibentur ; ita ut morte lex sacra[1] feriat, si quis ad menstruatam mulierem accedat. Quæ tamen mulier dum consuetudinem menstruatam patitur, prohiberi ecclesiam intrare non debet; quia ei naturæ superfluitas in culpam non valet reputari : et pro hoc quod invita patitur, iustum non est ut ingressu ecclesiæ privetur. Novimus namque quod mulier quæ fluxum patiebatur sanguinis, post tergum Domini humiliter veniens, vestimenti eius fimbriam tetigit, [atque][2] ab ea statim sua infirmitas recessit. Si ergo in fluxu sanguinis posita laudabiliter potuit Domini vestimentum tangere : cur quæ menstruam sanguinis patitur, ei non liceat Domini ecclesiam intrare? Sed dicis : Illam infirmitas compulit ; has vero de quibus loquimur, consuetudo constringit. Perpende autem, frater carissime, quia omne quod in hac mortali carne patimur ex infirmitate naturæ, est digno Dei iudicio post culpam ordinatum.[3] Esurire namque, sitire, æstuare, algere, lassescere, ex infirmitate naturæ est. Et quid est aliud, contra famem alimenta, contra sitim potum, contra æstum auras, contra frigus vestem, contra lassitudinem requiem quærere, nisi medicamentum quoddam contra ægritudines explorare? Feminis itaque et menstruus sui sanguinis fluxus ægritudo est. Si igitur bene præsumpsit quæ vestimentum Domini in languore posita tetigit, quod uni personæ infirmanti conceditur, cur non concedatur cunctis mulieribus, quæ suæ naturæ vitio infirmantur ? Sanctæ autem communionis mysterium in eisdem[4] diebus percipere non debet prohiberi. Si autem ex veneratione magna percipere non præsumit, laudanda est ; sed si perceperit, non iudicanda. Bonarum quippe mentium

---

[1] Levit. xx. 18.
[2] atque] om. MS.
[3] ordinatum] ordinati, MS.
[4] eisdem] hisdem, MS.

est, et ibi aliquo modo culpas suas agnoscere, ubi
culpa non est; quia saepe sine culpa agitur, quod
venit ex culpa : unde etiam cum esurimus, sine culpa
comedimus, quibus ex culpa primi hominis factum est
ut esuriremus.   Menstrua enim consuetudo mulieribus
non aliqua culpa est, videlicet quia naturaliter accedit.
Sed tamen quod natura ipsa ita vitiata est, ut etiam sine
voluntatis studio videatur esse polluta, ex culpa venit
vitium, in quo se ipsam, qualis per iudicium facta sit,
humana natura cognoscat; et homo qui culpam sponte
perpetravit, reatum culpae portet invitus.   Atque ideo
feminae cum semetipsas considerant et in menstrua
consuetudine ad sacramentum Domini corporis et
sanguinis accedere non praesumunt, de sua recta consideratione laudandae sunt; dum vero percipiendi ex
religiosae vitae consuetudine eiusdem mysterii amore
rapiuntur, reprimendae, sicut praediximus, non sunt.
Sicut enim in Testamento veteri exteriora opera observantur, ita in Testamento novo, non tam quod exterius agitur, quam id quod interius cogitatur, sollicita
intentione attenditur, ut subtili sententia puniatur.
Nam cum multa Lex velut immunda manducari pro-
hibeat; in Evangelio[1] tamen Dominus dicit: 'Non quod
intrat in os, coinquinat hominem ; sed quae exeunt de
ore, illa sunt quae coinquinant hominem.'   Atque paulo
post subiecit exponens.[2]   'Ex corde exeunt cogitationes
malae.'   Ubi ubertim indicatum est, quia illud ab
Omnipotenti Deo pollutum esse in opere ostenditur,
quod ex pollutae cogitationis radice generatur.   Unde
Paulus quoque apostolus dicit :[3] 'Omnia munda mun-
dis, coinquinatis autem et infidelibus nihil est mundum.'   Atque mox eiusdem coinquinationis causam
annuntians subiungit : 'Coinquinata sunt enim et mens

---

[1] Matt. xv. 11.   [3] Tit. i. 15.
[2] Matt. xv. 19.

corum et conscientia.' Si ergo ei cibus inmundus non
est, cuius mens inmunda non fuerit : cur quod munda
mente mulier ex natura patitur, ei in inmunditiam
reputetur ?

" Vir autem cum propria coniuge dormiens, nisi
lotus aqua, intrare ecclesiam non debet ; sed neque
lotus intrare statim debet. Lex autem populo veteri
præcepit,[1] ut mixtus vir mulieri et lavari aqua debeat,
et ante solis occasum ecclesiam non intrare : quod
tamen intelligi spiritualiter potest. Quia mulieri vir
miscetur, quando illicitæ concupiscentiæ animus in
cogitatione per delectationem coniungitur ; quia nisi
prius ignis concupiscentiæ a mente deferveat, dignum
se congregatione fratrum æstimare non debet, qui se
gravari per nequitiam pravæ voluntatis videt. Quamvis
de hac re diversæ hominum nationes diversa sentiant,
atque alia custodire videantur ; Romanorum tamen
semper ab antiquioribus usus fuit, post admixtionem
propriæ coniugis et lavacri purificationem quærere, et
ab ingressu ecclesiæ paululum reverenter abstinere. Nec
hoc dicentes culpam deputamus esse coniugium ; sed
quia ipsa licita admixtio[2] coniugis sine voluptate carnis
fieri non potest, a sacri loci ingressu abstinendum est ;
quia voluptas ipsa esse sine culpa nullatenus potest.
Non enim de adulterio vel fornicatione, sed legitimo
coniugio natus fuerat qui dicebat :[3] ' Ecce enim in iniquitatibus conceptus sum, et in delictis peperit me
mater mea.' Qui enim in iniquitatibus conceptum se
noverat, a delicto se natum gemebat : quia portat
arbor in ramo humorem vitii, quem traxit ex radice.
In quibus tamen verbis non ipsam admixtionem coni-
iugum iniquitatem nominat, sed ipsam videlicet volup-
tatem admixtionis. Sunt enim multa licita ac legitima,

---

[1] Lev. xv. 16, 17.   [3] Psal. li. 5.
[2] admictio] admixeo, MS.

et tamen in eorum actu aliquatenus fœdamur; sicut
sæpe irascendo culpas insequimur, et tranquillitatem in
nobis animi perturbamus: et cum rectum sit quod
agitur, non est tamen approbabile quod in eo animus
perturbatur. Contra vitia quippe delinquentium iratus
fuerat qui dicebat :[1] 'Turbatus est præ ira oculus mens.'
Quia enim non valet nisi[2] tranquilla mens in contem-
plationis se lucem suspendere, in ira suum oculum turbatum dolebat: quia dum male acta deorsum insequitur, confundi atque turbari et summorum contemplatione cogebatur. Et laudabilis ergo est ira contra
vitium, et tamen molesta, quia turbatum se aliquem
reatum incurrisse æstimabat. Oportet itaque legitima
carnis copula ut causa prolis sit, non voluptatis; et
carnis commixtio creandorum liberorum sit gratia, non
satisfactio vitiorum. Si quis vero suam coniugem non
cupidine voluptatis raptus, sed solummodo creandorum liberorum gratia utitur, iste profecto sive de
ingressu ecclesiæ, seu de sumendo Dominici corporis
sanguinisque mysterio, suo est iudicio relinquendus;
quia a nobis prohiberi non debet accipere, qui in
igne positus nescit ardere. Cum vero non amor
procreandæ sobolis, sed voluptas dominatur in opere
commixtionis, habent coniuges etiam de sua commixtione quod defleant. Hoc enim eis concedit sancta
prædicatio; et tamen de ipsa concessione metu animum concutit. Nam cum Paulus apostolus diceret :[3]
'Qui se continere non potest, habeat uxorem suam;'
statim subiungere curavit: 'Hoc autem dico secundum
indulgentiam, non secundum imperium.' Non enim in-
dulgetur quod licet, quia iustum est. Quod igitur
indulgeri dixit, culpam esse demonstravit. Vigilanti
vero mente pensandum est, quod in Sina monte

---

[1] Psal. vi. 7.
[2] *non—nisi*] nisi non valet, MS.

[3] 1 Cor. vii. 2, 6.

Dominus ad populum locuturus, prius eundem populum abstinere a mulieribus præcepit. Et si illic ubi Dominus per creaturam subditam hominibus loquebatur, tanta provisione est munditia corporis requisita, ut qui verba Dei perciperent mulieribus mixti non essent ; quanto magis mulieres, quæ corpus Domini Omnipotentis accipiunt, custodire in se munditiam carnis debent, ne ipsa inæstimabilis mysterii magnitudine graventur ? Hinc etiam ad David de pueris suis per sacerdotem dicitur, ut si a mulieribus mundi essent, panes propositionis[1] acciperent, quos omnino non acciperent, ni prius mundos eos David a mulieribus fateretur ? Tunc autem vir qui post admixtionem coniugis lotus aqua fuerit, etiam sacræ communionis mysterium valet accipere, cum ei iuxta[2] præfinitam sententiam etiam ecclesiam licuerit intrare."

Interrogatio beati Augustini. " Si post illusionem quæ per somnum solet accidere, vel corpus Domini quilibet accipere valeat ; vel, si sacerdos sit, sacra mysteria celebrare ? "

Responsio beati Gregorii papæ. " Hunc quidem Testamentum[3] veteris Legis, sicut in superiori capitulo iam diximus, pollutum dicit, et nisi lotum aqua, et usque ad vesperam intrare ecclesiam non concedit. [Quod tunc specialiter illum populum, spiritualiter autem intelligens sub eodem,][4] quod tamen aliter populus spiritualis intelligens, sub eodem intellectu accipiet quo præfati sumus : quia quasi per somnum illuditur qui temptatus immunditia veris imaginibus in cogitatione inquinatur ; sed lavandus est aqua, ut culpas cogitationis lacrimis abluat : et nisi prius ignis temptationis recesserit, reum se quasi usque ad vesperum

---

[1] *propositionis*] propiciationis, MS.   [3] Deut. xxiii. 10, 11.
[2] *juxta*] mixta, MS.   [4] *Quod tunc — eodem*] om. Bed.

cognoscat. Sed est in eadem illusione valde necessaria discretio, quae subtiliter pensare debeat, ex qua re accidat menti dormientis: aliquando enim ex crapula, aliquando ex naturae superfluitate vel infirmitate, aliquando ex cogitatione contingit. Et quidem ex naturae superfluitate vel infirmitate cum evenerit, omni modo haec non est timenda; quia hanc animum nescientem[1] pertulisse magis dolendum est, quam fecisse. Cum vero ultra modum appetitus gulae in sumendis alimentis[2] rapitur, atque iccirco humorum receptacula gravantur, habet exinde animus aliquem reatum, non tamen usque ad prohibitionem percipiendi sancti mysterii vel missarum sollemnia celebrandi: cum fortasse aut festus dies exigit, aut exhiberi mysterium, pro eo quod sacerdos alius in loco deest, ipsa necessitas compellit. Nam si assunt alii qui implere ministerium valeant, illusio pro crapula facta a perceptione sacri mysterii prohibere[3] non debet; sed ab immolatione sacri mysterii abstinere, ut arbitror, humiliter debet: si tamen dormientis mentem turpi imaginatione non concusserit. Nam sunt quibus ita plerumque illusio nascitur, ut eorum animus, etiam in somno corporis positus, turpibus imaginationibus non foedetur. Qua in re una sibi ostenditur ipsa mens rea, non tamen vel suo iudicio libera, cum se, etsi dormienti corpore nihil meminit vidisse, tamen in vigiliis corporis meminit in[4] ingluviem cecidisse. Sin vero ex turpi cogitatione vigilantis oritur illusio dormientis, patet animo reatus suus: videt enim a qua radice inquinatio illa processerit, quia quod cogitavit sciens, hoc pertulit nesciens. Sed pensandum est, ipsa cogitatio utrum suggestione, an

---

delectatione, vel, quod maius est, peccati consensu acciderit. Tribus enim modis impletur omne peccatum; videlicet suggestione, delectatione, consensu. Suggestio quippe fit per diabolum, delectatio per carnem, consensus per spiritum : quia et primam culpam serpens suggessit, Eva velut caro delectata est, Adam velut spiritus consensit : et necessaria est magna discretio, ut inter suggestionem atque delectationem, inter delectationem et consensum, iudex sui animus præsideat. Cum enim malignus spiritus peccatum suggerit in mente, si nulla peccati delectatio sequatur, peccatum omni modo perpetratum non est : cum vero delectari caro cœperit, tunc peccatum incipit nasci : si autem ex deliberatione consentit, tunc peccatum cognoscitur perfici. In suggestione igitur peccati initium est, in delectatione fit nutrimentum, in consensu perfectio. Et sæpe contingit ut hoc quod malignus spiritus seminat in cogitatione, carnem in delectationem trahat; nec tamen animus eidem delectationi consentiat : et cum caro delectari sine anima nequeat, ipse tamen animus carnis voluptatibus reluctans in delectatione carnali aliquo modo ligatur invitus, ut ei et ratione contradicat, ne consentiat, et tamen delectatione ligatus sit, sed ligatum se vehementer ingemiscat. Unde et ille cœlestis exercitus præcipuus miles gemebat dicens : [1] ' Video aliam legem in membris meis repugnantem legi mentis meæ, et captivum me ducentem in lege peccati, quæ est in membris meis.' Si autem captivus erat, minime pugnabat; sed pugnabat : quapropter captivus non erat; pugnabat igitur lege [2] mentis, cui lex quæ in membris est repugnabat. Et si [3] pugnabat, captivus non erat. Ecce itaque homo est,

---

[1] Rom. vii. 23.

[2] *sed—lege*] sed et pugnabat; qua- | propter et captivus erat, et pugnabat igitur legi, Bed.

[3] *Et si*] Et sic, MS.

ut ita dixerim, captivus et liber ; liber ex iustitia
quam diligit, captivus ex delectatione quam portat
invitus."

CAP. VII.

Bed. i, 28 ;
Greg.
Epist. xi.
68.

Quod beatus Gregorius misit epistolam Virgilio
episcopo.

HUCUSQUE responsiones beati papæ Gregorii ad consulta reverentissimi antistitis Augustini.   Epistolam
vero quam se Arelatensi episcopo fecisse commemorat,[1]
ad Virgilium Etherii successorem dederat.   Cuius hæc
forma est :

Letter of
Pope Gre-
gory to
Virgil,
bishop of
Arles.

Commends
Augustine
to his care.

" Reverentissimo et sanctissimo fratri Virgilio coepiscopo Gregorius servus servorum Dei.   Quantus sit
affectus venientibus sponte fratribus impendendus, ex
eo quod plerumque solent caritatis causa invitari,
cognoscitur.   Et ideo si communem fratrem Augustinum episcopum ad vos venire contigerit, ita illum
dilectio vestra, sicut decet, affectuose dulciterque suscipiat, ut et ipsum consolationis suæ bono refoveat, et
alios quoque, qualiter fraterna caritas colenda sit,
doceat.   Et quoniam sæpius evenit, ut hi qui longe
sunt positi, prius ab aliis quæ sunt emendanda,[2] cognoscant : si quas fortasse fraternitati vestræ sacerdotum vel aliorum culpas intulerit, una cum eo residentes subtili cuncta investigatione perquirite, et ita
vos in ea quæ Deum offendunt et ad iracundiam
provocant districtos ac solicitos exhibete, ut ad aliorum emendationem et vindicta culpabilem feriat, et

---

[1] Supra, p. 64.

[2] *quæ — emendanda*] quæ sunt quæ
emendanda, MS.

innocentem falsa opinio non affligat. Deus te incolumem custodiat, reverentissime frater.

"Data die decima kalendarum Juliarum, imperante domino nostro Mauricio Tiberio piissimo Augusto anno nono decimo, post consulatum eiusdem domini nostri anno octavo decimo, indictione quarta."

Jun. 22, A.D. 601.

Cap. VIII.

Quod beatus Gregorius misit plures prædicatores in Britanniam.

Bed. i. 29.

PRÆTEREA idem papa Gregorius Augustino episcopo, quia suggesserat ei multam quidem sibi esse messem, sed operarios paucos, misit cum præfatis legatariis suis plures cooperatores ac verbi ministros:[1] in quibus primi et præcipui erant Mellitus, Justus, Paulinus, Rufinianus; et per eos generaliter universa quæ ad cultum erant ac ministerium ecclesiæ necessaria, vasa videlicet sacra et vestimenta altarium, ornamenta quoque ecclesiarum et sacerdotalia vel clericalia indumenta, sanctorum etiam apostolorum ac martyrum reliquias, nec non et codices plurimos. Misit etiam litteras in quibus significat se ei pallium direxisse, simul et insinuat qualiter episcopos in Britannia constituere debuisset; quarum litterarum iste est textus:[2]

Gregory sends to Augustine Mellitus, Paulinus, and other assistants, with sacred vessels and vestments, books and relics, also the pall.

" Reverentissimo et sanctissimo fratri Augustino coepiscopo Gregorius servus servorum Dei. Cum certum sit pro Omnipotenti Deo laborantibus ineffabilia æterni regni præmia reservari; nobis tamen eis

Letter of Gregory to Augustine.

---

[1] *ministros*] ministris, MS.　　　　[2] Greg. Epist. xi. 65.

necesse est honorum beneficia tribuere, ut in spiri-

He directs
Augustine
to con-
secrate
twelve
bishops.

tualis operis studio ex remuneratione valeant multiplicius insudare. Et quia nova Anglorum ecclesia ad
Omnipotentis Dei gratiam eodem Domino largiente
et te laborante perducta est, usum tibi pallii in ea
ad sola missarum sollemnia agenda concedimus: ita
ut per loca singula duodecim episcopos ordines, qui
tuæ subiaceant dicioni, quatinus Londoniensis civitatis episcopus semper in posterum a synodo propria
debeat consecrari, atque honoris pallium ab hac
sancta et apostolica, cui Deo auctore deservio, sede

The bishop
of York, as
metropo-
litan, to
consecrate
twelve
bishops.

percipiat. Ad Eboracum vero civitatem te volumus
episcopum mittere, quem ipse iudicaveris ordinare;
ita dumtaxat, ut si eadem civitas cum finitimis locis
verbum Dei receperit, ipse quoque duodecim episcopos
ordinet, et metropolitani honore perfruatur; quia ei
quoque, si vita comes fuerit, pallium tribuere Domino
favente disponimus. Quem tamen tuæ fraternitatis
volumus dispositioni subiacere: post obitum vero
tuum ita episcopis quos ordinaverit præsit, ut Londoniensis episcopi nullo modo dicioni subiaceat. Sit
vero inter Lundoniæ et Eboraciæ civitatis episcopos in
posterum ista distinctio, ut ipse prior habeatur
qui prius fuerit ordinatus: communi autem consilio
et concordi actione quæque sunt pro Christi zelo
agenda disponant unanimiter, recte sentiant, et ea
quæ senserint non sibimet discrepando perficiant.
Tua vero fraternitas non solum eos episcopos quos
ordinaverit, neque tantummodo hos qui per Eboraciæ
episcopum fuerint ordinati, sed etiam omnes Britanniæ sacerdotes habeat Domino Deo nostro Iesu
Christo auctore subiectos; quatinus ex lingua et vita
tuæ sanctitatis et recte credendi et bene vivendi formam percipiant, atque officium suum fide ac moribus
exequentes, ad cœlestia, cum Dominus voluerit, regna
pertingant. Deus te incolumem custodiat, reverentissime frater.

" Data die decima kalendarum Juliarum, imperante Jan. 22.
domino nostro Mauricio Tiberio piissimo Augusto anno A.D. 601.
nono decimo, post consulatum[1] eiusdem domini nostri
anno octavo decimo, indictione[2] quarta."

CAP. IX.

Quod beatus Gregorius misit litteras Mellito abbati, Bed. i. 30.
per quas ostendit quam studiose erga salvationem
gentis Anglorum invigilaverit.

ABEUNTIBUS autem præfatis legatariis, misit post eos
beatus pater Gregorius litteras memoratu dignas, in
quibus aperte quam studiose erga salvationem nostræ
gentis invigilaverit, ostendit, ita scribens :

" Dilectissimo filio Mellito abbati Gregorius servus Letter of
servorum Dei. Post discessum congregationis nostræ Gregory to Mellitus.
quæ tecum est, valde sumus suspensi redditi, quia (Ep. xi. 76.)
nihil de prosperitate vestri itineris audisse nos contigit. Cum ergo Deus Omnipotens vos ad reverentissimum virum fratrem nostrum Augustinum per-
duxerit, dicite ei, quid diu mecum de causa Anglorum
cogitans tractavi : videlicet quia fana[3] idolorum destrui Idols to be
in eadem gente minime debeant ; sed ipsa quæ in eis destroyed, but the
sunt idola destruantur ; aqua benedicta fiat, quæ in temples to be spared,
eisdem fanis aspergatur, altaria construantur, reliquiæ and con-
ponantur : quia si fana eadem bene constructa sunt, secrated to Christian
necesse est ut a cultu dæmonum in obsequia veri use.
Dei debeant commutari ; ut dum gens ipsa eadem fana

---

[1] *consulatum*] pontificatus. MS. ;   [2] indictio, MS.
post consulatum, Bed.   [3] fana, MS.

sua non videt destrui, de corde errorem deponat, et
Deum verum cognoscens ac adorans ad loca quæ consuevit familiarius concurrat. Et quia boves solent in
sacrificio dæmonum multos occidere, debet eis etiam
Origin of
wakes. hac de re aliqua sollemnitas immutari : ut die dedicationis, vel natalicii sanctorum martyrum quorum illic
reliquiæ ponuntur, tabernacula sibi circa easdem ecclesias quæ ex fanis commutatæ sunt de ramis arborum
faciant, et religiosis conviviis sollemnitatem celebrent ;
nec diabolo iam animalia immolent, sed ad laudem Dei
in esu suo animalia occidant, et Donatori omnium de
satietate sua gratias referant : ut dum eis aliqua
exterius gaudia reservantur, ad interiora gaudia consentire facilius valeant. Nam duris mentibus simul
omnia abscidere impossibile esse non dubium est, quia
et is[1] qui summum locum ascendere nititur, gradibus
vel passibus, non autem saltibus, elevatur. Sic in Is-
raelitico populo in Ægypto Dominus se quidem innotuit ; sed tamen eis sacrificiorum usus quem diabolo
solebant exhibere, in cultu proprio reservavit, ut eis
in suo sacrificio animalia immolare præciperet ; quatinus cor mutantes aliud de sacrificio amitterent, aliud
retinerent : ut etsi ipsa essent animalia quæ offerre
consueverant, vero tamen Deo hæc et non idolis immolantes, iam sacrificia ipsa non essent. Hæc[2] igitur
dilectionem tuam prædicto fratri necesse est dicere,
ut ipse in præsenti illic positus perpendat, qualiter
omnia debeat dispensare. Deus te incolumem custodiat,
dilectissime fili.

Jun. 17.
A.D. 601. " Data die quinta decima kalendarum Juliarum, imperante domino nostro Mauricio Tiberio piissimo Augusto
anno nono decimo, post consulatum[3] eiusdem domini
anno octavo decimo, indictione quarta."

---

[1] is] his, MS.
[2] Hæc] Hanc. MS.

[3] post consulatum] pontificatus, MS.

CAP. X.

Quod beatus Gregorius misit Augustino epistolam Bed. i. 31.
super miraculis quæ per eum [facta][1] esse cogno-
verat.

QUO tempore misit etiam Augustino epistolam super Gregory
miraculis quæ per eum facta esse cognoverat, in qua writes to Augustine
eum, ne per illorum copiam periculum elationis incur- on hearing of the
reret, his verbis hortatur : miracles

"Scio, frater carissime, quia Omnipotens Deus per wrought by him,
dilectionem tuam in gente quam eligi voluit magna and cau- tions him
miracula ostendit : unde necesse est ut de eodem dono against
cœlesti et timendo gaudeas, et gaudendo pertimescas : undue ela- tion.
gaudeas videlicet, quia Anglorum animæ per exteriora (Greg. Ep
miracula ad interiorem gratiam pertrahuntur ; perti- xi. 28.)
mescas vero, ne inter signa quæ fiunt infirmus animus
in sui præsumptione se elevet, et unde foras in
honorem tollitur, inde per inanem gloriam intus cadat.
Meminisse etenim debemus quia discipuli cum gaudio
a prædicatione redeuntes, dum cœlesti Magistro dicerent :[2] ' In Nomine Tuo etiam dæmonia nobis subiecta
sunt ;' protinus audierunt : ' Nolite gaudere super hoc,
sed potius gaudete quia nomina vestra scripta sunt
in cœlo.' In privata[3] enim et temporali lætitia mentem posuerant qui de miraculis gaudebant ; sed de
privata[4] ad communem, de temporali ad æternam lætitiam revocantur quibus dicitur : ' In hoc gaudete
quia nomina vestra scripta sunt in cœlo.' Non enim
omnes electi miracula faciunt ; sed tamen eorum
nomina omnium in cœlo tenentur ascripta. Veritatis

---

[1] *facta*] om. MS.   [3] *privata*] privato, MS.
[2] Luc. x. 17, 20.   [4] *privata*] privato, MS.

etenim discipulis esse gaudium non debet, nisi de eo[1] bono quod commune cum omnibus habent, et in quo finem lætitiæ non habent. Restat itaque, frater carissime, ut inter ea quæ operante Domino exterius facis, semper te interius subtiliter iudices, ac subtiliter intelligas, et temetipsum quis sis, et quanta sit in eadem gente gratia, pro cuius conversione faciendorum signorum dona percepisti. Et si quando te Creatori nostro seu per linguam sive per opera reminisceris deliquisse, semper hæc ad memoriam revoces, ut surgentem cordis gloriam memoria reatus premat. Et quicquid de faciendis signis acceperis vel accepisti, hæc non tibi sed illis deputes donata, pro quorum tibi salute collata sunt."

CAP. XI.

Bed. i. 32. *Quod beatus Gregorius misit epistolam regi Ethelberto simul et dona in diversis speciebus perplura.*

MISIT idem papa beatus Gregorius eodem tempore etiam regi Ethelberto epistolam simul et dona in diversis [speciebus][2] perplura; temporalibus quoque honoribus regem glorificare satagens, cui gloriæ cœlestis suo labore et industria notitiam provenisse gaudebat. Exemplar autem præfatæ epistolæ hoc:—

Letter of Gregory to king Ethelbert. (Greg. Ep. xi. 66.) " Domino gloriosissimo atque præcellentissimo filio Ethelberto regi Anglorum Gregorius episcopus.

" Propter hoc Omnipotens Deus bonos quosque ad populorum regimina perducit, ut per eos omnibus

---

[1] *nisi de eo*] nisi deo, MS.   [2] *speciebus*] om. MS.

quibus prælati fuerint, dona suæ pietatis impendat.[1]
Quod in Anglorum gentem factum cognovimus : cui
vestra gloria iccirco est præposita, ut per bona quæ
vobis concessa sunt, etiam subiectæ vobis genti
superna beneficia præstarentur. Et ideo, gloriose fili,
eam quam accepisti divinitus gratiam, sollicita mente
custodi, Christianam fidem in populis tibi subditis
extendere festina, zelum rectitudinis tuæ in eorum
conversione multiplica, idolorum cultus insequere,
fanorum ædificia everte,[2] subditorum mores et magna
vitæ munditia, exhortando, terrendo, blandiendo, corrigendo, et boni operis exempla monstrando ædifica :
ut illum retributorem invenias in cœlo, cuius nomen
atque cognitionem dilataveris in terra. Ipse enim
vestræ quoque gloriæ nomen etiam posteris gloriosius
reddet, cuius vos honorem quæritis et servatis in
gentibus.

" Sic etenim Constantinus quondam piissimus imperator, Romanam rempublicam a perversis idolorum
cultibus revocans, Omnipotenti Deo Domino nostro
Jesu Christo secum subdidit, seque cum subiectis
populis tota ad eum mente convertit. Unde factum
est ut antiquorum principum nomen suis vir ille
laudibus vinceret, et tanto in opinione præcessores
suos, quanto et in bono opere superaret. Et nunc
itaque vestra gloria cognitionem unius Dei,[3] Patris
et Filii et Spiritus Sancti, regibus ac populis sibimet
subiectis festinet infundere, ut et antiquos gentis suæ
reges laudibus ac meritis transeat, et quanto in subiectis suis etiam aliena peccata deterserit, tanto etiam
de peccatis propriis ante Omnipotentis Dei terribile
examen securior fiat.

" Reverentissimus frater noster Augustinus epis-

---

[1] *impendat*] impendit, MS.
[2] *everte*] eccerte, MS.

[3] *Dei*] diei, MS.

F

copus, in monasterii regula edoctus, sacrae Scripturae
scientia repletus, bonis auctore Deo operibus praeditus,
quaeque[1] vos admonet, libenter audite, devote peragite,
studiose in memoria reservate: quia si vos eum in
eo quod pro Omnipotente Domino loquitur, auditis,
isdem Omnipotens Deus hunc pro vobis exorantem
celerius exaudit. Si enim, quod absit, verba eius
postponitis, quando eum Omnipotens Deus poterit
audire pro vobis, quem vos negligitis audire pro Deo?
Tota igitur mente cum eo vos in fervore fidei stringite,
atque adnisum[2] illius virtute quam vobis Divinitas
tribuit, adiuvate, ut regni sui vos ipse faciat[3] esse
participes, cuius vos fidem in regno vestro recipi facitis
et custodiri.

"Propterea scire vestram gloriam volumus, quia
sicut in Scriptura sacra ex verbis Domini Omnipotentis agnoscimus, praesentis mundi iam terminus
iuxta est, et sanctorum regnum venturum est, quod
nullo unquam poterit fine terminari. Appropin-
quante autem eodem mundi termino, multa immi-
nent quae antea non fuerunt: videlicet inmutatio
aëris,[4] terroresque de coelo, et contra ordinem temporum tempestates, bella, fames, pestilentiae, terraemotus
per loca; quae tamen non omnia nostris diebus ventura sunt, sed post nostros dies omnia subsequentur.
Vos itaque, si qua ex his evenire in terra vestra cognoscitis, nullo modo vestrum animum perturbetis;
quia iccirco haec signa de fine saeculi praemittuntur, ut
de animabus nostris debeamus esse solliciti, de mortis
hora suspecti, et venturo Iudici in bonis actibus in-
veniamur esse praeparati. Haec nunc, gloriose fili,
paucis locutus sum, ut cum Christiana fides in regno
vestro excreverit, nostra quoque apud vos locutio

Signs of the approaching end of the world.

---

[1] *quaeque*] quoque, MS.
[2] *adnisum*] ad nisum, MS.
[3] *faciat*] facias, MS.
[4] *aëris*] aieris, MS.

latior[1] excrescat, et tanto plus loqui habeat, quanto se in mente **nostra** gaudia de gentis vestræ perfecta **conversione** multiplicant.

" **Parva** autem **exennia** transmisi, quæ vobis parva non **erunt, cum** a **vobis** ex beati Petri apostoli fuerint benedictione suscepta.   **Omnipotens** itaque **Deus** in vobis gratiam **suam** quam cœpit, perficiat, atque vitam **vestram et** hic per multorum annorum curricula extendat, et post longa tempora in cœlestis vos patriæ congregatione **recipiat.**   Incolumem **excellentiam** vestram gratia superna custodiat, domine fili.

" Data die decimo kalendarum Juliarum, imperante domino nostro Mauricio Tiberio piissimo Augusto anno nono decimo, post **consulatum**[2] eiusdem domini **anno** octavo decimo, indictione quarta." Jun. 22.
A.D. 601.

CAP. XII.

Quod Augustinus in regia civitate, scilicet Dorobernia,
sedem episcopalem accepit. Bed. i. 33.

AT Augustinus, ubi in regia **civitate, scilicet** Dorobernia, sedem episcopalem, ut prædiximus, **accepit,** recuperavit in 'ea regio fultus adminiculo ecclesiam quam inibi antiquo Romanorum fidelium opere factam **fuisse** didicerat, **et** eam in nomine sancti Salvatoris Dei **et** Domini nostri Jesu **Christi** sacravit, atque ibidem sibi habitationem **statuit** et cunctis successoribus suis.   Fecit autem et monasterium **non** longe ab ipsa civitate ad orientem, **in quo eius hortatu** Ethelbertus **rex** eccle- *Augustine settles at Canterbury, and restores the old church.*

He builds a monastery.

---

[1] *latior*] laicŏr, MS. | [2] *post consulatum*] pontificatus, MS.

siam beatorum apostolorum Petri et Pauli a[1] fundamentis construxit, ac diversis donis ditavit, in qua ipsius
Augustini et omnium episcorum Dorobernensium, simul
et regum Kantiæ, poni corpora possent.   Quam tamen
ecclesiam non ipse Augustinus, sed successor eius Laurentius consecravit.   Primus autem eiusdem monasterii
abbas Petrus presbyter fuit, qui legatus Galliam missus
demersus est in sinu maris qui vocatur Amfleat, et
ab incolis loci ignobili traditus sepulturæ : sed Omnipotens Deus ut qualis meriti vir fuerit demonstraret,
omni nocte supra sepulcrum eius lux cœlestis apparuit,
donec animadvertentes vicini, qui[2] videbant sanctum
fuisse virum qui ibi esset sepultus, et investigantes
unde vel quis esset, abstulerunt corpus eius, et in
Bolonia civitate iuxta honorem tanto viro congruum
in ecclesia posuerunt.

Peter, first abbot of the monastery.

CAP. XIII.

Bed. i. 34.

Quod Æthelfridus rex Northumbrorum vastabat
gentem Britonum.

Æthelfrid king of Northumbria.

ISDEM temporibus Æthelfridus Northumbrorum rex
fortissimus et paganus[3] ferocissimus ac gloriæ cupidissi-
mus, qui plus omnibus Anglorum primatibus gentem vastabat Britonum ; ita ut Sauli quondam regi Israeliticæ[4]
gentis comparandus videretur, excepto dumtaxat hoc,
quod divinæ erat religionis ignarus.   Nemo enim in tribunis, nemo in regibus plures eorum terras, exterminatis
vel subiugatis indigenis, aut tributarias genti Anglorum,
aut habitabiles fecit.   Cui merito poterat illud quod
benedicens filium patriarcha in personam Saulis dicebat,[5]

---

[1] a] et, MS.
[2] qui] que, MS.
[3] paganus] pacanus, MS.

[4] Israelitica] Jsraletice, MS.
[5] Gen. xlix. 27.

aptari : "Beniamin lupus rapax, mane comedet præ-
dam, et vespere dividet spolia." Unde motus eius profectibus[1] Etdanus rex Scotorum qui Britanniam inhabitant, venit contra eum cum inmenso ac forti exercitu ; sed cum paucis victus aufugit. Siquidem in loco Battle of
celeberrimo qui dicitur *Degsestan*, id est, Degse lapis, between
omnis pæne eius est cæsus exercitus. In qua etiam Æthelfrid
pugna Theobaldus frater Æthelfridi, cum omni illo danus, king
quem ipse ducebat exercitu, peremptus est. Quod vide- of the
licet bellum Æthelfridus anno ab incarnatione Domini
sexcentesimo tertio, regni autem sui, quod viginti A.D. 603.
quatuor [annis][2] tenuit, anno undecimo perfecit. Neque
ex eo tempore quisquam regum Scottorum in Britanniam adversus gentem Anglorum per plurimorum
annorum curricula postea in prælium venire audebat.

Cap. XIV.

Quod mortuo Sledda rege Orientalium Saxonum, Bed. ii. 2;
Sebertus filius eius regnavit pro eo. Westm.,
p. 204.

A.D. 603.
Anno gratiæ sexcentesimo tertio mortuo Sledda Death of
rege Orientalium Saxonum, filius eius Sebertus, nepos king of
Æthelberti magni regis Kantiæ ex sorore Ricula, sub Essex. He
potestate ipsius Æthelberti constitutus, qui omnibus ed by his
usque terminum Humbræ fluminis Anglorum gentibus son Sebert.
imperabat, in regno Orientalium Saxonum post patrem
cœpit regnare. Eodem anno Ethelfridus contra Britannos apud Kaerlegion dimicans, viros religiosos de
abbatia Bangorensi[3] maximam multitudinem interfecit. Augustine
Nempe vir Domini Augustinus, auxilio regis Æthel- convenes a
berti usus, convocavit ad synodum suam episcopos et synod of

---

[1] *profectibus*] profectus, MS. But | [2] *annis*] om. MS. See Bede i. 34.
see Bed. i. 34. | [3] *Bangorensi*] Bargonensi, MS.

British bishops. doctores proximæ provinciæ, in loco qui usque hodie lingua Anglorum *Augustinos ac*, id est, robur sive quercus Augustini appellatur, in confinio Occidentalium Saxonum et Wicciorum : cœpitque eis[1] fraterna admonitione suadere, ut pace catholica secum habita, communem evangelizandi gentibus pro Domino laborem

The Britons *quarto-decimans*. susciperent. Non enim paschæ diem Dominicum suo tempore, sed a quarta decima usque ad vicesimam lunam observabant : quæ computatio octoginta trium[2] annorum circulo continetur. Sed et alia perplurima unitati ecclesiasticæ contraria faciebant. Qui cum longa disputatione habita, neque precibus, neque hortamentis, neque increpationibus Augustini ac sociorum eius assensum præbere voluissent, sed suas potius traditiones universis quæ per orbem sibi in Christo concordant ecclesiis præferrent, sanctus pater Augustinus hunc laboriosi atque longi certaminis finem fecit, ut diceret :

Augustine appeals to God to decide the questions in dispute by miracle. " Obsecremus Deum, qui habitare facit unanimes in domo Patris sui, ut ipse nobis insinuare cœlestibus signis dignetur, quæ sequenda traditio, quibus sit viis ad ingressum regni illius properandum. Adducatur aliquis æger, et per cuius preces fuerit curatus, huius fides et operatio Deo devota atque omnibus sequenda credatur." Quod cum adversarii inviti licet concederent, allatus est quidam de genere Anglorum, oculorum luce privatus : qui cum oblatus Britonum sacerdotibus, nil curationis vel sanationis horum ministerio perciperet ; tandem Augustinus iusta necessitate compulsus flectit genua sua ad Patrem Domini nostri Jesu Christi, deprecans ut visum cæco quem amiserat restitueret, et per illuminationem unius hominis corporalem in plurimorum corda fidelium spiritualis gratiam

He restores sight to a blind man. lucis accenderet. Nec mora : illuminatur cæcus, ac verus summæ lucis præco ab omnibus prædicatur Augus-

---

[1] *eis*] eos, MS. | [2] *trium*] quattuor, Bed.

tinus. Tum Britones confitentur quidem[1] intellexisse
se veram esse viam iustitiæ quam prædicaret Augustinus: sed non se posse absque suorum consensu ac
licentia priscis abdicare moribus.   Unde postulabant
ut secundo synodus pluribus advenientibus fieret.

Quod cum esset statutum, venerunt, ut perhibent, Second
septem Britonum episcopi et plures viri doctissimi, synod,
maxime de nobilissimo eorum monasterio, quod vocatur chiefly of
lingua Anglorum *Bancornaburch,* cui tempore illo Di- from Ban-
nothus abbas præfuisse narratur, qui ad præfatum ituri gor.
concilium, venerunt primo ad quendam virum sanctum
ac prudentem, qui apud eos anachoreticam ducere vitam
solebat, consulentes, an ad prædicationem Augustini
suas deserere traditiones deberent.   Qui respondebat:
"Si homo Dei est, sequimini illum."   Dixerunt: "Et
[unde.][2] hoc possumus probare?"   At ille; "Dominus,"
inquit, "ait:[3] 'Tollite iugum meum super vos, et discite
a me quia mitis [sum][4] et humilis corde.'   Si ergo
Augustinus ille mitis est et humilis corde, credibile
quia iugum Christi et ipse portet, et vobis portandum
offerat: sin autem inmitis est ac superbus, constat
quia non est de Deo, neque vobis est eius sermo curan-
dus."   Qui rursus aiebant: "Et unde vel [hoc][5] dinoscere
valemus?"   "Procurate," inquit, "ut ipse prior cum suis
ad locum synodi adveniat, et si vobis appropinquan-
tibus assurrexerit, scientes quia famulus Christi est,
optemperanter illum audite: sin autem vos spreverit,
nec coram vobis assurgere voluerit, cum sitis numero
plures, et ipse spernatur a vobis."   Fecerunt ut dixerat.
Factumque est, ut venientibus illis sederet Augustinus
in sella.   Quod illi videntes, mox in iram conversi The
sunt, eumque notantes superbiæ, cunctis quæ dicebat haughty
contradicere laborabant.   Dicebat autem eis, "Quod in Augustine
offends the
Britons.

[1] *quidem*] quidam MS.   [4] *sum*] om. MS.
[2] *unde*] om. MS.   [5] *hoc*] om. MS.
[3] Matt. xi. 29.

multis nostræ consuetudini,[1] immo universalis ecclesiæ contraria geritis: et tamen si tribus his mihi
optemperare[2] vultis; ut pascha suo tempore celebretis,
ut ministerium baptizandi, quo Deo renascimur, iuxta
morem Romanæ sanctæ et apostolicæ ecclesiæ com-
pleatis, ut genti Anglorum una nobiscum prædicetis
verbum Domini, cetera quæ agitis, quamvis moribus
nostris contraria, æquanimiter cuncta tolerabimus."[3]
At illi nihil horum se facturos, neque illum pro archiepiscopo habituros esse respondebant: conferentes ad
invicem, quia " si modo nobis assurgere noluit, quanto
magis si ei subdi cœperimus, iam nos pro nihilo con-
temnet."

Quibus vir Domini Augustinus fertur minitans[4] præ-
dixisse, quia si pacem cum fratribus accipere nollent,
bellum ab hostibus forent accepturi; et si nationi
Anglorum noluissent viam vitæ prædicare, per horum
manus ultionem essent mortis passuri. Quod ita per
omnia, ut prædixerat Augustinus, Divino agente iudicio
patratum est.

Augustine
predicts the
destruction
of the
British
church.

CAP. XV.

Bed. ii. 2. *Ut rex Northumbrorum Ethelfridus mille et ducentos
monachos interfecerit.*

Ethelfrid
defeats the
Britons at
Kaer-
legion, and
massacres
the monks
of Bangor.

Non multum vero post hæc ipse de quo diximus,
rex Anglorum fortissimus Ethelfridus, collecto grandi
exercitu ad Civitatem Legionum, quæ a gente Anglorum *Legacester*, a Britonibus autem rectius *Kaerlegion* appellatur, maximam gentis perfidæ stragem
dedit. Cumque bellum acturus videret sacerdotes

---

[1] *consuetudini*] consuetudine, MS.   [3] *tolerabimus*] tollerabimus, MS.
[2] *optemperare*] optempare, MS.   [4] *minitans*] mimitans, MS.

eorum, qui ad exorandum Deum pro milite bellum agente[1] convenerant, seorsum in tutiore loco consistere,[2] sciscitabatur qui essent hi, quidve acturi illo convenissent.   Erant autem plurimi eorum de monasterio Bangor, in quo tantus fertur fuisse numerus monachorum, ut cum in septem portiones esset cum præpositis sibi rectoribus monasterium divisum, nulla eorum portio minus quam trecentos homines haberet, qui omnes de labore manuum suarum vivebant.   Horum ergo plurimi ad memoratam aciem peracto iciunio triduano cum aliis orandi causa convenerant, habentes defensorem nomine Brocmailum, qui eos intentos precibus a barbarorum gladiis protegeret.   Quorum causam adventus cum intellexisset rex Ethelfridus, ait: " Ergo si adversum nos isti ad Deum suum clamant, profecto et ipsi quamvis arma non ferant, contra nos pugnant, qui adversis nos inprecationibus persequuntur."   Itaque in hos primum arma verti iubet, et sic ceteras nefandæ militiæ copias non sine magno exercitus sui damno delevit.   Extinctos in ea pugna ferunt, de his qui ad orandum venerant, viros circiter mille ducentos, et solum quinquaginta fuga esse lapsos.   Brocmailus ad primum hostium adventum cum suis terga vertens, eos quos defendere debuerat inermes ac nudos ferientibus gladiis reliquit.   Sicque completum est præsagium sancti pontificis Augustini, quamvis ipso iam multo ante tempore ad cœlestia regna sublato, ut etiam temporalis interitus[3] ultione sentirent perfidi, quod oblata sibi perpetuæ salutis consilia spreverunt.

---

[1] *agente*] agendo, MS. See Bed.   [2] *consistere*] consisteret, MS.
ii. 2.   [3] *interitus*] interius, MS.

CAP. XVI.

Bed. ii. 1.

De obitu beati papæ Gregorii.

A.D. 605.
Death of
pope Gre-
gory,
apostle of
England. ANNO Dominicæ incarnationis sexcentesimo quinto beatus papa Gregorius, postquam Romanæ sedem apostolicæ ecclesiæ tresdecim annos, menses sex, et dies decem gloriosissime rexit, defunctus est atque ad æternam regni cœlestis sedem translatus. Quem nos convenit, quia gentem nostram, id est, Anglorum, de potestate Sathanæ ad fidem Christi sua industria convertit, in nostra historia laudibus devotis, mente pia glorificare. Ipsum nempe rectius et non indebite[1] nostrum appellare possumus[2] et debemus apostolum. Quia cum primum et summum in toto orbe gereret pontificatum, et conversis iam dudum ad fidem veritatis esset prælatus ecclesiis, nostram gentem eatenus idolis mancipatam, Christi fecit ecclesiam, ita ut apostolicum illum de eo liceat nobis proferre sermonem:[3] quia etsi aliis non est apostolus, sed tamen nobis est; nam signaculum apostolatus eius nos sumus in Domino.

His birth. Erat autem natione Romanus, ex patre Gordiano, genus a proavis non solum nobile, sed et religiosum ducens. Nobilitatem vero quam ad sæculum videbatur habere, totam ad nanciscendam supernæ gloriam dignitatis Divina gratia largiente convertit. He enters a monastery. Nam mutato repente habitu sæculari, monasterium petiit, in quo tantæ perfectionis gratia cœpit conversari, ut, sicut ipse postea flendo solebat attestari, animo illius labentia cuncta subtererant, ut rebus omnibus quæ volvuntur emineret, ut nulla nisi cœlestia cogitare soleret, ut etiam retentus corpore, ipsa iam carnis claustra contemplatione transiret, ut mortem[4] quæ pæne cunctis

---

[1] *rectius—indebite*] non indebite rectius et non indebite, MS.
[2] *possumus*] possumus MS

[3] 1 Cor. ix. 2.
[4] *mortem*] morte, MS.

pœna est, videlicet ut ingressum vitæ et laboris sui
præmium amaret. Hoc autem ipse de se, non profec-
tum iactando virtutum, sed deflendo potius defectum
quem sibi per curam pastoralem incurrisse videbatur,
referre consueverat. Denique tempore quodam secreto He laments
cum diacono suo Petro colloquens, enumeratis animi tion of
sui virtutibus priscis, mox dolendo subiunxit: " At mind
nunc ex occasione curæ pastoralis sæcularium homi- the secular
num negotia patitur, et post tam pulcram quietis cares of the
suæ speciem, terreni actus pulvere fœdatur. Cumque
se pro condescensione[1] multorum ad exteriora sparserit,[2]
etiam cum interiora appetit, ad hæc procul dubio
minor redit. Perpendo itaque quod tolero, perpendo
quid amisi: dumque intueor illud quod perdidi, fit
hoc gravius quod porto." Hæc quidem sanctus vir ex
magnæ humilitatis intentione dicebat.

Rexit autem vir iste beatus ecclesiam temporibus im- His burial.
peratorum Mauricii et Focati. Secundo autem eiusdem March 12.
Focati anno transiens ex hac vita migravit ad veram
quæ in cœlis est vitam. Sepultus vero est corpore in
ecclesia beati Petri apostoli, ante secretarium, die quarta
iduum Martiarum, quandoque in ipso cum ceteris sanctæ
ecclesiæ pastoribus resurrecturus in gloria.

CAP. XVII.

Quod Augustinus Britanniarum archiepiscopus or- Bed. ii. 3.
dinavit duos episcopos, Mellitum videlicet et
Justum. De dedicatione ecclesiæ beati Petri
Westmonasterii.

ANNO Dominicæ incarnationis sexcentesimo quarto A.D. 604.
Augustinus Britanniarum archiepiscopus ordinavit duos bishop of
London.

---

[1] *condescensione*] condesconsione,   [2] *sparserit*] sparcerit, MS.
MS.

episcopos, Mellitum videlicet et Justum : Mellitum
quidem ad praedicandum provinciae Orientalium Saxonum, qui Tamense fluvio dirimuntur a Kantia et
ipsi Orientali mari contigui, quorum metropolis Londonia civitas est, supra ripam praefati fluminis posita,
et ipsa multorum emporium[1] populorum terra marique venientium.   In qua gente tunc temporis Sebertus nepos Æthelberti ex sorore Ricula, sicut praediximus,
mus, regnabat, quamvis sub potestate positus eiusdem

Cf. Lib. i.
c. 36.
Ethelberti, qui omnibus,[2] ut supra dictum est, usque ad
terminum Humbræ fluminis Anglorum gentibus imperabat.   Ubi vero et haec provincia verbum veritatis
praedicante Mellito accepit, fecit rex Ethelbertus
in civitate Londonia ecclesiam sancti Pauli apostoli,
in qua locum sedis episcopalis et ipse et successores

Justus,
bishop of
Rochester.
eius haberent.   Justum vero in ipsa Kantia Augustinus
episcopum ordinavit in civitate Dorubreni, quam gens
Anglorum a primario quondam illius qui dicebatur Rof,
Rofecester cognominat.   Distat autem a Dorubreni
milibus[3] passuum ferme viginti quatuor ad occidentem,
in qua Æthelbertus ecclesiam beati Andreæ apostoli
fecit.   Qui etiam episcopis utriusque ecclesiæ dona
multa, sicut et Dorobernensi, optulit : sed et territoria
ac possessiones in usum eorum qui erant cum episcopis
adiecit.

Cf. Usser.
Brit. Eccl.
Antiq. p.
587.
Ubi vero provincia Orientalium Saxonum cum ipso
rege suo Seberto verbum veritatis praedicante Mellito
accepit ; praefatus scilicet rex Sebertus ad instigationem

West-
minster
Abbey
built on the
avunculi[4] sui regis Æthelberti in occidentali Londoniæ
parte de quodam fano, qui tunc Apollinis habebatur
locus et[5] Thorncia dictus, inclitam basilicam Deo et

---

[1] *emporium*] emptorium, MS.
[2] *qui omnibus*] qui omnibus qui,
MS.

[3] *milibus*] miliũ, MS.
[4] *avunculi*] nepotis, first hand.
[5] *locus et*] et locus, MS.

sancto Petro apostolo fabricavit, sanctoque Mellito *site of a temple of Apollo.* Londoniensi pontifici dedicandam commendavit. Qui cum die statuta quadam Dominica eam dedicare disposuisset, nocte præcedente cuidam piscatori nomine Eadrico apostolus sanctus Petrus apparens, et quasi mercede compacta in navicula cum eodem piscatore Tamensem fluvium transfretans, præfatam basilicam, quæ nunc ab incolis ab occidentali parte Londoniæ Westmonasterium dicitur, cum cœlestium comitatu et *Consecrated by St. Peter himself.* laudibus angelicis, vidente tremebundo prænominato piscatore, Deo et sibi consecravit. Mane autem facto sanctus pontifex piscatore nuntio a sancto Petro hoc[1] mandatum accepit, ut ecclesiam a se dedicatam rededicare non præsumeret, signa dedicationis universa reperiens. Et quia locus ille absque navigio undique erat inaccessibilis, transfretaret, et signa dedicationis videns, quod restabat, scilicet missam celebraret, pœnitentibus pro arbitrio afflictionis dies indulgeret, et sic finitis omnibus, Dei et suam benedictionem populo daret. Signa autem dedicationis hæc erant; parietes intrinsecus et extra madidi; oleum et cruces in ipsis cereique semicombusti; alphabetum utrumque Græcum et Latinum in atrio depictum; magna aqua a sancto Petro benedicta in medio; altare oleo perfusum; incensum in ipso altari super tres cruces in eodem sculptas semicombustum. Cuius reliquum tunc temporis illius loci monachi noviter adunati diligenter collectum in scrinio auro et argento decenter ornato recondiderunt, quod quidem scrinium in eadem ecclesia usque hodie *Relics.* reservatur. Est autem et aliud signum patens et perpetuum, quod minime reticendum censeo. Dedicato itaque cœnobio, quod hactenus,[2] sicut prædiximus, Westmonasterium, eo quod in civitatis occidentali parte situm sit, dicitur, ad piscatorem suum rediens sanctus

---

[1] *hoc*] ho, MS. | [2] *hactenus*] actenus, MS.

Petrus ab interrogato qualiter se haberet, responsum accepit præ timore se pæne fore mortuum insuetæ claritatis
visione et iubilantium inaudito strepitu timore. Cuius
timorem compescens iussit ut se reducens mereretur
naulum. Cum itaque in medium fluminis devenissent,
interrogatus ab apostolo, si ipsa nocte ars sua ei
aliquid contulisset, respondit se nihil cepisse. Ad quem

Miraculous
draught of
fishes.

apostolus, " Mitte," inquit, " in dexteram naviculæ rete
et coadiutor tuus ero.   Novi enim et ipse aliquantisper artem piscandi." Quod cum fecisset, tantam
eius piscis qui esicius, id est salmo, dicitur, cepit
copiam, ut navicula pæne mergeretur. Cui apostolus,
" Sume," inquit, " eum quem extremum cepisti piscem,
et ex mea parte defer episcopo pro munere.   Decimationem nunc dedicatæ ecclesiæ dabis pro gratiarum
actione : ceterum vero tibi tolle pro naulo. Sed et
huius dedicationis signum erit perpetuum, quod et
tu [et] tota tua sequens huius artis progenies huius
generis piscium decimationem illi ecclesiæ dabitis[1]
in perpetuum, quatinus vobis sit capiendi facultas,
fluminis fecunditas ; orationisque causa eam ecclc-
siam frequentantibus erit benedictio, et possessiones
eis largientibus æterna vita retributio."   Pavensque
piscator et admirans cum miraculo iubentis imperium,
quisnam esset tanta promittens, inquirit.   Cui apostolus, " Ego," inquit, " sum, quem Christiani sanctum
Petrum apostolum vocant, qui hanc ecclesiam meam
hac nocte Deo dedicavi."   Hæc dicens apostolus et de
navi exiens disparuit. Ab illo itaque usque in hodiernum diem eius piscatoris progenies esiciorum decima-

A tithe of
the salmon
caught in
the river
due to St.
Peter.

tionem Deo et sancto Petro prout audent conferunt.
Presbyteri quippe quorum parochiani ipsi piscatores
existunt, malitia placitorum crescente et dolo artant
ipsos piscatores, ut Petri sancti decimationem sibi con-

---

[1] *dabitis*] dabit, MS.

ferant : **propter quod** et flumini **ingerunt sterilitatem
et** sibi maledictionem.   Asserunt enim **etiam ipsi piscatores** ob hoc ipsam flumini sterilitatem, **et ob hoc**
capiendi difficultatem ; **sc** maximam **pati penuriam.
Rex vero** Sebertus **ecclesiæ sæpe** dictæ **beati Petri
Westmonasterii cum uxore sua multis supervivens
annis plura contulit** bona, **et in eius provectu et incre-
mento studio sanctæ intentionis laborabant.   Perac-
toque vitæ mortalis cursu, idem Sebertus cum dicta
uxore sua in eadem** ecclesia **quam ipse construxerat,
iuxta altare** quod sanctus **Petrus dedicaverat, in plumbeis** sarcophagis sepultus **est ; sicut postea reperti sunt**
a quodam abbate dicti **loci ecclesiam prædictam am-
plioribus** renovante ædificiis.   **Sed demum multorum**
annorum **curriculo interveniente, post septingentos**
ipsius Seberti **decessus annos, per industriam fratrum
eiusdem** loci in **loco honestiori corpus præfati regis
constat esse sepultum.   Quidam** autem **metricus con-
siderans istius regis opera, et etiam humanæ condicionis miseriam et pii Retributoris** erga **mortales summam benivolentiam, metrice sic ait :** versus vero ita
sequuntur.

Sebert
buried in
the Abbey.

A.D. 1316.

Labilitas, brevitas mundanæ prosperitatis,
Cœlica præmia, gloria, gaudia danda **beatis**
   Sebertum certum iure dedere **satis.**
Hic rex _Christicola_ **verax fuit** hac **regione,**
Qui nunc cœlicola gaudet mercede coronæ.
Rex humilis, docilis, **scius et pius, inclitus iste,**
Solicite, nitide, tacite, placide, **bone Christe,**
   Vult servire Tibi **proficiendo sibi.**
Ornat **mores,** spernit **flores lucis** avaræ,
Gliscens **multum Christi cultum latificare,**
Ecclesiam nimiam nimio studio fabricavit.
Visio dictavit, **quod eam lustrando dicavit**
Petrus apostolus ; est nec in hoc dolus, immo probavit
Hæc illæsa **manus** quæ **fundamenta locavit.**
Hic septingentis annis terra tumulatus

Verses on
king Se-
bert.
(Weever's
Fun.
Monum.,
p. 451.)

Christi clementis instinctibus inde levatus,
   Isto sub lapide nunc iacet, ipse vide.
Atque domum Christo quia mundo fecit in isto,
Nunc pro mercede cœli requiescit in æde.
Respice, mortalis, promissio fit tibi talis.
   Accipies, si des; nil capies, nisi des.
Es Christo qualis, Christus fiet tibi talis.
   Dapsilis esto Sibi, largus eritque tibi.
Effectus, non affectus, si reddere possis,
Debet censeri; si nihil reddere possis,
Tunc bonus affectus pro facto debet haberi.
Sicut de lignis per aquam depellitur ignis,
Sic mala commissa fiunt donando remissa,
Reddit ad usuram, quod quis dat nomine Christi,
Nam vitam puram pro parvo dat Deus isti.

Death of
Sebert.
July 31,
A.D. 616.

Of his wife
Æthel-
goda.
Sept. 13,
A.D. 615.

Præfatus quidem rex Sebertus obiit ultimo die Julii, Anno Domini sexcentesimo decimo sexto; cuius uxor, nomine Æthelgoda, ante ipsum Sebertum diem suum claudens extremum, videlicet decimo tertio die Septembris, Anno Domini sexcentesimo decimo quinto, cum ipso Seberto viro suo, ut prædiximus, in ipsa ecclesia quam idem fundaverat, ac sanctus Petrus, prout supra retulimus, miraculose dedicaverat, in sarcophagis plumbeis honorabiliter est sepulta.

The Abbey
restored by
Offa and
Kenulph.

Entirely
rebuilt by
Edward,
son of
Ethelred.

Eandem autem ecclesiam post mortem istius gloriosi regis Seberti propter bellorum tumultus et hostium incursiones per multorum annorum curricula neglectam famosi reges Offa et Kenulphus magno studio et industria reædificare et renovare curaverunt, possessionibus et libertatibus multipliciter fulcientes et ditantes. Tandem beatissimus rex Eduuardus Ethelredi regis filius, sicut subsequentia manifestius intimabunt, a fundamentis ex novo construxit et dedicare fecit. In qua cius corpus virgineum, sicut ab omni luxu incorruptum habebatur vivens, ita defunctum integerrimum habetur reconditum. De quo in sequentibus plenius dicemus.

Cap. XVIII.

Ceolricus rex Occidentalium Saxonum obiit.

ANNO ab incarnatione Domini sexcentesimo septimo Ceolrico rege Occidentalium Saxonum defuncto, Ceolwlphus regnavit pro eo viginti quattuor annis.

Cap. XIX.

De regibus Anglorum.

ANNO gratiæ sexcentesimo decimo, defuncto Ceolwlpho[1] rege Occidentalium Saxonum, regnavit pro eo Kinegilis filius Seolæ triginta et uno annis. Regnabant hoc tempore in Mercia Penda, in regno Orientalium Anglorum Redwaldus, in Kantia Ethelbertus, in Essex Sebertus, in Northumbria Ethelfridus superbus et vanæ gloriæ cupidus.

Circa eorundem temporum curricula defunctus est Deo dilectus pater Augustinus, Dorobernensis archiepiscopus et Anglorum apostolus, positumque est corpus eius foras, iuxta ecclesiam beatorum apostolorum Petri et Pauli, cuius supra meminimus, quia necdum ecclesia fuerat perfecta, nec dedicata. Mox vero ut dedicata est, corpus dicti patris intro illatum et in porticu illius aquilonali decenter sepultum est: in qua etiam sequentium archiepiscoporum omnium sunt corpora tumulata, præter duorum tantummodo, id est, Theodori et Berthwoldi, quorum corpora iu ipsa ecclesia posita sunt, eo quod prædicta porticus

Marginal notes:
Matth. Westm. p. 208; Rog. Wend. p. 109.

Ceolric, king of Wessex, dies. A.D. 607. His successor Ceolwlph reigns 24 (?) years.

Matth. Westm. p. 209; Rog. Wend. p. 110.

A.D. 610. Death of Ceolwlph. His successor Kinegilis reigns 31 years.

Kings of Mercia, Essex, &c. Death of Augustine. [A.D. 608. Matth.; Rog.] Bed. ii. 3.

---

[1] In c. xviii. Ceolwlph's reign is said to have begun A.D. 607, and to have lasted 24 years. So, too, Matth. Westm., pp. 208, 209. Florence of Worcester and the Saxon Chronicle date his accession A.D. 597, and his death A.D. 611. (Petrie's *Monumenta Historica*, pp. 305, 306, 526, 527.) Assuming these dates, we must read xiv. for xxiv. in c. xviii.

plura capere nequivit. Habet hæc in medio pæne sui
altare in honore beati papæ Gregorii dedicatum, in
quo per omne sabbatum a presbytero loci illius
agendæ eorum sollemniter celebrantur.

Cap. XX.

Ethelbertus rex Cantuariorum obiit.

Rex Occidentalium Saxonum Kinegils Quichel-
mum, filium suum, regni consortem suscepit. Postea
vero tempore succedenti, anno videlicet ab incarnatione Dominica sexcentesimo decimo sexto, qui
est annus vicesimus primus ex quo Augustinus
cum sociis ad prædicandum genti Anglorum missus
est, Ethelbertus rex Cantuariorum, post regnum temporale, quod quinquaginta et sex annis gloriosissime
tenuerat, æterna cœlestis regni gaudia subiit: qui tertius quidem in regibus gentis Anglorum, cunctis australibus eorum provinciis quæ Humbriæ fluvio et con-
tiguis ei terminis sequestrantur a borealibus,[1] imperavit; sed primus omnium cœli regna conscendit. Nam
primus imperium huiusmodi Elle rex Australium Saxonum; secundus Celinus rex Occidentalium Saxonum, qui
lingua ipsorum Ceulinus vocabatur; tertius, ut diximus,
Ethelbertus rex Cantuariorum; quartus Redwaldus rex
Orientalium Anglorum, qui etiam vivente Ethelberto
eidem suæ genti ducatum præbebat, optinuit; quintus
Edwinus rex Northumbrorum gentis, id est, eius quæ
ad borealem Humbriæ fluminis inhabitat plagam,
maiori potentia cunctis qui Britanniam incolunt Anglorum pariter et Britonum populis præfuit, præter
Cantuariis tantum; necnon et Mevanias Britonum
insulas, quæ inter Hiberniam et Britoniam sitæ sunt,

Bed. ii. 5.
A.D. 616.
Death of
Ethelbert.

Kings of
the Saxons.

---

[1] *borealibus*] Borialibus, MS.

Anglorum subiecit imperio; sextus Oswaldus et ipse
Northumbrorum rex Christianissimus, **isdem finibus**
regnum tenuit; septimus Oswi frater eius, æqualibus
pæne termінis regnum nonnullo tempore **coercens**,[1] Pictorum quoque atque Scottorum gentes, quæ **septem-
trionales** Britanniæ fines tenent, maxima ex parte
perdomuit ac tributarias fecit.   **Sed hæc postmodum.**
Defunctus vero est rex Ethelbertus die **vicesima quarta** Feb. 24.
mensis Februarii, **post viginti et unum annos acceptæ
fidei**, atque in porticu sancti Martini, **inter ecclesiam
beatorum** apostolorum Petri et Pauli **sepultus**, ubi et
Berta regina condita **est.**

Qui inter **cetera** bona, quæ genti suæ consulendo Laws of
conferebat, etiam decreta illi iudiciorum, **iuxta exempla** Ethelbert.
Romanorum, cum consilio sapientium constituit; quæ
conscripta Anglorum sermone hactenus habentur, et
observantur **ab ea**: In quibus primitus posuit, qualiter id emendare debet, qui **aliquid rerum vel
ecclesiæ, vel episcopi, vel** reliquorum **ordinum furto**
auferret: volens scilicet tuitionem **eis, quos et quorum**
doctrinam susceperat, præstare.

Erat autem idem Ethelbertus filius Ermenrici, **cuius** His de-
pater Octa, cuius **pater Eric cognomento Esc**, a quo scent.
reges Cantuariorum **Escingas** cognominare solent;
cuius **pater Hengist**, qui cum filio **Esc** invitatus a
Vortigerno Britanniam primus intravit, **ut** supra retulimus.

CAP. XXI.

*Quod **Edbaldus** rex filius Ethelberti **in** regno
patri succedens, ad culturam idolorum revertitur.*

Bed. ii. 5
Matth.
Westm.
pp. 210,
211; Ro
Wend.
pp. 113,
114.

POST mortem vero Ethelberti regis, cum filius eius
Edbaldus **regni gubernacula suscepisset**, magno tenellis Ethelbert's
son and

---

[1] *coercens*] cohercens, MS.

successor, the pagan Edbald, takes to wife his step-mother.

ibi adhuc ecclesiæ crementis detrimento fuit. Siquidem non solum fidem Christi recipere noluerat, sed et fornicatione pollutus est tali, qualem nec inter gentes auditam apostolus testatur,[1] ita ut uxorem patris haberet. Quo utroque scelere occasionem dedit ad priorem vomitum revertendi his qui sub imperio sui parentis vel favore vel timore regio fidei et castimoniæ iura susceperant. Nec supernæ flagella districtionis perfido regi castigando et corrigendo defuere : nam crebra mentis vesania et spiritus inmundi invasione premebatur.

Death of Sebert, king of Essex.

Auxit autem procellam huinsce perturbationis etiam mors Seberti regis Orientalium Saxonum; qui ubi regna perennia[2] petens tres filios suos, qui pagani perduraverunt, regni temporalis heredes reliquit, videlicet Sexredum, Siwardum et Sebertum, cœperunt illi mox idolatriæ patre mortuo, quam vivente eo aliquantulum intermisisse videbantur, palam servire, subiectisque populis idola colendi liberam dare licentiam.

His sons relapse into idolatry.

Cumque viderent pontificem celebratis in ecclesia missarum sollemniis, eucharistiam populo dare, dicebant, ut vulgo fertur, ad eum barbara inflati stultitia : " Quare non et nobis porrigis panem nitidum, quem et patri nostro Saba," sic namque eum appellare consueverant, " dabas, et populo adhuc dare in ecclesia non desistis ?" Quibus ille respondit : " Si vultis ablui fonte illo salutari quo pater vester ablutus est, potestis etiam panis sancti, cui ille participabat, esse participes : sin autem lavacrum vitæ contemnitis, nullatenus valetis panem vitæ percipere." At illi, " Nolumus," inquiunt, " fontem illum intrare, quia nec opus illo nos habere novimus, sed tamen pane illo refici volumus." Cumque diligenter ac sæpe essent admoniti, nequaquam ita fieri posse ut absque purgatione sacrosancta quis oblationi sacrosanctæ communicaret, ad ultimum furore commoti,

---

[1] 1 Cor. v. 1. | [2] *perennia*] perhennia, MS.

aiebant : "Si non vis assentire nobis in tam facili
causa quam petimus, non poteris iam in nostra provincia demorari." Et expulerunt eum, ac de suo regno
cum suis abire iusserunt.

Qui expulsus inde, venit Kantiam, tractaturus cum *Mellitus and Justus retire to Gaul.* Laurentio et Justo coepiscopis, quid in his esset agendum. Decretumque est communi consilio, quia satius
esset ut omnes patriam redeuntes, libera ibi Domino
mente deservirent, quam inter rebelles fidei barbaros
sine fructu residerent. Discessere itaque primi Mellitus et Justus, atque ad partes Galliæ secessere,[1] ibi
rerum finem expectare disponentes. Sed non post
multo tempore reges qui præconem a se veritatis expule-
rant, dæmoniacis cultubus non inpune serviebant. Nam *Kinegils puts to the sword the sons of Sebert. They are succeeded by Segebert.* egressi contra gentem Gewisseorum in prælium, id est,
contra Kinegils regem Occidentalium Saxonum et Quic-
helmum fratrem suum, omnes pariter cum sua militia
corruerunt. Quibus in regnum successit Segebertus
cognomento parvus.

CAP. XXII.

*Qualiter Laurentius archiepiscopus Cantuariæ ab
apostolorum principe flagellatur.*

Bed. ii. 6 ; Matth. Westm. pp. 211, 212 ; Rog. Wend. pp. 114, 115.

Laurentius is scourged by St. Peter. DUM vero Laurentius Cantuariæ archiepiscopus Mellitum Justumque secuturus ac Britanniam esset relic-
turus, iussit ipsa sibi nocte in ecclesia apostolorum
Petri et Pauli, de qua frequenter iam diximus, stratum
parari. In quo [cum][2] post multas preces ac lacrimas ad
Deum pro statu ecclesiæ fusas, ad quiescendum membra posuisset atque obdormisset, apparuit ei beatissimus apostolorum princeps, et multo illum tempore
secretæ noctis flagellis artioribus afficiens, sciscitabatur

---

[1] *secessere*] cecessere, MS. | [2] *cum*] om. MS

apostolica districtione, quare gregem quem sibi ipse crediderat, relinqueret, vel cui pastorum oves Christi in medio luporum positas fugiens ipse dimitteret. "An mei," inquit, "oblitus es exempli, qui pro parvulis Christi, quos mihi in indicium suæ dilectionis commendaverat, vincula, verbera, carceres, afflictiones, ipsam postremo mortem, mortem autem crucis, ab infidelibus et inimicis Christi ipse cum Christo coronandus pertuli?" His beati Petri flagellis et simul exhortationibus animatus famulus Christi Laurentius, mox mane facto venit ad regem, et reiecto vestimento quantis esset verberibus laceratus ostendit. Qui multum miratus, et inquirens quis tanto viro tales ausus esset plagas infligere: ut audivit quia suæ causa salutis episcopus ab apostolo Christi tanta esset tormenta

Edbald is converted by the miracle, and recalls Mellitus and Justus.

plagasque perpessus, extimuit multum; atque anathematizato omni idolatriæ cultu, abdicato conubio non legitimo, suscepit fidem Christi, et baptizatus, ecclesiæ rebus, quantum valuit, in omnibus consulere ac favere curavit. Misit etiam Galliam, et revocavit Mellitum ac Justum, eosque ad suas ecclesias libere instituendas redire præcepit: qui post annum ex quo abierunt, reversi sunt; et Justus quidem ad civitatem Rofi, cui præfuerat, rediit, Mellitum vero Londonienses episcopum recipere noluerunt, idolatris magis pontificibus servire gaudentes. Non enim tanta erat ei, quanta patri ipsius regni potestas, ut etiam nolentibus ac contradicentibus paganis antistitem suæ posset ecclesiæ reddere. Verumtamen ipse cum sua gente, ex quo ad Dominum conversus est, Divinis se studuit[1] mancipare præceptis. Denique et in monasterio beatissimi apostolorum principis, ecclesiam sanctæ Dei genitricis fecit, quam consecravit archiepiscopus Mel-

Death of Laurentius.

litus. Hoc enim regnante rege beatus archiepiscopus Laurentius regnum cœleste conscendit, atque in ecclesia

---

[1] *studuit*] stiduit, MS.

et monasterio sancti apostoli Petri iuxta prædecessorem suum Augustinum sepultus est die quarto
nonarum Februarium : post quem Mellitus, qui erat
Londoniæ episcopus, **sedem** Dorobernensis **ecclesiæ**
tertius ab Augustino **suscepit.**

CAP. XXIII.

De pugna inter Æthelfridum regem Northumbrorum
et Reodwaldum regem Orientalium Anglorum.

ANNO gratiæ sexcentesimo decimo septimo Reodwaldus rex Orientalium Anglorum Æthelfridum regem
Northumbrorum **ad** prælium provocavit. Convenerunt
itaque agmina utrorumque in regione Jutarum ad
orientalem plagam **amnis qui Idle vocatur.** Unde
exivit proverbium usque in hodiernum diem, " Amnis
Idle Anglorum sorduit cruore." Igitur Æthelfridus
ferus et indignans et multum admirans quod aliquis
cum illo auderet congredi, audacter quidem sed inor-
dinate in hostes irruit, quamvis acies Reodwaldi
eleganter ordinatæ intuentibus terrorem non minimum
inferrent. Rex tamen Northumbrorum quasi præda
inventa subito proruens in cuneos conglomeratos
Reiverum[1] principem militiæ regis Reodwaldi cum
tota acie sua prostravit, et ad inferos impetuose direxit. Reodwaldus autem tanta clade minime perter-
ritus, sed ad vindictam animatus, cuneos Æthelfridi
laudabiliter penetravit, atque cruore maximo hostium
profuso regem superbum interemit. Deinde hostes
sine pietate insecutus, omnes eorum acies dissipando
contrivit.

---

[1] *Reiverum*] Reinerum, Matth. Westm., p. 212.

In hac quoque pugna potissimum laudanda fuit pro-
bitas Eadwini, qui de regno illo expulsus apud
Redwaldum septemdecim annis exulaverat. Regnavit
ergo Edwinus filius Ellæ super duo regna, Deirorum
scilicet et Berniciorum. Qui postea Christianus effectus omnes reges tam Anglorum quam Walencium in
sua dicione recepit.

Edwin, king of Deira and Bernicia, embraces the Christian faith.

Eodem tempore post Sexredum et Siwardum fratres
regnavit apud Orientales Saxones Sigebertus, cognomento parvus, Siwardi scilicet filius; qui Siwardus
cum fratre Sexredo, sicut præmisimus, a Kinegils
rege Occidentalium Saxonum et Quichelmo fratre eius
interfecti sunt iusto Dei iudicio. Nam patre mortuo
ad cultum idolorum reversi Mellitum Londoniæ episcopum expulerunt: qua de re nec de eorum exercitu
vel unus evasit qui eventum belli nuntiaret.

Sigebert, king of Essex. [A.D. 623. Matth.; Rog.] Supra, Lib. ii. c. 21.

Sub cisdem diebus defuncto rege Orientalium Anglorum Reodwaldo, Eorpenwaldus regni gubernacula
suscepit, et bonum principium laudabili fine conclusit.

Reodwald dies, and is succeeded by Eor- penwald. [A.D. 624. Matth.; Rog.]

CAP. XXIV.

Bed. ii. 9. *Gens Northumbrorum cum rege suo Edwino verbum
fidei prædicante Paulino suscepit.*

GENS Northumbrorum, hoc est, natio Anglorum
quæ ad aquilonarem Humbriæ fluminis plagam habi-
taverat, cum rege suo Edwino, verbum fidei prædicante Paulino cuius supra meminimus, suscepit. Cui
videlicet regi in auspicium suscipiendæ fidei et regni
cœlestis potestas etiam terreni creverat imperii: ita
ut, quod nemo Anglorum ante eum, omnes Britanniæ
fines, qua vel ipsorum vel Britonum provinciæ habitabant, sub dicione acciperet. Quin et Mevanias[1] in-

Edwin, king of Northum- bria.

---

[1] *Mevanias*] Menemas, MS.

sulas, sicut et supra docuimus, imperio subiugavit An- Supra, Lib. ii. c. 20.
glorum : quarum[1] prior quæ ad austrum est et situ
amplior, et frugum proventu atque ubertate felicior,
nongentarum sexaginta familiarum mensuram, iuxta
æstimationem Anglorum ; secunda trecentarum et ultra
spatium tenet.

Huic autem genti occasio fuit percipiendæ fidei, quod His wife
præfatus rex cognatione iunctus est regibus Cantua- Ethel-
riorum, accepta in coniugem Æthelburga filia Æthel- burga.
berti regis, quæ alio nomine Tata vocabatur. Huius
consortium cum primo ipse missis procis a fratre[2] eius
Edbaldo, qui tunc regno Cantuariorum præerat, peteret :
responsum est, " Non est licitum Christianam virginem
pagano in coniugem dare, ne fides et sacramenta cœlestis Regis consortio profanarentur regis qui veri Dei
cultus esset prorsus ignarus."   Quæ cum Edwino
verba nuntii referrent, promisit se nihil omnimodis contrarium Christianæ fidei, quam virgo colebat, esse facturum : quin potius permissurum ut fidem cultumque
suæ religionis cum omnibus qui secum venissent, viris
sive feminis, sacerdotibus seu ministris, more Chris-
tiano servaret.   Neque abnegavit se etiam eandem subi-
turum esse religionem ; si tamen examinata a prudentibus sanctior ac Deo dignior posset inveniri.

Itaque promittitur virgo, atque Edwino mittitur, et Mission of
iuxta quod dispositum Divino consilio fuerat, ordinatur Paulinus.
episcopus vir Deo dilectus Paulinus, qui cum illa veniret, eamque et comites eius, ne paganorum possent
societate pollui, cotidiana exhortatione et sacramentorum
cœlestium celebratione confirmaret.

Ordinatus est autem Paulinus episcopus a Justo His conse-
archiepiscopo sub die duodecimo kalendarum Augus- cration.
tarum, anno ab incarnatione Domini sexcentesimo vice- A.D. 625.
simo quinto : et sic cum præfata virgine ad regem

Edwinum quasi comes copulæ carnalis advenit. Sed ipse potius toto animo intendebat ut gentem quam adibat [ad][1] agnitionem veritatis advocaret, et iuxta vocem apostoli,[2] uni vero Sponso virginem castam exhiberet Christo. Cumque in provinciam venisset, laboravit multum, ut et eos qui secum venerunt, ne a fide deficerent, Domino adiuvante contineret, et aliquos, si forte posset, de paganis ad fidei gratiam precando[3] converteret. Sed sicut apostolus ait,[4] quamvis multo tempore illo laborante in Deo: "Deus sæculi huius excæcavit mentes infidelium, ne eis fulgeret illuminatio evangelii gloriæ Christi."

A.D. 626. Eumerus attempts to assassinate king Edwin. Anno autem sequente venit in provinciam quidam sicarius, vocabulo Eumerus, missus a rege Occidentalium Saxonum, nomine Quinchelmo, sperans se regem Edwinum regno simul et vita privaturum: qui habebat sicam bicipitem toxicatam, ut si ferri vulnus minus ad mortem regis sufficeret, peste iuvaretur veneni. Pervenit autem ad regem primo die Paschæ, iuxta amnem Dorwencionem, ubi tunc erat villa regalis, intravitque quasi nuntium domini sui referens: et cum simulatam legationem ore astuti[5] volveret, exurrexit repente, et evaginata sub veste sica impetum fecit in Lilla's devotion. regem. Quod cum videret Lilla minister regi amicissimus, non habens scutum ad manum quo regem a nece defenderet, mox interposuit corpus suum ante ictum pungentis: sed tanta vi hostis ferrum infixit, ut per corpus militis occisi etiam regem vulneraret. Qui cum mox undique gladiis impeteretur, in ipso tumultu etiam alium de militibus, cui nomen erat Fortherus, sica nefanda peremit.

---

[1] ad] om. MS.
[2] 2 Cor. xi. 2.
[3] precando] prædicando, Bed. H. E. ii. 9.
[4] 2 Cor. iv. 4.
[5] astuti] astuto, Bed.

Eadem autem nocte sacrosanctæ Dominicæ Paschæ *Anfleda,* peperit regina filiam regi, cui nomen Anfleda. Cumque *daughter of Edwin.* idem rex præsente Paulino episcopo gratias ageret diis suis pro nata sibi filia, e contra episcopus gratias cœpit agere Domino Christo, regique astruere, quod[1] ipse precibus suis apud illum optinnerit, ut regina sospes et absque dolore gravi sobolem procrearet. Cuius verbis delectatus rex, promisit se abrenuntiatis idolis Christo serviturum, si vitam sibi et victoriam donaret pugnanti adversus regem, a quo homicida ille qui eum vulneraverat missus est. Et in pignus implendæ promissionis, eandem filiam suam Christo consecrandam Paulino episcopo assignavit; quæ baptizata est die sancto pentecostes, prima de gente Northumbrorum, cum duodecim aliis de familia eius.

Quo tempore curatus a vulnere sibi pridem inflicto *War with* rex collecto exercitu venit adversus gentem Occiden- *Essex.* talium Saxonum, ac bello inito, universos quos in necem suam conspirasse didicerat, aut trucidavit,[2] aut in deditionem recepit. Sicque victor in patriam reversus, non statim et inconsulte sacramenta fidei Christianæ percipere voluit: quamvis nec idolis ultra servivit, ex quo se Christo serviturum esse promiserat. Verum primo diligentius ex tempore et ab ipso venerabili viro Paulino rationem fidei ediscere, et cum suis primatibus, quos sapientiores noverat, curavit conferre, quid de his agendum arbitrarentur. Sed et ipse cum esset vir natura sagacissimus, sæpe diu solus residens, ore quidem tacito, sed [in][3] intimis cordis multa secum colloquens, quid sibi esset faciendum, quæ religio servanda, tractabat.

---

[1] *quod*] quid, MS.
[2] *trucidavit*] occidit, Bede.

[3] *in*] om. MS.   But see Bed.

CAP. XXV.

Bed. ii. 10. *Quod Edwinus rex accepit a Bonifacio papa litteras ad fidem exhortatorias.*

QUO tempore exhortatorias ad fidem litteras a pontifice sedis apostolicæ Bonifacio accepit, quarum ista est forma :

Letter of pope Boniface to king Edwin.

" Viro glorioso Edwino regi Anglorum Bonifacius episcopus servus servorum Dei. Licet summæ Divinitatis potentia humanæ locutionis officiis explanari non valeat, quippe quæ sui magnitudine ita invisibili atque investigabili æternitate consistit, ut hæc nulla ingenii sagacitas, quanta sit, comprehendere disserereque sufficiat : quia tamen eius humanitas ad insinuationem sui reseratis cordis ianuis, quæ de semetipsa proferretur, secreta humanis mentibus inspiratione clementer infundit ; ad annuntiandam vobis plenitudinem fidei Christianæ sacerdotalem curavimus sollicitudinem prærogare, ut perinde Christi evangelium, quod Salvator noster omnibus præcepit gentibus prædicari, vestris quoque sensibus inserentes, salutis vestræ remedia propinentur. Supernæ igitur maiestatis clementia, quæ cuncta solo verbo præceptionis suæ condidit et creavit, cœlum videlicet et terram, mare et omnia quæ in eis sunt, dispositis ordinibus quibus subsisterent, cœterni Verbi sui consilio et Sancti Spiritus unitate dispensans, hominem ad imaginem et similitudinem suam ex limo terræ plasmatum constituit, eique tantam præmii prærogativam indulsit, ut cum cunctis præponeret, atque servato termino præceptionis æternitatis subsistentia præmuniret. Hunc ergo Deum Patrem et Filium et Spiritum Sanctum, quod est Individua Trinitas, ab ortu solis usque ad

occasum, humanum genus, quippe ut Creatorem omnium atque Factorem suum, salutifera confessione fide
veneratur et colit: cui etiam summitates imperii re-
rumque potestates summissæ sunt, quia eius dispositione omnium prælatio regnorum conceditur.   Eius
ergo bonitatis misericordia totius creaturæ suæ dila-
tandæ gratia subdendique etiam in extremitate terræ
positarum gentium corda frigida, Sancti Spiritus fervore
in sui[1] agnitione mirabiliter est dignata succendere.

" Quæ enim in gloriosi filii nostri Edbaldi regis gen-
tibusque ei suppositis illustratione clementia Redemptoris fuerit operata, plenius ex vicinitate locorum
vestram gloriam conicimus cognovisse.   Eius ergo mirabile donum et in vobis certa spe, cœlesti longanimitate
conferre confidimus.   Cum profecto[2] gloriosam coniugem vestram, quæ vestri corporis pars esse dinoscitur,
æternitatis præmio per sacri baptismatis regenerationem
illuminatam agnovimus.   Unde præsenti stilo gloriosos
vos adhortandos cum omni affectu intimæ caritatis
curavimus ; quatinus abominatis idolis eorumque cultu,
spretisque fanorum fatuitatibus et auguriorum[3] decep-
tabilibus blandimentis, credatis in Deum[4] Omnipotentem eiusque Filium Iesum Christum et Spiritum
Sanctum, ut credentes a diabolicæ captivitatis nexibus
Sanctæ et Individuæ Trinitatis cooperante potentia
absoluti, æternæ vitæ possitis esse participes.

" Quanta autem reatitudinis culpa teneantur ob-
stricti hi qui idolatriarum perniciosissimam supersti-
tionem colentes amplectuntur, eorum quos colunt exempla perditionis insinuant ; unde de eis per Psal-
mistam dicitur :[5] 'Omnes dii gentium dæmonia, Dominus autem cœlos fecit.'   Et iterum :[6] 'Oculos habent,

---

[1] *sui*] sui quoque, Bed.
[2] *profecto*] pfecto, MS.   But see Bed. ii. 10.
[3] *auguriorum*] angariorum, MS.
[4] *Deum*] Deum Patrem, Bed.
[5] Ps. xcvi. 5.
[6] Ps. cxv. 5—9.

et non videbunt; aures habent, et non audient;
nares habent, et non odorabunt; manus habent, et
non palpabunt; pedes habent, et non ambulabunt.
Similes ergo efficiantur his qui spem suæ confidentiæ
ponunt in eis.' Quomodo enim iuvandi quemlibet
possunt habere virtutem hi, qui ex corruptibili materia inferiorum etiam subpositorumque tibi manibus
construuntur? quibus videlicet artificium humanum
accommodans eis inanimatam membrorum similitudinem contulisti? qui nisi a te moti fuerint, ambulare non poterunt; sed tamquam lapis in uno loco
positus, ita constricti nihilque intelligentiæ habentes
ipsaque insensibilitate obruti nullam neque lædendi
neque medendi[1] facultatem adepti sunt? Qua ergo
mentis deceptione eos deos, quibus vos ipsi imaginem
corporis tradidistis, colentes sequimini, iudicio discreto
reperire non possumus.

"Unde oportet vos suscepto signo crucis sanctæ, per
quod humanum genus redemptum est, execrandam
diabolicæ versutiæ supplantationem, qui Divinæ bonitatis operibus invidus æmulusque consistit, a cordibus
vestris abicere, iniectisque manibus hos, quos eatenus
materiæ compage vobis deos fabricastis, confringendos
diminuendosque summopere procurare. Ipsa enim
eorum dissolutio corruptioque, quæ nunquam viventem spiritum habuit, nec sensibilitatem a suis facto-
ribus potuit quolibet modo suscipere, vobis patenter
insinuet quam nihil erat quod eatenus colebatis: dum
profecto meliores vos qui spiritum viventem a Domino
percepistis, eorum constructione nihilominus existatis:
quippe quos Deus Omnipotens ex primi hominis quem
plasmavit cognatione, deductis per sæcula innumera-
bilibus propaginibus, pullulare constituit. Accedite
ergo ad agnitionem eius qui vos creavit, qui vobis

---

medendi] iuvandi. Bed.

spiritum vitæ insufflavit, qui pro vestra redemptione
Filium suum unigenitum misit, ut vos ab originali
peccato eriperet, et ereptos de potestate nequitiæ diabolicæ pravitatis cœlestibus præmiis remuneraret.

"Suscipite ergo verba prædicatorum, et evangelium
Dei quod[1] vobis annunciant; quatinus credentes,
sicut sæpius dictum est, in Deum **Patrem Omnipotentem** et in Jesum Christum Filium eius **et Spiritum**
Sanctum et Inseparabilem Trinitatem, fugatis dæmoniorum sensibus expulsaque a vobis sollicitatione ve-
nenosi et deceptibilis hostis, per aquam et Spiritum
Sanctum renati, ei cui credideritis[2] in splendore gloriæ
sempiternæ **cohabitare eius** opitulatione et munificentia
valeatis.

"Præterea benedictionem protectoris vestri beati Petri
apostolorum principis vobis direximus; id est, camisiam
cum ornatura in auro una et læna Ancyriana[3] una:
quod petimus, ut eo benignitatis animo gloria **vestra**
suscipiat, quo a nobis noscitur destinatum."

Cap. XXVI.

Quod Bonifacius papa misit litteras ad Æthelburgam Bed. ii. 11.
coniugem dicti regis Edwini.

AD coniugem quoque illius Æthelburgam **huiusmodi**
litteras idem pontifex misit.

"Dominæ gloriosæ filiæ Æthelburgæ reginæ Boni- Letter of
facius episcopus servus servorum Dei.   Redemptoris Boniface
                                                     to queen
nostri benignitas humano generi, **quod** pretiosi san- Æthel-
                                                     burga.

---

[1] *quod*] quid, MS.; quod, Bed.   [3] *Ancyriana*] antiriana, MS.
[2] *credideritis*] credcritis, MS.

guinis sui effusione a vinculis diabolicæ captivitatis eripuit, multæ providentiæ quibus salvaretur propinavit remedia ; quatinus sui nominis agnitionem diverso modo gentibus innotescens, Creatorem suum suscepto Christianæ fidei agnoscerent sacramento. Quod equidem in vestræ gloriæ sensibus cœlesti collatum munere mystica regenerationis vestræ purgatio patenter innuit. Magno ergo largitatis Dominicæ beneficio mens nostra gaudio exultavit, quod scintillam orthodoxæ religionis in vestri dignatus est conversione succendere ; ex qua re non solum gloriosi coniugis vestri, immo totius gentis subpositæ vobis intelligentiam in amore sui facilius inflammaret.

"Didicimus namque referentibus his, qui ad nos gloriosi filii nostri Edbaldi regis laudabilem conversionem nuntiantes pervenerunt, quod etiam vestra gloria, Christianæ fidei suscepto mirabili sacramento, piis et Deo placitis iugiter operibus enitescat, ab idolorum etiam cultu seu fanorum auguriorumque illecebris se diligenter abstineat, ut[1] ita in amore Redemptoris sui immutilata devotione persistens invigilet, ut ad dilatandam Christianam fidem incessabiliter non desistat opera[2] commodare : cumque de glorioso coniuge vestro paterna caritas sollicite perquisisset, cognovimus quod eatenus abominandis idolis serviens, ad suscipiendam vocem prædicatorum suam distulerit obedientiam exhibere. Qua ex re non modica nobis amaritudo congesta est, ab eo quod pars corporis vestri ab agnitione Summæ et Individuæ Trinitatis remansit extranea. Unde paternis officiis vestræ gloriosæ Christianitati nostram admonitionem non distulimus conferendam ; adhortantes, quatinus Divinæ inspirationis imbuta subsidiis importune et opportune agendum non differas : ut et ipse Salvatoris nostri Domini Jesu

---

[1] ut] et, Bed. | [2] opera] operam, Bed.

Christi cooperante potentia Christianorum numero copuletur ; ut perinde intemerato societatis fœdere iura
teneas maritalis consortii. Scriptum namque est :[1]
' Erunt duo in carne una.' Quomodo ergo unitas vobis
coniunctionis inesse dici poterit, si a vestræ fidei
splendore interpositis detestabilis erroris tenebris ille
remanserit alienus?

" Unde orationi continuæ insistens, a longanimitate
cœlestis clementiæ illuminationis ipsius beneficia impetrare non desinas : ut videlicet quos copulatio carnalis affectus unum quodammodo corpus exhibuisse
monstratur, hos quoque unitas fidei etiam post huius
vitæ transitum in perpetua societate conservet. Insiste
ergo, gloriosa filia, et summis conatibus duritiam
cordis ipsius religiosa Divinorum præceptorum insinu-
atione mollire summopere dematura : infundens sensibus
eius, quantum sit præclarum quod credendo suscepisti
mysterium, quantumve sit admirabile quod renata præmium consequi meruisti. Frigiditatem cordis ipsius
Sancti Spiritus annuntiatione succende ; quatinus amoto
torpore perniciosissimi[2] cultus, Divinæ fidei calor eius
intelligentiam tuarum adhortationum frequentatione
succendat : ut profecto sacræ Scripturæ testimonium[3]
per te expletum indubitanter perclareat : ' Salvabitur
vir infidelis per mulierem fidelem.'. Ad hoc enim
misericordiam Dominicæ pietatis consecuta es, ut fructum
fidei creditorumque tibi beneficiorum Redemptori tuo
multiplicem resignares. Quod equidem suffragante præsidio benignitatis ipsius, ut explere valeas, assiduis
non desistimus precibus postulare.

" His ergo præmissis, paternæ vobis dilectionis exhi-
bentes officia hortamur, ut vos reperta portitoris occasione, de his quæ per vos superna potentia mira-

---

[1] Gen ii. 24.

[2] *perniciosissimi*] *perniciosimi*, MS.

[3] 1 Cor. vii. 14.

biliter in conversione coniugis vestri summissæque
vobis gentis dignata fuerit operari, prosperis quantocius nuntiis relevetis, quatinus sollicitudo nostra, quæ
de vestri vestrorumque omnium animæ salute opta-
bilia desideranter expectat, vobis nuntiantibus relevetur,
illustrationemque Divinæ propitiationis in vobis diffu-
sam opulentius agnoscentes, hilari confessione Largi-
tori omnium bonorum Deo et beato Petro Apostolorum
principi uberes merito gratias exsolvamus.[1]

" Præterea benedictionem protectoris vestri beati Petri
apostolorum principis vobis direximus ; id est, speculum argenteum et pectinem eburneum inauratum : quod
petimus, ut eo benignitatis animo gloria vestra suscipiat,
quo a nobis noscitur destinatum." Hæc quidem memoratus papa Bonifacius de salute regis Edwini ac gentis
ipsius litteris agebat.

Cap. XXVII.

Bed. ii. 12. *De oraculo cælesti, quod Edwino quondam exulanti
apud Redwaldum regem pietas Divina revelare
dignata est.*

Edwin an
exile at the
court of
Redwald.
   SED et oraculum cœleste quod Edwino quondam
exulanti apud Redwaldum regem Anglorum pietas
Divina revelare dignata est, non minimum ad susci-
pienda vel intelligenda doctrinæ monita salutaris sensum iuvit illius. Cum ergo videret Paulinus difficulter
posse sublimitatem animi regalis ad humilitatem viæ
salutaris et suscipiendum mysterium vivificæ crucis inclinari, ac pro salute illius, simul et gentis cui præerat,
et verbo exhortationis apud homines, et apud Divinam

---

[1] *exsolvamus*] exolvamus, MS.

pietatem verbo deprecationis ageret; tandem[1] didicit
in spiritu, quod vel quale esset oraculum regi quondam
cœlitus ostensum. Nec exinde distulit quin continuo
regem admoneret explere votum, quod in oraculo sibi
exhibito se facturum promiserat, si temporis illius
ærumnis exemptus, ad regni fastigia perveniret.

Erat autem oraculum huiusmodi. Cum persequente Redwald
illum Æthelfrido, qui ante eum regnavit, per diversa consents to
betray him
occultus loca vel regna multorum annorum tempore to Æthel-
profugus vagaretur; tandem venit ad Redwaldum, frid.
obsecrans ut vitam suam a tanti persecutoris insidiis
tutando servaret: qui libenter eum excipiens, promisit
se quæ petebatur esse facturum. At postquam Æthelfridus in hac eum provincia apparuisse et apud regem
illius familiariter cum sociis habitare cognovit, misit
nuntios, qui Redwaldo pecuniam multam pro nece
eius offerrent: neque aliquid profecit. Misit secundo,
misit tertio, et copiosa[2] argenti dona offerens, et bellum insuper illi si contemneretur indicens. Qui vel
minis fractus, vel corruptus muneribus, cessit depre-
canti, et sive occidere se Edwinum, seu legatariis
tradere promisit. Quod ubi fidissimus quidam amicus
illius animadverteret, intravit cubiculum quo dormire
disponebat, (erat enim prima hora noctis,) et evocatum
foras, quid erga eum agere rex promisisset, edocuit, et
insuper adiecit: "Si ergo vis, hac ipsa hora educam
te de hac provincia, et ea in loca introducam, ubi
nunquam te vel Redwaldus vel Æthelfridus invenire
valeant." Qui ait: "Gratias quidem ago benevolentiæ
tuæ; non tamen hoc facere possum quod suggeris,
ut pactum, quod cum tanto rege inii, ipse primus
irritum faciam, cum ille mihi nil mali fecerit, nil
adhuc inimicitiarum intulerit. Quin potius, si moriturus sum, ille me magis quam ignobilior quis

---

[1] *tandem*] tandem, ut verisimile   [2] *copiosa*] copiosiora, Bed.
videtur, Bed. ii. 12.

morti tradat. Quo enim nunc fugiam, qui per omnes
Britanniæ provincias tot annorum temporumque
curriculis vagabundus hostium vitabam insidias?"
Abeunte igitur amico, remansit Edwinus solus foris,
residensque mæstus ante palatium, multis cœpit cogi-
tationum æstubus affici, quid ageret, quove pedem
verteret, nescius.

Edwin sees
an appari-
tion, which
promises
that he
shall be re-
stored to
his country
and esta-
blished on
the throne.

Cumque diu tacitis mentis angoribus et cæco car-
peretur igni, vidit subito intempestæ noctis silentio
appropinquantem sibi hominem vultus habitusque
incogniti : quem videns, ut ignotum et inopinatum,
non parum expavit. At ille accedens salutavit eum,
et interrogavit, quare illa hora, ceteris quiescentibus
et alto sopore pressis, solus ipse mæstus in lapide
pervigil sederet. At ille vicissim sciscitabatur, quid ad
eum pertineret, utrum ipse intus an foris noctem
transigeret. Qui respondens ait : " Ne me æstimes
tuæ mæstitiæ et insomniorum, et forinsecæ ac soli-
tariæ sessionis causam nescire : scio enim certissime
quis es, et quare mæres, et quæ ventura tibi in
proximo mala formidas. Sed dicito mihi, quid
mercedis dare velis ei, si quis sit, qui his te mæro-
ribus absolvat, et Redwaldo suadeat, ut nec ipse tibi
aliquid mali faciat, nec tuis te hostibus perimendum
tradat." At Edwinus constantior interrogando factus,
non dubitavit promittere, quin ei qui tanta beneficia
donaret, dignis gratiarum actionibus responderet. Tum
ille tertio : "Si autem," inquit, "is qui tibi tanta
taliaque dona veraciter adventura prædixit, etiam consilium tuæ tibi salutis ac vitæ melius atque utilius
quam aliquis de tuis parentibus aut cognatis unquam
audivit, ostendere potuerit, num ei optemperare et
monita eius salutaria suscipere consentis ? " Nec
distulit Edwinus, quin continuo[1] polliceretur in omni-

---

[1] *continuo*] continue, MS.

bus se secuturum doctrinam illius, qui se tot[1] ac tantis
calamitatibus ereptum ad regni apicem proveheret.
Quo accepto responso, confestim is qui loquebatur cum
eo, imposuit dexteram suam capiti eius, dicens : "Cum
hoc ergo tibi signum advenerit, memento huius
temporis ac loquelæ nostræ, et ea quæ nunc promittis
adimplere ne differas." Et his dictis, ut ferunt,
repente disparuit, ut intelligeret non hominem esse qui
sibi apparuisset, sed spiritum.

Et cum regius iuvenis solus adhuc ibidem sederet,
gavisus quidem de collata sibi consolatione, sed
multum sollicitus ac mente sedula cogitans, quis esset
ille, vel unde veniret, qui hæc sibi loqueretur,
venit ad eum præfatus amicus illius, lætoque vultu
salutans eum : "Surge," inquit, "intra, et sopitis ac Redwald's
relictis curarum anxietatibus, quieti membra simul wife dis-
suades her
et animum compone, quia mutatum est cor regis, husband
nec tibi aliquid mali facere, sed fidem potius polli- from his
citam servare disponit. Postquam enim cogitationem purpose.
suam, de qua tibi ante dixi, reginæ iu secreto
revelavit, revocavit eum illa ab intentione, admonens
quia nulla ratione conveniat tanto regi amicum
suum optimum in necessitate positum auro vendere,
immo fidem suam, quæ omnibus ornamentis pretio-
sior est, amore pecuniæ perdere." Quid plura ? Fecit
rex ut dictum est : nec solum exulem nuntiis hosti-
libus non tradidit, sed etiam cum ut in regnum perveniret, adiuvit. Nam mox redeuntibus domum nuntiis, Death of
exercitum ad debellandum Ethelfridum collegit copio- Æthelfrid.
Edwin suc-
sum, eumque sibi occurrentem cum exercitu multum ceeds to the
impari,[2] non enim dederat illi spatium quo totum suum throne.
congregaret atque adunaret exercitum, occidit in finibus gentis Merciorum ad orientalem plagam amnis qui
vocatur Idle. In quo certamine et filius Redwaldi,

---

vocabulo Ranherus, occisus est. Ac sic Edwinus iuxta oraculum quod acceperat, non tantum regis sibi infesti insidias vitavit, verum etiam eidem perempto in regni gloriam successit.

Paulinus reminds Edwin of his vision. Cum ergo prædicante verbum Dei Paulino rex credere differret, et per aliquod tempus, ut diximus, horis competentibus solitarius sederet, et quid agendum sibi esset, quæ religio sequenda, sedulus secum ipse scrutari consuesset, ingrediens ad eum quodam die idem vir Dei, imposuit dexteram capiti eius, et an hoc signum agnosceret, requisivit. Qui cum tremens ad pedes eius procidere vellet, levavit eum, et quasi familiari voce affatus : " Ecce," inquit, " hostium manus quos timuisti, Domino donante, evasisti ; ecce, regnum quod deside- rasti, ipso largiente percepisti. Memento ut tertium quod promisisti, facere non differas, suscipiendo fidem eius et præcepta servando, qui te et a temporalibus adversis eripiens, temporalis regni honore sublimavit, et si deinceps voluntati eius, quam per me tibi prædicat, obsecundare volueris, etiam a perpetuis malorum tormentis te liberans, æterni secum regni in cœlis faciet esse participem."

Bed. ii. 13. Quibus auditis, rex suscipere quidem se fidem quam docebat, et velle et debere respondebat. Verum adhuc cum amicis principalibus et consiliariis suis sese de hoc collaturum esse dicebat, ut si et illi eadem cum illo sentire vellent, omnes pariter in fonte vitæ consecra- Edwin pro- poses to embrace the Chris- tian faith. rentur. Et annuente Paulino, fecit ut dixerat. Habito enim cum sapientibus consilio, sciscitabatur singillatim ab omnibus, qualis sibi doctrina catenus inaudita et novus Divinitatis qui prædicabatur cultus videretur.

Advice of Ceffi, the high priest. Cui primus pontificum ipsius Ceffi continuo re- spondit : " Tu vide, rex, quale sit hoc, quod modo nobis prædicatur : ego autem tibi verissime, quod certum didici, profiteor, quia nihil omnino virtutis habet, nihil utilitatis religio illa quam hucusque tenuimus : nullus enim tuorum studiosius quam ego culturæ

deorum nostrorum se subdidit ; et nihilominus multi
sunt qui ampliora quam **ego** a **te** beneficia et maiores
accipiunt dignitates, magisque prosperantur in **omnibus**
quæ agenda vel adquirenda disponunt. Si autem dii
aliquid valerent, **me** potius iuvare vellent, qui illis
impensius servire curavi. Unde restat, **ut si** ea **quæ**
nunc nova nobis prædicantur meliora esse et fortiora
habita examinatione perspexeris, absque **ullo cunc-**
tamine suscipere illa festinemus."

Cuius suasioni verbisque prudentibus alius opti- Advice of a noble.
matum regis tribuens assensum, continuo subdidit :
" Taliter," inquiens, " mihi videtur, rex, vita hominum
præsens in terris, ad comparationem eius quod nobis
incertum est temporis, quale cum **te residente ad**
cœnam cum ducibus ac ministris tuis tempore brumali,
accenso quidem foco in medio et calido effecto cœnaculo,
furentibus autem **foris per omnia** turbinibus hiemalium
pluviarum vel nivium, adveniens unus passerum **domum**
citissime pervolaverit, qui per unum ostium ingrediens
mox per aliud exierit. Ipso quidem **tempore quo intus**
est, hiemis tempestate non tangitur ; sed tamen **par**
vissimo spatio serenitatis ad momentum excurso, **mox**
de hieme in hiemen regrediens, **tuis oculis elabitur.**
Ita hæc **vita** hominum **ad modicum apparet ;** quid
autem sequatur, quidve præcesserit, **prorsus ignoramus.**
Unde si hæc nova doctrina certius **aliquid attulit,**
merito esse sequenda videtur." **His similia et ceteri**
maiores **natu ac regis consiliarii divinitus admoniti**
prosequebantur.

Adiecit autem Ceffi, quia **vellet** ipsum Paulinum Ceffi pro-
fanes the
idol tem-
ples.
diligentius audire de Deo quem prædicabat verbum
facientem. Quod **cum** iubente **rege faceret,** exclamavit
[auditis][1] eius **sermonibus dicens** : " **Iam** olim intellexe-
ram nihil **esse quod colebamus** : quia videlicet quanto

---

[1] *auditis*] om. MS.

studiosius in eo cultu veritatem quærebam, tanto
minus inveniebam. Nunc autem aperte profiteor,
quia in hac prædicatione veritas[1] claret illa, quæ nobis
vitæ, salutis et beatitudinis æternæ dona valet tribuere. Unde suggero, rex, ut templa et altaria quæ
sine fructu utilitatis sacravimus ocius anathemati et
igni contradamus." Quid plura? præbuit rex palam
assensum evangelizandi beato Paulino, et[2] abrenuntiata idolatria, fidem se Christi suscipere confessus
est. Cumque a[3] præfato pontifice sacrorum suorum
quæreret, quis aras et fana idolorum cum sæptis
quibus erant circumdata primus profanare deberet;
ille respondit: "Ego. Quis enim quæ per stultitiam
colui, nunc ad exemplum omnium aptius quam ipse
destruam per sapientiam mihi a Deo vero donatam?"
Statimque abiecta superstitione vanitatis, rogavit sibi
regem arma dare et equum emissarium, quem ascendens ad idola destruenda veniret. Non enim licuerat
pontificem sacrorum vel arma ferre, vel præter in equa
equitare. Accinctus ergo gladio accepit lanceam in
manu, et ascendens emissarium regis pergebat ad
idola. Quod aspiciens vulgus, æstimabat eum insa-
nire. Nec distulit ille, mox ut propiabat ad fanum,
profanare illud, iniecta in eo lancea quam tenebat:
multumque gavisus de agnitione veri Dei cultus, iussit
sociis destruere ac succendere fanum cum omnibus
sæptis suis. Ostenditur autem locus ille quondam
idolorum non longe ab Eboraco ad orientem, ultra
amnem Dorwencienem, et vocatur hodie Gomundin-
gaham, ubi pontifex ipse inspirante Deo vero polluit
ac destruxit eas quas ipse sacraverat aras.

[1] ceritas] veritatis, MS.
[2] et] rex et, first hand; et rex, second hand.
[3] a] et, MS.

Cap. XXVIII.

Quod rex Edwinus cum cunctis gentis suæ nobilibus
ac plebe perplurima fidem et lavacrum sanctæ
regenerationis[1] accepit.

Igitur rege Occidentalium Saxonum Quinchelmo in
loco qui lingua Anglorum Quichelmeshlawe usque hodie
dicitur interempto, qui locus in testimonium victoriæ
Edwini nomen habet, universisque aliis qui in necem
Edwini conspiraverant aut trucidatis aut in deditionem
receptis, filiaque ipsius, ut præmisimus, baptizata,
oraculoque prædicto per beatum Paulinum, sicut præmisimus, sibi revelato instigatus, rex Edwinus cum   Bed. ii. 14.
cunctis gentis suæ nobilibus ac plebe perplurima fidem
et lavacrum sanctæ regenerationis [accepit],[2] anno regni   Baptism of
sui undecimo, qui est annus Dominicæ incarnationis   Edwin.
sexcentesimus vicesimus septimus, ab adventu vero
Anglorum in Britanniam annus centesimus octogesimus.
Baptizatus autem est Edwinus Eboraci die sancto
Paschæ, pridie[3] iduum Aprilium, in ecclesia sancti Petri   April 12,
apostoli, quam ibidem ipse de ligno cum catechizaretur[4]   A.D. 627.
citato opere construxit. In qua etiam civitate ipsi
doctori atque antistiti suo Paulino sedem episcopatus
donavit. Mox autem ut baptisma consecutus est,
curavit, docente eodem Paulino, maiorem ipso in loco
et augustiorem de lapide fabricare basilicam, in cuius
medio ipsum quod prius fecerat oratorium include-
retur. Præparatis ergo fundamentis in gyro prioris   York
oratorii per quadrum cœpit ædificare basilicam. Sed   Minster.
priusquam altitudo parietis esset consummata, rex   Murder of
ipse, sicut in sequentibus docebimus, impia nece   Edwin.
fuerat occisus. Qua de re opus idem successori suo

---

[1] *regenerationis*]   regnerationis, | [3] *pridie*] pridue, MS.
MS. | [4] *catechizaretur*]   catezizaretur
[2] *accepit*] om. MS. | MS.

Paulinus,
archbishop
of York,
makes
many con-
verts.

Oswaldo perficiendum reliquit. Paulinus autem ex eo
tempore sex annis continuis, id est, ad finem usque
imperii regis illius, verbum Dei, annuente ac favente
ipso, in ea provincia prædicabat : credebantque et
baptizabantur quotquot erant præordinati ad vitam
æternam ; in quibus erant Osfridus et Edfridus filii
regis Edwini, qui ambo ei exuli nati sunt de Quen-
burga filia Cerli regis Merciorum.

Baptizati sunt tempore sequente et alii liberi eius de
Æthelburga regina progeniti, Æthelhimus et Ætheldritha filia et alter filius Vlfrea, quorum primi adhuc albati
rapti sunt de hac vita, et Eboraci in ecclesia sepulti.
Baptizatus est et Yffi filius Osfridi, sed et alii nobiles
ac regii viri non pauci. Tantus autem fertur tunc
fuisse fervor fidei ac desiderium lavacri salutaris genti
Northumbrorum, ut quodam tempore Paulinus veniens
cum rege et regina in villam regiam quæ vocabatur
Adgefrin, triginta sex diebus ibidem cum eis catechi-
zandi et baptizandi officio deditus moraretur : quibus
diebus cunctis a mane usque ad vesperam nihil aliud
ageret, quam confluentem eo de cunctis viculis ac locis
plebem Christi verbo salutis instruere, atque instructam
in fluvio Gleni, qui proximus erat, lavacro remissionis
abluere. Hæc villa tempore sequentium regum deserta,
et [alia][1] pro illa est facta in loco qui vocatur Makmin.
Hæc quidem est in provincia Berniciorum ; sed et
in provincia Deirorum, ubi sæpius manere cum
rege solebat, baptizabat in fluvio Swalawa, qui
vicum Cataractam præterfluit. Non enim oratoria vel
baptisteria in ipso exordio nascentis ibi ecclesiæ
poterant ædificari. Attamen in Campo Dono, ubi
tunc etiam villa regia erat, fecit basilicam, quam
postmodum pagani a quibus Edwinus rex occisus
est, cum tota eadem villa succenderunt : pro qua

---

[1] *alia*] om. MS. But see Bed. ii. 14.

reges posteriores fecere sibi villam in regione quæ vocatur Loidis. Evasit autem ignem altare, quia lapideum erat : et servatur adhuc in monasterio reverentissimi abbatis et presbyteri Drihtulfi, quod in silva Elmete est.

Tantum autem devotionis Edwinus erga cultum veritatis habuit, ut etiam regi Orientalium Anglorum Erpwaldo filio Redwaldi persuaderet, relictis idolorum superstitionibus, fidem et sacramenta Christi cum sua provincia suscipere. Et quidem pater eius Redwaldus iam dudum in Kantia sacramentis Christianæ fidei imbutus est, sed frustra : nam rediens domum, ab uxore sua et quibusdam perversis doctoribus seductus est, atque a sinceritate fidei depravatus habuit posteriora peiora prioribus ; ita ut in morem antiquorum Samaritanorum et Christo servire videretur, et diis quibus antea serviebat, atque in eodem fano et altare haberet ad sacrificium Christi, et arulam ad victimas dæmoniorum. Quod videlicet fanum rex eiusdem provinciæ Aldulfus usque ad suum tempus perdurasse, et se in pueritia vidisse testabatur.

Erat autem præfatus rex Redwaldus natu nobilis quamlibet[1] actu ignobilis, filius Titili, cuius pater fuit Uffa, a quo reges Orentalium Anglorum Uffingas appellant. Verum Erpwaldus, non multo postquam fidem accepit tempore, occisus est a viro gentili, nomine Richerhto. Et exinde tribus annis provincia in errore versata est, donec accepit regnum frater eiusdem Erpwaldi Sigbertus, vir per omnia Christianissimus ac doctissimus, qui vivente adhuc fratre cum exularet in Gallia, fidei sacramentis imbutus est ; quorum participem, mox ubi regnare cœpit, totam suam provinciam facere curavit. Cuius studiis gloriosissime favit Felix episcopus, qui de Burgundiorum partibus, ubi ortus et ordinatus est, cum venisset ad Honorium archiepisco-

Marginal notes:

Bed. ii. 15.

Conversion of Erpwald, king of the East Angles.

His father Redwaldus, once convert, had relapsed into heathenism.

Pedigree of Redwald.

Murder of Erpwald.

His brother Sigbert, a zealous Christian, succeeds after three years.

Felix bishop of Dommoc.

---

[1] *quamlibet*] quam licet, MS. See Bed. ii. 15.

pum, eique indicasset desiderium suum, misit eum ad
prædicandum verbum vitæ præfatæ nationi Anglorum.
Nec vota ipsius in cassum cecidere ; quin potius fructum in ea multiplicem credentium populorum pius
agri spiritualis cultor invenit. Siquidem totam illam
provinciam, iuxta sui nominis sacramentum, a longa
iniquitate atque infelicitate liberatam, ad fidem et opera
iustitiæ ac¹ perpetuæ felicitatis dona perduxit, acce-
pitque sedem episcopatus in civitate Dommoc : et cum
decem ac septem annos eidem provinciæ pontificali regimine præesset, ibidem in pace vitam finivit.

Prædicabat autem Paulinus verbum Dei provinciæ
Lindissi, quæ est prima ad meridianam Humbriæ fluminis ripam, pertingens usque ad mare, præfectumque
Lindecolniæ civitatis, cui nomen Blecca, primum cum
domo sua convertit ad Dominum. In qua videlicet
civitate ecclesiam operis egregii de lapide fecit. Cuius

tecto vel longa incuria, vel hostili manu deiecto, parietes
hactenus stare videntur, et omnibus annis aliqua sanitatum miracula in eodem loco solent, ad utilitatem eorum

qui fideliter quærunt, ostendi. In qua ecclesia Paulinus,
transeunte ad Christum Justo, Honorium pro eo consecravit episcopum.

De huius fide provinciæ narravit quidam presbyter et
abbas vir veracissimus de monasterio Partenei, vocabulo
Deda, retulisse sibi quendam seniorem, baptizatum se
fuisse die media a Paulino episcopo, præsente rege
Edwino, et multam populi turbam in fluvio Trenta
iuxta civitatem quæ lingua Anglorum Wlfingacestre
vocatur. Qui etiam eiusdem Paulini referre esset solitus
formam, quod esset vir longæ staturæ, paululum incurvus, nigro capillo, facie macilenta, naso adunco pertenui,
venerabilis simul et terribilis aspectu. Habuit autem
secum in ministerio et Jacobum diaconum, virum utique

---

¹ ac] ad, MS.   See Bed. ii. 15.

industrium ac nobilem in Christo et in ecclesia, qui ad
nostra usque tempora permansit.

CAP. XXIX.

Quod tanta fuit pax tempore regis Edwini in Anglia, Bed. ii. 16
*quod mulier cum uno parvulo per totum regnum
eius a mari usque ad mare nullo se lædente perambulare valeret.*

TANTA autem regis Edwini temporibus pax in Bri- Security of
tanniam, quaquaversum imperium eius pervenerat, fuisse England in
perhibetur, ut, sicut usque hodie in proverbio dicitur, time.
etiam si mulier una cum recens nato parvulo vellet
totam perambulare insulam a mari ad mare, nullo se
lædente valeret.   Tantum rex idem utilitati suæ gentis
consuluit, ut plerisque in locis ubi fontes lucidos iuxta
publicos viarum transitus conspexit, ibi ob refrigerium
viantium erectis stipitibus æreos caucos suspendi iube-
ret, neque hos quisquam,[1] nisi ad usum necessarium,
contingere præ magnitudine vel timoris eius auderet,
vel amoris vellet.   Tantum vero in regno excellentiæ
habuit, ut non solum in pugna[2] ante illum vexilla ges-
tarentur, sed et tempore pacis equitantem inter civitates sive villas aut provincias suas cum ministris, semper antecedere signifer consuesceret: necnon et ince-
dente illo ubilibet per plateas, illud genus vexilli, quod
Romani *Tufam,* Angli appellant *Thuf,* ante eum ferri
solebat.

---

[1] *quisquam*] quisnam, MS. But   [2] *in pugna*] inpugnat, MS.
see Bed. ii. 16.

CAP. XXX.

Quod Honorius papa regi Edwino litteras miserat exhortatorias.

EODEM tempore præsulatum apostolicæ sedis Honorius Bonifacii successor habebat. Qui ubi gentem Northumbrorum cum suo rege ad fidem confessionemque Christi, Paulino evangelizante, conversam esse didicit, misit eidem Paulino pallium, misit et regi Edwino litteras exhortatorias, paterna illum caritate accendens, ut in fide veritatis quam acceperat,[1] persistere semper ac proficere curaret. Quarum videlicet litterarum iste est ordo :

" Domino excellentissimo atque præcellentissimo filio Edwino regi Anglorum Honorius episcopus servus servorum[2] Dei salutem. Ita Christianitatis vestræ integritas circa sui Conditoris cultum fidei est ardore succensa, ut longe lateque resplendeat, et in omni mundo annuntiata, vestri operis multipliciter referat fructum. Sic enim vos reges esse cognoscitis, dum Creatorem et Regem vestrum orthodoxa prædicatione edocti, Deum venerando creditis, eique, quod humana valet condicio, mentis vestræ sinceram devotionem exsolvitis.[3] Quid enim Deo nostro aliud offerre valebimus, nisi ut in bonis actibus persistentes, ipsumque Auctorem humani generis confitentes, eum colere eique vota nostra reddere festinemus ? Et ideo, excellentissime fili mi, paterna vos caritate qua convenit exhortamur, ut hoc quod vos Divina misericordia ad suam gratiam vocare dignata est, sollicita intentione et assiduis orationibus servare omni modo festinetis ;

---

[1] *acceperat*] acceperet, MS.

[2] *servus servorum*] servus servus, MS. See Bed. ii. 17.

[3] *exsolvitis*] exolvitis, MS.

ut qui vos in præsenti sæculo ex omni errore absolutos
ad agnitionem sui nominis est dignatus perducere, et
cœlestis patriæ vobis præparet mansionem. Prædica-
toris igitur **vestri** domini mei apostolicæ memoriæ
Gregorii frequenter lectione occupati, præ oculis affectum
doctrinæ ipsius, quem pro **vestris** animabus libenter
exercuit, habetote : quatinus eius oratio et regnum
vestrum populumque augeat, et vos Omnipotenti Deo
irreprehensibiles repræsentet. Ea vero quæ a nobis
pro vestris sacerdotibus ordinanda sperastis, hæc pro
fidei vestræ sinceritate, quæ nobis multimoda relatione
per præsentium portitores laudabiliter insinuata est,
gratuito animo attribuere ulla sine dilatione prævi-
demus ; et duo pallia utrorumque metropolitanorum,
id est, Honorio et Paulino direximus, ut dum quis
eorum de hoc sæculo ad Auctorem suum fuerit accer-
situs, in loco ipsius superstes alterum episcopum ex hac
nostra autoritate debeat subrogare. Quod quidem tam
pro vestræ caritatis affectu, quam pro tantarum provinciarum spatio quæ inter nos et vos esse noscuntur,
sumus invitati concedere, ut in omnibus devotioni
vestræ nostrum concursum et iuxta vestra desideria
præberemus. Incolumem excellentiam vestram gratia
superna custodiat."

Inter hæc Justus archiepiscopus ad cœlestia regna
sublatus est quarto iduum Novembrium die, et Honorius pro illo in præsulatum electus : qui ordinandus venit ad Paulinum, et occurrente sibi illo in
Lindecolnio quintus ab Augustino Dorobernensis ecclesiæ consecratus est antistes. Cui etiam præfatus papa
Honorius misit pallium et litteras, in quibus decernit
hoc ipsum, quod in epistola ad Edwinum regem missa
decreverat : scilicet ut cum Dorobernensis vel Eboracensis antistes de hac vita transierit, is qui superest
consors eiusdem gradus, habeat potestatem alterum or-
dinandi, in loco eius qui transierat, sacerdotem ; ne sit
necesse ad Romanam usque civitatem per tam prolixa

Bed. ii. 18.
Justus dies,
Nov. 10,
A.D. 630.
Honorius
fifth arch-
bishop of
Canter-
bury.

terrarum et maris spatia pro ordinando archiepiscopo
semper fatigari. Quarum etiam textum litterarum in
nostra hac historia ponere commodum duximus.

" Dilectissimo fratri Honorio Honorius episcopus
servus servorum Dei. Inter plurima quæ Redemptoris
nostri misericordia suis famulis dignatur bonorum
munera prærogare, illud etiam clementer collata suæ
pietatis munificentia tribuit, quotiens per fraternos
affectus unanimem dilectionem quadam contemplatione
alternis aspectibus repræsentat. Pro quibus maiestati
eius gratias indesinenter exsolvimus, eumque votis
supplicibus exoramus, ut vestram dilectionem in prædicatione evangelii elaborantem et fructificantem, sectan-
temque magistri et capitis sui sancti Gregorii regulam,
perpeti stabilitate confirmet, et ad augmentum ecclesiæ
suæ potiora per vos suscitet incrementa ; ut fide et
opere, in timore Dei et caritate, vestra adquisitio deces-
sorumque vestrorum, quæ per domini Gregorii exordium
pullulat, convalescendo amplius extendatur ; ut ipsa
vos Dominici eloquii promissa in futuro respiciant,
vosque vox ista ad æternam festivitatem evocet : [1]
' Venite ad me omnes qui laboratis et onerati estis, et
ego reficiam vos.' Et iterum : [2] ' Euge, serve bone et
fidelis ; quia super pauca fuisti fidelis, supra multa te
constituam : intra in gaudium Domini tui.' Et nos
equidem, fratres carissimi, hæc vobis pro æterna caritate
exhortationis verba præmittentes, quæ rursus pro ecclesiarum vestrarum privilegiis congruere posse conspi-
cimus, non desistimus impertire. Et tam iuxta vestram
petitionem, quam filiorum nostrorum regum, vobis
præsenti nostra præceptione, vice beati Petri apostolorum principis, auctoritatem tribuimus, ut quando
unum ex vobis Divina ad se iusserit gratia evocari, is
qui superstes fuerit alterum in loco debeat defuncti

---

[1] Matth. xi. 28. | [2] Matth. xxv. 23.

episcopum ordinare. Pro hac etiam re singula vestræ
dilectioni pallia pro eadem ordinatione celebranda
direximus, ut per nostræ præceptionis auctoritatem
possitis Deo placitam ordinationem efficere ; quia ut
hæc vobis concederemus, longa terrarum marisque
intervalla, quæ inter nos ac vos obsistunt, ad hæc nos
condescendere coëgerunt, ut nulla possit ecclesiarum
vestrarum iactura per cuiuslibet occasionis optentum
quoquo modo provenire ; sed potius commissi vobis
populi devotionem plenius propagare. Deus te incolumem custodiat, dilectissime frater."

" Data die tertia idus Junias imperantibus dominis
nostris piissimis Augustis, et Heraclio anno vicesimo
quarto, post consulatum eiusdem anno vicesimo tertio ;
[atque Constantino filio ipsius anno vicesimo tertio,][1]
et consulatus eius anno tertio ; sed et Heraclio feli-
cissimo Cæsare id est filio eius anno tertio, indictione June 11,
septima, id est, anno Dominicæ incarnationis sexcen- A.D. 634.
tesimo tricesimo quarto."

CAP. XXXI.

De pugna inter Edwinum regem Northumbrorum
et Cadwallonem regem Britonum.

Galfrid.
Monum.
xii. 4, seq. ;
Matth.
Westm.
pp.218,219;
Rog.Wend.
pp.130,131.

ORTA discordia inter Edwinum regem Northumbrorum et Cadwallonem regem Britonum, cum utrorumque
homines sese plurimis decertationibus inquietavissent,
convenerunt ambo reges ultra Humbrum in prælium,
factoque congressu amisit Cadwallo multa milia suorum, et in fugam versus est, arreptoque per Albaniam
itinere Hiberniam insulam adivit. At Edwinus, ut

[A.D.633.]
Cadwallo,
king of the
Britons, is
defeated by
Edwin,
and flies to
Ireland.

---

[1] *atque—tertio*] om. MS.   See Bed. ii. 18.

triumpho potitus fuit, duxit exercitum suum per provincias Britonum, id est tria eorum regna, Demeciæ videlicet Venodociæ et Meneniæ. Combustis urbibus et colonis destructis omnes illorum provincias in sua iura recepit. Cadwallo autem, qui in Hiberniam aufugerat, resociatis catervis suis conabatur semper in patriam navigiis reverti, nec poterat; quia quocunque in portu applicare incipiebat, obviabat illi Edwinus cum multitudine sua, introitumque auferebat. Venerat namque ad eum quidam sapientissimus astrologus et augur ex Hispania, vocabulo Pellitus, qui cursus stellarum edoctus prædicebat ei omnia infortunia quæ accedebant. Unde reditu Cadwallonis notificato, obviabat ei Edwinus navesque suas illidebat, ita ut submersis sociis

Cadwallo, after many vain attempts to land in Britain, sets sail for Armorica.

eidem omnem portum abnegaret. Nescius igitur Cadwallo quid faceret, cum fere in desperationem revertendi incidisset, tandem apud se deliberabat, quod Salamonem regem Armoricanorum Britonum adiret, rogaretque illius[1] auxilium, quo in regnum suum reverti quivisset. Cumque vela versus Armoricam dirigeret, ruunt ex improviso tempestates validæ, disperguntque naves, ita ut in brevi nulla cum altera

A storm disperses his fleet.

remaneret. Invasit ilico terror nimius rectorem navis regis, quam relicto remige dispositioni fortunæ permisit. Ut igitur cum [periculo mortis][2] tota nocte inter obstantes undas nunc huc nunc illuc expulsa fuit, in sequentis diei aurora applicuerunt in quandam insulam

He lands on the island Garnareia.

quæ Garnareia nuncupatur, ubi maximo labore nacti sunt tellurem. Occupavit continuo Cadwallonem tantus dolor ab amissione suorum, ut tribus diebus ac noctibus cibo vesci aspernaretur, ac in lecto infirmatus iaceret. Quarta deinde die cepit eum maxima cupiditas edendi ferinam carnem; vocatoque Briano nepote suo indicavit quod concupiscebat. At ille sumpto arcu

---

[1] *illius*] illi, MS.　　　　|　　[2] *periculo mortis*] Galfrid.

cum pharetra cœpit ire per insulam, **ut si casus**
aliquam feram offerret, escam illi ex ea acquireret.
Cumque aliquam non reperisset, cruciatus est angustiis
maximis, quia domini sui subvenire nequiret affectui.
Timebat enim ne mors infirmitatem ipsius subseque-
retur, si appetitum suum explere non valuisset. Usus
igitur arte nova scidit femur suum, et abstraxit inde
frustum[1] carnis, paratoque veru torruit illud et ad
regem pro **venatione portavit.** Mox ille, ferinam car-
nem esse existimans, cœpit ea vesci et sese reficere,
admirans quod tantam dulcedinem in aliis non reperisset carnibus. Satiatus tandem hilarior factus est;
ita ut post tres dies totus sanus fieret. **Incumbente**
deinde congruo vento armamenta navis paravit; erec-
toque velo æquoreum iter aggrediuntur, et in **Kida-
lentam** urbem applicant. Deinde venientes ad regem
Salomonem suscepti sunt ab illo benigne, et ut decebat
venerati. Et cum causam **adventus eorum** didicisset,
auxilium eis in hunc sermonem promisit: "Dolendum
nobis est, egregii iuvenes, patriam avorum **nostrorum**
a barbara gente oppressam esse, et vos ignominiose
expulsos. Et **cum** ceteri homines regna sua tueri
queant, mirum **est** populum vestrum tam fecundam
insulam amisisse, nec genti illorum, quam nostrates
pro vili **habent, resistere** posse. Cum gens huius
meæ Britanniæ una **cum** vestratibus cohabitaret, dominabatur omnium provincialium **virorum, nec fuit**
uspiam populus præter Romanos, qui **eam subiugare**
quivisset. Romani autem licet eam ad tempus subditam habuissent, amissis rectoribus suis **ac** interfectis
cum dedecore expulsi abscesserunt. Sed postquam
Maximiano et Conano ducibus ad hanc venerunt
provinciam, residui **qui** remanserunt nunquam eam
deinceps habuerunt **gloriam, ut diadema regni** con-

To appease the king's longing for meat, his nephew Brian **cuts** *a slice from his own thigh and dresses it.*

Salomo, king of Armorica, engages to support Cadwallo.

---

[1] *frustum*] frustrum, **MS.**

tinue haberent. Quamquam enim multi principes
eorum antiquam patrum dignitatem haberent, plures
tamen debiliores heredes succedebant, qui eam penitus invadentibus hostibus amittebant. Unde debili-
tatem populi doleo, cum ex eodem genere simus et
sic Britones nominemur, sicut et gens nostri[1] regni,
quæ patriam quam videtis omnibus vicinis adversatam
viriliter tuetur."

Postquam his et aliis finem dicendi fecit, aliquantulum verecundans Cadwallo in hunc modum respondit:
"Gratias tibi ago, rex regibus atavis[2] edite, quia auxilium mihi promittis ut regnum meum recuperem.
Hoc autem quod dicebas, gentem meam non servasse
avorum dignitatem, postquam Britones ad has provincias venerunt, nequaquam admirandum censeo.
Nobiliores namque totius regni prædictos duces secuti
fuerunt, ignobiliores remanserunt. Qui cum vicem
nobilium optinere cœpissent, extulerunt se ultra quam
dignitas expetebat, et ob affluentiam divitiarum superbi
cœperunt tali et tantæ fornicationi indulgere, qualis
nec inter gentes audita est; et, ut Gildas historicus
testatur, non solum hoc vitium sed omnia quæ
humanæ naturæ accidere solent, et præcipue quod
totius boni evertit statum, odium veritatis cum asser-
toribus suis, susceptio mali pro bono, exceptio Sathanæ
pro angelo lucis. Ungebantur reges non propter
Dominum, sed qui ceteris crudeliores extarent; et
paulo post ab unctoribus non pro veri examinatione
trucidabantur, aliis electis trucioribus. Si quis vero
eorum mitior et veritati propior videretur, in hunc
quasi subversorem Britanniæ omnium odia telaque
torquebantur. Denique omnia quæ Deo placebant [et
displicebant][3] æquali lance inter eos penderent, si non

Gildas.
[Hist. c.19
p. 12, c.
seq.]

---

[1] *nostri*] vestri, MS.

[2] *atavis*] attavis, MS. Horat.
Carm. I. 1, 1.

[3] *et displicebant*] Galfrid. xii. 6.

graviora essent displicentia. Itaque agebantur cuncta
quæ saluti fuerant contraria, ac si nihil medicinæ a
vero omnium Medico largiretur; et non solum hoc
sæculares viri, sed et ipse grex Domini eiusque pastores
sine discretione faciebant.[1] Non igitur admirandum
est degeneres tales Deo ob talia scelera invisos patriam
illam amittere, quam modo prædicto maculaverant.
Volebat enim Deus vindictam sumere, dum externum
populum supervenire passus est, qui eos patriis agris
exterminarent. Dignum tamen esset, si Deus per-
mitteret, cives pristinæ dignitati restituere, ne generi
nostro obprobrium sit nos debiles fuisse rectores, qui
tempore nostro in id non desudaverimus.   Idem
etenim nobis atavus[2] fuit, unde securius auxilium
tuum postulo. Malgo namque, summus ille rex, qui
post Arthurum quartus regnaverat, duos generavit Pedigrees
of Cad-
filios, quorum unus Cumanus, alter vero Run voca- wallo and
Salomo.
batur. Cumanus autem genuit Belin, Beli Jagonem,
Jago Cadnanum patrem meum. Runo vero, qui post
obitum fratris expulsus fuit, inquietatione Saxonum
hanc patriam adivit, deditque filiam suam Hohelo
duci, filio magni Hoheli, qui cum Arthuro patrias
subiugaverat. Ex illa natus est Alanus, ex Alano
Hohelus pater tuus, qui dum vixit toti Galliæ non
minimum inferebat terrorem." Interea hiemante eo Brian un-
dertakes to
apud Salomonem, inierunt consilium, ut Brianus præ- kill Ed-
win's as-
fatus nepos regis in Britanniam transfretaret, præ- trologer
fatumque astrologum Edwino regi futura prædicentem, Pellitus.
sicut prædiximus, qua de re Cadwalloni regressus in
patriam fuerat denegatus, aliquo modo perimeret, ne
solita arte adventum Cadwallonis indicaret. Cumque
Brianus in portu Hamonis, id est Southamptonia, appli-
cuisset, finxit se infra vestimenta cuiusdam pauperis,
fecitque sibi baculum ferreum quo astrologum sive

---

[1] *faciebant*] faciebat, MS. | [2] *atavus*] attavus, MS.

magum [1] interficeret. Deinde perrexit Eboracum, nam
tunc Edwinus ibi manebat. Ut igitur illam ingressus
est, associavit se pauperibus, qui ante ianuam regis
eleemosynam expectabant. Eunte autem eo et redeunte,
egressa est soror eius ex aula habens pelium in manibus,
ut aquam reginæ asportaret. Illam rapuerat Edwinus
ex urbe Gurgonensium, dum post fugam Cadwallonis
per provincias Britonum desæviret. Cum itaque ante
Brianum præteriret, agnovit eam continuo, et in fletum
solutus demissa [2] voce eam vocavit. Ad vocem igitur
illius puella faciem vertens, dubitavit primo quis ipse
esset. At ut propius [3] accessit, agnito fratre pæne in
extasi collapsa est, timens ne aliquo infortunio noti-
ficatus ab hostibus caperetur. Postpositis ergo oculis
indicavit breviter fratri statum curiæ, et astrologum
quem quærebat, qui forte inter pauperes deambulabat,
dum eleemosyna eisdem distribueretur. Porro Brianus
præcepit sorori suæ sequenti nocte ex thalamis furtim
egredi, et ad se extra urbem iuxta quoddam vetus
templum venire. Deinde intromisit se infra turbam
pauperum in parte illa, ubi Pellitus astrologus ipsos
collocabat. Nec mora: cum aditum percutiendi
habuisset, erexit burdonem, infixitque Pellitum sub
pectore, atque eodem ictu interfecit. Mox proiecto
baculo delituit inter ceteros, et præfata latibula favente
Deo petivit. At soror eius nocte instante pluribus
modis conata est egredi, nec valuit, quia Edwinus ob
necem Pelliti astrologi exterritus vigiles circa curiam
posuerat, qui quæque abdita explorantes egressum ei
abnegabant. Cumque id comperisset Brianus, recessit
ex loco illo, ivitque Exoniam, ubi convocatis Britonibus ea quæ fecerat notificavit. Missis ergo ad Cadwallonem [4] legatis munivit urbem illam, mandavitque

Brian for-
tifies
Exeter.

---

[1] *astrologum sive magum*] sine astrologum magum, MS.
[2] *demissa*] dimissa, MS.

[3] *propius*] proprius, MS.
[4] *Cadwallonem*] Cadwalonem, MS.

universis Britonum proceribus ut oppida sua con-
servare insisterent, lætique adventum Cadwallonis
expectarent, qui in brevi auxilio Salomonis fretus eis
præsidio veniret. Hoc itaque per totam insulam divulgato, Peanda rex Merciorum cum maxima multitudine
Saxonum veniens Exoniam Brianum obsedit.

Peanda, king of Mercia, invests Exeter.

CAP. XXXII.

*De reditu[1] Cadwallonis regis in Britanniam, et de
captione Peandæ regis Merciorum, et de morte regis
Edwini et desolatione provinciæ Northumbrorum.*

Galfrid. Monume xii. 8 ; Matth. Westm., pp. 219, 220; Rog. Wend. pp. 132, 133.

[A.D.634.]

CUM rex Britonum Cadwallo quæ facta fuerant de
Pellito astrologo cognovisset, applicuit in insulam cum
decem milibus militum, quos ei rex Salomon commise-
rat, petivitque celeriter obsidionem quam prædictus rex
Peanda tenebat.   Conserto deinde gravi prælio, captus
est rex Peanda, et eius exercitus peremptus et dissi-
patus.   At Peanda, cum alium aditum salutis non
haberet, Cadwalloni regi se subdens fidelitatem iuravit,
et obsides de subiectione invenit, seseque promisit cum
Cadwallone Saxones inquietaturum.   Itaque Peanda
rege triumphato, convocatis Britonibus Cadwallo rex
cum dicto Peanda rege Merciorum Northumbriam
petivit, patriamque regis Edwini non cessavit devastare.
Quod cum Edwino relatum esset, associavit[1] sibi
omnes regulos Anglorum, dicto Peanda Merciorum
rege tantum excepto ; et conserto gravi prælio in
campo qui vocatur Hatfeld, occisus est Edwinus die
quarta iduum Octobrium anno Dominicæ Incarnationis
sexcentesimo tricesimo tertio, cum esset annorum quadraginta et octo, eiusque totus exercitus est interemptus

Cadwallo lands in Britain, takes captive Peanda, king of Mercia, and with him invades Northumberland.

Bed. ii. 20. Edwin is slain in battle at Hatfeld, Oct. 12, A.D. 633, æt. 48, regni 17.

---

[1] *reditu*] redditu, MS. | [2] *associavit*] associavitque, MS.

et dispersus. Regnavit autem Edwinus gloriosissime super gentem Anglorum simul et Britonum decem et septem annis, et tandem, ut præmisimus, a Cadwallone et Peanda regibus in supradicto bello est interemptus. In præfato vero bello ante patrem occisus est Effridus filius Edwini, iuvenis bellicosus, cum Godboldo rege Orchadum, qui Edwino in auxilium venerat. Alter vero filius Edwini, nomine Ædfridus, necessitate cogente ad Peandam regem transfugit, et ab eo postmodum, regnante Oswaldo, contra fidem iurisiurandi[1] peremptus est. Quo tempore maxima est facta strages in ecclesia vel gente Northumbrorum, maxime quod unus ex ducibus a quibus acta est, paganus, alterque barbarus erat pagano severior. Siquidem Peanda rex cum omni Merciorum gente idolis deditus, et Christiani nominis erat ignarus : at vero Cadwallo rex, quamvis nomen et professionem haberet Christiani, adeo tamen erat animo ac moribus barbarus, ut ne sexui quidem muliebri vel innocuæ parvulorum parceret ætati, quin universos atrocitate ferina morti per tormenta contraderet, multo tempore totas eorum provincias debacchando pervagatus, ac totum genus Anglorum Britanniæ finibus erasurum se esse deliberans. Sed nec religioni Christianæ, quæ apud eos exorta erat, aliquid impendebat honoris ; quippe cum usque hodie moris sit Britonum, fidem religionemque Anglorum pro nihilo habere, neque in aliquo eis magis communicare quam cum paganis.

Allatum est autem caput Edwini regis Eboracum, et illatum postea in ecclesiam beati Petri apostoli, quam ipse incepit, sed successor eius Oswaldus perfecit, ut supra docuimus, positum est in porticu sancti papæ Gregorii, a cuius ipse discipulis verbum vitæ susceperat.

Turbatis itaque rebus Northumbrorum huius articulo

---

[1] *iurisiurandi*] iusiurandi, MS. | [2] *severior*] sævior, Bed. ii. 20.

cladis, cum nihil alicubi præsidii nisi in fuga esse retires into Kent.
videretur, Paulinus, assumpta secum regina Æthelburga
quam pridem adduxerat, rediit Kantiam navigio, atque
ab Honorio archiepiscopo et rege Edbaldo multum
honorifice susceptus est. Venit autem illuc duce Basso,
milite regis Edwini fortissimo, habens secum Anfledam
filiam Edwini, et Usfream filium eiusdem regis, necnon
et Iffi filium Osfridi filii[1] eius, quos postea mater metu
Edbaldi et Oswaldi regum misit in Galliam nutriendos
regi Daguberto, qui erat amicus illius ; ibique ambo in
infantia defuncti, et iuxta honorem vel regiis pueris
vel innocentibus Christi congruum in ecclesia sepulti
sunt. Attulit autem secum vasa pretiosa Edwini regis
perplura, in quibus et crucem magnam auream, et
calicem aureum consecratum ad ministerium altaris, quæ
omnia in ecclesia Cantuariensi[2] servata multo post
tempore ostendebantur.

CAP. XXXIII.

Ut primi successores Edwini regis et fidem suæ gentis Bed. iii. 1.
perdiderint et regnum.

INTERFECTO in pugna nobilissimo rege Edwino, sus- A.D. 633.
Osric king
of Deira.
cepit pro illo regnum Deirorum, de qua provincia ille
generis prosapiam et primordia regni habuerat, filius
patrui eius Alfrici, vocabulo Osricus, qui ad prædica-
tionem Paulini fidei erat sacramentis imbutus. Porro Anfrid
king of
Bernicia.
regnum Berniciorum, nam in has duas provincias gens
Northumbrorum antiquitus divisa erat, suscepit filius
Æthelfridi, qui de illa provincia generis et regni originem duxerat, nomine Anfridus. Siquidem tempore toto

---

[1] *filii*] filiū, MS. But see Bed.   [2] *Cantuariensi*] Cantiæ, Bed.
ii. 20.

quo regnavit Edwinus, filii præfati regis Æthelfridi,
qui ante illum regnaverat, cum magna nobilium iuven-
tute apud Scottos sive Pictos exulabant, ibique ad
doctrinam Scottorum catechizati et baptismatis sunt
gratia recreati.   Qui ut mortuo rege inimico patriam
sunt redire permissi, accepit primus eorum quem
diximus Anfridus regnum Berniciorum.   Qui uterque
rex ut terreni regni infulas sortitus est, sacramenta
regni cœlestis quibus initiatus erat, anathematizando
perdidit, ac se priscis idolatriæ sordibus polluendum
perdendumque restituit.

A.D. 634. Nec mora : utrumque rex Britonum Cadwallo impia
Both kings are killed by Cadwallo. manu sed iusta ultione peremit.   Et primo quidem
proxima æstate Osricum, dum se in oppido municipio
temerarie[1] obsedisset, erumpens subito cum suis omnibus
A.D. 635. imparatum cum toto exercitu delevit.   Dein cum anno
integro provincias Northumbrorum non ut rex victor
possideret, sed quasi tyrannus sæviens disperderet ac
tragica cæde dilaceraret, tandem Anfridum inconsulte
ad se cum duodecim electis militibus postulandæ pacis
gratia venientem simili sorte damnavit.   Infaustus ille
annus et omnibus bonis exosus usque hodie permanet,
tam propter apostasiam regum Anglorum qua se fidei
sacramentis exuerant, quam propter vesanam Britonici
regis tyrannidem.   Unde cunctis placuit regum tempora computantibus, ut ablata de medio regum perfi-
dorum memoria, idem annus sequentis regis, id est,
Oswaldi, viri Deo dilecti, regno assignaretur.

---

[1] *temerarie*] temararie, MS.

Cap. XXXIV.

Quod Oswaldus super duo regna, Deirorum videlicet Bed. iii. 3.
et Berniciorum, consecratur in regem.

ANNO gratiæ sexcentesimo tricesimo quinto Oswaldus A.D. 635.
vir Deo dilectus regnum Northumbrorum integrum Oswald king of
suscipiens novem annis tenuit. Qui mox ubi regnum Northum-
suscepit, desiderans totam cui præesse cœpit gentem bria.
fidei Christianæ gratia imbui, cuius experimenta per- He invites
maxima in expugnandis barbaris iam ceperat, misit the Scotti
ad maiores natu Scottorum, inter quos exulans ipse missionary
baptismatis sacramenta cum his qui secum erant mili- country.
tibus consecutus erat; petens ut sibi mitteretur antistes,
cuius doctrina ac ministerio gens quam regebat Anglorum Dominicæ fidei dona disceret et susciperet
sacramenta. Neque aliquanto[1] tardius quod petiit im- Aidan's
petravit: accepit namque pontificem Aidanum, summæ mission.
mansuetudinis et pietatis ac moderaminis virum, haben-
temque zelum Dei.

Venienti igitur ad se episcopo Aidano, rex locum He is made
sedis episcopalis in insula Lindisfarnensi, ubi ipse Lindis-
petebat, tribuit. Qui videlicet locus accedente ac farne.
recedente reumate bis cotidie instar insulæ maris cir-
cumvolvitur undis, bis renudato litore contiguus terræ
redditur. Admonitionibusque episcopi humiliter ac
libenter in omnibus auscultans Oswaldus, ecclesiam
Christi in regno suo multum diligenter ædificare ac
dilatare curavit. Ubi pulcherrimo sæpe spectaculo
contigit, ut evangelizante antistite qui Anglorum linguam perfecte non noverat, ipse rex suis ducibus ac
ministris interpres verbi existeret cœlestis: quia nimirum tam longo exilii sui tempore linguam Scottorum
iam plene didicerat. Exinde cœperunt plures per dies

---

[1] *aliquanto*] aliquando, MS.

de Scottorum regione venire Britanniam, atque illis
Anglorum provinciis, quibus regnavit rex Oswaldus,
magna devotione verbum fidei prædicare, et credentibus gratiam baptismi, quicunque sacerdotali erant
gradu præditi, ministrare. Construebantur ergo ecclesiæ per loca, confluebant ad audiendum verbum Dei
gaudentes, donabantur munere regio possessiones et
territoria ad instituenda monasteria, imbuebantur præ-
ceptoribus Scottis parvuli Anglorum, una cum maioribus
studiis et observatione disciplinæ regularis.

The island
Hii. Nam monachi erant maxime qui ad prædicationem
venerant. Monachus ipse episcopus Aidanus, utpote
de insula quæ vocatur Hii destinatus: cuius monasterium in cunctis pæne septentrionalium Scottorum et
omnium Pictorum monasteriis non parvo tempore
arcem tenebat, regendisque eorum populis præerat.
Quæ videlicet insula ad ius quidem Britanniæ pertinet,
non magno ab ea freto discreta, sed donatione Pictorum,
qui illas Britanniæ plagas incolunt, iamdudum monachis[1]
Scottorum tradita, eo quod illis prædicantibus fidem
Christi perceperint.

Bed. iii. 6.
King Os-
wald's do
minions. Huius igitur antistitis Aidani doctrina rex Oswaldus
cum ea cui præerat gente Anglorum institutus, non
solum incognita progenitoribus suis regna cœlorum
sperare didicit, sed et regna terrarum plusquam ulli
maiorum suorum ab eodem uno Deo qui fecit cœlum
et terram consecutus est. Denique omnes nationes et
provincias Britanniæ, quæ in quattuor linguas, id est,
Britonum et Pictorum, Scottorum et Anglorum divisæ
sunt, in dicione accepit.

His cha-
rity. Quo regni culmine sublimatus, nihilominus, quod
mirum dictu est, pauperibus ac peregrinis semper humilis ac largus fuit. Unde arbitror etiam tempo-
raliter absolutam esse cœlestis sententiæ fidem, quam

---

[1] *monachis*] monachus, MS.

Divinum quondam resultavit oraculum.[1] "Dispersit, dedit pauperibus, iustitia eius manet in sæculum sæculi." Denique fertur quia tempore quodam cum die sancto[2] paschæ cum præfato episcopo Aidano consedisset ad prandium, positusque esset in mensa coram eo discus argenteus regalibus epulis refertus, et iam iamque essent manus ad panem benedicendum missuri, intrasse subito ministrum ipsius cui suscipiendorum inopum erat cura delegata, et indicasse regi, quia multitudo pauperum undecunque adveniens maxima per plateas sederet, postulans aliquid a rege: qui mox dapes sibimet appositas deferri pauperibus, sed et discum confringi, atque eisdem minutatim dividi præcepit. Quo viso pontifex qui assidebat, delectatus tali facto pietatis, apprehendit dextram eius, et ait: " Nunquam veterascet[3] hæc manus." Quod et ita iuxta votum benedictionis eius provenit. Nam cum interfecto illo in pugna manus cum brachio a cetero essent corpore resecatæ, contigit ut hactenus incorruptæ perdurent, sicut inferius loco suo plenius declarabimus.

Huius industria regis Deirorum et Berniciorum provinciæ, quæ eatenus ab invicem discordabant, in unam sunt pacem et velut unum compaginatæ in populum. Erat autem Oswaldus filius regis Æthelfridi et frater Eanfridi, ac etiam nepos Edwini regis ex sorore Atha, unde dignum fuit, ut tantus præcessor, videlicet Edwinus, talem [haberet][3] de sua consanguinitate et religionis et regni heredem.

Union of the provinces Deira and Bernicia.

---

[1] Ps. cxi. 9.
[2] *sancto*] sancte, MS.
[3] *veterascet*] veterescet, MS.
[4] *haberet*] om. MS.

Cap. XXXV.

Bed. iii. 7. *Quod gens Occidentalium Saxonum cum rege suo Kinegilso, prædicante illis Birino episcopo, fidem Christi suscepit.*

Conversion of the West Saxons (Gewissæ).

EODEM tempore gens Occidentalium Saxonum, qui antiquitus Gewissæ vocabantur, regnante Kinegilso fidem Christi suscepit, prædicante illis verbum Dei Birino episcopo, qui cum consilio papæ Honorii venerat Britanniam; promittens quidem se illo præsente in intimis Anglorum partibus, quo nullus doctor præcessisset, sanctæ fidei semina esse sparsurum. Unde et iussu eiusdem pontificis per Asterium Genuensem episcopum in episcopatus consecratus est gradum. Sed Britanniam perveniens, ac primum Gewissorum gentem ingrediens, cum omnes ibidem paganissimos inveniret, utilius esse ratus est ibi potius verbum Dei prædicare, quam ultra progrediens eos quibus prædicare deberet inquirere.

Baptism of Kinegils.

Itaque evangelizante illo in præfata provincia, cum rex ipse Kinegils catechizatus fonte baptismi cum sua gente ablueretur, contigit tunc temporis sanctissimum ac victoriossimum regem Northumbrorum Oswaldum affuisse, eumque de lavacro exeuntem suscepisse, ac sic pulcherrimo prorsus et Deo digno consortio, cuius erat filiam accepturus in coniugem, ipsum prius secunda generatione Deo dedicatum sibi accepit in filium. Do-

Birinus bishop of Dorchester.

naverunt[1] autem ambo reges eidem episcopo Birino civitatem Dorkecestriæ, ad faciendum inibi sedem episcopalem; ubi constructis ecclesiis ac Deo dedicatis Divini cultus propagines ad fructum in eis perducere laborabat.

---

[1] *Donaverunt*] Donauerũt, MS.   See Bed. iii. 7.

CAP. XXXVI.

De pugna Oswaldi regis cum Peanda Merciorum rege et de victoria ipsius.

BONITATI autem Oswaldi regis boni totius inimicus invidens, incitavit regem Britonum Cadwallonem in necem Oswaldi, quatinus ipsum conaretur extinguere. Nam Cadwallo victoriarum gestarum memoria elatus, sese dictitabat virum in exterminium Anglorum natum. Unde in Anglos acrius desæviens, ipsorum regem Oswaldum cum suis copiis in quantum potuit radicitus extirpare elaborabat. Qua de re ipsum Oswaldum post ceteros inquietatum usque ad murum, quem Severus imperator inter Britanniam Scotiamque construxerat, fugavit. At vero postea cum Oswaldus quantulumque exercitum undecumque congregasset, his sermonibus in bellum omnes excitavit, ut aut vincendum sibi commilitones nossent, aut moriendum, nihil de fuga meditatos; exprobrandi pudoris rem ventilari allegans, Anglos cum Britannis tam iniquo Marte confligere, ut contra illos pro salute decertarent, quos prius pro gloria eorum patres et maiores præcedentes consueverunt lacessere. Itaque pro libertate audentibus animis et effusis viribus decertarent, nihil de fuga meditantes; tali modo et illis provenire gloriam, et annuente Deo patriæ libertatem. Misso igitur a Cadwallone rege Britonum Peanda Merciorum rege cum expeditione maxima ad eundem[1] locum, ut cum Oswaldo bellum consereret, supervenit rex Oswaldus cum parvo quidem exercitu, sed fide Christi munito. Et ibidem facta citato opere cruce, ac fovea præparata in qua crux statui deberet, ipse fide fervens hanc cum arripuerit ac fovere imposuerit atque utraque manu erectam tenuerit, donec aggesto a militibus pul-

Will. Malmesb. i. 49, p. 70.

Galfrid. Monum. xii. 10.

Cadwallo forces Oswald to retreat.

Bed. iii. 2. Battle between Oswald and Peanda.

---

[1] *eundem*] eundū, MS.

vere terræ figeretur, demum flexis genibus Dominum deprecatus est, ut in tanta rerum necessitate suis
cultoribus cœlesti succurreret auxilio. Et hoc facto
elata in altum voce cuncto exercitui proclamavit :
" Flectamus omnes genua et Deum Omnipotentem
Vivum ac Verum in commune deprecemur, ut nos
ab hoste superbo ac feroce sua miseratione defendat.
Scit[1] enim ipse quia iusta pro salute gentis nostræ
bella suscepimus." Fecerunt omnes ut iusserat, et sic
incipiente diluculo in hostem progressi, iuxta meritum
suæ fidei victoria potiti sunt. In cuius loco orationis
innumeræ virtutes sanitatum postea noscuntur esse
patratæ, ad indicium videlicet ac memoriam fidei regis
Oswaldi. Nam et usque hodie multi de ipso ligno
sanctæ crucis astulas excidere solent, quas cum in
aquas miserint, eisque languentes homines aut pecudes
potaverint sive asperserint, mox sanitati restituuntur.

Heonon-
feld.

Vocatur locus ille lingua Anglorum Heononfeld, quod
dici potest Latine Cœlestis Campus. Quod certo utique
præsagio futurorum antiquitus nomen accepit, significans
nimirum, quod ibidem cœleste erigendum tropæum,[2]
cœlestis inchoanda victoria, cœlestia usque hodie forent
miracula celebranda. Est autem locus ille iuxta murum
illum ad Aquilonem, quo Romani quondam ob arcendos
barbarorum impetus a mari ad mare præcinxerunt Britanniam, ut supra docuimus. In quo videlicet loco
consuetudinem multo iam tempore fecerant fratres Hangustaldensis ecclesiæ, quæ non longe abest. Advenientes
videlicet omni anno pridie quam postea idem rex Oswaldus occisus est, vigilias pro salute animæ eius facere,
plurimaque psalmorum laude celebrata, sacratiorem et
cunctis honorabiliorem omnibus locum fecerunt. Nec
inmerito ; quia nullum, ut comperimus, fidei Christianæ signum in ulla ecclesia, nullum altare in tota

---

[1] *Scit*] Sit, MS. | [2] *tropæum*] tropheum, MS.

Berniciorum gente erectum est, priusquam hoc sacræ
crucis vexillum novus militiæ ductor, dictante fidei
devotione, contra hostem inmanissimum pugnaturus
statuerat.   Nec ab re est unum e pluribus, quæ ad
hanc crucem patratæ sunt, virtutis miraculum narrare.
Quidam de fratribus eiusdem Hangustaldensis ecclesiæ,
nomine Bothelmus, dum incautius in glacie nocte quadam incideret, repente corruens brachium contrivit, ac
gravissima fracturæ ipsius cœpit molestia fatigari ; ita
ut ne ad os quidem adducere ipsum brachium ullatenus dolore arcente valeret.   Qui cum die quadam
mane audiret unum de fratribus ad locum eiusdem
sanctæ crucis ascendere disposuisse, rogavit ut aliquam
partem sibi de illo ligno . venerabili rediens afferret,
credere se dicens, quia per hoc donante Domino salutem
posset consequi.   Fecit ille ut rogatus est, et reversus
ad vesperam, sedentibus iam ad mensam fratribus, optulit ei aliquid de veteri musco, quo superficies ligni
erat obsita.   Qui cum sedens ad mensam non haberet
ad manum ubi oblatum sibi munus reponeret, misit hoc
in sinum sibi.   Et dum iret cubitum oblitus hoc alicubi deponere, permisit suo in sinu permanere.   At
medio noctis tempore cum evigilaret, sensit nescio quid
frigidi suo lateri adiacere, admotaque manu requirens
quid esset, ita sanum brachium manumque repperit, ac
si nihil unquam tanti languoris[1] habuissent.   Dictum
vero est de Oswaldo rege, quod ob crebrum morem
orandi, sive gratias Deo agendi, semper ubicunque
sederet supinas super genua manus habere solitus
fuerit.   Unde adhuc proverbialiter dici solet : " Deus,
miserere animabus nostris, dixit Oswaldus cadens in
terra."[2]

Miracle at Oswald's Cross.

Proverb. " Deus, miserere animabus nostris, dixit Oswaldus cadens in terra."

---

[1] *languoris*] langoris, MS.

[2] *Dictum—terra*] See below, ch. 37, cont.

CAP. XXXVII.

De morte Oswaldi regis, et de miraculis a Deo meritis ipsius Oswaldi post mortem eius factis.

CUM autem rex Cadwallo audisset de victoria Oswaldi, quam in superiori bello de rege Peanda feliciter obtinuerat, acriori ira ignescens collegit exercitum suum et sanctum regem Oswaldum insecutus est; et collato praelio in loco qui lingua Anglorum nuncu-

patur Maserfeld, irruit in illum Peanda atque interfecit. Occisus vero est Oswaldus rex Christianissimus anno aetatis suae tricesimo octavo, die quinto mensis Augusti. Porro caput eius et brachia iussit Peanda

suspendi in stipitibus. Regnavit autem Oswaldus Christianissimus rex Northumbrorum novem annos, annumerato etiam illo anno, quem et feralis impietas regis Britonum et apostasia demens regum Anglorum [detestabilem][1] fecerat. Siquidem, ut supra[2] docuimus,

unanimo omnium consensu firmatum est, ut nomen et memoria regum apostatarum de catalogo regum Christianorum prorsus aboleri deberet, neque aliquis regno eorum annus annotari.

Nec silentio praetereundum reor, quod virtutis ac miraculi coelestis fuerit ostensum, cum ossa eius inventa, atque in ecclesiam in qua nunc servantur, translata sunt. Factum est autem hoc per industriam reginae Merciorum Estrithae, quae erat filia fratris eius, id est Oswi, qui post illum regni apicem tenebat, ut in sequentibus dicemus.

Est monasterium nobile in provincia Lindesseiae, nomine Beardoneye, quod eadem regina cum viro suo

---

[1] *detestabilem*] om. MS. See Bed. iii. 9.   [2] Ch. 33.

Æthelredo multum diligebat, venerabatur, excolebat,
in quo desiderabat sui patrui ossa reponere. Cumque
venisset carrum in quo eadem ossa ducebantur, incumbente vespera, in **monasterium præfatum, noluerunt ea**
qui erant in monasterio libenter excipere : quia etsi
sanctum eum noverant, quia tamen de alia provincia
ortus fuerat, et **super eos regnum** acceperat, veteranis
eum odiis etiam mortuum insequebantur. **Unde factum**
est ut ipsa nocte reliquiæ allatæ foris **permanerent,**
tentorio tantum maiore supra carrum in **quo inerant**
extenso. Sed miraculi cœlestis ostensio, **quam reve-**
renter eædem **suscipiendæ a cunctis fidelibus essent,**
patefecit. Nam tota ea nocte columna lucis, a carro
illo ad cœlum usque porrecta, omnibus **pæne** eiusdem
Lindissæ provinciæ locis conspicua stabat. Unde
mane facto fratres monasterii illius, qui pridie abnue-
rant, diligenter ipsi petere cœperunt, ut apud se eædem [1]
sanctæ ac Deo dilectæ reliquiæ conderentur. **Lota**
igitur ossa intulerunt in thecam, quam in hoc[2] **præpa-**
raverant, atque in ecclesia iuxta honorem congruum
posuerunt : et ut regia viri persona memoriam haberet
æternam, vexillum eius super tumbam auro et purpura
compositum apposuerunt, ipsamque aquam in qua
laverant ossa in angulo sacrarii fuderunt. Ex quo
tempore factum est, ut ipsa terra quæ lavacrum venerabile suscepit, ad abigendos **ex obsessis corporibus**
dæmones gratiæ salutaris haberet effectum.

Denique **tempore sequente, cum præfata regina in** The abbess
Æthelhilda.
eodem monasterio **moraretur, venit ad salutandam**
eam abbatissa quædam venerabilis, vocabulo Æthelhilda,
soror virorum sanctorum Æthelwini et Aldwini,
quorum prior episcopus in Lindissi provincia, secundus erat abbas **in** monasterio quod vocatur Partaneye,

---

[1] *eædem*] sedem, MS. See Bed. | [2] *hoc*] hac, MS.; hoc, Bed.
iii. 11.

a quo non longe et illa monasterium habebat. Cum
ergo veniens illo loqueretur cum regina, atque inter
alia, sermone exorto de Oswaldo, diceret quod et ipsa
lucem nocte supra reliquias eius ad coelum usque altam
vidisset, adiecit regina quia de pulvere pavimenti in
quo aqua lavacri illius effusa est, multi iam sanati
essent infirmi. At illa petiit sibi portionem pulveris
salutiferi dari ; et accipiens, in panno ligatum condidit
in capsella, et rediit. Transacto autem tempore aliquanto, cum esset in suo monasterio, venit illic quidam
hospes, qui solebat nocturnis sæpius horis repente ab
inmundo spiritu gravissime vexari. Qui cum benigne
susceptus post cœnam in lecto membra posuisset, subito
a diabolo arreptus, clamare, dentibus frendere, spumare,
et diversis motibus cœpit membra torquere. Cumque
a nullo vel teneri vel ligari potuisset, cucurrit minister,
et pulsans ad ostium,[1] nuntiavit abbatissæ. At illa
aperiens ianuam monasterii, exivit ipsa cum una sanctimonialium feminarum ad locum virorum ; et evocans
presbyterum, rogavit secum venire ad patientem. Ubi
cum venientes viderent multos affuisse qui vexatum
tenere et motus eius insanos comprimere conati, nequaquam valerent, dicebat presbyter exorcismos, et quæque
poterat pro sedando miseri furore agebat. Sed nec
ipse, quamvis laborans multum, proficere quicquam
valebat. Cumque nil salutis furenti superesse videretur, repente venit in mente abbatissæ pulvis ille
præfatus, statimque iussit ire ministram, et capsellam
in qua idem pulvis erat, adducere. Et cum illa afferens
quæ iussa est, intraret atrium domus, in cuius interioribus dæmoniosus torquebatur, conticuit ille subito, et
quasi in somnum laxatus deposuit caput, membra in
quietem omnia composuit. Conticuere omnes intenti-
que ora tenebant,[2] quem res exitum haberet solliciti

Cure of a
demoniac.

---

[1] *Ostium*] hostium, MS.   [2] Virg. Æn. ii. 1.

expectantes. Et post aliquantum horæ spatium, resedit qui vexabatur, et graviter suspirans : "Modo," inquit, "sanum sapio ; recepi enim sensum animi mei." At illi sedulo sciscitabantur, quomodo hoc contigisset. Qui ait : "Mox ut virgo hæc cum capsella quam portabat appropinquavit atrio domus huius, discessere omnes qui me premebant spiritus maligni, et me relicto nusquam comparuerunt." Tunc dedit ei abbatissa portiunculam de pulvere illo ; et sic data oratione a presbytero, noctem illam quietissimam duxit : neque aliquid ex eo tempore nocturni timoris aut vexationis ab antiquo hoste pertulit.

CONTINUATIO.   *De puerulo quodam a febribus curato ;* Bed. iii. 12.
et de sepultura capitis et manuum cum brachiis
sancti Oswaldi regis.

SEQUENTE dehinc tempore fuit in eodem monasterio puerulus quidam longo febrium incommodo graviter vexatus : qui cum die quadam sollicitus horam accessionis[1] expectaret, ingressus ad eum quidam de fratribus : "Vis," inquit, "mi nate, doceam te quomodo cureris ab huiusmodi molestia languoris ?[2] Surge et ingredere ecclesiam, et accedens ad sepulcrum sancti Oswaldi, ibi reside, et quietus manens adhære tumbæ. Vide ne exeas inde, nec de loco movearis, donec hora recessionis febrium transierit." Tunc ipse intrabo, et educam te inde. Fecit ut ille suaserat, sedentemque ad tumbam sancti infirmitas tangere nequaquam præsumpsit ; quin in tantum timens aufugit,[3] ut nec secunda die, nec tertia, nec umquam exinde eum auderet contingere. Nec mirandum preces regis illius

---

[1] *accessionis*] accencionis, MS. See Bed. iii. 12.

[2] *languoris*] langoris, MS.

[3] *aufugit*] affugit, MS. ; aufugit, Bed.

iam cum Domino regnantis multum valere apud eum,
qui temporalis regni quondam gubernacula tenens, magis
pro æterno[1] regno semper laborare ac deprecari solebat.

Oswald's devotion.

A tempore enim matutinæ laudis sæpius ad diem
usque in orationibus perstitit, atque ob crebrum morem
orandi, sive [gratias][2] agendi Domino, semper ubicunque sedens, supinas super genua sua manus habere
solicitus fuit.[3] Vulgatum est autem, et in consuetudinem proverbii versum, quod etiam inter verba
orationis vitam finierit. Namque cum armis et hostibus circumsæptus iamiamque videret se esse perimendum, oravit pro animabus exercitus sui. Unde, sicut
prædiximus,[4] dicunt in proverbio: "Deus miserere
animabus nostris, dixit sanctus Oswaldus cadens in
terram,"

**Transla-
tion of his
relics.**

Ossa vero illius condita sunt in monasterio Barde-
neye, quo supra diximus. Porro caput et manus cum
brachiis a corpore præcisas, quas rex qui eum occiderat in stipitibus iusserat suspendi, post vero annum
interfectionis sanctissimi regis prædicti, veniens cum

Bed. iii. 6.

exercitu frater eius rex Oswi, successor regni, abstulit
ea, et manus cum brachiis in regia civitate, quam
Bebbanburgh[5] urbem vocant Angli, loculo inclusæ
argenteo in ecclesia sancti Petri servantur, ac digno
a cunctis honore venerantur. Brachium vero dex-
trum sanctissimi regis, secundum vaticinium sive
benedictionem beatissimi viri episcopi Aidani, nervis,
carne ac cute integrum manet usque in hodiernum diem.
Dicitur autem dictum brachium de antiqua requietionis[6] suæ sede furtim fuisse sublatum, atque ad
monasterium de Burgo illatum, inclusum nunc esse
in scrinio pretioso, advenientium ostentui demonstran-
dum. Caput vero regis Oswaldi sancti prædicti in

---

[1] *æterno*] terreno, MS.; æterno, Bed.
[2] *gratias*] om. MS. See Bed.
[3] *solicitus fuit*] solitus sit, Bed.

[4] Ch. 36.
[5] *Bebbanburgh*] Bebba, Bed. iii. 6.
[6] *requietionis*] requiescionis, MS.

cœmeterio[1] Lindifarnensi dictus **rex Oswi,** eiusdem
sancti regis Oswaldi germanus, fecerat sepeliri; **sed**
nunc in ecclesia Dunolmensi inter brachia Sancti **Cuth-**
berti teneri infra scrinium eiusdem **beati pontificis**
asseritur.

Nec solum incliti fama viri Britanniæ fines lustravit *Miracles*
universos, **sed** etiam trans oceanum longe radios salu- *wrought
by his relics*
tiferæ lucis spargens, Germaniæ simul et Hiberniæ *among the
Frisians.*
partes attigit. Denique **reverentissimus** antistes qui- *Bed. iii. 13.*
dam, **Acca** nomine, **referebat, quia cum** Romam
vadens, apud sanctissimum **Fresonum gentis** archiepiscopum **Wilbrodum cum** suo antistite **Wilfrido**
moraretur, **crebro eum** audierit de mirandis quæ ad
reliquias eiusdem reverentissimi **regis in illa provincia**
gesta fuerunt, narrare.

Sed et [in][2] Hibernia cum presbyter adhuc peregrinam
pro æterna patria duceret **vitam,** rumorem sanctitatis
illius in ea **quoque insula longe lateque iam** percre-
buisse **ferebat.** E **quibus unum quod inter alia** retulit
miraculum, præsenti nostræ **historiæ inserendum** credimus.

CONTINUATIO. *De quodam scholastico* **de mortis** *Bed. iii. 13.*
articulo **liberato.**

" Tempore," **inquit,** " mortalitatis quæ Hiberniam Bri- *In Ireland.*
tanniamque lata strage vastavit, percussus est eiusdem
clade pestis inter alios scholasticus quidam **de genere**
Scottorum, doctus **quidem vir** studio **litterarum, sed**
erga curam perpetuæ **suæ** salvationis **nihil omnino**
studii et industriæ gerens. Qui cum se morti proximum videret, timere cœpit et pavere, ne mox mortuus
ob merita scelerum **ad** inferni claustra **raperetur:**
clamavitque me, **cum essem in vicinia**[3] positus, et inter

---

[1] *cœmeterio*] cimiterio, MS.   [3] *vicinia*] vicina, MS.
[2] *in*] om. MS.

aegra veniens suspiria flebili voce talia mecum quere-
batur : ' Vides,' inquit, ' quia iamiamque crescente
corporis molestia ad articulum subeundae mortis
compellor : nec dubito me post mortem corporis
statim ad perpetuam animae mortem rapiendum,
atque infernalibus subdendum esse tormentis: quia
tempore non pauco inter studia Divinae lectionis
vitiorum potius implicamentis quam Divinis solebam
servire mandatis. Inest autem animo, si mihi pietas
superna aliqua vivendi spatia donaverit, vitiosos
mores corrigere, atque ad imperium Divinae voluntatis totam ex integro mentem vitamque transferre.
Verum novi non hoc esse meriti mei, ut inducias
vivendi vel accipiam vel me accepturum esse con-
fidam, nisi forte misero mihi et indigno veniam,
per auxilium eorum qui illi fideliter servierunt, pro-
pitiari dignatus fuerit. Audivimus autem et est
fama celeberrima, quod fuerit in gente Anglorum rex
mirandae sanctitatis, vocabulo Oswaldus, cuius excellentia fidei et virtutis etiam post mortem virtutum
frequentium operatione claruerit. Precor, si aliquid
reliquiarum illius penes te habes, afferas mihi, si
forte mihi Dominus per eius meritum misereri
voluerit.' At ego respondi : ' Habeo quidem de ligno,
in quo caput eius occisi a paganis infixum est ; et,
si firmo corde credideris, potest Divina pietas per
tanti viri meritum et huius tibi vitae spatia longiora
concedere, et ingressui te vitae perennis dignum reddere.' Nec moratus ille, integram se in haec habere
fidem respondebat.

   " Tunc benedixi aquam, et astulam roboris praefati
immittens obtuli aegro potandum. Nec mora: melius
habere coepit, et convalescens ab infirmitate, multo
deinceps tempore vixit : totoque ad Deum corde et
opere conversus, omnibus ubicunque perveniebat, clementiam pii Conditoris, et fidelis eius famuli regis
Oswaldi praedicabat."

CONTINUATIO. *Ut in loco in quo occisus est rex Oswal-* Bed. iii. 9.
dus crebra sanitatum miracula facta fuerint.

QUANTA sanctissimi regis Oswaldi fides in Deum, Miracles at
quæ mentis devotio fuerit, etiam post mortem virtu- the place
where Os-
tum miraculis claruit. Namque in loco ubi pro patria wald fell.
dimicans a paganis interfectus est, usque hodie sanitates
infirmorum et hominum et pecorum celebrari non
desinunt. Unde contigit ut pulverem ipsum, ubi
corpus eius in terram corruit, multi auferentes et in
aquam mittentes, suis per hæc infirmis multum com-
modi afferrent. Qui videlicet mos adeo increbruit, ut
paulatim ablata exinde terra fossam ad mensuram staturæ virilis altam reddiderit. Nec mirandum in loco
mortis illius infirmos sanari, qui semper dum viveret
infirmis et pauperibus consulere, eleemosynas dare,
opem ferre non cessabat. Et multa quidem in loco
illo, vel de pulvere loci illius, facta virtutum miracula
narrantur : sed duo nos tantum quæ a maioribus audivimus, referre satis duximus.

Non multo post interfectionem eius exacto tempore,
contigit ut quidam equo sedens iter iuxta locum
ageret illum ; cuius equus subito lassescere, consistere,
caput in terram declinare, spumas ex ore dimittere, et
augescente dolore nimio, in terram cœpit ruere. Desiluit[1] eques, et stramine substrato[2] cœpit expectare horam, qua aut melioratum reciperet iumentum, aut relinqueret mortuum. At ipsum diu gravi dolore vexatum, cum diversas in partes se torqueret, repente volu-
tando devenit illud in loci ubi rex Oswaldus occubuit.
Nec mora : quiescente dolore cessabat ab insanis membrorum motibus, et consueto equorum more quasi per

---

[1] *desiluit*] dissiluit, MS.   [2] *stramine substrato*] tramine sub-
tracto, MS.

lassitudinem in diversum latus vicissim sese volvere, statimque exsurgens[1] quasi sanus per omnia, virecta[2] herbarum avidius carpere cœpit.   Quo ille viso, ut vir sagacis ingenii, intellexit aliquid miræ sanctitatis huic loco quo equus est curatus, inesse; et posito ibi signo, non multo post ascendit equum, atque ad hospitium quo proposuerat, accessit.   Quo dum adveniret, invenit puellam ibi neptem patrisfamilias longo paralysis morbo gravatam : et cum familiares domus illius de acerba puellæ infirmitate ipso præsente quererentur, cœpit dicere ille de loco ubi caballus suus esset curatus. Quid multa? imponentes eam carro, duxerunt ad locum, ibidemque deposuerunt.   At illa posita in loco, obdormivit parumper; et ubi evigilavit, sanam se ab illa corporis dissolutione sentiens, postulata aqua,[3] ipsa lavit faciem, crines composuit,[4] caput linteo cooperuit, et cum his qui se adduxerant, sana pedibus incedendo reversa est.

Bed. iii. 10. CONTINUATIO.   *Ut pulvis loci illius, in quo sanctus Oswaldus rex occisus est, contra ignem valuerit.*

A fire quenched by dust from the place where Oswald fell.   EODEM tempore venit alius quidam de natione Britonum, iter faciens iuxta ipsum locum in quo præfata erat pugna completa ; et vidit unius loci spatium cetero campo viridius ac venustius : cœpitque sagaci animo conicere, quod nulla esset alia causa insolitæ illo in loco viriditatis, nisi quod ibidem sanctior cetero exercitu vir aliquis fuisset interfectus.   Tulit itaque de pulvere terræ illius secum, illigans in linteo, cogitans quod futurum erat, quia ad medelam infirmantium idem pulvis proficeret; et pergens itinere suo pervenit ad vicum quendam vespere, intravitque in domum in

---

[1] *exsurgens*] exurgens, MS.   [3] *aqua*] aquam, MS.

[2] *virecta*] virectâ, MS.   [4] *composuit*] om. MS.   See Bed.

qua vicani cœnantes epulabantur: et susceptus a dominis
domus, resedit et ipse cum **eis ad convivium, appendens**
linteolum cum pulvere quem attulerat, in una posta
parietis.   Cumque diutius epulis atque ebrietati **vaca-**
rent, accenso grandi igne in medio, contigit volantibus
in altum scintillis, culmen domus, quod erat virgis con-
textum ac feno **tectum,** subitaneis flammis impleri.
Quod cum repente convivæ terrore confusi conspicerent,
fugerunt foras, nil ardenti domui iamiamque perituræ
prodesse valentes.   Consumpta ergo domo flammis,
posta[1] solummodo in qua pulvis ille inclusus pendebat,
tuta ab **ignibus et intacta remansit.   Qua visa virtute,**
mirati sunt valde; et perquirentes subtilius, **invenerunt**
quia de illo loco assumptus erat pulvis, in quo sancti
regis Oswaldi sanguis fuerat effusus.   Quibus patefactis
ac diffamatis longe lateque miraculis, multi per dies
locum frequentare illum, et sanitatum ibi gratiam capere
sibi suisque cœperunt.

Cap. XXXVIII.

De vita vel morte religiosi viri Sigberti, regis **Orien-**   Bed. iii. 18.
talium Anglorum.

ANNO gratiæ sexcentesimo tricesimo sexto Sigbertus,   A.D. 636.
Sigbert
vir per omnia Christianissimus ac doctissimus, post   king of
Erpwaldum Redwaldi successorem suscepit **regnum**   Essex.
Orientalium Anglorum.   **Hic enim erat homo bonus ac**
religiosus: qui dum in Gallia dudum exularet, fugiens
inimicitias Redwaldi regis, lavacrum **baptismi** per-
cepit.   Sed patriam reversus, ubi regno potitus est,
mox ea quæ in Galliis bene disposita vidit imitari
cupiens, instituit **scholam in qua pueri litteris erudi-**   Founds a
school.
rentur: iuvante **se episcopo Felice quem de Kantia ac-**

---

[1] *posta*] postea, MS.   See Bed. iii. 10.

ceperat, eisque paedagogos ac magistros iuxta morem
Cantuariae praebente.

**Resigns
his crown
to Ecgric,
and enters
a monas-
tery.**

Tantumque rex ille coelestis regni amator factus est,
ut ad ultimum relictis regni negotiis et cognato suo
Ecgrico commendatis, qui et antea partem eiusdem
regni tenebat, intraret monasterium quod[1] sibi fecerat,
atque accepta tonsura pro aeterno magis regno militare curaret. Quod dum multo tempore faceret, contigit gentem Merciorum duce rege Peanda adversus
Orientales Anglos in bellum procedere; qui dum se
inferiores in bello hostibus conspicerent, rogaverunt Sig-
bertum ad confirmandum militem secum venire in prae-

**Sigbert
and Ecgric
slain in
battle by
Peanda,
king of
Mercia.**

lium. Illo nolente ac contradicente, invitum a monasterio cruentes duxerunt in certamen, sperantes minus
animos militum trepidare, minus praesente rege quondam strenuissimo et eximio posse fugam meditari. Sed
ipse professionis suae non immemor, dum optimo[2] esset
vallatus exercitu, non nisi virgam tantum habere in
manu voluit : occisusque est una cum rege Ecgrico, et
cunctus eorum, insistentibus paganis, caesus sive dispersus est exercitus.

**Anna, king
of Essex.**

Successor autem regni illorum factus est Anna, filius
Eni, de regio genere, vir optimus, atque optimae genitor
sobolis, de quibus in sequentibus suo tempore est
dicendum : qui et ipse postea ab eodem pagano Merciorum rege, a quo et praedecessor eius, occisus est.

Bed. iii. 19.

**Furseus, an
Irish mis-
sionary,**

Verum dum adhuc regni infulas teneret Sigbertus,
supervenit[3] de Hibernia vir sanctus, nomine Furseus,
verbo et actibus clarus, sed et egregiis insignis[4] virtutibus, cupiens pro Domino, ubicunque sibi opportunum inveniret, peregrinam ducere vitam. Qui cum ad
provinciam Orientalium Anglorum pervenisset, susceptus est honorifice a rege praefato Sigberto : et solitum

---

[1] *quod*] quid, MS.; quod, Bed.
iii. 18.

[2] *optimo*] opimo, MS.; optimo,
Bed.

[3] *supervenit*] supervenienti, MS.
See Bed. iii. 19.

[4] *insignis*] insignis, MS.

sibi opus evangelizandi exequens, multos et exemplo virtutis et incitamento sermonis, vel incredulos ad Christum convertit, vel iam credentes amplius in fide atque amore Christi confirmavit.

Ubi quadam infirmitate corporis arreptus, angelica meruit visione perfrui, in qua admonitus est cœpto verbi ministerio sedulus insistere, vigiliis consuetis et orationibus indefessus incumbere; eo quod certus sibi exitus, sed incerta eiusdem exitus hora esset futura, dicente Domino:[1] "Vigilate itaque, quia nescitis diem neque horam." Qua visione confirmatus, curavit locum monasterii, quem a præfato rege Sigberto acceperat, velocissime construere, ac regularibus instituere disciplinis. Erat autem monasterium silvarum et maris vicinitate amœnum, constructum in castro quodam, quod lingua Anglorum Cnobheresburg, id est, urbs Cnobheri vocatur; quod quidem monasterium rex provinciæ illius Anna ac nobiles quique augustioribus ædificiis ac donariis postea adornarunt.

founds the monastery of Cnobheresburgh.

Cap. XXXIX.

De morte Edbaldi regis Kantiæ et de successione Erkenberti filii sui.

Bed. iii. 8.

Anno Dominicæ incarnationis sexcentesimo quadragesimo, Edbaldus rex Cantuariorum ex hac vita transiens, duos filios Earmenredum et Erkenbertum regni temporalis reliquit heredes. Sed iunior Erkenbertus callide regnum fratri surripiens, illum a regno privavit. Qui suscepto regno viginti quatuor annis et aliquot mensibus laudabiliter præfuit. Hic primus regum Anglorum in toto regno suo idola relinqui ac destrui, simul et ieiunium quadraginta dierum observari

A.D. 640. Edbald, king of Kent, is succeeded by Erkenbert, who overthrows idols, and commands his people to observe Lent.

---

[1] Matth. xxiv. 42.

principali autoritate præcepit. Quæ ne facile a quopiam posset contemni, in transgressores dignas et compe-
Erkengota, daughter of Erkenbert. tentes punitiones proposuit. Cuius filia Erkengota, ut condigna parenti soboles, magnarum fuit virgo virtutum, serviens Domino in monasterio quod in regione Francorum constructum est ab abbatissa nobilissima, vocabulo Fara, in loco qui dicitur In Brigte. Nam eo tempore necdum multis in regione Anglorum monasteriis constructis, multi de Britannia monasticæ conversationis gratia Francorum vel Gallia- rum monasteria adire solebant; sed et filias suas eis erudiendas, ac Sponso cœlesti copulandas mittebant; maxime in Brigte et in Cale, et in Andilegum monas- terio. Inter quas erat Sedritha, filia uxoris Annæ regis Orientalium Anglorum, cuius supra meminimus, et filia naturalis eiusdem regis Æthelburga; quæ utraque cum esset peregrina, pro merito virtutum eiusdem monasterii Brigtensis est abbatissa constituta.
Sexburg, wife of Erkenbert. Cuius regis filia maior Sexburga, uxor Erkenberti regis Cantuariorum, habuit filium Erkengotam, de qua sumus dicturi.

Death of Erkengota. Huius autem virginis Deo dicatæ Erkengotæ multa quidem ab incolis loci illius solent opera virtutum et signa miraculorum usque hodie narrari. Verum nos de transitu eiusdem virginis tantum, quo cœlestia regna petiit, aliquid breviter dicere sufficiat. Imminente ergo die suæ vocationis, cœpit circuire in monasterio casulas infirmarum Christi famularum, earumque maxime, quæ vel ætate provectæ, vel probitate morum erant insigniores: quarum se omnium precibus humi- liter commendans, obitum proxime suum, quem revelatione didicerat, non celavit esse futurum. Quam videlicet revelationem huiusmodi esse perhibebat: vidisse se albatorum[1] catervam hominum idem monas-

---

[1] albatorum] Abbatorum, MS.

terium intrare ; hosque a se interrogatos quid quære-
rent, aut quid ibi vellent, respondisse quod ob hoc
illuc fuerant destinati, ut aureum illud numisma quod
eo de Kantia venerat, secum assumerent. Ipsa autem
nocte, in cuius ultima parte, id est, incipiente aurora,
præsentis mundi tenebras transiens, supernam migravit
ad lucem, multi de fratribus eiusdem monasterii, qui
aliis erant in ædibus, iam manifeste se concentus angelorum psallentium audisse referebant, sed et sonitum
quasi plurimæ multitudinis monasterium ingredientis :
unde mox egressi dinoscere quid esset, viderunt lucem
cœlitus emissam fuisse permaximam, quæ sanctam
illam animam, carnis vinculis absolutam, ad æterna
patriæ cœlestis gaudia deducebat. Addunt et alia,
quæ ipsa nocte in monasterio eodem divinitus fuerint
ostensa miracula : sed hæc nos ad alia [tendentes][1]
suis narrare permittimus. Sepultum est autem corpus
venerabile virginis et sponsæ Christi prædictæ in
ecclesia beati protomartyris Stephani : placuitque post
diem tertium, ut lapis quo monumentum tegebatur
amoveretur, et altius ipso in loco reponeretur : quod
dum fieret, tantæ fragrantia suavitatis ab imis ebul-
livit, ut cunctis qui astabant fratribus ac sororibus
quasi opobalsami cellaria esse viderentur aperta.

　　Sed et matertera[2] eius, de qua diximus, Æthelburga,
et ipsa Deo dilecta, perpetuæ virginitatis gloriam in
magna corporis continentia servavit : quæ cuius esset
virtutis, magis post mortem claruit. Cum enim esset
abbatissa, cœpit facere in monasterio suo ecclesiam in
honorem omnium apostolorum, in qua suum corpus
sepeliri cupiebat. Sed cum opus idem ad medium
ferme esset perductum, illa ne hoc perficeret, morte
prærepta est, et in ipso ecclesia loco ubi desiderabat,

*Æthel-
burga's
body incor-
ruptible.*

---

condita. Post cuius mortem fratribus alia magis
curantibus, intermissum est hoc œdificium annis septem.
Quibus completis, statuerunt ob nimietatem laboris
huius structuram ecclesiæ funditus relinquere; ossa vero
abbatissæ illo de loco elevata in aliam ecclesiam, quæ
esset perfecta ac dedicata, transferre. Et aperientes
sepulcrum eius, ita intemeratum corpus invenerunt,
sicut a corruptione concupiscentiæ carnalis erat im-
mune: et ita denuo lotum, atque aliis vestibus indutum, transtulerunt illud in ecclesiam beati Stephani
protomartyris; cuius videlicet natalis in magna gloria
ibi solet celebrari die nonarum Juliarum.

CAP. XL.

*Quod defuncto Kinegils rege Occidentalium Saxonum
Kinewalc ei in regnum successit. Oswaldo autem
in regno Berniciorum successit Oswij frater eius,
et in regno Deirorum successit eidem Oswinus
filius regis Osrici.*

Will.
Malm. i.19,
pp. 30, 31.

ANNO gratiæ sexcentesimo quadragesimo tertio rex
Occidentalium Saxonum Kinegils, cum regnasset annis
triginta quatuor, ex hoc sæculo migravit, et regnavit
pro eo Kinewalk filius eius triginta et uno annis.
Iste enim primo regni auspicio pessimus, medio et
ultimo regni sui tempore optimis principibus fuerat
comparandus. Potestate siquidem initiatus adolescens,
qui luxu insolescens facta paterna in secundis poneret,
sine retractione Christianissimum ac legitimum matri-
monium abiuravit. Sed a Peanda rege Merciorum,
cuius sorori repudium dederat, bello impetitus et
victus, ad regem Orientalium Anglorum confugit.
Ubi et propria calamitate et hospitis sedulitate

Death of
Kinegils,
king of
Wessex,
A.D. 643,
regni 34.
His son
and suc-
cessor,
Kinewalk,
reigns 31
years.

Peanda,
king of
Mercia,
forces
Kinewalk
to fly to

fidem persuasus, triennio post resumptis viribus reg- East An-
noque recepto, iocundum miraculum suæ mutationis glia.
civibus exhibuit. In tantum erat fortis, ut qui Kinewalk
antea nec suos fines inpune valebat defendere, nunc and en-
usquequaque imperium[1] prorogabat, Britannos antiquæ larges his
libertatis conscientiam frementes, et ob hoc crebram kingdom.
rebellionem meditantes, bis omnino protrivit, et in
Wlferum Peandæ filium paternam ultus iniuriam,
plurima illum parte regni truncavit. Religiosus vero
in tantum extiterat, ut primus antecessosum suorum
in Wintonia templum Deo per id sæculi pulcher- Winches-
rimum construeret. Quo loci posteritas in sede epis- ter cathe-
copali fundanda, etsi augustiori peritia, per eadem dral.
tamen cucurrit vestigia. Ita munificus erat, ut nihil Will.
patrimoniorum cognatis negaret, quippe qui filio Malmesb.
fratris sui pæne tertiam regni partem magnanima i. 29, p. 41.
liberalitate communicaret. Kinewalcus[2] vero post Will.
triginta et unum annos moriens, regni arbitrium uxori Malmesb.
suæ Sexburgæ delegavit. Nec deerat mulieri spiritus i. 32, p. 45.
ad obeunda regni munia. Ipsa novos exercitus [A.D.
moliri, veteres tenere in officio, ipsa subiectos cle- 673.]
menter moderari, hostibus minaciter infremere, pror- Sexburga,
sus omnia facere, ut nihil præter sexum discerneres. widow of
Verumtamen plusquam femineos animos anhelantem[3] Kinewalk,
vita destituit, vix annua potestate perfunctam. reigns one
year.

CONTINUÁTIO. *Quod mortuo Oswaldo rege successit* Bed. iii. 14.
      ei Oswi frater eius.

TRANSLATO ad cœlestia regna sanctissimo rege Oswi suc-
Oswaldo, suscepit regni terrestris sedem pro eo frater ceeds his
eius Oswi, iuvenis circiter triginta annorum, et per Oswald,

---

[1] *imperium*] imperiē, MS.
[2] *Kinewalcus*] Kinewalrius, MS.
[3] *anhelantem*] anhelante, MS.

and reigns
28 years.

annos viginti octo laboriosissime tenuit ; impugnatus
videlicet et ab ea quæ fratrem cius occiderat pagana
gente Merciorum, et a filio quoque suo Alhfrido,
necnon et a fratruo, id est, fratris sui qui ante eum
regnavit filio, Athelwaldo.

A.D. 644.
Death of
Paulinus.

Cuius anno secundo, hoc est, ab incarnatione
Dominica anno sexcentesimo quadragesimo quarto,
reverentissimus pater Paulinus, quondam Eboracensis
archiepiscopus, transivit ad Dominum.

Habuit autem Oswi primis regni sui temporibus
consortem regiæ dignitatis, vocabulo Oswinum, de
stirpe regis Edwini, hoc est, filium Osrici de quo
supra retulimus, virum eximiæ pietatis et religionis :
qui provinciæ Deirorum septem annis in maxima
omnium rerum affluentia, et ipse amabilis omnibus
præfuit. Sed nec cum eo ille qui ceteram Transhum-
branæ gentis partem ab aquilone, id est, Berniciorum
provinciam[1] regebat, habere pacem potuit ; quin potius
ingravescentibus causis dissensionum, miserrima hunc cæde
peremit. Siquidem congregato contra invicem exercitu,
cum videret se Oswinus cum illo qui plures habebat
auxiliarios non posse bello confligere, ratus est utilius
tunc dimissa intentione bellandi, servare se ad tempora
meliora. Remisit ergo exercitum quem congregaverat,
ac singulos domum redire præcepit, a loco qui vocatur Wilfaresdun, id est, Mons Wilfari, et est a vico
Catarectano decem ferme milia passuum contra sol-
stitialem occasum secretus : divertitque ipse cum uno
tantum milite sibi fidissimo, nomine Tondhero, celandus
in domum comitis Hunwaldi, quem etiam ipsum sibi
amicissimum autumabat. Sed, heu, pro dolor ! longe
aliter erat : nam ab eodem comite proditum eum

Murder of

Oswi cum præfato ipsius milite per præfectum suum[2]

---

[1] *provinciam*] provincia, MS. See   [2] *suum*] tuum, MS. ; suum, Bed.
Bed. iii. 14.

Athelwinum detestanda omnibus morte interfecit. Quod Oswin, so
factum est die tertia decima kalendarum Septembrium, of Osric.
Aug. 20,
anno regni eius nono, in loco qui dicitur Ingetlingum ; A.D. 651.
ubi postmodum castigandi huius facinoris gratia monasterium constructum est: in quo pro utriusque
regis, et occisi videlicet et eius qui occidere iussit,
animæ redemptione cotidie Domino preces offerri
deberent.

Erat autem rex Oswinus et aspectu venustus, et Humility
statura sublimis, et affatu iocundus, et moribus civilis, of Oswin.
et manu omnibus, id est, nobilibus simul atque igno-
bilibus, largus: unde contigit ut ob regiam eius et
animi et vultus dignitatem ab omnibus diligeretur,
et undique ad eius ministerium de cunctis prope
provinciis viri etiam nobilissimi concurrerent. Cuius
inter ceteras virtutis et modestiæ et, ut ita dicam,
specialis benedictionis glorias, etiam fuisse fertur
humilitas, sicut uno probabimus exemplo.

Donaverat autem equum optimum antistiti Aidano,
in quo ille quamvis ambulare solitus, vel amnium
fluenta transire, vel si alia quælibet necessitas insisteret,[1] viam peragere posset. Cui cum parvo inter-
iecto tempore pauper quidam occurreret eleemosynam
petens, desiliens ille præcepit equum, ita ut erat
stratus regaliter, pauperi dari. Erat autem multum
misericors, et cultor pauperum, ac velut pater miserorum. Hoc cum regi esset relatum, dicebat episcopo,
cum forte ingressuri essent ad prandium: "Quid
voluisti, domine antistes, equum regium, quem te
conveniebat proprium[2] habere, pauperi dare? Nunquid non habuimus equos viliores plurimos, vel
alias species quæ ad pauperum dona sufficerent,
quamvis illum eis equum non dares, quem tibi

---

[1] *insisteret*] insiteret, MS.   [2] *proprium*] proprium proprium,
MS.

specialiter possidendum elegi?" Cui statim episcopus:
" Quid loqueris," inquit, " rex ? Num tibi carior est
ille filius equæ, quam ille filius Dei?" Quibus dictis
intrabant ad prandendum. Et episcopus quidem residebat in suo loco. Porro rex venerat de venatu, et
cœpit consistens ad focum calefieri cum ministris: et
repente inter calefaciendum recordans verbum quod
dixerat illi antistes, discinxit se gladio suo, et dedit
illum ministro, festinusque accedens ante pedes episcopi corruit, postulans ut sibi placatus esset, " Quia
nunquam," inquit, " deinceps aliquid loquar de hoc aut
iudicabo quid vel quantum de pecunia nostra filiis Dei
tribuas." Quod videns episcopus, multum pertimuit, ac
statim exsurgens[1] levavit eum, promittens se multum
illi esse placatum, dummodo ille residens ad epulas
tristitiam deponeret. Cumque rex iubente ac postu-
lante episcopo lætitiam reciperet, cœpit[2] e contra episcopus tristis[3] usque ad lacrimarum profusionem effici.
Quem dum presbyter suus lingua patria, quam rex et
domestici eius non noverant, quare lacrimaretur inter
rogasset, ait episcopus: "Scio," inquit, "quia non
multo tempore victurus est rex : nunquam enim ante
hæc vidi humilem regem. Unde animadverto illum
citius ex hac vita rapiendum : non enim digna
est hæc gens talem habere rectorem." Nec multo
post dira antistitis præsagia tristi regis funere, de
quo supra diximus, impleta sunt.

Death of
Aidan.
Aug. 31,
A.D. 651. Sed et ipse antistes Aidanus non plus quam duodecim post occisionem regis quem amabat dies super-
fuit ; id est, pridie kalendas Septembris de sæculo
sublatus, perpetua laborum suorum a Domino præmia
recepit.

---

[1] *exsurgens*] exurgens, MS. [3] *tristis*] tristes, MS.
[2] *cœpit*] recepit, MS.; cœpit, Bed.

CONTINUATIO.   *De inventione sancti Oswini regis* Matth.
     et martyris.   Westm.
              pp. 428,
              429 ; Rog.

AT vero post multorum annorum curricula, regnante Wend.
in Anglia Christianissimo ac sanctissimo rege Edwardo pp. 504–
Ætheldredi Anglorum regis filio, videlicet anno Domini 506.
millesimo sexagesimo quinto, inventa sunt ossa sanc- A.D. 1065.
tissima beati Oswini præclarissimi, sicut in tractatu Discovery
of Oswin's
de eius passione constat superius luculenter expressum. bones.
Corpus ipsius ad monasterium beatæ Dei genetricis
Mariæ, in ostio Tynæ fluminis ad Aquilonem situm,
delatum est, et in eo regio more sepultum.   Ubi propter Popular
miraculorum eius frequentiam per innumera annorum veneration
of his tomb.
curricula a populo regionis locus sepulturæ illius in
tanta reverentia est habitus, ut regem penes eos sepultum dominum et patrem in terris, et defensorem
reputarent in cœlis.   Unde processu temporis ad maiorem martyris gloriam virgines sanctimoniales de cœnobio sanctæ Hildæ abbatissæ ad corpus eius introductæ
usque ad persecutionem Danicam, rabie Hinguar et Danish
Hubbæ fratrum excitatam, in ecclesia beatæ Dei persecu-
tion.
genetricis in supremo religionis culmine permanserunt.
In hac quoque persecutionis rabie cœnobium illud
creditur cum ceteris regionis cœnobiis demolitum,
sacris virginibus per martyrium ad cœlestia regna
translatis.   Post hæc autem per multa tempora sub
potestate Danorum infidelium regione illa devoluta,
sancti martyris[1] memoria penitus a mentibus provincialium est deleta.   Tandem paulatim redeunte fidelium
devotione et fidei crescente puritate, episcopus loci
in ecclesia Dei genetricis presbyteros statuit et clericos,
qui provincialibus parochianis divina mysteria cele-

---

[1] *martyris*] martires, MS.

brarent. Jacuit interea martyr beatissimus cespite abiectiori tumulatus usque in tempora Egelwini Dunelmensis præsulis, et Tostii Northumbrorum comitis, qui post Siwardum non hereditaria successione, sed regis Edwardi donatione obtinuit comitatum. Placuit igitur Divinæ pietati, prædicto pontifice vivente, beati martyris reliquias in lucem ad totius ecclesiæ proventum efferre, ut lucerna, diu sub modio constituta, super candelabrum accensa infidelitatis tenebras illustraret. Erat autem ædituus quidam prædictæ ecclesiæ, in qua corpus beati martyris humatum fuerat, nomine **Edmundus**, vir quidem religiosus et beato martyri devotus; qui licet non corpori[1] alicuius monasterii titulo professionis esset astrictus, habitu tamen religionis fuerat insignitus. Hic nocte quadam cum post nocturnas vigilias in ecclesia membra sopori dedisset, astitit ei vir quidam statura procerus et cœlesti fulgore præclarus, qui viri nomen exprimens ait: "Frater Eeadmunde, ego sum rex Oswinus, qui in hac ecclesia iaceo omnibus incognitus. Surgens ergo die pontifici Egelwino, ut in huius pavimento oratorii corpus meum quærat, et inventum decentius solito in eodem oratorio componere non omittat." Expergefactus itaque Eadmundus et de visione lætificatus summo diluculo pontificem adiit, et seriem visionis illi reverenter expressit. Pontifex autem his auditis ineffabili gaudio exultavit; et gratanter ad locum veniens, populum multum de partibus remotis ibidem congregatum invenit: et ad præsulis mandatum facta ab omnibus oratione, oratorii pavimentum fodere incipientes, multo diei spatio evoluto nil quærendo proficiunt. Porro confusus Edmundus de iniuria sancti, accepto ligone, iu loco ubi omnes diu foderant animose terram percussit; et ictu iterato laminam sepulturæ offendit, et

Marginal notes:

Edmund, verger of St. Mary's, Tynemouth, sees Oswin in a vision.

Egelwinus, bishop of Durham, searches for Oswin's tomb.

---

[1] *corpori*] corpore, MS.; corpori, Matth. West

lapide revulso pretiosas reliquias gaudens invenit.
Levatur igitur a præsule corpus sacratissimum; et
ciusdem præsulis manibus lotum et sindone munda
involutum in loco eminentiori ecclesiæ honorifice collocatur. Lotura quoque sanctissimi corporis, in angulo
oratorii episcopo iubente effusa, multis postea non
solum hominibus, sed et animalibus profuit ad sani- Miracles
tatem; cuius pulvis in aqua fusus et potatus a variis wrought by
languoribus liberatos pristinæ restituit[1] sanitati. Acta the tomb.
autem sunt hæc a passionis eius anno quadringentesimo
decimo quarto, quinto Idus Martii.   Mar. 11,
1065.

Matth.
Westm.
p. 429;
CONTINUATIO.   *De quodam miraculo capillorum sancti* Rog.Wend.
regis Oswini.   pp. 506,
507.

JUDITH comitissa, uxor Tostii, quæ ab episcopo ad Oswin's
hanc inventionem pergenti aliquam sibi de sanctis hair incom-
bustible.
reliquiis portiunculam dari postulaverat, ex capillis
sancti martyris et regis Oswini penitus incorruptis ex
dono eiusdem episcopi magnam partem accepit. Quæ
quosdam sancta devotione inducta voluit incredulos
in fide confirmare: iussit ignem copiosum in medio
aulæ accendi, et pilis fiducialiter iniectis, ipsi læsionem
non sentientes incendii debacchantis[2] in maiorem for-
mositatem sunt conversi. Tunc comitissa prædicta,
rei novitatem admirans, capillos sancti martyris ab
incendio sublatos honore condigno episcopo dictante
recondidit, et catholicum qui ad hoc spectaculum con-
venerat populum in beati martyris Oswini devotionem confirmatum abire permisit.

---

[1] *restituit*] restitui, MS. | [2] *debacchantis*] debacantis, MS.

CAP. XLI.

De vita vel morte Sigberti regis Orientalium Saxonum.

Eo tempore etiam Saxones Orientales fidem quam olim expulso episcopo Lundoniensi Mellito abiecerant, instantia regis Oswij receperunt. Erat autem rex eiusdem provinciæ Sigbertus, qui post Segebertum cognomento Parvum regnavit, amicus eiusdem Oswi regis; qui cum frequenter ad eum in provincia Northumbrorum veniret, solebat eum hortari ad intelligendum deos esse non posse, qui hominum manibus facti essent; dei creandi materiam lignum vel lapidem esse non posse, quorum recisuræ vel igni absumerentur, vel in vasa quælibet humani usus formarentur, vel certe despectui habita proicerentur, et pedibus conculcata in terram verterentur. Deum potius intelligendum maiestate incomprehensibilem, humanis oculis invisibilem, omnipotentem, æternum, qui cœlum et terram et humanum genus creasset, regeret, et iudicaturus esset orbem in æquitate; cuius sedes æterna non in vili et caduco metallo, sed in cœlis esset credenda: meritoque intelligendum, quod omnes qui voluntatem eius a quo creati sunt discerent et facerent, æterna ab illo præmia essent percepturi. Hæc et huiusmodi multa cum rex Oswi regi Sigberto amicali et quasi fraterno consilio sæpe inculcaret, tandem iuvante amicorum consensu credidit, et facto cum suis consilio, cum exhortatione, faventibus cunctis et annuentibus fidei, baptizatus est cum eis a Finano episcopo in villa regia cuius supra[1]

---

[1] From Bed. iii. 22, who refers to iii. 21, which corresponds to ch. 42 below.

meminimus, quae cognominatur Ad Murum. Est enim
iuxta murum, quo olim Romani Britanniam insulam
praecinxerunt.

Igitur rex Sigbertus aeterni regni iam civis effectus,
temporalis sui regni sedem repetiit, postulans a rege
Oswi ut aliquos sibi doctores daret, qui gentem suam
ad fidem Christi converterent ac fonte salutari ablue-
rent. At ille mittens ad provinciam Mediterraneorum
Anglorum, invitavit ad se virum Dei Ced, et dato illi
socio altero quodam presbytero, misit praedicare ver-
bum Dei genti Orientalium Saxonum. Ubi cum omnia Ced, bishop
of Essex.
perambulantes multam Domino ecclesiam congregassent,
contigit tempore quodam eundem Ced redire domum,
ac pervenire ad ecclesiam Lindisfarnensem, propter colloquium Finani episcopi ; qui ubi prosperatum ei opus
evangelii comperit, fecit eum episcopum in gentem
Orientalium Saxonum, convocatis ad se in ministerium ordinationis aliis duobus episcopis. Qui accepto
gradu episcopatus, rediit ad provinciam, et maiore
autoritate cœptum opus explens, fecit per loca ecclesias, presbyteros et diaconos ordinavit, qui se in verbo
fidei et ministerio baptizandi adiuvarent.

Cumque [tempore][1] non pauco in praefata provincia, Murder of
Sigbert.
gaudente rege, congaudente universo populo, vitae cœ-
lestis institutio cotidianum sumeret augmentum, contigit ipsum regem, instigante omnium bonorum inimico,
propinquorum suorum manu interfici. Erant autem
duo germani fratres qui hoc facinus patrarunt ; qui
cum interrogarentur quare hoc facerent, nihil aliud
respondere potuerunt, nisi ob hoc se iratos fuisse et
inimicos regi, quod nimium suis parcere soleret inimicis,
et factas ab eis iniurias mox obsecrantibus placida
mente dimitteret. Talis erat culpa regis pro qua occi-
deretur, quod evangelica[2] praecepta devoto corde serva-

---

[1] *tempore*) om. MS. See Bed. | [2] *evangelica*) ewangelica, MS.
iii. 22.

ret : in qua tamen eius morte innoxia, iuxta praedictum
viri Dei, vera est eius culpa punita.   Habuerat enim
unus ex his qui eum occiderunt comitibus, illicitum
coniugium, quod cum episcopus prohibere et corrigere
non posset, excommunicavit eum, atque omnibus qui
se audire vellent praecepit, ne domum eius intrarent,
neque de cibis illius acciperent.   Contempsit autem rex
praeceptum, et rogatus a comite, intravit epulaturus
domum eius : qui cum abisset, obviavit ei antistes.
At rex intuens eum, mox tremefactus desiluit[1] equo,
cecioditque ante pedes eius, veniam reatus postulans.
Nam et episcopus pariter desiluit :[1] sederat enim et ipse
in equo.   Iratus autem tetigit regem iacentem virga
quam tenebat manu, et pontificali autoritate protes-
tatus : " Dico tibi," inquit, " qui noluisti te continere
a domo perditi et damnati illius, tu in ipsa domo
mori habes."   Sed credendum est quia talis mors viri
religiosi non solum talem[2] culpam diluerit, sed etiam
meritum eius auxerit : quia nimirum ob causam pietatis, quia propter observantiam mandatorum Christi
contigit.

Baptism of Swithelm, successor of Sigbert.

CONTINUATIO.   Sigberto autem rege, ut diximus, interfecto, successit ei in regnum Orientalium Saxonum
Swithelmus, filius Sexbaldi, qui baptizatus est ab ipso
Ced in provincia Orientalium Anglorum, in vico regio
qui dicitur Rendlesham, id est, Mansio Rendili ; suscepitque eum ascendentem de fonte sancto Æthelwoldus
rex ipsius gentis Orientalium Anglorum, frater Annae
regis eorumdem.[3]

---

[1] desiluit] dissiluit, MS.   [3] eorumdem] earumdem, MS.
[2] talem] tamen, MS. ; talem. Bed.

CAP. XLII.

Ut provincia Merciorum sub rege Peada Christiana Bed. iii. 21.
sit facta.

His temporibus gens Merciorum sub principe Peada, A.D. 653.
filio Pendæ regis, fidem et sacramenta veritatis per- Peada, son of Penda,
cepit. Dictus autem Peada cum esset invenis optimus, king of Mercia,
ac regis nomine et persona dignissimus, prælatus est a suitor of
patre regno gentis illius; venitque ad regem Nor- Aekfleda,
thumbrorum Oswi, postulans filiam eius Aekfledam daughter of Oswi.
sibi coniugem dari. Neque aliter quod petebat impetrare potuit, nisi fidem Christi ac baptisma, cum gente
cui præerat, acciperet. At ille audita prædicatione
veritatis et promissione regni cœlestis speque resurrectionis ac futuræ immortalitatis, libenter se Christia-
num fieri velle confessus est, etiam si virginem non
acciperet: persuasus maxime ad percipiendam fidem a
filio regis Oswi, nomine Alhfrido, qui erat cognatus et
amicus eius, habens sororem ipsius coniugem, vocabulo
Kineburgam,[1] filiam Pendæ regis.

Baptizatus est ergo a Finano episcopo, cum omnibus Peada is
qui secum venerant comitibus ac militibus eorumque baptized by Finan.
famulis universis, in vico regis illustri qui vocatur Ad
Murum. Et acceptis quattuor presbyteris, qui ad do-
cendam baptizandamque gentem illius et eruditione et
vita videbantur idonei, multo cum gaudio reversus est.
Erant autem presbyteri Ced, et Adda, et Betta, et
Diuma, quorum ultimus natione Scottus, ceteri fuerunt
de Anglis. Venientes ergo in provinciam Merciorum
memorati sacerdotes cum principe, prædicabant verbum
Dei, et libenter auditi sunt, multique cotidie et nobilium et infirmorum, abrenuntiata sorde idolatriæ, fidei
sunt fonte abluti.

---

[1] *Kineburgam*] Kineburga, MS.

Nec prohibuit Pevda rex, quin etiam in sua, hoc est, Merciorum natione, verbum, si qui vellent audire, prædicaretur. Quin potius odio habebat, et despiciebat eos, quos fide Christi imbutos, opera fidei non habere deprehendit, dicens contemnendos esse eos et miseros A.D. 653. qui Deo suo in quem crederent obedire contemnerent. Cœpta sunt hæc biennio ante mortem Pendæ regis.

Matth.
Westm.
pp. 229,
230; Rog.
Wend.
pp. 149-
152.

CAP. XLIII.

De morte Annæ regis Orientalium Anglorum et de obitu regis Cantuariorum Erkenberti.

A.D. 654.
Peanda,
king of
Mercia,
invades
Anna, king
of the East
Angles.
Anna is
slain in
battle, and
is succeed-
ed by his
brother
Atheler.
A.D. 654.
Egbert suc-
ceeds his
father Er-
kenbert as
king of
Kent, and
reigns nine
years. [But
see ch. 49,
fin.]

ANNO gratiæ sexcentesimo quinquagesimo quarto Peanda rex Merciorum, qui "totus in arma furens nullas nisi sanguine fuso gaudet habere vias,"[1] Annam regem Orientalium Anglorum, virum bene religiosum, bello invasit, et in momento contrivit et eius exercitum totum. Cui Athelerus frater eius in regnum successit.

Eodem anno defuncto rege Cantuariorum Erkenberto, successit ei in regnum filius eius Egbertus novem annis. Hic in palatio suo duos filios[2] Ermenredi patrui sui educaverat, Æthelbertum scilicet et Ethelredum, qui post sacri baptismatis regenerationem in innocentia et castitate voluntaria permanentes, morum honestatem humilitatis custodia munierunt. Erat autem in domo regis memorati minister quidam diaboli membrum, Thuner nomine, quod Latine tonitruum sonat; qui puerorum laudabilibus invidens incrementis, eorum innocentiam erga regem cotidiano labore adulator sedulus denigrabat. "Video," inquit, "te, o rex, tales cum

---

[1] Lucan ii. 459. | [2] *filios*] filios suos, MS.

diligentia nutrire, qui regnum tuum tibi auferre præ-
sument. Unde consilium utile tibi crederem, aut eos
in longinquum dirigi exilium, aut mihi tradi sinas
ad perdendum." Rege itaque hoc dissimulante, et illo
sæpius ut id fieret instigante, dum rex tepide prohibuit,
audaciæ temeritatem ut perderentur insontes induxit. *Egbert's cousins,*
Quid plura? Armatur turbo nomine Thuner rabie *Æthelbert*
diabolica, et in regis absentia innocentes præfatos *and Ethel-*
ignominiose iugulatos in aula regia sub regali cathedra *dered by*
indecenter sanctorum corpora sepelivit. Reverso itaque *Thuner.*
rege intempestæ noctis quiete columna lucis cœlitus *A pillar of*
emissa regias ædes inæstimabili claritate replevit. *light rises from their*
Quam ministri de regis familia intuentes, et præ *bodies.*
timore in terram corruentes, in amentiam fere conversi
sunt. Cumque rex ad tumultum satellitum evigilasset,
et causam tumultus penitus ignorasset, de consuetudine
surrexit, ut matutinos audiret. Et egressus a domo
vidit orbem novi splendoris radiis coruscantem. Et
recordatus est rex de confabulatione quam cum ministro
sceleris habuerat, de perdendis pueris. Contristatus
est valde, et ascito ad se iniquitatis auctore, requirit
ab eo ubi essent cognati sui, qui sibi astare diebus
singulis consueverant, quos die præterita sibi astare
non viderat. At ille more Cayn regi respondens, ait:
"Nescio. Nunquid puerorum ego sum custos?" Ad
quem rex: "Serve nequam, tu mihi semper de eis
sinistra prædicasti. Unde, nequissime, te oportet ubi
sint indicare." Cumque superbo mentis supercilio
nefandus ille eventum rei regi indicasset, iratus est
rex vehementer. In se reversus, et totius crimen
sceleris in se ipsum refundebat, et supra modum confusus residuum noctis in lacrimis deducebat. Tandem
cum dies terris illuxit, archiepiscopum Deusdedit et
magnates quos habere potuit convocari præcepit, et
rem per ordinem referens, qualiter columna lucis
cœlitus super sanctorum corpora emissa descenderat.
Archiepiscopus dedit consilium ut corpora innocentium

ad ecclesiam metropolitanam portarentur, et ibi sepulturæ more regio traderentur. Et simul ad locum venientes, sub regis cathedra sanctas reliquias indecenter positas repererunt.[1] Gerebantur autem hæc in villa regia quæ Eastreie dicebatur. Collocatis ergo sanctorum reliquiis, ut decebat, ad portandum in feretris, iussit archiepiscopus ut ad ecclesiam Christi Cantuariæ portarentur. Sed in vanum: quia de loco moveri non poterant, licet multo conamine attemptarent. Mutato itaque consilio ut ad beati Augustini veherentur basilicam; sed nihil similiter profecerunt. Tandem provisum est ut portarentur ad Wacrinense monasterium famosissimum. Qui mutato proposito vehiculum[2] adeo levi conamine sublevabant, ac si nihil oneris habuissent. Quo cum pervenissent, exequiis ab archiepiscopo rite peractis, sanctorum corpora iuxta maius altare tradunt sepulturæ. Quo in loco ad laudem Dei et dictorum gloriam sanctorum multa miraculorum insignia operatur Divina clementia. Contigit eo tempore Earmenburgam sororem regis, ut dimisso marito suo Pendæ regis Merciorum filio, eius tamen consensu, castam eligeret ducere vitam. Quæ cum familia sua ad fratrem venisset, et suum propositum ei indicasset, dedit ei locum præfatæ visionis declaratum, ubi monasterio in honore martyrum fabricato, dilecta Deo Earmenburga, septuaginta sibi monialibus sociatis, Deo dignum bonæ conversationis fructum offerens, tandem in Domino quievit.

Solemn interment of the corpses.

Ermenburga, the king's sister, leaves her husband and takes the veil.

---

[1] *repererunt*] repererent, MS. | [2] *vehiculum*] vehiculam, MS.

CAP. XLIV.

De bello inter regem Oswi Northumbrorum et Pendam
regem Merciorum.

Galfrid.
Monum.
xii. 11-13.

REX Northumbrorum Oswi, de quo supra diximus, multa donaria auri et argenti Cadwalloni regi, cuius etiam supra meminimus, toti iam Britanniæ imperanti dedit, pacemque eius adeptus sese illi submisit. Insurrexit tandem in Oswi regem Penda rex Merciorum. Sed primo timens pacem infringere, quam rex Cadwallo per regnum Britanniæ statuerat, distulit sine licentia dicti regis Cadwallonis inquietationem incipere, donec illum aliquo modo incitaret, ut vel ipse in regem Oswium insurgeret, vel sibi copiam cum eo congrediendi concederet. Quadam igitur sollemnitate Pentecostes, cum rex Cadwallo diadema Britanniæ portando festum celebraret Londoniis, et universi Anglorum reges, necnon et Britonum duces præter regem Oswi solum adessent, adivit Penda regem Cadwallonem, et quæsivit ab eo cur Oswi solus aberat, cum ceteri Saxonum principes adessent. Cui cum rex Cadwallo responderet ipsum infirmitatis causa deesse, adiecit ipse dicens illum misisse propter Saxones in Germaniam, ut fratrem suum Oswaldum in ipsos vindicaret. Adiecit etiam illum pacem regni infregisse, qui solus gwerram inceperat inter eos, cum Æthelwoldum fratris sui filium inquietatum a patria propria expulisset. Petivit quoque licentiam ut illum vel interficeret, vel a regno fugaret. Rex igitur in diversas meditationes inductus familiares suos sevocavit, præcepitque conicere quid super tali re autumarent. Conicientibus eis plura, Margadud rex Demetatarum inter ceteros dixit: " Domine mi rex, quoniam omne genus Anglorum te ex finibus Britanniæ expulsurum proposuisti, cur

Oswi submits to Cadwallo.

Penda, king of Mercia, intrigues against Oswi.

a proposito tuo divertens ipsos inter nos in pace
manere pateris? Eia ergo, permitte saltem ut ipsi
inter semetipsos civilem habeant discordiam, et mutuis
cladibus affecti[1] a patria nostra exterminentur.[2]
Non est enim fides illi servanda, qui semper insi-
diatur, ut eum cui eam debet versutis laqueis capiat.
Saxones ergo ex quo patriam primum nostram ingressi sunt, semper insidiantes gentem nostram perdi-
derunt. Quam itaque fidem eis tenere debemus?
Da ocius Pendæ licentiam ut in prædictum Oswium
insurgat, ut sic civili discordia inter illos exorta alter
alterum perimens ab insula nostra deleatur." His
igitur et pluribus aliis dictis motus rex Cadwallo,

Penda
marches
against
Oswi.

Pendæ dedit licentiam congrediendi cum Oswio. Qui
deinde collecto innumerabili exercitu præterivit Humbrum, et provincias eiusdem patriæ vastando prædictum
regem acriter cœpit inquietare. Tunc rex Oswi, cum

Bed. iii. 24;
Matth.
Westm.
p. 230;
Rog.Wend.
pp. 152 -
154.

acerbas atque intolerabiles pateretur irruptiones sæpe
dicti regis Merciorum Pendæ, qui fratrem eius occiderat, ad ultimum necessitate cogente promisit se ei
innumera et maiora quam credi potest ornamenta
regia vel donaria in pretium pacis largiturum, dummodo ille domum rediret, et provincias regni eius usque
ad internecionem vastare desineret. Cumque rex per-
fidus Penda nullatenus precibus illius assensum præberet, qui totam eius gentem a parvo usque ad magnum
delere atque exterminare decreverat, respexit Oswi rex
ad Divinæ auxilium pietatis, quo ab impietate barba-
rica posset eripi: votoque se obligans, "Si paganus,"
inquit, "nescit accipere nostra donaria, offeramus ei

Oswi's
vow.

qui novit, Domino Deo nostro." Vovit ergo quia si
victor existeret, filiam suam Domino sacra virginitate
dicandam offerret, simul et duodecim possessiones præ-

---

[1] *affecti*] affecto, MS.   [2] *exterminentur*] exterminerctur, MS.

diorum ad construenda monasteria donaret : et sic
cum paucissimo exercitu se certamini dedit. Denique
fertur quia tricies maiorem pagani habuerunt exercitum ; siquidem ipsi triginta legiones ducibus nobi-
lissimis instructas in bello habuerunt, quibus Oswi
rex cum Alhfrido filio perparvum, ut dixi, habens
exercitum, sed Christo duce confisus occurrit. Nam
alius filius eius Egfridus eo tempore in provincia
Merciorum apud reginam Kynwisam obses tenebatur.
Filius autem Oswaldi regis Æthelwoldus, qui eis auxilio
esse debuerat, in parte erat adversariorum, eisdemque
contra patriam et patruum suum[1] pugnaturus ductor
extiterat ; quamvis in ipso tempore pugnandi sese
pugnæ subtraxerat, eventumque discriminis tuto in
loco expectabat. Inito ergo certamine fugati sunt et
cæsi pagani duces regis triginta, et qui ad auxilium
venerant pæne omnes interfecti : in quibus Athelherus
frater Annæ regis Orientalium Anglorum qui post eum   Battle at
regnavit, auctor ipse belli, perditis militibus sive aux- the river
Winemed.
iliis interemptus est. Interfectusque est inter ceteros Death of
Penda rex nequissimus, qui tot nobiles a vita temporali Penda.
privavit. Et quia prope fluvium qui[2] Winemed
dicitur pugnatum est, qui tunc præ inundantia pluviarum late alveum suum, immo omnes ripas suas,
transierat, contigit ut multo plures aqua fugientes,
quam bellantes perderet ensis. Unde exivit proverbium : " In Winemed amne vindicata est cædes[3] Proverb
Annæ, cædes regum Sibert et Enicæ,[4] cædes Oswaldi
et Edwini."[5]

   Tunc rex Oswi, iuxta quod Domino voverat, pro Oswi de-
collata sibi victoria gratias Deo referens, dedit filiam votes his
infant
suam quæ vix tunc unius anni ætatem impleverat, daughter
perpetua Deo virginitate consecrandam in monasterio to the con-

---

[1] *suum*] sum, MS.
[2] *qui*] quod, MS.
[3] *cædes*] cæde, MS.

[4] *Enicæ*] Egrici, Matth. Westm.
[5] *Edwini*] Edwine, MS.

vent of Herteseye. quod Herteseye, id est, Insula Cervi nuncupatur, cui tunc sancta Hilda præfuit abbatissa. Donavit insuper rex Oswi duodecim possessiunculas terrarum, in quibus ablato studio militiæ terrestris, ad exercendam militiam cœlestem supplicandumque pro pace gentis æterna eius, devotioni sedulæ monachorum locus facultasque suppeteret. E quibus videlicet possessiunculis sex in provincia Deirorum, et sex in provincia Berniciorum dedit. Singulæ vero possessiones decem erant familiarum, id est, simul omnes centum viginti. Intravit autem præfata regis Oswi filia Deo dicanda monasterium de quo prædiximus, quod Herteseye nuncupatur, id est, Insula Cervi, cui tunc Hilda abbatissa præfuit. Quæ post biennium comparata possessione decem familiarum in

Convent of Strenes- shale (Whitby). loco qui dicitur Streneshale, ibi monasterium construxit; in quo memorata regis filia, primo discipula vitæ regularis, deinde etiam magistra extitit, donec completo undesexaginta[1] annorum numero, ad complexum et nuptias Sponsi cœlestis virgo beata intraret. In quo monasterio et ipsa, et pater eius rex Oswi, et mater eius regina Anfleda, et pater matris eius rex Edwinus, et multi alii nobiles in ecclesia sancti Petri apostoli sepulti sunt. Hoc autem bellum rex Oswi in

Nov. 15, A.D. 655. regione Loidis, tertio decimo regni sui anno, decimo septimo die kalendarum Decembrium, ad magnam utriusque populi utilitatem confecit. Nam et suam gentem, scilicet Northumbrorum, ab hostili paganorum depopulatione liberavit, et ipsam gentem Merciorum

Conversion of Mercia. finitimarumque provinciarum, desecto capite perfido, ad fidei Christianæ gratiam convertit.

Æthelwold succeeds his brother Æthelher as king of East An- glia. Successit autem Æthelhero frater eius Æthelwoldus in regno Orientalium Anglorum continuatis successionibus; qui tandem regnum reliquit eiusdem Æthelheri filiis Aldulpho et Alkwoldo.

---

[1] *undesexaginta*] uno de sexaginta, MS.

Prædictus vero rex Oswi donavit præfato Peadæ, filio regis Pendæ, eo quod esset cognatus suus, regnum Australium Merciorum, qui sunt familiarum quinque milium, discreti fluvio Trenta ab aquilonaribus Mercis, quorum terra est familiarum septem milium. Sed idem Peada filius Pendæ regis multum nefarie peremptus est proditione uxoris suæ, in ipso tempore festi paschalis. Idem autem rex Oswi tribus annis post occisionem Peadæ[1] regis Merciorum genti necnon et ceteris australium provinciarum populis præfuit. Qui etiam gentem Pictorum maxima ex parte regno Anglorum subiecit. Completis autem tribus annis post interfectionem Peadæ[1] regis, rebellaverunt adversus regem Oswi duces gentis Merciorum Imminus et Ebba et Edbertus, levato in regem Merciorum Wlfero, filio eiusdem Pendæ regis adolescente, quem occultum servaverant; et eiectis principibus regis Oswi, fines suos fortiter simul et libertatem receperunt : sicque cum suo rege Wlfero liberi, Christo vero regi pro sempiterno in cœlis regno servire gaudebant. Præfuit autem idem rex Wlferus genti Merciorum annis decem et septem.[2]

Habuit autem sæpe dictus Penda rex Merciorum ex regina Kineswitha filios, videlicet Wedam, Wlferum, Ethelredum, Merewaldum, et Mercelinum ; filias quoque duas, scilicet Kineburgam et Kineswitham, ambas sancta continentia præcellentes. Ita parens perpetuo in Deum rebellis sanctissimos cœlo fructus effudit.

A.D. 656.
Murder of Peada, son of Penda.

A.D. 659.
Wlfer, king of Mercia, reigns 17 years.

Offspring of Penda.

---

[1] *Peadæ*] Pendam, **Bed. iii.** 24.
[2] *decem et septem*] XLVII., MS.;

decem et septem, Bed. iii. **24.**
Matth. Westm. p. 232.

CAP. XLV.

Bed. iii. 25. *Quod in Anglia fit magna disputatio de Paschœ observatione.*

Paschal controversy. Council at Streneshale.

EODEM tempore in Anglia fit magna disputatio de observatione Paschæ inter Anglos et Scotos. Convenerant namque apud Streneshale rex Northumbrorum Oswinus, et filius cius Alhfridus, Colmannus etiam Scotus Lindisfernensis episcopus cum clericis suis de Scotia, Ced quoque episcopus cum Hilda abbatissa, qui partes Scottorum fovebant: ex altera vero parte Wilfridus presbyter, cum monachis et clericis qui de celebratione Paschæ aliter quam Scoti sentiebant. Consedentibusque

[A.D. 664.] Oswi calls on Colman to open the debate.

cunctis primus rex Oswi præmissa præfatione, quod oporteret eos qui uni Deo servirent, unam vivendi regulam tenere, nec discrepare in celebratione sacramentorum cœlestium, qui unum omnes in cœlis regnum expectarent; inquirendum potius quæ esset verior traditio, et hanc ab omnibus communiter esse sequendam; iussit primo dicere episcopum suum Colmannum, qui esset ritus, et unde originem ducens, ille quem ipse sequeretur. Tum Colmannus: "Pascha," inquit, "hoc quod agere soleo, a maioribus meis accepi, qui me huc episcopum miserunt, quod omnes patres nostri, viri Deo dilecti, eodem modo celebrasse noscuntur. Quod ne cui contemnendum et reprobandum[1] esse videatur, ipsum est quod beatus evangelista Johannes discipulus specialiter Domino Deo dilectus, cum omnibus quibus præerat ecclesiis, celebrasse legitur." Quo hæc et his similia dicente, iussit rex et Ægelbertum episcopum Occidentalium Saxonum, qui et tunc inter alios ibidem aderat, proferre in medium morem suæ observationis, unde initium haberet, vel qua hunc auctoritate

---

[1] *reprobandum*] reprobrandum, MS.

sequeretur. Respondit Ægelbertus : " Loquatur, obsecro, *Ægelbert.* vice mea discipulus meus Wilfridus presbyter, quia unum ambo sapimus cum ceteris qui hic assident ecclesiasticæ traditionis cultoribus ; et ille melius ac manifestius ipsa lingua Anglorum, quam ego per interpretem,[1] potest explanare quæ sentimus." Tum Wilfridus, iubente rege ut diceret, ita exorsus est : *Wilfrid.* " Pascha quod facimus," inquit, " vidimus Romæ, ubi beati apostoli Petrus et Paulus vixerunt, docuerunt, passi sunt et sepulti ab omnibus celebrari : hoc in Italia, hoc in Gallia, quas discendi vel orandi studio pertransivimus, ab omnibus agi conspeximus : hoc Africam, Asiam, Ægyptum, Græciam, et omnem orbem, quacunque Christi ecclesia diffusa est, per diversas nationes et linguas, uno ac non diverso temporis ordine geri comperimus : præter hos tantum et obstinationis eorum complices, Pictos dico et Britones, cum quibus de duabus ultimis oceani[2] insulis, et his non totis, contra totum orbem stulto labore[3] pugnant." Cui hæc dicenti respondit Colmannus : " Mirum quare stultum *Colman.* appellare velitis laborem nostrum, in quo tanti apostoli, qui super pectus Domini recumbere dignus fuit, exempla sectamur ; cum ipsum sapientissime vixisse omnis mundus noverit." At Wilfridus, " Absit," inquit, *Wilfrid.* " ut Johannem stultitiæ reprehendamus, cum scita legis Mosaicæ iuxta litteram servaret, iudaizante adhuc in multis ecclesia, nec subito valentibus apostolis omnem legis observantiam, quæ a Deo instituta est, abdicare, quomodo simulacra, quæ a dæmonibus inventa sunt, repudiare omnes qui ad fidem veniunt, necesse est : videlicet ne scandalum facerent eis qui inter gentes erant Iudæis. Hinc est enim quod Paulus Timotheum circumcidit, quod hostias in templo immolavit, quod cum Aquila et Priscilla caput Corinthi totondit : ad

---

[1] *interpretem*] inpretem, MS.
[2] *oceani*] occeani, MS.

[3] *labore*] laborare, MS. See Bed. iii. 25.

nihil videlicet utile, **nisi** ad scandalum Iudæorum vitandum. Hinc **est quod** eidem Paulo Jacobus ait :[1] 'Vides, frater, **quot**[2] milia sunt in Iudæis qui crediderunt? **et omnes hi** æmulatores sunt legis.' Nec clarescente **per** mundum evangelio necesse est. immo nec **licitum fidelibus, vel** circumcidi, vel hostias Deo victimarum offerre carnalium. **Itaque Johannes** secundum **legis consuetudinem quarta decima die** mensis primi **ad** vesperam incipiebat **celebrationem** festi Paschalis, nil **curans** utrum hæc **sabbato, an alia** qualibet feria proveniret. **At vero** Petrus **cum** Romæ prædicaret, memor quia **Dominus** prima **sabbati** resurrexit a **mortuis, ac mundo spem resurrectionis**[3] contulit, **ita Pascha** faciendum **intellexit, ut** secundum consuetudinem ac **præcepta legis quartam** decimam lunam **primi mensis, æque sicut Johannes,** orientem ad **vesperam semper expectaret : et hac exorta,**[4] **si** Dominica **dies, quæ tunc prima sabbati vocabatur,** erat mane ventura, **in ipsa vespera Pascha Dominicum** celebrare incipiebat, **quomodo et nos omnes hodie facere** solemus. **Sin autem Dominica non** proximo **mane** post lunam **quartam decimam, sed** sexta decima, aut **septima decima, aut alia qualibet luna usque ad** vicesimam **primam, esset ventura,** expectabat eam, **et** præcedente **sabbato**[5] **vespere sacrosancta** Paschæ solennia inchoabat ; **sicque fiebat, ut Dominica Paschæ** dies **nonnisi a quinta decima luna** usque **ad vicesimam** primam servaretur. **Neque hæc** evangelica **et** apostolica traditio legem solvit, **sed** potius adimplet, **in qua** observandum Pascha a quarta decima luna primi mensis ad vesperam, usque ad vicesimam primam lunam eiusdem mensis ad vesperam, præceptum est : in quam observantiam imitandam, omnes beati Johannis successores

---

[1] Act. xxi. 20.
[2] *quot*] quod, MS.
[3] *resurrectionis*] resurrexionis, MS.

[4] *exorta*] exhorta, MS.
[5] *sabbato*] sabboto, MS.

in Asia post obitum eius, et omnis per orbem ecclesia
conversa est. Et hoc esse verum Pascha, hoc solum
fidelibus celebrandum, Nicæno concilio[1] non statutum
noviter, sed confirmatum est, ut ecclesiastica docet
historia. Unde constat vos, Colmanne, neque Johannis.
ut autumatis, exempla sectari, neque Petri, cuius tra-
ditioni scientes contradicitis, neque Legi neque Evangelio in observatione vestri Paschæ congruere. Johanne,
enim ad legis Mosaicæ decreta tempus Paschale cus-
todiens, nil de prima sabbati curabat ; quod vos non
facitis, qui nonnisi[2] prima sabbati Pascha celebratis.
Petrus a quinta decima luna usque ad vicesimam primam diem Paschæ Dominicum celebrabat ; quod vos
non facitis, qui a quarta decima usque ad vicesimam
lunam diem Dominicum Paschæ observatis ita ut tertia
decima luna ad vesperam sæpius Pascha incipiatis,
cuius neque Lex ullam facit mentionem,[3] neque Auctor
ac Dator Evangelii Dominus in ea, sed in quarta
decima vel vetus Pascha manducavit ad vesperam, vel
novi testamenti sacramenta in commemorationem suæ
passionis ecclesiæ celebranda tradidit. Itemque lunam
vicesimam primam, quam Lex maxime celebrandam
commendavit, a celebratione vestri Paschæ funditus
eliminatis :[4] sicque, ut dixi, in celebratione summæ
festivitatis, neque Johanni, neque Petro, neque Legi,
neque Evangelio concordatis."

His contra Colmannus : "Numquid," ait, "Anatolius Colman.
vir sanctus, et in præfata historia ecclesiastica multum
laudatus, Legi vel Evangelio contraria sapuit, qui a
quarta decima usque ad vicesimam Pascha celebrandum
scripsit ? Numquid[5] reverentissimum patrem nostrum
Columbam, et successores eius viros Deo dilectos, qui
eodem modo Pascha fecerunt, Divinis paginis con-

---

[1] *concilio*] consilio, MS.
[2] *nonnisi*] nisi, MS.; nonnisi, Bed.
[3] *mentionem*] mensionem, MS.
[4] *eliminatis*] elaminatis. MS.
[5] *Numquid*] Nunquit, MS.

traria sapuisse vel egisse[1] credendum est ? cum plurimi
fuerunt in eis, quorum sanctitati cœlestia signa, et virtutum quæ fecerunt miracula, testimonium perhibue-
runt : quos ipse sanctos esse non dubitans, semper
eorum vitam, mores et disciplinam sequi non desisto."

Wilfrid.   At Wilfridus : "Constat," inquit, "Anatolium virum
sanctissimum, doctissimum, ac laude esse dignissimum ;
sed quid vobis cum illo, cum nec eius decreta ser-
vetis ? Ille enim in Pascha suo regulam utique veritatis sequens, circulum decem et novem annorum
posuit ; quem vos aut ignoratis, aut agnitum et a
tota Christi ecclesia custoditum pro nihilo contemnitis.
Ille sic in Pascha Dominico quartam decimam lunam
computavit, ut hanc eadem ipsa die more Ægyptiorum
quintam decimam lunam ad vesperam esse fateretur.
Sic item vicesimam diem Dominico Paschæ annotavit,
ut hanc declinata eadem die esse vicesimam primam
crederet.   Cuius regulam distinctionis vos ignorasse
probat, quod aliquotiens Pascha manifestissime ante
plenilunium, id est, in tertia decima luna facitis.
De patre autem vestro Columba et sequacibus eius,
quorum sanctitatem vos imitari, et regulam ac præcepta cœlestibus signis confirmata sequi perhibetis,
possem respondere, quia multis in iudicio dicentibus
Domino, quod in nomine eius prophetaverint, et dæmonia eiecerint, et virtutes multas fecerint ; responsurus
sit Dominus quia nunquam eos noverit.   Sed absit
ut hoc de patribus vestris dicam : quia iustius multo
est, de incognitis bonum credere, quam malum.   Unde
et illos Dei famulos ac Deo dilectos esse non nego,
qui simplicitate rustica, sed intentione pia Deum
dilexerunt.   Neque illis multum obesse reor talem
Paschæ observantiam, quamdiu nullus advenerat, qui
eis instituti perfectioris decreta quæ sequerentur, ostenderet : quos utique credo, si qui tunc ad eos catho-

---

[1] *egisse*] legisse, MS.

licus calculator adveniret, sic eius monita fuisse
secuturos, quomodo quæ noverant ac didicerant, Dei
mandata probantur fuisse secuti. Tu autem et socii
tui, si audita decreta sedis apostolicæ, immo universalis
ecclesiæ, et hæc litteris sacris confirmata, sequi contemnitis, absque ulla dubietate peccatis. Etsi enim
patres tui sancti fuerunt, nunquid universali quæ per
orbem est ecclesiæ Christi, eorum est paucitas uno de
angulo extremæ insulæ præferenda? Et si sanctus
erat ac potens virtutibus ille Columba vester, immo
et noster si Christi erat, num præferri potuit beatissimo
apostolorum principi, cui Dominus ait: 'Tu es Petrus,
et super hanc petram ædificabo ecclesiam, et portæ
inferi non prævalebunt adversus eam, et tibi dabo
claves regni cœlorum?'"

Hæc perorante Wilfrido, dixit rex: "Verene, Colmanne, hæc illi Petro dicta sunt a Domino?" Qui
ait: "Vere, rex." At ille, "Habetis," inquit, "vos
proferre aliquid tantæ potestatis vestro Columbæ
datum?" At ille[1] ait: "Nihil." Rursum rex: "Si
utrique vestrum," inquit, "in hoc sine ulla controversia
consentitis, quod hæc principaliter Petro dicta, et ei
claves regni cœlorum sint datæ a Domino?" Responderunt. "Etiam," utrique. At ille ita[2] conclusit: "Et The king
ego vobis dico, quia hic est ostiarius ille cui ego con- decides for
the Roman
tradicere nolo; sed in quantum novi vel valeo, huius rule.
cupio in omnibus obedire statutis; ne forte me adve-
niente ad fores regni cœlorum, non sit qui reseret,
averso illo qui claves tenere probatur."

Hæc dicente rege, elevatis in cœlum manibus, fave-
runt assidentes quique sive astantes, maiores una cum
mediocribus; et abdicata minus perfecta institutione,
ad ea quæ meliora cognoverant sese transferre
festinabant.

---

¹ *ille*] illi, MS.　　　　│　² *ita*] itaque, MS.; ita, Bed.

Cap. XLVI.

Bed. iii. 29. *Ut Wilhardus presbyter ordinandus in archiepiscopum, Romam de Britannia sit missus: quem rescripta papæ ibidem obisse narraverunt.*

Oswi and Egbert send Gwihard to Rome to be consecrated archbishop.

His temporibus reges Anglorum nobilissimi, Oswi provinciæ Northumbrorum et Egbertus Cantuariorum, habito inter se consilio, quid de statu ecclesiæ Anglorum esset agendum, (intellexerat enim veraciter Oswi, quamvis educatus a Scotis, quia Romana ecclesia esset catholica et apostolica,) assumpserunt cum electione et consensu sanctæ ecclesiæ gentis Anglorum virum bonum et aptum episcopatu presbyterum, nomine Gwihardum, de clero Deusdedit archiepiscopi, et hunc antistitem ordinandum Romam miserunt: quatinus accepto ipse gradu archiepiscopatus, catholicos per omnem Britanniam ecclesiis Anglorum ordinare posset antistites.

Verum Gwihardus Romam perveniens, priusquam consecrari in episcopatum posset, morte præreptus est, et huiusmodi litteræ regi Oswi Britanniam remissæ:

Pope Vitalian's letter announcing Gwihard's death.

" Domino excellentissimo filio suo Oswi regi Saxonum, Vitalianus episcopus, servus servorum Dei. Desiderabiles litteras excellentiæ vestræ suscepimus: quas relegentes, cognovimus tuam piissimam devotionem ferventissimumque amorem, quem habes propter beatam vitam; et quia dextera Domini protegente ad veram et apostolicam fidem sis conversus, speramus ut, sicut in tua gente regnas, ita et cum Christo in futuro conregnes. Benedicta igitur gens, quæ talem sapientissimum et Dei cultorem promeruit habere regem: quia non solum ipse Dei cultor extitit, sed etiam omnes subiectos suos meditatur die ac nocte

ad fidem catholicam atque apostolicam pro suæ
animæ redemptione converti. Quis enim audiens
hæc suavia, non lætetur? Quis non exultet et
gaudeat in his piis operibus? Quia gens vestra
Christo Omnipotenti Deo credidit, secundum Divinorum prophetarum voces, sicut scriptum est in Isaia :[1]
' In die illa radix Jesse, qui stat in signum populorum,
ipsum gentes deprecabuntur.' Et iterum :[2] ' Audite
insulæ, et attendite populi de longe.' Et post paululum : ' Parum,' inquit, ' est ut mihi sis servus ad
suscitandas tribus Jacob, et fæces Israel convertendas.
Dedi te in lucem gentium, ut sis salus mea usque ad
extremum terræ.' Et rursum : ' Reges videbunt, et
consurgent principes, et adorabunt.' Et post pusillum :
' Dedi te in fœdus populi, ut suscitares terram, et
possideres hereditates dissipatas, et diceres his qui
vincti sunt : Exite ; et his qui in tenebris sunt, Reve-
lamini.' Et rursum :[3] ' Ego Dominus vocavi te in
iustitia, et apprehendi manum tuam, et servavi ; et
dedi te in fœdus populi, in lucem gentium, ut aperires
oculos cæcorum, et educeres de conclusione vinctum,
de domo carceris sedentes in tenebris.' Ecce, excellentissime fili, quam luce clarius est, non solum de
vobis, sed etiam de omnibus prophetatum[4] gentibus,
quod sint credituræ in Christum omnium Conditorem.
Quamobrem oportet vestram celsitudinem, utpote
membrum existens Christi, in omnibus piam regulam
sequi perenniter principis apostolorum, sive in Pascha
celebrando, sive in omnibus quæ tradiderunt sancti
apostoli Petrus et Paulus , qui ut duo luminaria
cœli illuminant mundum, sic doctrina eorum corda
hominum cotidie illustrat credentium."

---

[1] Isa. xi. 10.
[2] Isa. xlix. 1, 6, 7, 8. 9.
[3] Isa. xlii. 6, 7.

[4] *prophetatum*] prophetarum, MS.
See Bed. iii. 29.

Et post non nulla, quibus de celebrando per orbem totum uno vero Pascha loquitur :

" Hominem denique," inquit, " docibilem, et in omnibus ornatum antistitem, secundum vestrorum scriptorum tenorem, minime valuimus nunc reperire pro longinquitate itineris. Profecto enim, dum huiusmodi apta repertaque persona fuerit, cum instructum ad vestram dirigemus patriam, ut ipse et viva voce et per Divina oracula omnem inimici zizaniam ex omni vestra insula cum Divino nutu eradicet. Munuscula autem a vestra celsitudine beato principi apostolorum directa, pro æterna eius memoria suscepimus, gratiasque agimus, ac pro vestra incolumitate iugiter Deum deprecamur cum Christi clero. Itaque qui hæc optulit munera, de hac subtractus est luce, situsque ad limina apostolorum ; pro quo valde sumus contristati, cum hic esset defunctus. Veruntamen gerulis harum nostrarum litterarum vestris missis, et beneficia sanctorum, hoc est, reliquias beatorum apostolorum Petri et Pauli, et sanctorum martyrum Laurentii, Johannis et Pauli, et Gregorii[1] atque Pancratii, eis fecimus dari, vestræ excellentiæ profecto omnes contradendas. Nam et coniugi vestræ, nostræ spirituali filiæ, direximus per præfato gerulos crucem clavem auream habentem de sacratissimis vinculis beatorum apostolorum Petri et Pauli ; de cuius pio studio cognoscentes, tantum cuncta sedes apostolica una nobiscum lætatur, quantum eius pia opera coram Deo fragrant[2] et vernant. Festinet igitur, quæsumus, vestra celsitudo, ut optamus, totam suam insulam Deo Christo dedicare. Profecto enim habet protectorem, humani generis Redemptorem Dominum nostrum Jesum Christum, qui ei cuncta

---

[1] Gregorii] Georgii, MS. ; Gregorii, Bed. iii. 29.

[2] fragrant] flagrant, MS.

prospera impertiet, ut novum Christi populum coacer-
vet, catholicam et apostolicam ibi constituens fidem.
Scriptum est enim :[1] 'Quærite primum regnum Dei, et
iustitiam eius, et hæc omnia adicientur vobis.' Nimirum enim quærat, et impetrabit, et ei omnes suæ
insulæ, ut optamus, subdentur. Paterno itaque[2] affectu
salutantes vestram excellentiam, Divinam precamur
iugiter clementiam, quæ vos vestrosque omnes in
omnibus operibus bonis auxiliari dignetur, ut cum
Christo regnetis in futuro sæculo. Incolumem excellentiam vestram superna pietas custodiat."

CONTINUATIO. *Quod præfato Wihardo defuncto Theo-* Bed. iv. 1.
dorus est ordinatus in archiepiscopum Cantua-
riensem.

GWIHARDUS, sicut prædiximus, a regibus Oswi et
Egberto ad suscipiendum archiepiscopatum Cantuariæ
Romam missus, cuius sedi apostolicæ tempore illo
Vitalianus, de quo prædiximus, præerat, postquam
itineris sui causam præfato papæ apostolico patefecit,
non multo post et ipse et omnes pæne qui cum eo Death of
advenerant socii eius, pestilentia superveniente deleti Gwihard.
sunt.

At apostolicus papa habito de his consilio, quæsivit
sedulus quem ecclesiis Anglorum archiepiscopum mitteret. Erat autem in monasterio Niridiano quod est The pri-
non longe a Neapoli Campaniæ, abbas Adrianus, vir macy is
offered to
natione Afer, sacris litteris diligenter imbutus, monas- Adrian.

---

[1] Matth. vi. 33. | [2] *itaque*] ita si, MS.; itaque, Bed.

terialibus simul et ecclesiasticis disciplinis institutus,
Graecae pariter et Latinae linguae peritissimus. Hunc
ad se accitum papa iussit episcopatu accepto Britanniam
venire. Qui indignum se tanto gradui respondens,
ostendere posse se dixit alium, cuius magis ad suscipiendum episcopatum et eruditio conveniret et aetas.
Cunque monachum quendam de vicino virginum monas-

To An-
drew.

terio, nomine Andream, pontifici offerret, hic ab omnibus qui noverunt, dignus episcopatu iudicatus est.
Verum pondus corporeae infirmitatis, ne episcopus fieri
posset, obstitit. Et rursum Adrianus ad[1] suscipiendum
episcopatum coactus est : qui petiit inducias, si forte
alium, qui episcopus ordinaretur, ex tempore posset
invenire.

Theodore
of Tarsus,
seventh
archbishop.

Erat ipso tempore Romae monachus Adriano notus,[2]
nomine Theodorus, natus Tarso Ciliciae, vir et saeculari
et divina litteratura, et Graece et Latine instructus,
probus moribus, et aetate venerandus, id est, annos
habens aetatis sexaginta sex. Hunc offerens Adrianus
papae, ut episcopus ordinaretur optinuit: his tamen
condicionibus interpositis, ut ipse Adrianus eum
perduceret Britanniam, eo quod iam bis partes Galliarum diversis ex causis adisset, et ob id maiorem
huius itineris peragendi notitiam haberet, sufficiens-
que esset in possessione hominum propriorum : et ut ei
doctrinae cooperator existens, diligenter attenderet ne
quid ille contrarium veritati fidei, Graecorum more, in

Conse-
crated
March 26,
A.D. 668.
Began his
journey
May 27.

ecclesia cui praeesset, introduceret. Qui ordinatus est a
Vitaliano papa supradicto anno Dominicae incarnationis
sexcentesimo sexagesimo octavo, sub die septimo kalendarum Aprilium, Dominica. Et ita cum Adriano
sexto kalendas Junii Britanniam missus est. Qui cum
pariter Arelas pervenissent, et tradidissent Johanni
archiepiscopo civitatis illius scripta commendaticia

---

[1] ad] ad ad, MS. | [2] notus] nitus, MS.

Vitaliani papæ, retenti sunt ab eo. At vero cum nuntii certi narrassent regi Cantuariorum Egberto, esse scilicet episcopum, quem petierant a Romano pontifice, in regno Francorum, misit illuc continuo Radfridum præfectum suum, ad adducendum eum: quo cum venisset, assumpsit Theodorum, perduxit eum ad portum cui nomen est Quentawyk, ubi fatigatus infirmitate aliquantisper moratus est; et cum convalescere cœpisset, navigavit Britanniam. Quidam autem Ebronius nomine, maior domus regis Francorum, Adrianum abbatem retinuit, quoniam suspicabatur eum habere aliquam legationem imperatoris ad Britanniæ [reges][1] adversus regnum Francorum, cuius tunc ipse maximam curam gerebat. Sed cum nihil tale illum habere vel habuisse veraciter comperisset, absolvit eum, et post Theodorum ire permisit. Qui statim ut ad illum pervenit, dedit ei monasterium beati Petri apostoli, ubi archiepiscopi Kantiæ sepeliri, ut præfatus sum, solent. Præceperat enim Theodoro abeunti dominus apostolicus, ut in diœcesi sua provideret et daret ei locum, in quo cum suis apte degere potuisset. Pervenit autem Theodorus ad ecclesiam suam secundo postquam consecratus est anno, sub die sexto kalendarum Juniarum, Dominica; et fecit in ea annos viginti et unum, menses tres, dies viginti sex.

Bed. iv. 2.
Arrival of
Theodore.
May 27,
A.D. 669.

Cap. XLVII.

Ut Orientales Saxones tempore mortalitatis ad idolatriam reversi, sed per instantiam Jarumanni episcopi mox sunt ab errore correcti.

Bed. iii. 30.

EODEM tempore provinciæ Orientalium Saxonum post Swithelmum, de quo supra diximus, præfuere

Sigher and
Sebba,
kings of

---

[1] *reges*] om. MS. See Bed. iv. 1.

Essex, under Wlfer, king of Mercia.

Apostasy of Sigher.

reges Sigherus et Sebba, quamvis ipsi regi Merciorum Wlfero subiecti. Quæ videlicet provincia cum mortalitatis clade premeretur, Sigherus cum sua parte populi, relictis Christianæ fidei sacramentis, ad apostasiam conversus est. Nam et ipse rex, et plurimi de plebe sive de optimatibus, diligentes hanc vitam, et futuram non quærentes, sive etiam non esse credentes, cœperunt fana quæ derelicta erant, restaurare, et adorare simulacra:[1] quasi per hæc possent a mortalitate defendi. Porro socius eius et coheres regni eiusdem,

Faith of Sebbe.

Sebbe, magna fidem perceptam cum suis omnibus devotione servavit, magna, ut in sequentibus dicemus, vitam fidelem felicitate complevit. Quod ubi rex Merciorum Wlferus comperit, fidem videlicet provinciæ ex parte profanatam, misit ad corrigendum errorem revocandamque ad fidem veritatis provinciam Jarumannum episcopum, qui successor erat Trumheri.

Wlfer sends bishop Jaruman to reclaim the apostates.

Qui multa agens solertia, longe lateque pervagatus, et populum et regem præfatum ad viam iustitiæ reduxit: adeo ut relictis, sive destructis fanis, aris, quas fecerant, aperirent ecclesias, ac nomen Christi, cui contradixerant, confiteri gauderent, magis cum fide resurrectionis in illo mori, quam in perfidiæ sordibus inter idola vivere cupientes. Quibus ita gestis, et ipsi sacerdotes doctoresque eorum domum redierunt lætantes.

Cap. XLVIII.

Bed. iv. 5.

De morte Oswi et Egberti regum.

A.D. 670. Death of Oswi,

ANNO Dominicæ incarnationis sexcentesimo septuagesimo, qui est annus secundus ex quo Britanniam

---

[1] simulacra] similacra, MS.

venit Theodorus archiepiscopus Cantuariensis, Oswi Feb. 15,
æt. 58.
rex Northumbrorum pressus est infirmitate, qua et His son
mortuus est anno ætatis suæ quinquagesimo octavo. Egfrid
succeeds
Qui in tantum eo tempore tenebatur amore Romanæ him.
et apostolicæ institutionis, ut si ab infirmitate salvaretur, etiam Romam venire, ibique ad loca sancta
vitam finire disponeret ; Wilfridum ducem sibi
itineris fieri, promissa non parva pecuniarum donatione, rogaret. Qui defunctus die decima quinta kalendarum Martiarum, Egfridum filium suum regni heredem
reliquit, sepultusque est in monasterio Ethelfeldæ Bed. iii. 24.
filiæ suæ, quod Streneshale nuncupatur. July, 673
[Bed. iv.

Quo etiam anno rex Cantuariorum Egbertus mense 5]. Cf.
supr. c. 43.
Julio obierat, succedente in regnum fratre Hlothero ; Death of
Egbert,
quod ipse annos undecim et menses septem tenuit. king of
Kent ; his
brother
Hlother
succeeds.

CAP. XLIX.

Ut rex Orientalium Saxonum Sebba in monachica Bed. iv. 11.
conversatione vitam finierit.

Eo tempore præerat regno Orientalium Saxonum Sebba,
king of
vir multum Deo devotus, nomine Sebba, cuius memi- Essex.
nimus supra. Erat enim religiosis actibus, crebris
precibus, piis eleemosynarum fructibus intentus ;
vitam privatam et monachicam cunctis regni divitiis
et honoribus præferens, quam et olim iam, si non
obstinatus coniugis animus divortium negaret, relicto
regno subisset. Unde multis visum et sæpe dictum
est, quia talis animi virum episcopum magis quam
regem ordinari deceret. Cumque annos triginta in
regno miles regni cœlestis exegisset, correptus est
corporis infirmitate permaxima, qua et mortuus est :
admonuitque coniugem, ut vel tunc Divino se servitio His wife
withstands
manciparent, cum amplius pariter mundum amplecti, his desire

of entering a monastery.

vel potius mundo servire non possent. Quod dum ægre impetraret ab ea, venit ad antistitem Londoniæ civitatis, vocabulo Waldherum, qui Erkenwaldo successerat ; et per eius benedictionem habitum religionis monasticæ, quem diu desiderabat, accepit. Attulit autem eidem et summam pecuniæ non parvam, pauperibus erogandam, nil omnimodis sibi reservans ; sed pauper spiritu magis propter regnum cœlorum manere desiderans.

Qui cum, ingravescente præfata ægritudine, diem sibi mortis imminere sensisset, timere cœpit homo animi regalis, ne ad mortem veniens' tanto affectus dolore, aliquid indignum suæ personæ, vel ore proferret vel aliorum motu[1] gereret membrorum. Unde accito ad se præfatæ urbis Londoniæ, in qua tunc ipse manebat, episcopo, rogavit ne plures eo moriente quam ipse episcopus et duo sui ministri adessent. Quod dum episcopus libentissime se facturum promitteret, non multo post idem vir Dei, dum membra sopori dedisset, vidit visionem consolatoriam,[2] quæ omnem ei anxietatem memoratæ sollicitudinis auferret ; insuper et qua die esset hanc vitam terminaturus,

Sebba's vision.

ostenderet. Vidit enim, ut post ipse referebat, tres ad se venisse viros claro indutos habitu ; quorum unus residens ante lectum eius, stantibus his qui secum advenerant comitibus, et interrogantibus de statu eius quem languentem visitare venerant, dixit quod anima eius et sine ullo dolore et cum magno lucis splendore esset egressura de corpore : sed et tertium diem quo esset moriturus insinuavit. Quod ita utrumque [ut][3]

His death.

ex visione didicit completum est. Nam [die][4] dehinc tertio completa hora nona, subito quasi leviter obdormiens sine ullo sensu doloris emisit spiritum.

Miracle.

Cuius corpori tumulando præparaverant sarcofagum

---

[1] *motu*] motu, MS.
[2] *consolatoriam*] consolatariam, MS.

[3] *ut*] om. MS. See Bed. iv. 11.
[4] *die*] om. MS.

lapideum : sed cum huic corpus imponere cœpissent,
invenerunt hoc mensura palmi longius esse sarcofago.
Dolantes ergo lapidem in quantum valebant, addiderunt
longitudini sarcofagi quasi duorum mensuram digitorum. Sed nec sic quidem [corpus]¹ capiebat. Unde
facta difficultate tumulandi, cogitabant aut alium²
quærere loculum, aut ipsum corpus, si possent, in genibus inflectendo breviare, donec ipso loculo caperetur.
Sed mira res, et non nisi cœlitus facta, ne aliquid
horum fieri deberet, prohibuit. Nam subito astante
episcopo, et filio regis eiusdem ac monachi Sighardo,
qui post illum cum fratre Sufredo regnavit, et turba
hominum non modica, inventum est sarcofagum illuc
congruæ longitudinis ad mensuram corporis, adeo ut
a parte capitis etiam cervical posset interponi ; a parte
vero pedum, mensura quattuor digitorum in sarcofago
corpus excederet. Conditus est autem in ecclesia beati
doctoris gentium, cuius edoctus monitis cœlestia sperare
didicerat.

CAP. L.

Ut Wilfridus episcopus provinciam Australium Sax-
onum ad Christum converterit.

PULSUS est autem ab episcopatu suo Wilfridus, et
multa diu loca pervagatus, Romam adiit, Britanniam
rediit ; et si propter inimicitias regis Northumbrorum
Egfridi in patria sive parochia sua recipi non potuit,
non tamen ab evangelizandi potuit ministerio cohiberi :
siquidem divertens ad provinciam Australium Saxonum,
quæ post Cantuarios ad austrum et ad occidentem usque
ad Occidentales Saxones pertingit, habens terram fami-

---

¹ *corpus*] om. MS. | ² *alium*] alind, MS.

liarum septem milium, et eo adhuc tempore paganis cultibus serviebat; huic verbum fidei et lavacrum salutis ministrabat. Erat autem rex gentis ipsius Æthelwoldus non multo ante baptizatus in provincia Merciorum, praesente ac suggerente rege Wlfhero, a [1] quo etiam egressus de fonte loco filii susceptus est: in cuius signum adoptionis, duas illi provincias donavit, Vectam videlicet insulam, et Mennarorum provinciam in gente Occidentalium Saxonum. Itaque episcopus, concedente, immo multum gaudente rege, primos provinciae duces ac milites sacro fonte abluebat; presbyteri Eppa, et Padda, et Burhelmus et Edda, ceteram plebem vel tunc vel tempore sequente baptizabant. Porro regina nomine Ebba in sua, id est, Wicciorum provincia, fuerat baptizata. Erat autem filia Anfridi, fratris Anheri, qui ambo cum suo populo Christiani fuerunt. Ceterum tota provincia Australium Saxonum Divini nominis et fidei erat ignara.

Erat autem ibi monachus quidam de natione Scottorum, vocabulo Dicul, habens monasteriolum [2] permodicum in loco qui vocatur Bosanham, silvis et mare circumdatum, et in eo fratres quinque sive sex, in humili et paupere vita Domino famulantes. Sed provincialium nullus eorum vel vitam aemulari, vel praedicationem curabat audire.

Evangelizans autem genti episcopus Wilfridus, non solum eam ab aerumna perpetuae damnationis, verum et a clade infanda temporalis interitus eripuit. Siquidem tribus annis [3] ante adventum eius in provinciam, nulla illis in locis pluvia ceciderat, unde et fames acerbissima plebem invadens impia nece prostravit. Denique ferunt quia saepe quadraginta simul aut quinquaginta homines inedia macerati procederent [4] ad

Marginal notes:
Æthelwold, king of Sussex.

Queen Ebba.

Dicul, monk of Bosanham.

Wilfrid relieves the famishing people by a draught of fishes.

---

[1] *a*] et, MS.
[2] *monasteriolum*] monastoriolum, MS.
[3] *annis*] annis, second hand.
[4] *procederent*] procederunt, MS.

præcipitium[1] aliquod sive ripam maris, et iunctis misere manibus, pariter omnes aut ruina perituri, aut fluctibus absorbendi deciderent.   Verum ipso die, quo baptisma fidei gens suscepit, illo descendit pluvia serena et copiosa, refloruit terra, rediit viridantibus arvis annus lætus et frugifer.   Sicque abiecta prisca superstitione, exufflata idolatria, cor omnium et caro omnium exultaverunt in Deum vivum : intelligentes, eum qui verus est Deus, et interioribus se bonis et exterioribus cœlesti[1] gratia ditasse.   Nam et antistes cum venisset in provinciam, tantamque ibi famis pœnam videret, docuit eos piscando victum quærere.   Namque mare et flumina eorum piscibus abundabant ; sed piscandi peritia genti nulla nisi ad anguillas tantum inerat.   Collectis ergo undecumque retibus anguillaribus, homines antistitis miserunt in mare, et Divina se iuvante gratia, mox ceperunt pisces diversi generis trecentos : quibus trifariam divisis, centum pauperibus [dederunt],[3] centum his a[4] quibus retia acceperant, centum in suos usus habebant.   Quo beneficio multum antistes cor omnium in suum convertit amorem, et libentius eo prædicante cœlestia sperare cœperunt, cuius ministerio temporalia bona sumpserunt.

Quo tempore rex Æthelwoldus, cuius supra meminimus, donavit reverentissimo antistiti Wilfrido terram octoginta[5] familiarum, ubi suos homines qui exules vagabantur, recipere posset, vocabulo Selescie, quod dicitur Latine Insula Vituli Marini.   Est enim locus undique mari circumdatus præter ab occidente, unde habet ingressum amplitudinis quasi iactus fundæ : qualis locus a Latinis peninsula, a Græcis solet cherronesos vocari. Hunc ergo locum cum accepisset episcopus Wilfridus,

Selscie abbey.

---

[1] *præcipitium*] præcipium, MS.

[2] *cœlesti*] celestia, MS.

[3] *dederunt*] om. MS. See Bed. iv. 13.

[4] *a*] et, MS.

[5] *octoginta*] octoginta sepam, Bed. iv. 13.

Founded
by Wilfrid.

A.D. 686.

fundavit ibi monasterium, ac regulari vita instituit, maxime ex his quos secum adduxerat fratribus: quod usque hodie successores eius tenere noscuntur. Nam ipse illis in partibus annos quinque, id est, usque ad mortem Egfridi regis, merito omnibus honorabilis, officium episcopatus et verbo exercebat et opere. Et quoniam illi rex cum præfata loci possessione omnes qui ibidem erant, facultates cum agris et hominibus donavit, omnes fide Christi institutos unda baptismatis abluit; inter quos, servos et ancillas ducentos quinquaginta: quos omnes ut baptizando a servitute dæmonica salvavit, etiam libertati[1] donando humanæ iugo servitutis absolvit.

Bed. iv. 14.

In quo tunc monasterio nonnulla cœlestis gratiæ dona specialiter ostensa fuisse perhibentur; utpote ubi nuper expulsa diaboli tyrannide Christus iam regnare cœperat.

Bed. iv. 14.   CONTINUATIO. *De visione cuiusdam pueruli.*

Pestilence.

EODEM ferme tempore quo ipsa provincia nomen Christi susceperat, multas Britanniæ provincias mortalitas sæva corripiebat. Quæ cum præfatum quoque monasterium, cui tunc regendo religiosissimus Christi sacerdos, vocabulo Eppa, præfuit, nutu Divinæ dispensationis attingeret; multique sive de his qui cum antistite illo venerant, sive de illis qui de eadem provincia Saxonum nuper ad fidem fuerant vocati, passim de hac vita raperentur; visum est fratribus triduanum ieiunium agere, et Divinam suppliciter obsecrare clementiam, ut misericordiam sibi dignaretur

---

[1] *libertati*] libertate, Bed.

impendere, et sive periclitantes hoc morbo a præsenti morte liberaret, seu raptos e mundo a perpetua animæ damnatione servaret.

Erat tunc temporis in eodem monasterio puerulus quidam de natione Saxonum, nuper vocatus ad fidem, qui eadem tactus infirmitate, non pauco tempore recubans in lectulo iacebat. Cum ergo secunda memorati ieiunii ac supplicationum dies ageretur, contigit forte ipsum puerum hora ferme secunda diei, in loco in quo æger iacebat, solum inveniri: cui Divina dispositione subito beatissimi principes apostolorum Petrus et Paulus dignati sunt apparere. Erat enim puer multum simplicis ac mansueti animi, sinceraque devotione sacramenta fidei quæ susceperat servans. Salutantes ergo illum verbis piissimis apostoli dicebant: "Noli timere, fili, mortem pro qua sollicitus es: nos enim te hodierna die ad cœlestia sumus regna perducturi. Sed primum expectare habes donec missæ celebrentur, ac viatico Dominici corporis ac sanguinis accepto, sic infirmitate simul et morte absolutus ad æterna in cœlis gaudia subleveris. Clama ergo ad te presbyterum Eppam, et dicito illi quia Dominus exaudivit preces vestras, et devotionem ac ieiunia propitius aspexit: neque aliquis de hoc monasterio sive adiacentibus ei possessiunculis[1] hac clade ultra moriturus est; sed omnes qui alicubi de vestris hac ægritudine laborant, resurrecturi a languore, pristina sunt sospitate recuperandi, præter te solum qui hodierna es die liberandus a morte, et ad visionem Domini Christi, cui fideliter servisti, perducendus in cœlum: quod Divina vobis pietas per intercessionem religiosi ac Deo dilecti Oswaldi regis, qui quondam genti Northumbrorum et regni temporalis auctoritate et Christianæ pietatis, quæ ad regnum perenne ducit, devotione

St. Peter and St. Paul appear to a dying boy.

---

[1] *possessiunculis*] possessiunculas, MS.

sublimiter praefuit, conferre dignata est. Hac etenim
die idem rex ab infidelibus in bello corporaliter extinctus, mox ad superna animarum gaudia assumptus
in coelum et electorum est sociatus agminibus.   Quaerant
in suis codicibus, in quibus defunctorum est annotata
depositio, et invenient illum hac, ut diximus, die raptum
esse de seculo.   Celebrent[1] ergo missas per cuncta
monasterii oratoria huius, sive pro[2] gratiarum actione
exauditae suae deprecationis, sive etiam in memoriam
praefati regis Oswaldi, qui quondam ipsorum genti
praeerat, ideoque pro eis quasi pro suae gentis advenis
supplex orabat ad Dominum: et cunctis convenien-
tibus ad ecclesiam fratribus, communicent omnes sacrificiis coelestibus, et ita soluto ieiunio corpus quoque
suis reficiant alimentis."

Quae cum omnia vocato ad se presbytero puer verba
narrasset, interrogavit eum sollicitus, quales essent
habitu vel specie viri qui sibi apparuissent.   Respondit:
" Praeclari omnino habitus et vultus erant, laetissimi ac
pulcherrimi, quales nunquam antea videram, neque
aliquos hominum tanti decoris ac venustatis esse posse
credebam.   Unus quidem attonsus erat ut clericus,
alius barbam habebat prolixam : dicebantque quod
unus eorum Petrus, alius vocabatur Paulus, et ipsi
essent ministri Domini et Salvatoris nostri Iesu Christi,
ad tuitionem nostri monasterii missi ab ipso de coelis."
Credidit ergo verbis pueri presbyter, ac statim egressus
requisivit in annali suo, et invenit eadem ipsa die
Oswaldum regem fuisse peremptum: vocatisque fratribus, parari prandium, missas fieri, atque omnes
communicare more solito praecepit : simul et infirmanti
puero de eodem sacrificio Dominicae oblationis parti-
culam deferri mandavit.

Quibus ita gestis, non multo post eadem ipsa die

---

[1] Celebrent] Celebrant, MS. | [2] pro] per, MS.; pro, Bed. iv. 14.

puer defunctus est, suaque morte probavit vera fuisse
verba quæ ab apostolis Christi audierat. Sed et hoc
eius verbis testimonium perhibuit, quod nemo præter
ipsum tempore illo ex eodem est monasterio raptus de
mundo. Ex qua nimirum visione multi qui hæc audire
potuerunt, ad[1] exorandam in adversis Divinam clementiam, ad salutaria ieiuniorum remedia subeunda sunt
mirabiliter accensi : et ex eo tempore non solum in
eodem monasterio, sed et in plerisque locis aliis, cœpit King
annuatim eiusdem regis ac militis Christi Oswaldi dies Oswald's
natalicius missarum celebratione venerari.

CONTINUATIO.   *Quod mortuo Kinewalk Occidentalium* Will.
Saxonum rege, ac regina sua Sexburga, quæ post Malmesb.
ipsum regnum uno anno tenuit, defuncta, subreguli p. 45.
illud regnum per aliquod tempus tenuerunt.

MORTUO Kynewalk rege Occidentalium Saxonum, A.D. 673.
defunctaque Sexburga regina, quæ post ipsum dictum Death of
regnum tenuit uno anno, successit Escwinus regali king of
prosapiæ proximus, quippe qui fuerat Cinegilsi ex His widow
fratre Cuthgiso abnepos.   Quo decedente vel morte Sexburga
sua, vel vi aliena, neutrum enim expedite invenio, one year.
vacantem aulam successione legitima implevit Centwi- A.D. 674.
nus Cinegilsi filius ; ambo notæ in bello experientiæ of Escwin.
(siquidem ille Mercios, iste Britannos anxia clade A.D. 676.
perculerit), sed temporis brevitate miserandi. Nam of Centwin.
imperium secundi non ultra novennium prorogatum ; A.D. 676-
primi biennium superior sermo absolvit. Et hoc 685.
secundum chronicorum fidem. Ceterum non eos regno A.D. 674-
integro imperitasse, sed inter eos regnum divisisse,
Beda[2] confirmat.

---

[1] *ad*] et, MS. | [2] Hist. Eccl. iv. 12.

CONTINUATIO. *De Wlfero rege Merciorum et de obitu eius.*

Will.
Malmesb.
i. 76, 77,
pp. 109,
110 ;
Cf. Matth.
Westm.
p. 238 ;
Rog. Wend.
166, 167.

WLFERUS rex Merciorum, ne spem omnium falleret, sedulo sategit magnis et animi et corporis viribus utilem se principem ostentare. Denique Christianitatem vix in regno suo palpitantem, et per fratrem Peadam initiatam, favore suo enixissime iuvit. Primis

Wlfer,
king of
Mercia,
takes the
I. of
Wight, and
bestows it
on Athel-
wold, king
of Sussex.

fere annis a rege Westsaxonum graviter afflictus, sequentibus consilii vivacitate iniuriam propulsans, etiam ipsum Wechtæ insulæ dominio mutilavit,[1] eandemque ritus sacrilegos anhelantem ad rectum tramitem inflectens, non multo post regi Australium Saxonum Athelwoldo, sicut præmisimus, contulit. Verum gravis simoniæ nota famam dicti regis Wlferi infecit, quod

Wlfer sells
the
bishopric
of London
to Wina.

primus regum Anglorum sacrum episcopatum Londoniæ cuidam vocabula Winæ ambitiose vendiderit. Habuit in matrimonio filiam regis Erconberti, regis Cantua-

His family
by Ermen-
hilda.

riorum, Ermenhildam, et ex ea genuit Kinredum et Wereburgam, virginem sacratissimam, quæ Cestriæ iacet. Frater eius Merewaldus Ermenburgam filiam

His brother
Merewald's
family by
Ermen-
burga.

Ermenredi fratris eiusdem Erconberti uxorem habuit, suscepitque ex ea filias Milburgam, quæ Wenelok, et Mildritham, quæ Cantiæ in monasterio sancti Augus-

Kineburga,
daughter of
Penda and
wife of Al-
frid, enters
a convent.

tini requiescunt, et Mildritham, et filium Merefinnum. Kineburgam Pendæ regis filiam Alfridus rex Northumbrorum duxit uxorem ; quæ postmodum carnalem copulam fastidita, sanctimonialem habitum suscepit in monasterio quod fratres sui Wlferus et Ethelfredus

Death of
Wlfer.
Anno
regni 19.

construxerunt. Wlfero post decem et novem annos defuncto, suscepit regnum Merciorum frater eius

His brother
Ethelred
reigns in
his stead.

Ethelredus, animi religione quam pugnandi exercitio celebrior.

---

[1] *mutilavit, eandem*] mutulavit, eeandem, MS.

CONTINUATIO.   *De morte Æthelwoldi regis Australium* Bed. iv. 15.
Saxonum.

QUIDAM iuvenis strenuissimus de regio genere Ge- Cedwalla
wissorum, nomine Cedwalla, cum exularet a patria sua, kills Ethel-
venit cum exercitu in regnum Australium Saxonum, wald, king
interficitque regem eiusdem provinciæ, de quo supra of Sussex.
diximus, Æthelwaldum, ac provinciam illam sæva cæde
ac depopulatione attrivit; sed mox expulsus est a
ducibus regiis, Berthuno et Andhuno, qui deinceps
regnum provinciæ tenuerunt: quorum prior postea ab
eodem Cedwalla, cum esset rex Gewissorum, occisus
est, et provincia graviore servitio subacta. Sed et Ine, Ine suc-
qui post Cedwallam regnavit, simili provinciam illam ceeds Ced-
afflictione plurimo annorum tempore mancipavit. Qua walla as
                                                        king of
de re factum est ut toto illo tempore episcopum pro- Wessex.
prium habere nequiret; sed revocato domum Wilfrido
primo suo antistite, ipsi episcopo Gewissorum, id est
Occidentalium Saxonum, qui essent in Wenta civitate,
subiacerent.

CAP. LI.

*De morte subregulorum Occidentalium Saxonum
Escwini et Kentwini, et de successione Cedwallæ in
regnum prædictum.*

MORTUIS Escwino et Kentwino provinciæ Occiden- Cedwalla,
talium Saxonum subregulis, successit in regnum Ced- king of
                                                     Wessex.
walla iuvenis strenuus de regio genere Gewissorum, Polychron.
cuius supra meminimus, qui fuit filius Kenebrithi, filii Ra. Hig-
                                                         den, lib. v.
Ceddæ, filii Cuthæ, filii Ceaulini, filii Kinrici, filii p. 242
Cerdici. De isto Cedwalla diversæ sunt opiniones. (Gale).
Nam Ganfridus in Historia Britonum vocat istum Galfr.
                                                    Monum.

Hist. Brit.
(xii. 14)
substitutes
for Ced-
walla Cad-
wallader,
whom he
makes son
of a British
king, Cad-
wallo.

Bede
speaks of
him as a
Saxon.

Cestrensis.

Galfridus
Monum.
Wil.
Malmesb.
i. 34.

Cedwallam Cadwalladrum, dicitque ipsum fuisse filium Cadwallonis tyranni, regis Britonum. Ego enim istud reputo fabulosum. Nam Beda in Historia Anglorum[1] dicit Cedwallam fuisse de genere Gewissorum, id est, Occidentalium Saxonum. Cui maior fides est adhibenda. Nam ipse Beda fere contemporaneus dicti Cedwallæ extiterat. Qua de re est opinandum ipsum Bedam de dicto Cedwalla in historia sua verius conscripsisse, et potius Bedæ dicta sunt recipienda, præsertim cum ipsius scripta per ecclesiam sunt approbata. Nam Cestrensis,[2] sicut dicit in sua Polychronicon, reputat Historiam Ganfridi in fine fabulosam. Malmesburiensis etiam dicit in libro De Gestis Anglorum Cedwallam fuisse Ceaulini ex fratre Cuda pronepotem. Ad historiam ergo redeamus.

Bed. iv. 16.
Cedwalla
takes the
I. of
Wight.

Postquam ergo Cedwalla regno potitus est Gewissorum, cepit insulam Wectam, quæ catenus erat tota idolatriæ dedita; ac tragica[3] cæde omnes indigenas exterminare ac suæ provinciæ homines pro his substituere contendit, voto se obligans, quamvis nondum regeneratus, ut ferunt, in Christo, quia, si cepisset insulam, quartam partem eius, simul et prædæ, Domino daret. Quod ita solvit, ut hanc Wilfrido episcopo, qui tunc de gente sua superveniens aderat, utendam pro Domino offerret. Est autem mensura eiusdem insulæ,

He assigns
a portion
to Wilfrid.

iuxta æstimationem Anglorum, mille ducentarum familiarum : unde data est episcopo possessio terræ trecentarum familiarum. At ipse partem quam accepit, commendavit cuidam de clericis suis, cui nomen Brithwinus, et erat filius sororis eius, dans illi presbyterum nomine Hiddilam, qui omnibus qui salvari vellent verbum ac lavacrum vitæ ministraret.

---

[1] iv. 15.
[2] Polychronicon Ra. Higden. Lib. v. p. 243 (Gale).

[3] tragica] strages, MS.

Ubi silentio prætereundum non esse reor, quod in Execuuion of the two sons of Arwald. primitias eorum qui de insula eadem credendo salvati sunt, duo regii pueri fratres, videlicet Arwaldi regis insulæ prædictæ, speciali sunt Dei gratia coronati : siquidem imminentibus insulæ hostibus, fuga lapsi sunt de insula, et in proximam Jutarum[1] provinciam translati : ubi cum delati in locum qui vocatur "Ad Lapidem," occultandos se a facie regis victoris credidissent, proditi sunt atque occidi iussi. Quod cum audisset abbas quidam et presbyter, vocabulo Kinebertus, habens non longe abinde monasterium in loco qui vocatur Redford, id est, "Vadum harundinis," venit ad regem, qui tunc eisdem in partibus occultus curabatur a vulneribus quæ ei inflicta fuerant prælianti in insula Weeta : postulavitque ab eo, ut si necesse esset pueros interfici, prius eos liceret fidei Christianæ sacramentis imbui. Concessit rex, et ipse instructos eos verbo veritatis ac fonte salutari ablutos, de ingressu regni æterni certos reddidit. Moxque illi instante carnifice, mortem læti subierunt temporalem, per quam se ad vitam animæ perpetuam non dubitabant esse transituros. Hoc ordine, postquam omnes Britanniarum provinciæ fidem Christi susceperant, suscepit et insula Weeta ; in qua tamen ob ærumnam externæ subiectionis, nemo gradum ministerii ac sedis episcopalis ante Danielem accepit.

Sita est autem insula contra medium Australium Description of the isle, and of the Solent. Saxonum et Gewissorum, interposito pelago latitudinis trium milium quod vocatur Solente : in quo videlicet pelago bini æstus oceani qui circum Britanniam ex infinito oceano septemtrionali erumpunt, sibimet invicem cotidie conpugnantes occurrunt, ultra ostium Homelea, quod per terras Jutarum, quæ ad regionem Gewissorum pertinent, præfatum pelagus intrat ; finitoque conflictu in oceanum refusi, unde venerant, redeunt.

---

[1] *Jutarum*] Jutorum, MS.

Cap. LII.

Bed. iv. 19. *Ut Ætheldritha regina virgo perpetua permanserit,
cuius nec corpus in monumento corrumpi potu-
erit.*

Æthel-
dritha,
virgin wife
of Egfrid.

ACCEPIT autem rex Northumbrorum Egfridus coniugem Ætheldritham, filiam Annæ regis Orientalium
Anglorum, cuius sæpius mentionem fecimus, viri bene
religiosi, ac per omnia mente et opere egregii : quam
et alter et ante illum vir habuerat uxorem, princeps
videlicet Australium Giruiorum, vocabulo Tondbertus.
Sed illo post modicum temporis ex quo eam accepit
defuncto, data est præfato regi Egfrido : cuius consortio
cum duodecim annis uteretur, perpetua tamen permansit virginitatis integritate gloriosa ; sicut beatæ
memoriæ Wilfridus episcopus referebat, dicens se
testem integritatis eius esse certissimum : adeo ut
Egfridus rex promiserit se ei terras ac pecunias multas
esse donaturum, si reginæ posset persuadere eius uti
connubio, quia sciebat illam nullum virorum plus illo
diligere. Nec diffidendum est nostra etiam ætate fieri
potuisse, quod ævo præcedente aliquotiens factum
fideles historiæ narrant ; donante uno eodemque Domino, qui se nobiscum usque in finem sæculi manere
pollicetur. Nam etiam signum Divini miraculi, quo
eiusdem feminæ sepulta caro corrumpi non potuit,
indicio est quia a virili contactu incorrupta per-
duraverit.

She enters
a monas-
tery.

Quæ multum diu regem postulans ut sæculi curas
relinqueret, atque in monasterio tantum vero Regi
Christo servire permitteretur ; ubi vix aliquando impetravit, intravit monasterium Ebbæ abbatissæ, quæ
erat amita regis Egfridi, positum in loco quem Coludi
Urbem nominant, accepto velamine sanctimonialis

habitus a præfato antistite Wilfrido. Post annum *She be-*
vero ipsa facta est abbatissa in regione quæ vocatur *comes*
Ely; ubi constructo monasterio virginum Deo devo- *Ely.*
tarum perplurimarum mater virgo et exemplis vitæ
cœlestis esse cœpit et monitis. De qua ferunt, quia *Her asce-*
ex quo monasterium petiit, nunquam lineis, sed solum *ticism.*
laneis vestimentis uti voluerit: raroque in calidis
balneis, præter imminentibus solemniis maioribus, verbi
gratia Paschæ, Pentecostes, et Epiphaniæ, lavari voluerit; et tunc novissima omnium, lotis prius suo sua-
rumque ministrarum obsequio ceteris quæ ibi essent
famulabus Christi; raro præter maiora solemnia, vel
artiorem necessitatem, plus quam semel per diem
manducaverit; semper, nisi infirmitas gravior pro-
hibuisset, ex tempore matutinæ synaxeos usque ad
ortum diei in ecclesia precibus intenta perstiterit.
Sunt etiam qui dicant quia per prophetiæ spiritum, et
pestilentiam qua ipsa esset moritura, prædixerit, et
numerum quoque eorum, qui de suo monasterio hoc
essent de mundo rapiendi, palam cunctis præsentibus
intimaverit. Rapta est autem ad Dominum in medio *Her death.*
suorum, post annos septem ex quo abbatissæ gradum
susceperat: et æque ut ipsa iusserat, non alibi quam
in medio eorum, iuxta ordinem quo transierat, ligneo
in locello sepulta.

Cui successit in ministerium abbatissæ soror eius *Her sister*
Sexburga, quam habuerat in coniugem Erkenbertus *Sexburga*
rex Cantuariorum. Et cum sedecim annis esset sepulta, *abbess.*
placuit eidem abbatissæ levari ossa eius, et in locello
novo posita in ecclesiam transferri; iussitque quosdam
e fratribus quærere lapidem, de quo locellum in hoc
facere possent: qui ascensa navi, ipsa enim Ely regio
undique aquis ac paludibus circumdata, neque lapides
maiores habet, venerunt ad civitatulam quandam desolatam, non procul inde sitam, quæ lingua Anglorum
Grantacestre vocatur: et mox invenerunt iuxta muros *Grant-*
civitatis locellum de marmore albo pulcherrime factum, *chester.*

operculo quoque similis lapidis aptissime tectum.
Unde intelligentes a Domino suum iter esse prosperatum, gratias agentes retulerunt ad monasterium.

Ætheldritha's body incorruptible. Cumque corpus sacræ virginis ac sponsæ Christi aperto sepulcro esset prolatum in lucem, ita incorruptum inventum est, ac si eodem die fuisset defuncta sive humo condita; sicut et præfatus antistes Wilfridus et multi alii qui noverunt, testati sunt. Sed certiori notitia medicus Kinefridus, qui et morienti illi et elevatæ de tumulo affuit: qui referre erat solitus, quod illa infirmata habuerit tumorem maximum sub maxilla. "Iusseruntque me," inquit, "incidere tumorem illum, ut efflueret noxius humor qui inerat: quod dum facerem, videbatur illa per biduum aliquanto levius habere; ita ut multi putarent, quia sanari posset a languore. Tertia autem die prioribus aggravata doloribus, et rapta confestim de mundo, dolorem omnem ac mortem perpetua salute ac vita mutavit. Cumque post tot annos elevanda essent ossa de sepulcro, et extento desuper papilione omnis congregatio, hinc fratrum, inde sororum psallens circumstaret, ipsa autem abbatissa intus cum paucis ossa eluitura et delatura intrasset, repente audivimus abbatissam intus voce clara præclamare: 'Sit gloria Nomini Domini.' Nec multo post clamaverunt me, intus reserato ostio papilionis: vidique elevatum de tumulo et positum in lectulo corpus sacræ Deo virginis quasi dormientis simile. Sed et discooperto vultus indumento, monstraverunt mihi vulnus etiam incisuræ quod feceram, curatum; ita ut mirum in modum pro aperto et hiante vulnere cum quo sepulta erat, tenuissima tunc cicatricis vestigia parerent. Sed et linteamina omnia quibus involutum erat corpus, integra apparuerunt, et ita nova, ut ipsa die viderentur castis eius membris esse circundata." Ferunt autem quia cum præfato tumore ac dolore maxillæ sive colli premeretur, multum delectata sit hoc genere infirmitatis, ac solita dicere:

" Scio certissime, quia merito in collo pondus languoris
porto, in quo iuvenculam me memini supervacua moni-
liorum pondera portare : et credo quod ideo me
superna pietas dolore colli voluit gravari, ut sic absol-
var a reatu supervacuæ levitatis ; dum mihi nunc pro
auro et margaritis de collo rubor tumoris ardorque
promineat." Contigit autem tactu indumentorum
eorumdem et dæmonia ab obsessis effugata corporibus,
et infirmitates alias aliquotiens esse curatas. Sed et
loculum in quo primo sepulta est, nonnullis oculos
dolentibus saluti fuisse perhibent ; qui cum suum
caput eidem loculo apponentes orassent, mox doloris
sive caliginis incommodum ab oculis amoverunt.
Laverunt igitur virginis corpus, et novis indutum
vestibus intulerunt in ecclesia, atque in eo quod allatum
est sarcophago posuerunt, ubi usque hodie in magna
veneratione habetur. Mirum vero in modum ita
aptum corpori virginis sarcophagum inventum est, ac
si ei specialiter præparatum fuisset : et locus quoque
capitis seorsum fabrefactus ad mensuram capitis illius
aptissime figuratus apparuit.

Est autem Ely in provincia Orientalium Anglorum Ely, its
regio familiarum circiter sexcentarum, in similitudinem site.
insulæ, vel paludibus, ut diximus, circumdata, vel
aquis : unde et a copia anguillarum quæ in eisdem Derivation
paludibus capiuntur, nomen accepit. Ubi et monas- of the
terium habere desideravit memorata famula Christi, name.
quoniam de provincia eorumdem Orientalium Anglorum ipsa, ut præfati sumus, carnis originem duxerat.

Bed. iv. 20. CONTINUATIO. *De hymno*[1] *quæ Beda venerabilis pres-*
byter et monachus in honorem præfatæ virginis
Ætheldrithæ composuit.

Bede's
poem on
Ætheldritha.

VIDETUR opportunum huic historiæ etiam hymnum[1] virginitatis inserere, quem in laudem ac præconium eiusdem reginæ ac sponsæ Christi Ætheldrithæ, et ideo veraciter reginæ quia sponsæ Christi, venerabilis Beda presbyter et monachus ante annos plurimos elegiaco metro composuit.

Hymnus.

Alma Deus Trinitas, quæ sæcula cuncta gubernas,
　　Annue iam cœptis, alma Deus Trinitas.
Bella Maro resonet, nos pacis dona canamus :
　　Munera nos Christi, bella Maro resonet.
Carmina casta mihi, fœdæ non raptus Helenæ :
　　Luxus erit lubricis, carmina casta mihi.
Dona superna loquar, miseræ non prælia Trojæ,[2]
　　Terra quibus gaudet : dona superna loquar.
En Deus altus adit venerandæ virginis alvum ;
　　Liberet ut homines, en Deus altus adit.
Femina virgo parit mundi devota parentem,
　　Porta Maria Dei, femina virgo parit.
Gaudet amica cohors de virgine matre Tonantis :
　　Virginitate micans gaudet amica cohors.
Huius honor genuit casto de germine plures,
　　Virgineos flores huius honor genuit.
Ignibus usta feris virgo non cessat Agathe,[3]
　　Eulalia et perfert ignibus usta feris.
Casta feras superat mentis pro culmine Tecla,
　　Euphemia rapidas[4] casta feras superat.

---

[1] *hymno — hymnum*] ympno — ympnum, MS., and so again below.

[2] *Trojæ*] Troge, MS.

[3] *cessat Agathe*] cesset Agathes, MS.

[4] *rapidas*] sacra, Bed. iv. 20.

Læta ridet gladios ferro robustior Agnes,
  Cæcilia infestos læta ridet gladios.
Multus in orbe viget per sobria corda triumphus,
  Sobrietatis amor multus in orbe viget.
Nostra quoque egregia iam tempora virgo beavit:
  Ætheldritha nitet nostra quoque egregia.
Orta patre eximio, regali et stemmate[1] clara:
  Nobilior domino est, orta patre eximio.
Percipit inde decus reginæ et sceptra sub astris:
  Plus super astra manens percipit inde decus.
Quid petis alma virum, Sponso iam dedita summo?
  Sponsus adest Christus, quid petis alma virum?
Regis ut ætherei matrem iam credo sequaris:
  Tu quoque sis mater Regis ut ætherei.
Sponsa dicata Deo bis sex regnaverat annis,
  Inque monasterio sponsa dicata Deo.
Tota sacrata polo celsis ubi floruit actis,
  Reddidit atque animam tota sacrata polo.
Virginis alma caro est tumulata bis octo Novembris,
  Nec putet in tumulo virginis alma caro.
Christe, Tui est operis, quia vestis et ipsa sepulcro
  Inviolata nitet: Christe, Tui est operis.
Hydros et ater abit sacræ pro vestis honore:
  Morbi diffugiunt, hydros et ater abit.
Zelus in hoste furit quondam qui vicerat Evam:
  Virgo triumphat ovans, zelus in hoste furit.
Aspice nupta Deo, quæ sit tibi gloria terris:
  Quæ maneat cœlis, aspice nupta Deo.
Munera læta capis festivis fulgida tædis,
  Ecce venit Sponsus, munera læta capis.
Et nova dulcisono[2] modularis carmina plectro:
  Sponsa[3] hymno exultas et nova dulcisono.
Nullus ab Altithroni comitatu segregat Agni,
  Quam affectu tulerat nullus ab Altithroni.

---

[1] *stemmate*] stemate, MS.
[2] *dulcisono*] ducisono, MS.

[3] *Sponsa*] *Sponso*, MS.

CAP. LIII.

Bed. iv. 21.

*Ut Theodorus archiepiscopus inter Egfridum et
Ætheldredum reges pacem fecerit.*

A.D. 679.
Battle near
the Trent
between
Egfrid and
Ætheldred.
ANNO regni Egfridi regis Northumbrorum nono,
conserto gravi prælio inter ipsum et Ætheldredum
regem Merciorum iuxta fluvium Trentus, occisus est
Alwinus frater eiusdem Egfridi, iuvenis circiter decem
et octo annorum utrique provinciæ multum amabilis.
Nam et sororem eius quæ dicebatur Ostritha, rex
Ætheldredus habebat uxorem. Cumque materies belli
acrioris et inimicitiæ longioris inter reges populosque
feroces videretur exorta, Theodorus Deo dilectus antistes,
Divino fultus auxilio, salutifera exhortatione cœptum
tanti periculi funditus extinguit incendium ; adeo ut
pacatis alterutrum regibus ac populis, nullius anima
hominis pro interfecto regis fratre, sed debita solummodo multa pecuniæ regi ultori daretur. Cuius fœdera
pacis multo exinde tempore inter eosdem reges eorumque
regna duraverunt.

Arch-
bishop
Theodore
makes
peace.

Bed. iv. 22.
In præfato autem prælio quo occisus est rex Alwinus,
memorabile quoddam factum esse constat, quod nequaquam silentio prætereundum arbitror, sed multorum
saluti, si referatur, fore proficuum. Occisus est ibi inter
alios de militia eiusdem iuvenis, vocabulo Imma ; qui
cum die illo et nocte sequenti inter cadavera occisorum
similis mortuo iaceret, tandem recepto spiritu revixit,
ac residens sua vulnera, prout potuit, ipse alligavit :
dein modicum requietus levavit se, et cœpit abire sicubi
amicos qui sui curam agerent, posset invenire. Quod
dum faceret, inventus est et captus a viris hostilis
exercitus, et ad dominum ipsorum, comitem videlicet
Æthelredi regis, adductus : a quo interrogatus quis
esset, timuit se militem fuisse confiteri ; rusticum se

One Imma
falls in the
fight.

potius et pauperem, atque uxorio vinculo colligatum fuisse respondit; et propter victum militibus afferendum [1] in expeditionem se cum suis similibus venisse testatus est. At ille suscipiens eum, curam vulneribus egit; et ubi sanescere [2] cœpit, noctu eum, ne aufugeret, vinciri præcepit. Nec tamen vinciri potuit: nam mox ut abire cœperunt qui vinxerant,[3] eadem sunt eius vincula soluta.

He is bound; but his bonds are presently loosened.

Habebat enim germanum fratrem cui nomen erat Tunna, presbyterum et abbatem monasterii in civitate quæ hactenus ab eius nomine Tunnacester cognominatur: qui cum [4] eum in pugna peremptum audiret, venit quærere si forte corpus eius invenire posset, inventumque alium illi per omnia simillimum,[5] putavit ipsum esse: quem ad monasterium suum deferens, honorifice sepelivit, et pro absolutione animæ eius sæpius missas facere curavit. Quarum celebratione factum est quod dixi, ut nullus eum posset vincire, quin continuo solveretur. Interea comes qui eum tenebat, mirari et interrogare cœpit quare ligari non posset, an forte litteras solutorias, de qualibus fabulæ ferunt, apud se haberet, propter quas ligari non posset. At ille respondit, "nihil se talium artium nosse; sed habeo fratrem," inquit, "presbyterum in mea provincia, et scio quia ille me interfectum putans, pro me missas crebras facit: et si nunc in alia vita essem, ibi anima mea per intercessiones eius solveretur a pœnis." Dumque aliquanto tempore apud comitem teneretur, animadverterunt qui eum diligentius considerabant, ex vultu et habitu et sermonibus eius, quia non erat de paupere vulgo, ut dixerat, sed de nobilibus. Tum secreto advocans eum comes, interrogavit intentius

His deliverance owing to masses offered for him by his brother Tunna.

---

[1] *afferendum*] auferendum, MS.
[2] *sanescere*] sanascere, MS.
[3] *vinxerant*] vincierant, MS.; vinxerant, Bed. iv. 22.
[4] *cum*] om. MS. See Bede.
[5] *simillimum*] similimum, MS.

unde esset, promittens se nihil ei mali facturum pro
eo, si simpliciter sibi quis fuisset, proderet. Quod
dum ille faceret, ministrum se regis fuisse manifestans,
respondit : "Et ego per singula tua responsa cogno-
veram quia rusticus non eras, et nunc dignus quidem
es morte, quia omnes fratres et cognati mei in illa
sunt pugna interempti ; nec te tamen occidam, ne fidem
mei promissi prævaricem."

He is sold
as a slave. Ut ergo convaluit, vendidit eum Londoniæ Freso
cuidam ; sed nec ab illo cum[1] illuc duceretur ullatenus[2]
potuit alligari. Verum cum alia atque alia vinculorum
genera hostes imponerent, cumque vidisset qui emerat,
vinculis eum non posse cohiberi, donavit ei facultatem
sese redimendi si posset. A tertia autem hora, quando
missæ fieri solebant, sæpissime vincula solvebantur.
At ille [dato][3] iniurando ut rediret vel pecuniam
illi pro se mitteret, venit Kantiam ad regem Hlo-
therum, qui erat filius sororis Ætheldrithæ reginæ, de
qua supra dictum est, quia et ipse quondam eiusdem
reginæ minister fuerat : petiitque et accepit ab eo pretium suæ redemptionis, ac suo domino pro se, ut
promiserat, misit.

He returns
to his
country. Qui post hæc patriam reversus atque ad suum fratrem
perveniens, replicavit ex ordine cuncta quæ sibi ad-
versa, quæve in adversis solacia provenissent : cogno-
vitque referente eo, illis maxime temporibus sua fuisse
vincula soluta, quibus pro se missarum fuerant celebrata
solemnia. Sed et alia quæ periclitanti ei commoda
contigissent et prospera, per intercessionem fraternam
et oblationem hostiæ salutaris cœlitus sibi fuisse donata
intellexit. Multique hæc a præfato viro audientes
accensi sunt in fide ac devotione pietatis ad orandum,
vel ad eleemosynas faciendas, vel ad offerendas Deo

---

[1] *cum*] nec, MS.; cum, Bed.   [3] *dato*] om. MS.
[2] *ullatenus*] nullatenus, MS.

victimas sacræ oblationis pro ereptione suorum qui
de sæculo migraverunt intellexerunt enim quia sacrificium salutare ad redemptionem valeret et animæ et
corporis sempiternam.

Hanc autem historiam ad futurorum notitiam huic
operi dignum duxi inserendam.

CONTINUATIO. *Quod Egfridus rex Northumbrorum Bed. iv. 26.
gentem Hiberniæ afflixit, et de morte ipsius Egfridi.*

ANNO Dominicæ incarnationis sexcentesimo octo- A.D. 684.
gesimo quarto, Egfridus rex Northumbrorum misso **Egfrid sends an**
Hiberniam cum exercitu duce Bertho, vastavit misere **army into Ireland.**
gentem innoxiam et nationi Anglorum semper amicis-
simam; ita ut ne ecclesiis quidem aut monasteriis
manus parceret hostilis. At insulani, et quantum
valuerunt armis arma repellebant, et invocantes Divinæ auxilium pietatis cœlitus se vindicari continuis
diu imprecationibus postulabant. Et quamvis maledici
regnum Dei possidere non possint, creditum est tamen
quod hi qui merito impietatis suæ maledicebantur,
ocius Domino vindice pœnas sui reatus luerent. Siquidem anno post hunc proximo idem rex, cum temere
exercitum duceret ad vastandam Pictorum provinciam, A.D. 685.
multum prohibentibus amicis et maxime beatæ memoriæ Cuthberto qui nuper fuerat ordinatus episcopus,
introductus est, simulantibus[1] fugam hostibus, in an-
gustias inaccessorum montium, et cum maxima parte
copiarum quas secum adduxerat extinctus, anno ætatis **Death of**
suæ quadragesimo, regni autem quinto decimo, die **Egfrid, Anno æt.**
quartadecima[2] kalendarum Juniarum. Et quidem, ut **40, regni 15.
. May 19.**

---

[1] *simulantibus*] similantibus, MS.   [2] *quartadecima*]   tertiadecima,
Bed. iv. 26.

dixi, prohibuerunt amici ne hoc bellum iniret; sed quoniam anno praecedente noluerat audire reverentissimum patrem Egbertum, ne Scotiam nil se laedentem impugnaret, datum est illi ex poena peccati illius, ne nunc eos qui ipsum ab interitu revocare cupiebant audiret.

Decline of the Angli.
Ex quo tempore spes coepit et virtus regni Anglorum fluere ac retro sublapsa referri. Nam et Picti terram possessionis suae, quam tenuerunt Angli et Scotti qui erant in Britannia, Britonum quoque pars libertatem

Alfrid king of Northumbria.
receperunt. Successit autem Egfrido in regnum Northumbrorum Alfridus, vir in Scriptura doctissimus, qui frater eius et filius Oswi regis 'esse dicebatur: destructumque regni statum, quamvis infra fines angustiores, nobiliter recuperavit.

Bed. iv. 27. A.D. 685. Cuthbert bishop of Lindisfarne.
Ipso etiam anno quo finem vitae accepit rex Egfridus episcopum fecerat ordinari Lindisfarnensium[1] ecclesiae virum sanctum et venerabilem Cuthbertum, qui in insula permodica quae appellatur Farne, et ab eadem ecclesia novem ferme milibus passuum in oceano procul abest, vitam solitariam per annos plures in magna corporis et mentis continentia duxerat. Qui quidem a prima aetate pueritiae studio religiosae vitae semper ardebat; sed ab ineunte adolescentia monachicum et nomen assumpsit et habitum.

Will. Malm. i. 13, pp. 21, 22. Cf. Bed. iv. 26.
CONTINUATIO. *De morte Hlotheri Cantuariorum regis.*

A.D. 685. Death of Hlother, king of Kent.
EODEM anno, qui est ab incarnatione Dominica sexcentesimus octogesimus quintus, Hlotherus Cantuariorum rex, cum post Egbertum fratrem suum qui novem annis regnaverat, ipse duodecim annis regnasset,

---

[1] *Lindisfarnensium*] Lindisfarnencium, MS.

mortuus erat octavo idus Februarii. Iste Hlotherus Feb. 6.
alite mala regnum ingressus fuit. Quippe per undecim
annos infestante Edrico filio Egberti frequenter et varia
sorte civilibus bellis, novissime vulneratus est in pugna
Australium Saxonum, quos contra cum præfatus Edricus
aggregaverat, et inter medendum defunctus ipso vulnere. Sunt qui non tacent fratres ambos cita morte
merito crudelitatis absumptos, quod Egbertus filios
patrui innocentes occiderit, Hlotherus martyres pro-
palatos irriserit, quamvis prior et factum ingemuerit,
et matri fratruelium partem insulæ Tanatos ad ædifi-
candum monasterium concesserit. Nec Edricus successu Will.
tyrannidis longum gloriatus est, sed citra biennium $\begin{smallmatrix}\text{Malmsb.}\\ \text{i. 14, p. 22.}\end{smallmatrix}$
regno et vita spoliatus, patriam lacerandam hostibus Death of
exposuit. Nam regnum illud per aliquod temporis $\begin{smallmatrix}\text{Edric.}\\ \text{Bed. l. c.}\end{smallmatrix}$
spatium reges dubii vel externi disperdiderunt ; donec
legitimus rex Whitredus, id est, filius Egberti, con- Whitred,
fortatus in regno, religione simul et industria gentem $\begin{smallmatrix}\text{son of}\\ \text{Egbert.}\end{smallmatrix}$
suam ab extranea invasione liberaret. Continuo enim Will.
quidam Cedwalla cum fratre Mollone, alias sane bonus $\begin{smallmatrix}\text{Malmsb.}\\ \text{l. c.}\end{smallmatrix}$
et efficax, digladiabile odium in Cantuaritas spirans, Cedwalla
quantis potuit conatibus provinciam invasit olim diu- $\begin{smallmatrix}\text{and his}\\ \text{brother}\end{smallmatrix}$
turna pace feriatam ; sed tunc intestino bello dissi- Mollo in-
dentem impune sibi cessuram arbitratus. Sed non ita vade Kent.
ut sperabat inparatos aut animi vacuos provinciales
offendit. Siquidem post multa incommoda vicatim et
oppidatim accepta, tandem animati ad manus veniunt,
congressuque superiores Cedwallam in terga vertunt,
fratreque eius Mollone prædicto[1] in quoddam tugurium
compulso, domunculam ipsam succendunt. Ita Mollo,
dum erumpendi in hostem deesset audacia, et totis citra
tectum [habenis][2] regnarent incendia, inter flammas Mollo is
halitum ructavit. Non tamen Cedwalla destitit, aut a $\begin{smallmatrix}\text{burnt to}\\ \text{death.}\end{smallmatrix}$

---

[1] *fratre .. Mollone prædicto*] fratrem .. Mollonem prædictum, MS.

[2] *habenis*] om. MS.

provincia pedem retulit, quia dolorem suum crebris accolarum dispendiis sarciret, reique ultionem in successorem Inam transfunderet, sicut suo loco dicetur. In tam desperatis rebus Kantiæ provincia sexennio circiter a regia successione claudicabat. Septimo demum anno Wihredus filius Egberti, cuius supra meminimus, cum apud suos invidiam pressisset industria et apud hostes pacem locasset pecunia, magna spe civium allectus in regem, voti compotes fecit.

Will.
Malmsb.
i. 15. p. 23.

Wihred,
son of
Egbert,
king of
Kent.

CAP. LIV.

Bed. v. 7. *Ut Cedwalla, rex Occidentalium Saxonum, baptizandus Romam venerit, sed et successor eius eadem apostolorum limina beatorum devotus adierit: et de Ine rege.*

[A.D.688.]
Cedwalla,
king of
Essex, goes
to Rome to
be baptized.

ANNO autem regni Alhfridi tertio, Cedwalla rex Occidentalium Saxonum, cum genti suæ duobus annis strenuissime præesset, relicto imperio propter Dominum regnumque perpetuum, venit Romam, hoc sibi gloriæ singularis desiderans adipisci, ut ad limina beatorum apostolorum fonte baptismatis ablueretur, in quo solo didicerat generi humano patere vitæ cœlestis introitum: simul etiam sperans quia mox baptizatus, carne solutus ad æterna gaudia iam mundus transiret: quod utrumque ut mente disposuerat, Domino iuvante completum est. Etenim illo perveniens, pontificatum agente papa Sergio, baptizatus est die sancto sabbati Paschalis, anno ab incarnatione Domini sexcentesimo octogesimo nono: et in albis adhuc positus, languore correptus, duodecimo kalendarum Maiarum die solutus a carne, et beatorum est regno sociatus in cœlis. Cui etiam tempore baptismatis papa memoratus Petri no-

He is baptized,
April 10,
A.D. 689.
His death,
April 20.

men imposuerat, ut apostolorum principi, ad cuius sacratissimum corpus a finibus terræ pio ductus amore
venerat, etiam nominis ipsius consortio iungeretur:
qui in eiusdem apostolorum principis ecclesia Romæ
sepultus est. Inter hæc arduum[1] memoratu est, quan- _{Will.}
tum etiam ante baptismum Cedwalla inservierit pietati, _{Malm.}
ut omnes manubias, quas iure prædatorio in suos usus _{i. 34, p. 47.}
transcripserat, Deo decimaret. In quo etsi approba-
mus exemplum[2], iuxta illud:[3] " Qui offert sacrificium
de substantia pauperis quasi qui immolat filium in
conspectu patris." Jubente autem papa apostolico in
eiusdem Cedwallæ monumento epitaphium[4] est conscrip-
tum, in quo et memoria devotionis ipsius fixa per sæcula
maneret, et legentes quosque vel audientes exemplum
facti ad studium religionis accenderet. Scriptum est
ergo hoc modo:

Culmen, opes, sobolem, pollentia regna, triumphos,   _{His epi-
taph.}
    Exuvias, proceres, mœnia, castra, lares,
Quæque patrum virtus, et quæ congesserat ipse
    Cedwalla armipotens, liquit amore Dei,
Ut Petrum sedemque Petri rex cerneret hospes,
    Cuius fonte meras sumeret almus aquas,
Splendificumque iubar radianti carperet haustu,
    Ex quo vivificus fulgor ubique fluit.
Percipiensque alacer redivivæ præmia vitæ,
    Barbaricam rabiem, nomen et inde suum
Conversus convertit ovans : Petrumque vocari
    Sergius antistes iussit, ut ipse pater
Fonte renascentis, quem Christi gratia purgans
    Protinus albatum[5] vexit in arce poli.
Mira fides regis! clementia maxima Christi,
    Cuius consilium nullus adire potest !

---

[1] *arduum*] arduam, MS.

[2] *approbamus exemplum*] approbamus effectum, improbamus exemplum, W. Malm.

[3] Ecclus. xxxiv. 24.

[4] *epitaphium*] epithapium, MS.

[5] *albatum*] ablatum, MS. ; albatum, Fabretti, (Antiq. Inscr. 463.)

Sospes enim veniens supremo ex orbe Britanni,
  Per varias gentes, per freta, perque vias,
Urbem Romuleam vidit, templumque verendum
  Aspexit Petri mystica dona gerens.
Candidus inter oves Christi sociabilis ibit:
  Corpore nam tumulum, mente superna tenet.
Commutasse magis sceptrorum insignia credas,
  Quem regnum Christi promeruisse vides.

Apr. 20.   Hic depositus est Cedwalla, qui et Petrus, rex Saxonum,
sub die duodecimo kalendarum Maiarum, indictione
secunda; qui vixit annos [plus][1] minus triginta, imperante domino Justiniano piissimo Augusto, anno consulatus eius quarto, pontificante apostolico viro domno
Sergio papa anno secundo.

CONTINUATIO. *Quod Ine, vir de regali stirpe, Cedwalla successit in regnum Occidentalium Saxonum.*

A.D. 688.   ABEUNTE autem Romam Cedwalla, successit in reg-
Ine, king   num Occidentalium Saxonum vir bonus de stirpe regia,
of Wessex.   nomine Ine, qui Cinegilsi ex fratre Cuthbaldo pronepos
Will.   magis pro insitivæ virtutis industria, quam successivæ
Malmsb.   sobolis prosapia, in principatum ascitur, fortitudinis
i. 35, p. 47,
seq.   unicum specimen, prudentiæ simulacrum, religione parem
nescias. Quibus artibus vitam componens, domi gra-
tiam, foris reverentiam mercabatur, in tantum quod
annis duobus de quadraginta potestate functus, sine ullo
insidiarum metu securus incanuit, sanctissimus publici
His inva-   amoris lenocinator. Prima illi in Cantuaritas expe-
sion of   ditio, in quos nondum de incendio Mollonis fratris
Kent.   Cedwallæ ira defremuerat. Provinciales paulisper resis-

---

[1] *plus*] om. MS. See Bede, v. 7.

tere ausi, mox omnibus temptatis et viribus iuvenum
effusis, cum nihil Inæ regis quod ignaviæ conduceret
reperissent, dispendiorum suorum intuitu deditioni con-
suluere.   Temptant regium animum muneribus, solli-
citant promissis. Mercantur pacem triginta milibus
auri mancis, ut pretio mollitus bellum solveret,[1] metallo præstrictus receptui caneret. Qua ille pecunia suscepta, delicti gratiam fecit in regnum reversus. Nec
solum Cantuaritæ, sed et Orientales Angli hereditarium
exceperunt odium, omni nobilitate primo pulsa, post
etiam bello fusa. Hæc de præliorum eius successu
dicta modum agnoscant suum.   Ceterum quantus in
Dei rebus fuerit, indicio sunt leges ad corrigendos His laws.
mores in populum latæ, in quibus vivum ad hoc
tempus puritatis suæ resultat speculum : indicio sunt Glaston-
monasteria regiis sumptibus nobiliter excitata, præcipue bury abbey
Glastoniense, nostris quoque diebus insigne ; quod in him.
quodam palustri recessu construxit, ut scilicet eo tena- MSS. A.
cius supernis monachi inhiarent, quo castigatius terrena Will.
oculis haurirent.   Denique et privilegium, quod pro Malmesb.
libertate monasteriorum suorum ab apostolico papa ed. Hardy.
Sergio Aldelmus impetraverat, libens confirmavit, et Bishop
multa Dei famulis ipsius Aldelmi hortatu contulit ; et Aldelm.
ad extremum episcopatu renitentem honoravit, licet
cita mors episcopatu ipsum Aldelmum infra breve
temporis spatium privaverit. Vix enim annis quattuor Death of
episcopatu functus animam cœlo turificavit.   Fuerunt [A.D.
qui dicerent eum fuisse regis Inæ nepotem ex Ken- 709.]
tenio fratre : sed non placuit nobis hoc pro vero
asserere, quod magis videtur opinioni blandiri vola-
ticæ, quam stabilitati convenire historicæ ; præsertim
cum nusquam ab antiquo scriptum reperiatur, et chronica palam pronuntiet Inam regem nullum fratrem
habuisse præter Inigildum, qui paucis annis ante ipsum ·
Inam decessit. Non eget Aldelmus ut mendaciis asse-

---

[1] *solveret*] solveretur, MS.

ratur: tanta sunt de illo quæ indubiam depromant
fidem, tot sunt quæ non veniant in litem. Habuit
sane Ina rex sorores Cuthburgam et Quenburgam.
Cuthburga Alfrido regi Northumbrorum nuptum tradita, sed non post multum coniugio diducto, primo
apud Berkingum sub abbatissa Hildelida, mox ipsa
magistra regulæ Winbourniæ Deo placitam vitam transegit. Vicus est modo ignobilis, tunc temporis insignis, in quo frequens virginum chorus terrenis
desideriis castratis superos suspirabant amores. Accessit sacri cœlibatus studio librorum Aldelmi de virginitate lectio, Berkingensium quidem nomini dedicata,
sed omnibus eandem professionem anhelantibus[1] vali-
tura. Habuit et uxorem Ethelburgam, feminam sane
regii generis et animi. Quæ dum crebro viri instil-
laret auribus, ut mundanis rebus vel extremis annis
valefacerent, et ille hortantem de die in diem differret,
astu tandem illa vincere parat. Cum enim quadam
vice apud villam ingenti tumultu regales luxus expli-
cuissent, post triduum cum discessissent, vilicus ex
reginæ conscientia palatium quanta potuit deformitate,
tam fimo pecudum, quam aggere ruderum infamat:
postremo in lecto ubi rex et regina cubuerant, porcam
noviter enixam collocat. Interea, cum iam plus mi-
liario processum esset, illa maritum uxoriis delinimentis[2] aggreditur, rogans ut unde[3] abierant necessario
pedem referant; magni discriminis rem fore, si non
exaudiat. Re non difficulter impetrata, rex videns
locum pridie Sardanapallicis deliciis parem, nunc fœda
solitudine deformem, miratur; tacitoque indicio oculi
rem examinantes ad mulierem rediérunt. Tunc illa,
occasione aucupata lætumque subridens, "Et ubi sunt,"
ait, "domine coniux, hesterni strepitus? ubi aulæa
Sidoniis sucis ebria? ubi parasitorum discurrens petu-

---

[1] *anhelantibus*] hanelantibus, MS.   [3] *unde*] inde, MS.
[2] *delinimentis*] delivamentis, MS.

lantia? ubi dædala vasa pondere metallorum mensas
ipsas onerantia? ubi terra marique exquisita ad gulæ
lenocinium obsonia? Nonne omnia fumus et ventus?
Et væ his qui hæserint, quia simul transibunt! Nonne
omnia sicut fluvius præceps et currens in mare? Et
væ his qui hæserint, quia simul trahentur! Cogita,
quæso, quam miserabiliter defluent carnes, quæ modo
in deliciis nutriuntur! Nonne nos qui ingurgitamur
uberius, putrescemus miserius? Potentes potenter tormenta patientur, et fortioribus fortior insistet[1] cru-
ciatio." Nec plura locuta, maritum compulit in
sententiam exemplo, quam multis annis frustra insu-
surraverat verbo. Nam post triumphales bellorum
manubias, post multarum virtutum gradus, summum
culmen perfectionis meditatus, cum triginta et septem
annis imperium Occidentalium Saxonum tenuisset, ipse
relicto imperio ac iunioribus commendato, ad limina
apostolorum Petri et Pauli Gregorio pontificatum te-
nente profectus est, cupiens in vicinia sanctorum
locorum ad tempus peregrinari in terris, quo familiarius
a᷑ sanctis recipi mereretur in cœlis. Ibi ne pompam
suæ conversionis faceret, non publicis vultibus expositus crinem deposuit; sed et ut solius Dei oculis
placeret, amictu plebeio tectus clam consenuit. Nec
deerat tanti dux femina facti,[2] quæ cum antea virum
ad hoc audendum[3] incitasset, tunc mærentem verbis
lenire, labentem exemplis erigere, prorsus quod ad salutem spectaret nihil dimittere. In mutua caritate
connexi, temporibus suis vïam hominum ingressi sunt,
non sine magnis, ut accepimus, miraculis, quibus
Divina dignatio felicium coniugum sæpe respondit
meritis. Successit in regnum Occidentalium Saxonum
Ethelardus Inæ consanguineus, sicut inferius patebit.

Marginal notes:
Ina is in-
duced by
his queen
to abdicate,
and go to
Rome.
Will.
Malmesb.
i. 37, p. 54.
A.D. 725.
Bed. v. 7.

Will.
Malmesb.
l. c.

Will.
Malmesb.
i. 38, p. 55.
Ethelard
succeeds
Ina.

---

[1] *insistet*] insistat, MS.
[2] Virg. Æn. i. 364.
[3] *audendum*] audiendum, MS.

Cap. LV.

De morte Alfridi regis Northumbrorum.

Bed. v. 18.
Death of
Alfrid,
king of
North-
umbria,
A.D. 705.
regni 20.
His son
Osred
reigns 11
years.
Will.
Malmesb.
i. 52, p. 79.
Alfrid
called to
the throne
from exile
in Ireland.

Anno Dominicæ incarnationis septingentesimo quinto Alfridus rex Northumbrorum defunctus est, anno regni sui vicesimo needum completo.   Cui succedens in imperium filius suus Osredus, puer circiter octo annorum, regnavit undecim annis.   Iste Alfridus, cum Egfridi fratris[1] sui necem insignior ubique fama loqueretur, etiam ad ipsius Alfridi aures anxia præcipiti pervenerat epistola penna,[2] quia nothus erat factione optimatum quamvis senior regno indignus existimatus, in Hiberniam seu vi seu indignatione secesserat.[3]   Ibi et odio germani tutus et magno otio litteris imbutus, omni philosophia composuerat animum.   Quocirca imperii habenis habiliorem æstimantes, qui quondam expulerant ultro expetiverunt ; necessitas medelam ad preces refudit.   Nec eos ille sua spe frustratus est : nam per decem et per novem annos summa pace et gaudio provinciæ præfuit, nihil unquam præter in persecutione magni Wilfridi, quod livor edax digne carpere posset, admittens.   Non tamen isdem terminis quibus pater et frater regnum tenuit, pro eo quod Picti recenti victoria insolenter abusi, Anglosque longa pace ignaviores aggressi, ,fines eorum ab Aquilone decurtaverant.

---

[1] *fratris*] second hand.
[2] Juvenal. Sat. iv. 149.

[3] *secesserat*] secessarat, MS.

CAP. LVI.

De vita vel obitu Ethelredi regis Merciorum.

ETHELREDUS rex Merciorum, sicut superius diximus, animi religione quam pugnandi exercitatione celebrior fuerat.   Denique una et ipsa illustri expeditione in Kantiam contentus ostendisse virtutem, reliqua vita otio inserviit; nisi quod regem Northumbrorum Egfridum metas regni transilientem pugna adortus, domum redire admonuerit, Elswino fratre cæso, sicut prædictum est.   Post hæc regni anno tricesimo in Bardeneia monasterio regulariter attonsus, primo in monachum, mox in abbatem alteratus est.   Hic est qui contemporaneus Inæ regis Westsaxonum, privilegium quod sanctus Aldelmus, ut prædiximus, attulit a Roma, sua quoque autoritate roboravit.   Regis Northumbrorum Egfridi Estgidam sororem habuit uxorem, ex qua filium Ceolredum suscepit.

Will. Malmesb. i. 77, pp. 110, 111. Ethelred, king of Mercia.

He retires in the 30th year of his reign to Bardeney Abbey.

His son Ceolred.

CONTINUATIO.   *Quod Kenredus Ethelredo successit in regnum Merciorum.*

FACTO monacho Merciorum rege Ethelredo, successit in regnum eiusdem Kenredus filius fratris Wlferi regis, qui ante Ethelredum regnavit. Iste Kenredus regno Merciorum nobilissime tempore aliquanto præfuerat; qui pietate in Deum, probitate in patriam perinsignis, magna morum sinceritate[1] vitam cucurrit; quintoque regni anno **Romam** pergens regni sceptra reliquit;

Will. Malmesb. i. 78, p. 111.

Kenred, son of Wlfer, succeeds Ethelred.

[A.D. 704.]

He becomes a monk at Rome.

[A.D. 709.]

Bed. v. 19.

---

[1] *sinceritate*] scinceritate, MS.

P

ibique Romæ attonsus, pontificatum agente Constantino, ac monachus factus, ad limina apostolorum in
precibus, ieiuniis, et eleemosynis usque ad diem per-

Celred suc-
ceeds.

mansit ultimum, succedente in regnum Celredo filio
Ethelredi, qui ante ipsum Kenredum idem regnum

Will.
Malmesb.
l. c.

tenebat.   Præfatus vero rex Kenredus miserando exitu
cuiusdam militis maxime fuerat conpunctus, de quo

Quotation
from Bed.
H. E. v. 13.

venerabilis Beda in Ecclesiastica Historia Anglorum,
libro quinto, capitulo decimo tertio, ita refert.

Devils ap-
pear to a
dying sol-
dier, and
show him
the record
of his sins.

Fuit temporibus Kenredi, qui post Ethelredum regnavit, vir in laico habitu atque officio militari positus ;
sed quantum pro industria exteriori regi placens,
tantum pro interna suimet negligentia displicens.   Ad-
monebat ergo illum sedulo ut confiteretur et emen-
daret ac relinqueret scelera sua, priusquam subito
mortis superventu tempus omne pænitendi et emendandi
perderet.   Verum ille, frequenter licet admonitus, sper-
nebat verba salutis, seseque tempore sequente pænitentiam acturum esse promittebat.   Hæc inter tactus
infirmitate, decidit in lectum, atque acri cœpit dolore
torqueri.   Ad quem ingressus rex, diligebat enim eum
multum, hortabatur ut vel tunc antequam moreretur,
pænitentiam ageret commissorum.   At ille respondit,
non se tunc velle confiteri peccata sua, sed cum ab
infirmitate resurgeret; ne exprobrarent sibi sodales,
quod timore mortis faceret ea quæ sospes facere
noluerat ; fortiter quidem, ut sibi videbatur, locutus,
sed miserabiliter, ut post patuit, dæmonica fraude
seductus.

Cumque morbo ingravescente denuo ad eum visi-
tandum ac docendum rex intraret, clamabat statim
miserabili voce : "Quid vis modo ?   Quid huc venisti ?
Non enim aliquid utilitatis aut salutis potes ultra
conferre."   At ille : "Noli," inquit, "ita loqui ; vide ut
sanum sapias."   "Non," inquit, "insanio, sed pessimam
mihi conscientiam certus præ oculis habeo."   "Et
quid," inquit, "hoc est?"   "Paulo ante," inquit, "in-

traverunt domum hanc duo pulcherrimi iuvenes, et
resiserunt iuxta me, unus ad caput, et unus ad pedes;
protulitque unus libellum perpulcrum, sed vehementer
modicum, ac mihi ad legendum dedit; in quo omnia
quæ unquam bona feceram intuens scripta repperi, et
hæc erant nimium pauca et modica. Receperunt codicem, neque aliquid mihi dicebant. Tum supervenit
exercitus malignorum et horridorum vultu spirituum,
domumque hanc et exterius obsedit et intus maxima
ex parte residens implevit. Tum ille qui et obscuritate
tenebrosæ faciei et primatu sedis maior esse videbatur
eorum, proferens codicem horrendæ visionis et magnitudinis enormis et ponderis pæne importabilis, iussit
uni ex satellitibus suis mihi ad legendum deferre.
Quem cum legissem, invenio omnia scelera, non solum
quæ opere vel verbo, sed etiam quæ tenuissima cogitatione peccavi, manifestissime in eo tetricis esse descripta litteris. Dicebatque ad illos qui mihi assederant
viros albatos et præclaros: 'Quid hic sedetis, scientes
certissime quia noster est iste?' Responderunt:
'Verum dicitis: accipite, et in cumulum damnationis
vestræ ducite.' Quo dicto, statim disparuerunt: sur-
gentesque duo nequissimi spiritus, habentes in manibus
furcas, percusserunt me, unus in capite, et alius in
pede: qui videlicet modo cum magno tormento ir-
repunt viscera et interiora corporis mei, moxque ut
ad se invicem perveniunt, moriar, et paratis ad rapiendum me dæmonibus, in inferni claustra pertrahar."

Sic loquebatur miser desperans, et non multo post
defunctus pænitentiam quam breve ad tempus cum
fructu veniæ facere supersedit, in æternum sine fructu
pœnis subditus facit. De quo constat quia, sicut
beatus papa Gregorius de quibusdam scribit, non pro
se ista cui non profuerunt, sed pro aliis viderit, qui
eius interitum cognoscentes, differre tempus pænitentiæ,
dum vacat, timerent, ne improviso mortis articulo præ-
venti inpænitentes perirent. Quod autem codices di-

versos per bonos sive malos spiritus sibi vidit offerri,
ob id superna dispensatione factum est, ut meminerimus
facta et cogitationes nostras non in ventum diffluere,[1]
sed ad examen summi iudicis cuncta servari; et sive
per amicos angelos in fine nobis ostendenda, sive per
hostes. Quod vero prius candidum codicem protulerunt
angeli, deinde atrum dæmones; illi perparvum, isti
enormem: animadvertendum est quod in prima ætate
bona aliqua fecit, quæ tamen universa prave agendo
iuvenis obnubilavit. Qui si e contrario errores pueritiæ
corrigere in adolescentia, ac bene faciendo a Dei oculis
abscondere curasset, posset eorum numero sociari, de
quibus ait Psalmista:[2] "Beati quorum remissæ sunt
iniquitates, et quorum tecta sunt peccata." Hanc
historiam, ob salutem legentium sive audientium huic
operi inserendam dignam esse putavi.

CONTINUATIO. *De vita et obitu Offæ regis Orientalium Saxonum.*

Offa re-
stores and
endows
St. Peter's,
West-
minster.

OFFA rex Orientalium Saxonum, filius Sigheri regis,
pia ductus devotione regalem ecclesiam beati Petri
Westmonasteriensis, quæ a tempore Saberti regis primi
eiusdem ecclesiæ fundatoris, sicut supra meminimus,
usque ad tempora dicti Offæ regis neglegentius est
habita, opere ampliavit, et e proximo duas, et in villa
Blekenham quinque adiecit terrarum carrucas. Disposuerat enim ibidem monachorum congregationem constituere. Sed ad confessionem Petri eiusdem Romam
adiens cum supradicto rege Kenredo, ibi in ea Anglicam

Founds the
English
school at
Rome.

---

[1] *diffluere*] defluere, MS.   [2] Ps. xxx. 1.

scholam,[1] quæ usque hodie celebris ibidem habetur, statuens, cum esset iuvenis amantissimæ ætatis et venustatis, totæque suæ genti ad tenenda servandaque regni sceptra exoptatissimus, instinctu Divino inspiratus reliquit uxorem, agros, cognatos et patriam propter Christum et propter evangelium, ut in hac vita centuplum acciperet, et in sæculo venturo vitam æternam. Purpura regali deposita attonsus et monachus factus et in habitu monachali vitam complens, ac in Christi servitio fideliter perseverans, migrans e sæculo in cuculla, ad visionem beatorum apostolorum in cœlis diu desideratam pervenit.

Bed. v. 19;
Flor. Vigorn.
p. 540 A.
[A.D. 708], and
Append.
p. 637 B.

Cap. LVII.

De obitu regis Withredi Cantuariorum.

WITHREDUS Cantuariorum rex, filius Egberti cuius supra meminimus, cum apud suos, sicut prædiximus, invidiam pressisset industria, et apud hostes pacem locasset pecunia, magna spe civium allectus in regem voti compotes fecit. Domi enim civilis et bello invictus, Christianam religionem sanctissime coluit, potestatem amplissime porrexit, et ut nihil felicitati deesset, post triginta tres annos longævus, quod beatissimum mortales putant, superstitibus eiusdem heredibus liberis tribus, fato functus est. Quorum Edbertus viginti tribus, Ethelbertus undecim, Alricus triginta quattuor annis paterna terentes instituta, haud decolore exitu regnum continuaverunt. Nisi quod Ethelbertus fortuito urbis incendio et Alricus infausto

Withred,
king of
Kent.
Will.
Malmesb.
i. 15, p. 23.

His death,
anno regni
33.

His sons
Edbert,
Ethelbert,
and Alric.

---

[1] The foundation of this school is dubiously (ut fertur) ascribed to | Offa of Mercia by Will. Malm. p. 153.

adversus Mercios prælio gloriam temporum suorum
non parum obnubilaverunt. Ita siquid accidit probri,
non tacetur; siquod prosperi, parum chronicis notatur:
sive quod consulto factum est, sive quod naturæ vitio
comparatum est, quod cum sit bonorum brevis gratia,
'æternum, quæ nocuere, dolent.'[1]   Post illos nobile
germen regum exaruit, generosus sanguis effriguit.
Tunc impudentissimus quisque, cui vel lingua divitias
vel factio terrorem comparaverat, ad tyrannidem an-
helare ; tunc regio insigni indigni abuti.   Quorum

Ethelbert is taken prisoner by the Mercians. Cuthred nominal king of Kent for 8 years. Baldred his successor for 18 years. Kent merged in the kingdom of the West Saxons, A.D. 819 [al. A.D. 824].

cum Ethelbertus idemque Pren, cum biennio Cantuaritis imperitaret, in Mercios maiora viribus conatus et
ab eisdem captus, vinculis manus, corpus captivitati
præbuit.   Nec multo post ab hostibus laxatus, sed a
suis non receptus, dubium quo fine defecit.   Deinde
ciusdem calamitatis et factionis heres Cuthredus octo
annis solo scilicet nomine regnavit.   Hinc regiæ dignitatis abortivum Baldredus postquam Kantiam duo-
deviginti annis obsedit, ab Egbrihto rege Westsaxonum
prælio pulsus in exilium concessit.   Ita regnum
Kantiæ, quod ab anno incarnationis Domini quadringentesimo quadragesimo quarto steterat annis trecentis
septuaginta quinque, potestati Westsaxonum accessit.

CONTINUATIO.   *De morte Osredi regis Northumbrorum.*

Will. Malmesb. i. 53, p. 80. Osred, king of Northumbria, slain in battle, anno regni 11.

OSREDUS, rex Northumbrorum, qui annis undecim
dictum regnum inumbrans turpemque vitam sanctimonialium stupris exagitans, tandem cognatorum insidiis cæsus eandem fortunam in ipsos[2] refudit.   Nam
Osredus iuxta mare pugnans belli infortunio interemptus

---

[1] Auson. *Cæsares.* xii. 4.   [2] *ipsos*] ipsis, MS.

est. Cui succedens **Kenredus** duobus annis regnavit ; Kenred
et Osricus undecim annis **Kenredo** succedens in North- reigns
2 years,
umbria regnavit. Isti scilicet Kenredus et Osricus hoc and Osric
11.
tantum memorabile habuerunt, quod domini sui, licet
merito, ut putabant, occisi, sanguinem luentes fœdo
exitu auras polluerunt. Meruit sane quo lætior abiret
Osricus, " multumque," ut gentilis[1] ait, " aliis iactan-
tior umbris," quod **Cewlfum Kenredi** fratrem vivens Osric
sibi successorem adoptaverat. adopts
Cewlf.

CONTINUATIO.　*De Celredo rege Merciorum.*

KENREDO Merciorum rege Romæ, sicut præfati sumus, Will.
attonso ac monacho facto, Celredus filius Ethelredi, qui Malmesb.
i. 79, p.
ante ipsum Kenredum regnaverat, successit in regnum 111.
Merciorum. Qui Celredus, sicut virtute contra Inam Celred
8 years
mirabilis, ita immatura morte miserabilis, rex autem king of
Mercia.
Occidentalium Saxonum Ine contra præfatum Celre- Matth.
dum ducens exercitum, apud Wodenesburiam invicem Westm.
pugnaverunt, quorum victoria in dubio remansit. Cel- p. 263;
Rog.
redus vero non ultra octo annos regno satisfaciens Wend.
Lichefeld conditus est, relicto Ethelbaldo herede, pro- p. 211.
Will.
nepote Pendæ ex Alwio fratre. Malmesb.
l. c.

CAP. LVIII.

De Ethelbaldo rege Merciorum.

DEFUNCTO rege Merciorum Celredo, successit ei in Ethelbald
Mercia Ethelbaldus[2] vir fortis et potens, pronepos (or Ethel-
wold),king
of Mercia.

---

[1] Lætus abi multumque aliis iac-　　[2] *Ethelbaldus*] Ethelwoldus, MS.
tantior umbris.
　　　　Stat. *Theb.* ix. 559.

Will.
Malmesb.
i. 79,
p. 112.
Reigns 41
years, and
is murdered
by Beorn-
red.

Pendæ regis ex Alwio fratre. Hic victoriosissime et
alta pace tempore multo, id est quadraginta et uno
annis, rerum perfunctus et novissime a subiectis occisus
fortunæ rotam volvit. Auctor necis eius Beornredus
nihil memorandum dedit, nisi quod ab Offa necatus
dignum finem insidiarum tulit. Huic Ethelbaldo[1] Bonifacius archiepiscopus Mogontiacensis[2] natione Anglus,
qui postea martyrio coronatus est, misit epistolam,
cuius hic partem subdam, ut videatur quam libere
arguat vitia in gente Anglorum inolevisse, quæ Alewinus timebat ventura esse. Simul et erit documen-
tum ingens in ostensis mortibus quorundam regum,
quam districte Deus reos puniat, quos diu librata ira
expectat.

Exemplum epistolæ.

Letter of
rebuke
from Boni-
face to
Ethelbald.
Will.
Malmesb.
i. 80,
p. 112, seq.

DOMINO carissimo et in Christi amore præ ceteris
regibus Anglorum Ethelbaldo Bonifacius archiepiscopus,
legatus Germanicus Romanæ ecclesiæ, perpetuam in
Christo caritatis salutem. Confitemur coram Deo, quia
quando prosperitatem vestram et fidem et bona opera
audivimus, lætamur : quando autem aliquid adversum
vel in eventu bellorum, vel de periculo animarum de
vobis cognoscimus, tristamur. Audivimus enim quod
eleemosynis intentus furta et rapinas prohibes, et
pacem diligis et defensor viduarum et pauperum es, et
inde Deo gratias agimus. Quod vero legitimum matri-
Inconti-
nence.
monium spernis, si pro castitate faceres, esset laudabile :
sed quia in luxuria et adulterio etiam cum sanctimonialibus volutaris, est vituperabile et damnabile.

---

[1] *Ethelbaldo*] Ethalwaldo, MS.   [2] *Mogontiacensis*] Magotiatensis,
MS.

Nam et famam gloriæ vestræ coram Deo et hominibus
confundit, et inter idolatras constituit, quia templum
Dei violasti.   Quapropter, fili carissime, pœnite et
memorare quam turpe sit, ut tu qui multis gentibus
dono Dei dominaris, ad iniuriam eius sis libidinis
servus.   Audivimus præterea quod optimates pœne
omnes gentis Merciorum tuo exemplo legitimas uxores
deserant, et adulteras et sanctimoniales constuprent.
Quod quam sit peregrinum ab honestate, doceat vos
alienæ gentis institutio.   Nam in antiqua Saxonia, ubi
nulla est Christi cognitio, si virgo in paterna domo,
vel maritata sub coniuge fuerit adulterata, manu propria strangulatam cremant, et supra fossam sepultæ
corruptorem suspendunt, aut cingulo tenus vestibus
abscisis flagellant eam castæ matronæ et cultellis pun-
gunt, et de villa in villam missæ occurrunt novæ
flagellatrices, donec interimant.   Insuper et Winedi,
quod est fœdissimum genus hominum, hunc habent
morem, ut mulier viro suo mortuo se in rogo cremati
pariter arsura[1] præcipitet.   Si ergo gentiles Deum
ignorantes tantum zelum castimoniæ habeant, quid[2]
tibi convenit, fili carissime, qui Christianus rex es?
Parce ergo animæ tuæ, parce multitudini populi tuo
pereuntis exemplo, de quorum animabus redditurus
es rationem.   Attende et illud, quod si gens Anglorum,
sicut in Francia et Italia et ab ipsis paganis nobis
improperatur, spretis legitimis matrimoniis per adulteria
defluit, nascitura ex tali commixtione sit gens ignava
et Dei contemptrix, quæque perditis moribus patriam
pessundet, sicut Burgundionibus et Provincialibus et
Hispanis contigit, quos Saraceni multis annis infesta-
runt propter peccata præterita.   Præterea nuntiatum Infringe-
est nobis quod multa privilegia ecclesiarum et monas- ment of
                                                        privileges
teriorum auferens ad audendum duces tuo provoces of abbeys.

---

[1] *arsura*] asura, MS.   [2] *quid*] quod, MS.

exemplo. Sed recogita, quæso, quam terribilem vindictam Deus in anteriores reges exercuit eius [culpæ][1]
conscios quam in te arguimus. Nam Celredum prædecessorem tuum stupratorem sanctimonialium et eccle-
siasticorum privilegiorum fractorem splendide cum suis
comitibus epulantem spiritus malignus arripuit, et sine
confessione et viatico cum diabolo sermocinanti et
legem Dei detestanti animam extorsit. Osredum quoque, regem Deirorum et Berniciorum earundem cul-
parum reum[2] ita effrenem egit, ut regnum et iuvenilem
ætatem contemptibili morte amitteret. Carolus quoque
princeps Francorum monasteriorum multorum eversor et
ecclesiasticarum pecuniarum in suos usus commutator,
longa tortione et verenda morte consumptus est."

Et infra:

Will.
Malmesb.
i. 81,
p. 114, seq. " Quapropter, fili carissime, paternis et subnixis
precibus deprecamur, ut non despicias consilium patrum
tuorum, qui pro Dei amore celsitudinem tuam appellare satagunt. Nihil enim bono regi salubrius quam
si talia commissa cum arguuntur libenter emendentur,
quia per Salomonem[3] dicitur: ' Qui diligit disciplinam, diligit sapientiam.' Ideo, fili carissime, osten-
dentes consilium iustum contestamur et obsecramus
per viventem Deum et per Filium eius Jesum Christum et per Spiritum Sanctum, ut recorderis quam
fugitiva sit vita præsens, et quam brevis et momen-
tanea delectatio spurcæ carnis, et quam ignominiosum
sit ut brevis vitæ homo mala exempla in perpetuum
posteris relinquat. Incipe ergo melioribus moribus
vitam componere et præteritos errores iuventutis corrigere, ut hic coram hominibus laudem habeas et in
futuro æterna gloria gaudeas. Valere celsitudinem
tuam et in bonis moribus proficere optamus."

---

[1] *culpæ*] om. MS.
[2] *reum*] rerum, MS.

[3] Prov. xii. 1.

Misit etiam idem Bonifacius Cuthberto archiepiscopo eiusdem tenoris epistolam, hoc adiciens, ut clericos et sanctimoniales de tenuitate et pompa vestium
argueret. Præterea ne miraretur quod alienum negotium ageret, cum sua nihil interesset quomodo et
quibus moribus Anglorum gens viveret, sciret se a
Gregorio papa tertio sacramento astrictum ne conter-
minarum gentium mores apostolicæ notitiæ subtraheret.
Quapropter blandis ammonitionibus non succedentibus,
acturum se, ne huiusmodi vitia papam laterent.

Sane de tenuitate[1] vestium clericalium Alewinus
Athelardum archiepiscopum successorem Cuthberti
oblique castigat, monens ut cum Romam vadens
Carolum Magnum imperatorem, nepotem Caroli de
quo superius Bonifacius locutus est, visitaret, non
adduceret clericos vel monachos versicoloribus et pom-
paticis vestibus indutos, quod non solerent Francorum
clerici nisi religiosis vestibus amiciri.

Nec inanes esse potuerunt tanti viri epistolæ, quas
ille legationis suæ,[2] compatriotarum amoris intuitu
vigilatis sensibus emittebat. Namque et Cuthbertus
archiepiscopus et rex Ethelbaldus concilium[3] coegerunt,
emendaturi superflua quæ ille increpasset. Cuius
synodi actionem prætereo, quia regum res in manu
habemus. Qua de re scriptum, regis Ethelbaldi devotionis index, quod in eodem concilio[3] factum est,
subnectam.

"Ethelbaldus Dei gratia rex Merciorum cunctis
Christicolis tam præsentibus quam futuris salutem.
Plerumque, carissimi, contingere solet pro incerta temporum vicissitudine, ut ea quæ multarum fidelium
personarum testimonio consilioque roborata fuerint,
per contumaciam plurimorum et machinamenta simula-

Marginal notes:

Will. Malmesb. i. 82. Boniface writes to Cuthbert against the rich attire of monks and clergy. Authority given to Boniface by Greg. III.

Alcuin contrasts the simple attire of the Frank clergy with the splendour of the English.

Will. Malmesb. i. 83, p. 116. Council for reformation of manners.

Ethelbald's charter. Kemble, Codex Diplom. Ævi Saxon. i. p 119. Will. Malmesb. i. 84, p 116, seq.

---

[1] *tenuitate*] te imitate, MS.
[2] *suæ*] suæ et, Will. Malm.

[3] *concilium, concilio*] consilium, consilio, MS.

tionis sine ulla consideratione rationis periculose dissipentur, nisi autoritate litterarum et testimonio chirographorum æternæ memoriæ inserta sint. Quapropter ego Ethelbaldus, Dei clementia rex Merciorum, pro amore cœlestis patriæ et remedio animæ meæ studendum esse prævidi, ut eam, scilicet animam meam, per bona opera liberam efficerem ab omni vinculo delictorum. Dum enim mihi omnipotens Deus per misericordiam clementiæ suæ absque ullo antecedente merito sceptra regiminis largitus est, ideo libenter ei ex eo quod dedit retribuo. Huius rei gratia dona- tionem me vivente concedo, ut omnia monasteria et ecclesiæ regni mei a publicis vectigalibus et operibus et oneribus absolvantur, nisi instructionibus arcium vel pontium, quæ nunquam ulli relaxari possunt. Præterea habeant famuli propriam libertatem in fructibus silvarum et agrorum et in captura piscium, nec munuscula præbeant regi vel principibus nisi voluntaria ; sed liberi Deo serviant." Et cetera.

Ethelbaldus vero rex Merciorum exercitu congregato castellum de Somerton obsidione vallavit. Et cum non esset qui inclusis ferret auxilium, dictus rex castellum in ius suum recepit. Qui deinceps super omnes provincias Angliæ usque ad flumen Humbriæ omnibus sibi regibus Anglorum subiectis regnavit. Tandem præfatus rex Merciorum Ethelbaldus apud Sigewold occiditur a Beornredo tyranno, et apud Rep, tumulatur.

Successit Ethelbaldo Offa quinto genu Pendæ abnepos, vir ingentis animi, et qui omnia quæ mente concepit efficere proposuit.

Exemption of churches and monasteries from taxes, &c.

Rights of hunting and fishing.

Conquests of Ethelbald.
Hen. Hunt. iv. p. 725, E.

His death.
Higden, Polychr.
A.D. 755, p. 250.
Will. Malmesb. i. 86, p. 118.
Offa, king of Mercia.

Cap. LIX.

De Æthellardo rege Westsaxonum.

Will. Malmesb. i. 38. p. 55.

Inr Occidentalium Saxonum rex Romam, sicut præmisimus, peregre pro Christi amore profectus reliquit

principatum Occidentalium Saxonum Æthelardo con-
sanguineo suo, licet ipsius Æthellardi surgentes primi-
tias frequenter interpolaret Oswaldus regii[1] sanguinis
adolescens.   Provincialibus enim in rebellionem exci-
tatis[2] bello regem persequi conatus est, contra quem
idem it[3] Athelardus rex pugnans.   Cum dictus iuvenis
Oswaldus se viribus regis imparem cognovisset, per
fugam elapsus est.   At vero non multo post illo iuvene
Oswaldo fatali sorte sublato, Æthelardus per quatuor-
decim annos quietissime regnum prædictum retinuit.
Tandem prædicto Æthelardo Occidentalium Saxonum
rege defuncto, frater eius Cuthredus pro eo quindecim
annis regnavit.

Æthelard
14 years
[A.D.
726-740]
king of
the West
Saxons.

Matth.
Westm.
p. 266.

His brother
Cuthred
succeeds to
the throne.

CONTINUATIO.   *De Ceolwlfo rege Northumbrorum.*

OSRICO Northumbrorum regi successit Ceolwlfus ab
Ida primo Northumbrensium rege septimus, et idoneus
ad cetera et cui non deerat litterarum peritia acri animo
et alacri studio comparata.   Cui venerabilis Beda potis-
simum Anglorum Historiam elimandam optulit: eligens
nimirum[4] in illo auctoritatem bene dicta roborandi
propter imperium et scientiam, perperam vero dicta
emendandi[5] propter ingenium.   Cuius anno quarto idem
venerabilis .Beda historicus post multos in sancta
ecclesia libros elaboratos cœlestem patriam, quam diu
suspiraverat, ingressus est, anno Dominicæ Incarna-
tionis septingentesimo tricesimo quarto, ætatis vero
suæ anno sexagesimo primo.[6]

Ceolwlf,
king of
North-
umbria.
A.D. 730.
Will.
Malmesb.
i. 53, p. 80.
Patron of
Bede.
Will.
Malmesb.
§ 54.
Death of
Bede,
A.D. 734,
ætat. 61.

---

[1] *regii*] regie, MS.
[2] *excitatis*] exitatis, MS.
[3] *it*] ait, MS.
[4] *nimirum*] ne mirum, MS.

[5] *emendandi*] emendanda, MS.
[6] *primo*] Will. Malm. has lix. in-
correctly.

Will.
Malmesb.
i. 64, p. 92.
Ceolwlf
abdicates,
anno regni
8.

Becomes a
monk at
Lindis-
farne.

Miracles at
his tomb.

Will.
Malmesb.
i. 65, p. 92.

Ilis suc-
cessor
Egbert.

Pedigree
of Ceolwlf.
Hen. Hunt.
iv. p. 727,
B.
Chron.
Sax.
an. 731.

Hen. Hunt.
725, E.

Prædictus vero Northumbrorum rex Ceolwlfus nobi-lissimus, citra gravitatem Christianam æstimans terrenis negotiis immorari, post octo regni sui annos sceptrum relinquens in Lindisfarnensi ecclesia monachus attonsus est. Quo in loco quanta meritorum gratia conversatus sit, testatur celebris iuxta beatum Cuthbertum sepultura et multa miracula ad laudem Domini nostri Jesu Christi ipso in loco meritis ipsius regis sæpissime patrata. Et ne vacillaret Northumbrensium respublica, providebat ante religionis ingressum successorem idoneum ad sceptra regni tenenda, substituto in regnum Egberto patrui sui filio. Fuit autem Ceolwlfus filius Cutha, qui fuit Cuthwin, qui fuit Leothewold, qui fuit Egwald, qui fuit Aldelm, qui fuit Oga, qui fuit Ida. Hic rex Ceolwlfus vere beatus et litterarum scientia sufficienter institutus quantum sibi in vita profuerit, finis eius evidenter ostendit.

CONTINUATIO. *De morte Selredi regis Orientalium Saxonum, et de successione Swithredi qui extitit ultimus rex illius provinciæ.*

Selred, 38
years king
of the East
Saxons.

Will.
Malmesb.
i. 98,
p. 139.

Swithred,
last king
of the East
Saxons,
defeated by
Egbright
of Wessex.

London
remains
subject to
Mercia.

OFFA rege Orientalium Saxonum Romæ monacho facto, successit ei in regnum prædictum Selredus Sigeberti boni filius triginta octo annis. Quo perempto suscepit regnum Orientalium Saxonum rex Swithredus, qui eodem anno quo Egbrighitus rex Westsaxonum Cantuaritas debellavit, ab eodem Egbrighto expulsus regnum vacuefecit. Londonia tamen cum circum-iacentibus regionibus Merciorum regibus quamdiu ipsi imperitaverunt paruit.

CAP. LX.

De regibus **Orientalium** *Anglorum Æthelwoldo, Ældulpho,* **Elewoldo,** *Beorna et Ethelredo.*

IN TERFECTO autem, sicut præmisimus, Æthelredo rege Orientalium Anglorum, successit ei in regnum, sicut superius dictum est, Æthelwoldus frater eius, qui tandem regnum eiusdem prædicti Ethelredi filiis Ældulpho et Elewoldo reliquit. His successit Beorna rex. Huic successit Ethelredus. Huius Ethelredi fuit filius sanctus Ethelbertus rex et martyr, quem rex Offa Merciorum dolose interemit, sicut suo loco inferius dicetur.

Kings of East Anglia. Æthelwold, Ældulph, Elewold, Beorna, Ethelred. Will. Malmesb. i. 97, p. 135.

CONTINUATIO. *De morte Cuthredi regis Occidentalium Saxonum.*

HATHELLARDO [rege][1] Occidentalium Saxonum defuncto, regnavit pro eo frater eius Cuthredus quindecim annis. Hic vero Cuthredus adversus Ethelbaldum regem Merciorum et Britones iugi exercitio victorias adipiscens non minimum sudoris consumpsit. Nam Cuthredus prædictus, cum regis Merciorum Ethelbaldi superbas exactiones et insolentias ferre non posset, occurrit ei hostiliter apud Beoreforde, ubi prælium gravissimum dicti reges commiserunt. Ethelbaldus vero, præcedente Ethelmo cum vexillo eius, in quo erat aureus draco depictus, acriter ruit in hostes. Sed vexillifer regis Cuthredi in hostilem vexilliferum lanceam dirigens perforavit eum. Unde clamore elato

Cuthred succeeds Athelard as king of the East Saxons. Will. Malmesb. i. 40, p. 56. His combat with Ethelbald of Mercia at Beoreforde. Matth. Westm. A.D. 752, p. 273, Cf.

---

[1] *rege*] om. MS.

Hen. Hunt.
iv. p. 728,
C.
pars Cuthredi regis valde confortata[1] est. Tonitruum
ergo belli et sonitus ictuum clamoresque hinc inde
cadentium terribiliter personarunt. Spes enim mutuo
victoriæ certa, [memoria][2] fugæ nulla. Sed Deus tandem, qui superbis resistit et humilibus dat gratiam,
Matth.
Westm.
A.D. 756. Ethelbaldum in fugam compulit, et læta Cuthredo
victoria provenit. Cuthredus vero rex potentissimus
p. 274. Cf.
Hen. Hunt.
iv. A.D. plurimis prosperitatibus et victoriis potitus mortis
inclementia vitam finivit. Cui successit in regnum
754, p. 729,
B. Occidentalium Saxonum Sigebertus cognatus eius.

Continuatio. *De Sigeberto rege Occidentalium Saxonum.*

Cuthred's
successor,
Sigebert.
Will.
Malmesb.
i. 41, p. 56.
Matth.
Westm.
A.D. 756,
p. 274. Cf.
Hen. Hunt.
A.D. 754,
755,
p. 729, C.
CUTHREDO rege Occidentalium Saxonum viam universæ carnis ingresso, arripuit regnum Sigebertus
cognatus Cuthredi, vir apud suos sævitia immanis,
idemque ignavia perinfamis. Sed brevi tempore illud
tenuit. Nam ex prædecessoris sui eventibus insolens
et tumefactus, etiam suis domesticis intolerabilis fuit.
Cum autem modis omnibus male tractaret eos, legesque
antecessorum suorum propter commodum suum vel
depravaret vel mutaret, Cumbra consul nobilissimus
regi totius populi querimonias intimavit. Quem quia
regem suasit ut lenius populum sibi commissum
regeret, et inhumanitate deposita Deo et hominibus
amabilis appareret, mox rex impia nece illum iussit
occidi, populoque postmodum sævior existens tyrannidem
augmentavit. Quo facto convenerunt proceres regni
Deposed. cum populo universo, et provida omnium deliberatione
expulsus est a regno, et Kinewlfus iuvenis de stirpe

---

[1] *confortata*] conforta, MS.   [2] *memoria*] om. MS. See Matth. Westm.

regali electus est et in regem promotus. Sigebertus
vero rex depositus in silvam quæ Andredeweald dicitur
fugiens se abscondit, ubi Ansuan porcarius Cumbræ Murdered.
consulis nequiter, ut diximus, interfecti, regem absconditum apud **Priveresflode** invenit et in vindictam
domini sui peremit.

CONTINUATIO. *De Edberto rege Northumbrorum.*

CELWLFUS rex Northumbrorum attonsus et factus Edbert, (or
monachus in ecclesia Lindisfarnensi substituit in reg- $\begin{smallmatrix}\text{Egbert), 20}\\\text{years king}\end{smallmatrix}$
num Northumbrorum **Egbertum** patrui sui filium. of North-
Quod ille acceptum bonorum terens orbitas viginti umbria.
annis egregio moderamine coercuit.[1] Habuitque idem $\begin{smallmatrix}\text{Will.}\\\text{Malmesb.}\end{smallmatrix}$
Egbertus rex fratrem æquivocum Eboraci archiepisco- i. 65, p. 92.
pum, qui et sua prudentia et germani potentia sedem $\begin{smallmatrix}\text{His bro-}\\\text{ther Eg-}\end{smallmatrix}$
illam in genuinum[2] statum reformavit. Namque Pauli- bert, arch-
nus, eiusdem civitatis Eboracensis primus antistes, vi $\begin{smallmatrix}\text{bishop of}\\\text{York.}\end{smallmatrix}$
hostilitatis loco pulsus et apud **Rofecestram** diem obiens,
ibidem illud insigne pallii, quod ab Honorio papa
susceperat, reliquit. Plures post eum tantæ civitatis
præsules simplici episcopatus nomine contenti nihil
altius anhelaverant. At vero Egbertus inthronizatus,
animosioris ingenii homo, cogitans quod, sicut superbum
est si appetas indebita, ita ignavum si debita negligas,
pallium multa throni apostolici appellatione reparavit.
Hic omnium liberalium artium armarium, ut[3] ita Founds a
dicam, et sacrarium fuit, nobilissimamque bibliothecam $\begin{smallmatrix}\text{library at}\\\text{York.}\end{smallmatrix}$
Eboraci constituit. Egbertus itaque rex, Egberti fra- Will.
tris sui Eboracensis archiepiscopi in religione æmulus $\begin{smallmatrix}\text{Malmesb.}\\\text{i. 72,}\\\text{p. 104.}\end{smallmatrix}$

---

[1] *coercuit*] cohercuit, MS.   [2] *ut*] et ut, MS.
[2] *in genuinum*] in ingeminum,
MS. See Will. Malm.

Egbert resigns the crown to his son Osulf.
Matth. Westm. A.D. 757, p. 274.
Osulf is murdered, Jul. 24, anno regni 1.
Hen. Hunt. A.D. 757, p. 730, A.
Ethelwold Mol succeeds Osulf.

comamque tonsus, Osulfo filio suo regnum reliquit Northumbrorum. Quod Osulfus uno anno tenens amisit ;
occisus est enim nequiter a propria gente nono kalendas
Augusti. Egbertus **vero** rex habitum et **tonsuram**
monachi suscepit. Iste Egbertus rex est octavus ex[1]
regibus Anglorum, qui pro regno temporali commuta-
verunt æternum, ut octo beatitudinum iocunditatem,
quæ **voluntariæ paupertati** debetur, pro futuro haberent
in cœlis. Osulfo quoque regi Northumbrorum successit
Ethelwoldus cognomento Mol sex annis.

CAP. LXI.

De Offa rege Merciorum.

Beornred, a tyrant, succeeds Ethelbald, king of Mercia.
Matth. Westm. A.D. 758, p. 275.
He is dethroned, and Offa elected in his stead.
Pedigree of Offa.
Woden and Frea.
Asser. de

ETHELBALDO Merciorum rege interfecto, successit ei
quidam tyrannus nomine Beornredus. Cuius insolen-
tiis **gens** Merciorum excitata, contra ipsum Beorn-
redum regem suum una conspiratione insurrexit, pro
eo quod populum **non** æquis legibus, sed **per** tyrannidem gubernaret. Convenerunt namque in **unum**
omnes **tam nobiles** quam ignobiles, et Offa duce adolescente strenuissimo ipsum a regno expulerunt. Quo
facto unanimi omnium consensu prædictum Offam in
regem tam **clerus quam populus** coronari fecerunt.
Erat enim Offa **de stirpe** regum oriundus, filius videlicet Thinferth, qui **fuit** Eadulf, qui [fuit][2] Osulf, qui
fuit Eoppa, qui **fuit** Wibbe, qui **fuit** Creodde, qui
fuit Kinewold, qui fuit Cnebbe, qui fuit Ichel, qui fuit
Eomet, qui fuit **Angelthean**, qui fuit Offe, qui **fuit**
Waremond, qui fuit Withleig, qui fuit Wagon, qui
fuit Frethegeat, qui fuit Oden. Isti dedicaverunt au-

---

[1] ex] est, MS. ; ex, Matth. Westm.   [2] *fuit*] om. MS.

tiqui quartam feriam, quæ Wodenasday appellatur: reb. Ælfr. p. 468, A. seq.; Sim. Dunelm. A.D. 849, p. 674, B.
cuius uxor Frea fuit, cui dedicaverunt antiqui sextam
feriam, quæ Friday nuncupatur.—Woden vero filius
fuit Frethewold, qui fuit Freolaf, qui fuit Frithewlf,
qui fuit Godwlf, qui fuit Geata. Hunc dudum pagani Geta mentioned by Sedulius.
pro deo venerabantur; cuius Sedulius poeta eximius
in Paschali Carmine[1] mentionem faciens ita exorsus
est:

> Cum sua gentiles studeant figmenta poetæ
> Grandisonis pompare modis tragicoque boatu,
> Ridiculove Getæ, seu qualibet arte canendi,

et cetera.

Geata autem fuit filius Cethwa, qui fuit Beaw, qui
fuit Seldwa, qui fuit Heremod, qui fuit Itermod, qui
fuit Hathra, qui fuit Wala, qui fuit Bedwi, qui fuit
Seem, qui fuit Noe, qui fuit Lamech, qui fuit Matu-
sale, qui fuit Enoch, qui fuit Malaleel, qui fuit Caman,
qui fuit Enos, qui fuit Seth, qui fuit Adam, quem
plasmavit Deus de limo terræ.

Offa igitur rex Merciorum omnibus Angliæ regibus Offa's successes. Will. Malmesb. i. 86, p. 118.
terrori erat necnon et timori. Huius gesta cum con-
sidero, animus hæret in dubio utrum probem an re-
probem. Ita in uno eodemque homine modo virtutibus se vitia palliabant, modo virtutes vitiis succe-
debant, ut ambigeres "quo teneres nodo mutantem Hor. Ep. i. 1, 90. Matth. Westm. l. c.
Protea vultus." Vicit namque in prælio regem Can-
tuariensem, regem Occidentalium Saxonum, regem
Northumbrorum, regem Australium Saxonum, regem
Orientalium Anglorum; et sicut inferius dicetur pro-
lixius, ceteris regibus subiugatis vel tributariis ef-
fectis, Merciorum regnum non mediocriter dilatavit.
Idemque cum magis sibi dolo æstimaret successurum, Will. Malmesb. l. c.
Ethelbertum regem Orientalium Anglorum, magnarum
promissionum lenociniis ad [se][2] accitum et intra pa-

---

[1] Lib. i. vv. 1-3.   [2] se] om. MS.

Murders
Ethelbert,
king of the
East
Angles.
latium suum fraudulenter assentationibus delinitum inopinate fecit interimi, regnumque Orientalium Anglorum, quod ille tenuit, indebite[1] pervasit, sicut suo loco inferius liquido patebit.

CONTINUATIO. *Quod Offa rex Merciorum apud Lichefeld novum archiepiscopum constituerit.*

Matth.
Westm.
A.D. 765,
p. 276.
Will.
Malmesh.
i. 87, pp.
118,119.
Offa's attempt to
establish
an archbishopric
at Lichfield.
His embassy to
pope
Adrian.
OFFA rex Merciorum potentissimus, idemque in Deum pertinax, contractis inimicitiis cum Cantuaritis sedem archiepiscopatus olim Cantuariæ fundatam in Lichefeldam transferre conatus est, regnum Merciorum archiepiscopatu insignire affectans. Quapropter Lambrithum archiepiscopum, multis sudoribus fatigatum crebraque sedis apostolicæ et nova et vetera edicta proferentem, tandem omnium prædiorum quæ intra terminos suos erant [et episcopatuum dicione][2] privavit. Misit igitur ad papam Adrianum nuntios, exigens ab eo ut pallio Ealdulphum Lichefeldensem episcopum contra morem veterum insigniret, atque omnes regni sui episcopos ei subiugaret. Nam verisimilibus apostolicum Adrianum argumentis diu fatigaverat: sicut pro variis occupationibus de facili Romani pontifices trahuntur ad consensum, optinuit quod petebat, ut videlicet omnes provinciæ Merciorum subicerentur episcopo

Names and
sees of
bishops.
supradicto. Quorum nomina hæc fuerunt. Denebertus Wigorniensis episcopus, Werenbertus Legecestrensis, Eadulfus Sidnacestrensis, Wlfeardus Herefordensis ; episcopi Orientalium Anglorum, Alheardus Helmanmensis et Tidifurthus Dunmucensis. Remanserunt autem archiepiscopus Cantuariensis, episcopus Londoniensis, Wintoniensis, Roffensis, Selesiensis qui et Schire

---

[1] *indebite*] indelate, MS.

[2] *et episcopatuum dicione*] om. MS. See Will. Malm.

bournensis. Horum episcopatuum quidam adhuc manent, quidam alias translati, quidam venali ambitu aliis uniti. Nam Legecestrensis, Sidnacestrensis, et Dunmucensis, incertum quo eventu, hodie non extant. Stetit autem hæc regis Offæ violentia totis Lambrithi archiepiscopi præsulatus temporibus, quamvis idem archiepiscopus nihil vel sumptibus vel laboribus omisisset, quo [non]¹ amitteret pristinam dignitatem.

Matth.
Westm.
p. 277.

Item aliæ continuationes de Offa rege Merciorum.

Anno Domini septingentesimo septuagesimo primo Offa rex Merciorum Est Anglorum gentem armis subegit. Pugnavit etiam contra Kentenses apud Ottamforde. Sed tandem horrenda clade hinc inde peracta, belli tamen successibus Offa elatus refulsit et cum triumpho recessit.

Matth.
Westm.
p. 277.
A.D. 771.
Offa subdues the
East
Angles.
Matth.
Westm.
p. 278.
A.D. 773.

Continuatio. De confœderatione inter Karolum et Offam regem Merciorum facta.

Offa rex Merciorum undique vicinos reges amicos sibi concilians,² ne hostes ei forent extranei, qui in regibus propinquis tot patravit offensas, Karolum Magnum regem Francorum frequentibus exeniis amicum facere curavit. Inimici autem antea erant ad invicem, ita ut in alterutris regnis etiam negotiatorum commoratus prohiberetur. Sed ex litteris Karoli Magni Francorum regis inter eum et Offam regem firmum

Matth.
Westm.
p. 278.
A.D. 775.
Offa seeks
the friend-
ship of
Charle-
magne.

---

¹ *non*] om. MS.   ² *concilians*] consilians, MS.

amicitiæ fœdus fuisse compactum ostenditur evidenter. Quarum litterarum tenor talis est:

Charlemagne's letter to Offa. Will. Malmesb. i. 93, pp. 128, 129. Matth. Westm. l. c., and again p. 290. Free passage for pilgrims. Tolls for traders.

"Karolus, Dei gratia rex Francorum et Longobardorum et patricius Romanorum, viro venerando et fratri carissimo Offæ regi Merciorum salutem. Primo gratias agimus omnipotenti Deo de catholicæ fidei sinceritate,[1] quam in vestris paginis repperimus laudabiliter exaratam.[2] De peregrinis vero, qui pro amore Dei et salute animarum suarum beatorum apostolorum limina adire desiderant, cum pace sine omni perturbatione vadant. Sed si aliqui non religioni servientes sed lucra sectantes inveniantur inter eos, locis opportunis statuta solvant thelonea. Negotiatores quoque volumus ut ex mandato nostro patrocinium habeant in regno nostro legitime : et si in aliquo loco iniusta affligantur oppressione, reclament se ad nos vel nostros indices, et plenam inde iubebimus iustitiam fieri.

Sends palls and dalmatics to the English bishops, requesting them to pray for the soul of pope Adrian.

Cognoscat quoque dilectio [vestra][3] quod aliquam benignitatem de dalmaticis nostris vel palliis ad singulas sedes episcopales regni vestri vel regni regis Ethelredi direximus in eleemosynam domini papæ Adriani, deprecantes ut pro eo intercedi iubeatis, nullam habentes dubitationem beatam illius animam in requie esse, sed ut fidem et dilectionem ostendamus in amicum nobis carissimum. Sed et de thesauro humanarum rerum, quem Dominus Jesus nobis gratuita pietate concessit, aliquid per metropolitanos civitatis

Presents to king Offa.

direximus. Vestræ quoque dilectioni unum baltheum et unum gladium Huniscum et duo pallia serica direximus destinanda. Valete."

CONTINUATIO.

Rog. Wend. i. p. 243 ; Matth. Westm. A.D. 779, p. 279 ; Hen. Hunt.

OFFA rex Merciorum pugnavit contra Kinewlfum regem Occidentalium Saxonum in obsidione castri de Bensin-

---

[1] sinceritate] scinceritate, MS.   [3] vestra] om. MS.
[2] exaratam] exoratam, MS.

tona.   Sed Kinewlfus Martis casu minoratus loco per
fugam recessit; sed inimicus Offa castrum in [iura][1] sua
recepit.

Istius Offæ regis temporibus misit Adrianus papa
legatos in Angliam ad fidem quam Augustinus prædi-
caverat renovandam.   Ipsi vero a regibus cum clero et
populo honorifice suscepti, super **stabile** fidei funda-
mentum pulcre ædificaverunt Christi **gratia** cooperante.
Tenuerunt autem concilium apud Chalchuthe, ubi Lam-
bertus archiepiscopus Cantuariensis partem sui episcopatus archiepiscopo Lichefeldensi resignavit.

CONTINUATIO.   *Quod Offa rex Merciorum Egfri-*
dum filium suum primogenitum fecit in regem
coronari.

IN præfato vero concilio[2] Offa rex Merciorum potentissimus in regem fecit sollemniter coronari Egfridum
filium suum primogenitum, qui deinceps cum patre
iuvenis piissimus et animo nobilissimus usque ad finem
vitæ eius regnavit.   **Ista** vero coronatio facta **fuit**
anno Domini septingentesimo octogesimo nono.

CONTINUATIO.   *De inventione Sancti Albani.*

ANNO Domini septingentesimo nonagesimo quarto
Offa Merciorum **rex** potentissimus, cum in urbe Batho-
nia residens post diei laborem noctis quietem in stratu
regio caperet, angelo nuntiante divino est admonitus

Margin notes:
A.D. 777.
p. 730, E.
Offa defeats Kinewlf at Bensinton.

Adrian sends legates to England. Matth. Westm.
A.D. 789, p. 281; Hen. Hunt.
A.D. 785, p. 731, C.;
Vita Offæ, p. 25; Rog. Wend.
i. p. **246**,
A.D. **788.**
Council of Chalchuthe.
Lambert, abp. Cant., surrenders part of his jurisdiction.

Vita Offæ, p. 26.
Matth. Westm.
l. c.
Coronation of Egfrid, son of Offa.
A.D. 789.

Matth. Westm. p. 284.
A.D. 794.
Rog. Wend.
i. p. 251.

---

[1] *iura*] om. MS. and Rog. Wend.   [2] *concilio*] consilio, MS.; and so
See Hen. Hunt.   above.

Vita Offæ,
p. 26.
Invention
of St. Al-
ban.
Offa's vi-
sion.

oraculo [1] ut sanctum Dei Anglorum sive Britonum protomartyrem Albanum de terra levaret et reliquias eius
in scrinio dignius collocaret.   Rex vero Offa divinis
ilico studens optemperare præceptis, accito Humberto
Merciorum archiepiscopo, cuius sedes apud Lichefeld
nuper ab eodem rege fuerat constituta, divinam ei
voluntatem indicat de præmissis.   Tunc archiepiscopus
memoratus, assumptis continuo secum Ceolwlfo Linde-
seiensi et Unwona Legecestrensi episcopis suis suffraganeis, cum innumera utriusque sexus et diversæ
ætatis multitudine regi die sibi statuta apud Verolamium occurrerunt.   Rex vero, dum illuc iter expediret, lucis radium in modum ingentis faculæ cœlitus
emissum super locum sepulcri quasi fulminare conspexit.   Hoc quoque divino ab omnibus miraculo
conspicato, tali indicio extiterunt de visionis veritate
certiores effecti.   Tunc populo in ieiuniis, eleemosynis,
et orationibus sanctificato, antistites sacri sacerdota-
libus adornati infulis affore sibi beati martyris auxilium flagitabant.   Fuerat namque locus et memoria
martyris post adventum sancti Germani Antisiodorensis
episcopi, qui cum beato Lupo Trecasinæ urbis episcopo ad extirpandam hæresim Pelagianam in Britanniam venerant, annis circiter trecentis quadraginta
quattuor omnino deleta.   Siquidem gens pagana
Saxonum, Jutorum et Anglorum Britonibus expulsis
Britanniam subiugaverant, ut superius constat pro-
lixius exaratum :   mox agros depopulantes, ignem in
civitates et oppida accumulantes, sacras ecclesias solo
tenus complanantes, sacerdotes detruncantes, cunctam
pæne superficiem insulæ a mari usque ad mare in-
misericorditer deleverunt.   Hac itaque tempestate ecclesia beati Anglorum protomartyris Albani, quam
Beda in Anglorum Historia post passionem eiusdem
martyris miro tabulatu lapideo scripsit esse con-
structam, inter ceteras regionis ecclesias funditus est

Bed. II. E.
i. 7.

---

[1] *oraculo*] orculo, MS.

subversa. Unde et sepulcrum eius, quod in adventu
sancti Germani et ante a passione martyris usque ad
illius patriæ desolationem omnibus notum, et propter
miraculorum frequentiam ab omnibus fuerat adoratum,
tempore quo Offæ regi angelico extitit ministerio
revelatum erat incognitum universis.　Facta igitur,
ut diximus, oratione a clero et populo cum eleemosyna et ieiunio, terram percutiunt et passim martyris
sepulturam offendunt.　Nec fuit necesse locum diu
quærere, quem divina clementia dignata est cœlesti
lumine revelare.　Martyris igitur corpus, astante Offa
rege strenuissimo, in theca lignea, in qua prius a
Christi fidelibus propter barbarorum sævitiam fuerat
tempore discriminis occultatum, reperiunt cum ipsis
sacris omnium apostolorum diversorumque martyrum
reliquiis, quas sanctus · ibi dudum deposuerat Germanus.　Movit hæc inventio tam clerum quam populum universum ad lacrimas et ob hoc maxime quod
fidem fecit dictis sanctorum patrum de reliquiis simul
cum corpore repertis, quas legimus ad solacium martyris eius sacro corpori fuisse coniunctas.　Quid ergo ?
thesaurum diu sub cæspite absconditum archiepiscopus
cum episcopis suis de sepulcro levantes cum timore
sancto, præcedente sollemni processione, in hymnis et
laudum præconiis transtulerunt in quandam ecclesiolam
olim extra urbem Verolamium in honorem beati martyris consecratam, ubi in locello ex auro et argento
simul et lapidibus pretiosis fabrefacto pia patris pignora reponuntur.　Quo in loco usque in hodiernum
diem divina non desinunt celebrari miracula ; sed
multis cernentibus surdis ibi restituitur auditus, claudis gressus, cæcis visus, et omnibus cum fiducia beati
martyris auxilium implorantibus a Deo mentis et
corporis impertitur desiderata salus.　Acta autem sunt
hæc a passione eiusdem martyris anno quingentesimo
septimo, ab adventu Anglorum in Britanniam anno
trecentesimo quadragesimo quarto, indictione prima, Aug. 1.
kalendis Augusti

CONTINUATIO. *Ut rex Offa Romam pergens pratum peregrinis* [1] *emerit.*

Vita Offæ,
p. 28 ; Rog.
Wend.
i. p. 254 ;
Matth.
West.
p. 286.
Council of
Verulam.

His ita gestis convocat rex ibidem provinciale concilium,[2] et cum archiepiscopo Humberto suisque suffraganeis et primatibus universis, cum quibus tractat de conventu monachorum in loco illo congregando atque coenobio privilegiando, ubi Albani protomartyris regni sui reliquias invenit. Placet omnibus regis propositum ciusque episcoporum coetus laudat affectum. Insuper tam archiepiscopus memoratus, quam ceteri episcopi præsentes dant ei consilium, ut auctoritate Romani pontificis canonizetur beatus martyr, simul etiam et priviligietur monasterium in honorem martyris noviter construendum. Et hæc omnia ut digniorem sortiantur effectum, consulitur ut per legatos a latere regis destinatos aut in propria persona rex ipse super his

The king
goes to
Rome to
obtain ca-
nonization
for Alban,
and ex-
emptions
for a mo-
nastery to
be founded
in his ho-
nour.

cum curia tractet Romana. Rex vero suorum adquiescens consilio laboriosum arripuit iter, ut sicut beatus Albanus protomartyr refulsit Anglorum, ita monasterium eius omnibus regni coenobiis possessionibus simul et libertatibus præferretur. Igitur rex mare

Being in
want of
fodder for
his horse
by the way,
he pur-
chases a
piece of
land for
the use of
future pil-
grims.

ingressus ad portum in Flandria desideratum applicuit, veniensque ad quoddam oppidum Monasteriolum nuncupatum hospitandi gratia illuc divertit. Ubi iumentis suis pabula non inveniens miratur valde, quoniam locus ille pratorum copia conspicitur abundare.[3] Quærit ergo rex, cuius sint prata illa. Sed responsum accepit, quod dominos plures haberent. Iubet autem rex ut omnes compareant in conspectu eius, et de pratis distrahendis admoneant venientes. Indignantur non modicum qui hæc audiunt, asserentes sufficienter pratorum dominos in rebus temporalibus abundare.[3] Cumque tandem nobiles illi ad regis

---

[1] *peregrinis*] peregrenis, MS.
[2] *concilium*] consilium, MS.

[3] *abundare*] habundare, MS., and so below.

præsentiam perducti fuissent, convenit eos rex de pratis distrahendis. Quos cum audisset in omnimodis abundare divitiis, "Non sic," inquit rex, "abundatis, quin possitis amplius abundare. Nos prata vestra comparabimus, non secundum eorum æstimationem, sed iuxta vestram voluntatem. Nec erit ulla difficultas de pretio, licet nulla propitiatio sit in distrahendo." His auditis omnes cupiditate victi a rege pro sua voluntate pro pratis pretium acceperunt. Quo facto rex prata illa consecrat, et transeuntibus peregrinis omnibus regali munificentia confirmat, quatenus peregrini in illis locis pro tempore vel herbam vel fænum in perpetuum habeant sine pretio, unde iumenta sua sustineant, ex regis beneficio.

CONTINUATIO. *Ut rex Offa Romam perveniens cœnobium beati Albani exemerit.*

DINUMERATA denique pro distractione pratorum pecunia, a loco rex progreditur, et Romam tandem perveniens optata apostolorum limina conterit et diversorum loca sanctorum pia devotione percurrit. Deinde Adriano secundo summo pontifici causam sui adventus denuntians, et de loco simul et de beato Albano canonizando cœnobioque construendo devote preces porrigens, petitioni suæ Romanam de facili curiam inclinavit, et ex hoc præcipue, quod martyris inventio cœlitus sit edocta. De monasterio fundando et ab omni episcoporum subiectione emancipando curiam consulit. Cui Romanus pontifex taliter respondit: "O fili carissime, Offa rex Anglorum potentissime, devotionem tuam circa regni tui protomartyrem non mediocriter commendamus, et monasterio construendo illudque privilegiando petitioni tuæ assensum gratanter præbemus, iniungentes tibi in tuorum remissionem

Rog. Wend. i. p. 255. Matth. Westm. p. 287; Vita Offæ, p. 29. Offa prefers his requests at Rome.

Pope Adrian's assent.

peccatorum, ut rediens ad terram tuam consilio episcoporum et optimatum tuorum quas volueris possessiones sive libertates beati Albani monasterio conferas
et tuo privilegio inde facto nos originale tuum privilegio nostro roborabimus consequenter. Et monasterium illud in specialem Romanæ ecclesiæ filiam
adoptabimus, et nostro illud apostolatui subiciemus
nullo episcopo sive archiepiscopo mediante." His
igitur auditis, rex quid digne tantæ largitati repen-
dere valeat secum pertractat. Tandem divina regem
inspirante gratia invenit salubre consilium, et in die

Offa im-
poses a tax
for ever on
the richer
families
in his
kingdom
for the
support of
the English
in Rome.

crastina Scholam Anglorum quæ tunc Romæ floruit
ingressus, dedit ibi ad sustentationem gentis regni sui
illuc venientis singulos argenteos de familiis singulis
omnibus in posterum diebus singulis annis, quibus
videlicet sors tantum contulit extra domos in pascuis
ut triginta argenteorum pretium excederet. Et hoc
tali largitate optinuit, ut de regno Angliæ nullus
publice pœnitens pro exequtione sibi iniunctæ pœni-
tentiæ subiret exilium. Celebrata igitur donatione
prædicta et suscepta confessione a papa et peccatorum

Offa's re-
turn.

remissione simul cum summi pontificis benedictione,
ad propria rex magnificus remeavit. Tunc congregato
apud Verolamium episcoporum et optimatum[1] suorum

Privileges
of St. Al-
ban's mo-
nastery.

concilio, unanimi omnium consensu et voluntate beato
Albano amplas contulit terras et possessiones innumeras, quas multiplici libertatum privilegio insignivit.
Monachorum vero conventum ex domibus bene religiosis ad tumbam martyris congregavit, et abbatem eis
nomine Willegodum præfecit, cui cum ipso monasterio

Offa's do-
minions.

omnia iura regalia concessit. Dominabatur Offa rex
magnus in viginti tribus provinciis, quas Angli sciras
appellant; id est, in Herefordensi, cuius episcopus
sedem habet in eadem urbe; in provinciis Wigornensi

---

[1] optimatum] opimatum, MS.

et Glovernensi, quarum episcopus sedem habet in
Wigornia; in Warewicensi, Cestrensi, Stratfordensi,
Scropesburiensi, et Derebicensi, quarum episcopus sedem
habet in Lichefeld; in Legecestrensi, cuius episcopus
sedem habet in eadem urbe; in Lincolniensi, cuius
episcopus sedem habet in Lindesia; in Northamp-
tonensi, Oxoniensi, Buckingehamensi, Bedefordensi,
Huntundunensi, Cambregensi, et dimidia Hertfordensi,
quarum episcopus apud Dorkecestram sedem habet;
in provinciis Essexiæ et Midelsexiæ, et dimidia Hertfordensi, quarum antistes sedem habet in urbe Londoniarum; in Northfolk et Southfolk duo sunt episcopi,
unus Helmanhensis, et alter Domucensis.   Dominabatur etiam in Snotingensi provincia, cuius Christia-
nitas ad archiepiscopum Eboracensem spectat.   Ex his St. Peter's
omnibus provinciis dedit rex præfatus denarium beati pence or
Petri, ut prædictum est, quod Anglice *Romescot* scot."
appellatur.

CONTINUATIO.   *De possessionibus ab Offa rege monasterio sancti Albani collatis.*

Rog.
Wend.
DEDIT præterea Offa rex potentissimus beato proto- i. p. 258;
martyri Albano villam suam dominicam, quæ viginti Vita Offæ.
ferme miliariis a Verolamio distat et Wineslawe nun- p. 31;
cupatur, et tantundem per circuitum, sicut usque hodie Westm.
scripta regis testantur, quæ in præfata basilica conti- p. 288.
nentur.   Quæ videlicet basilica tanta libertate refulget, bestowed
ut ab apostolica consuetudine et redditu, quæ *Romescot* on St. Al-
dicitur, cum neque rex, neque archiepiscopus vel epis- Exemp-
copus, abbas vel prior, aut quilibet in regno ab illius tion from
solutione sit immunis, ipsa quidem sola quieta sit.   In from epis-
presbyteros et laicos totius possessionis suæ abbas vel copal or
archidiaconus monachus sub ipso constitutus ius ponti- jurisdic-
ficale exercet, ita ut nulli archiepiscopo vel episcopo tion.

aut legato nisi summo tantum pontifici subiectionem
impendat. Hoc quoque sciendum est, quod Offa rex
magnificus tempore quo beati Petri vicario, Romanæ
urbis pontifici redditum statutum, id est *Romescot*, de
regno suo concessit,[1] ipse a pontifice Romano impetravit, ut ecclesia beati Albani Anglorum protomartyris
eundem *Romescot* ab omni Hertfordensi provincia, in
qua sita est ecclesia sæpe dicta, fideliter colligeret et
collectum in usus proprios retineret. Unde et ipsa
ecclesia sicut a rege omnia iura regalia, ita habet
abbas loci illius qui pro tempore fuerit pontificalia
ornamenta. Et hæc de sancto Albano dicta sufficiant.

Romescot
from Hert-
fordshire
given to St.
Alban's.

Continuatio. *De morte et sepultura Offæ regis Merciorum.*

Rog.
Wend.
i. p. 261;
Vita Offæ,
p. 32;
Matth.
Westm.
A.D. 797,
p. 291.
Death of
Offa.

Offa rex Merciorum magnificus, constructo fere
nobilissimo post inventionem beati Albani monasterio,
in villa quæ Offeleia nuncupatur iuxta multorum opini-
onem diem clausit extremum. Cuius corpus apud
villam de Bedefordia delatum in capella quadam extra
urbem super ripam Uscæ fluminis sitam more regio
dicitur fuisse sepultum. Refert autem usque in hodiernum diem omnium fere conprovincialium relatio, quod
capella præfata longo usu et violentia illius fluminis
sit subversa atque eius rapacitate[2] cum ipso regis
sepulcro in flumine præcipitata. Unde et usque in
præsens sepulcrum illud ab hominibus loci tempore
æstivo ibidem balneantibus quandoque in aquæ pro-
funditate videtur esse conspicuum, et quandoque, licet
diligentissime quæratur, ac si res fatalis esset non
invenitur. Successit autem Offæ regi strenuissimo in

---

[1] *concessit*] conscessit, MS.   [2] *rapacitate*] rapitate, MS.

regnum Egfridus filius eius, qui patre vivente ei
conregnaverat annis octo, de quo suo loco inferius
dicemus.

Cap. LXII.

De Æthelwoldo rege Northumbrorum.

INTERFECTO, sicut prædiximus, **Northumbrorum rege**
Osulfo, successit ei in **regnum Northumbrorum Æthel-**
woldus cognomento Mal.   Iste Æthelwaldus gessit
bellum gravissimum contra **ducem Oswinum**, quem
rex prædictus interfecit et cum victoria recessit.   Hic
etiam Æthelwoldus Etheldredam reginam suscepit in
uxorem.   Tandem perempto **fortissimo duce** Oswino
sibi rebellante, sicut superius dictum est, idem Æthelwoldus rex ex hac vita decessit: **cui Alcredus sive**
Aldredus filius Elwini trinepos **Idæ regis successit** octo
annis.

*Æthel-
wold, king
of North-
umbria.
Rog.
Wend.
i. p. 236;
Matth.
Westm.
A.D. 759,
p. 275; and
A.D. 762,
p. 276.
Death of
Æthel-
wold.
Matth.
Westm.
A.D. 765;
Rog.
Wend.
p. 237.
His suc-
cessor
Alcred
reigns 8
years.*

CONTINUATIO.   *De Æthelberto rege Cantuariorum.*

ÆTHELBERTUS rex Cantuariorum ex hac vita
transiens Eadbertum reliquit heredem.

*Eadbert
succeeds
Æthelbert,
king of
Kent.*

CONTINUATIO. *De Alredo sive Aldredo Northumbrorum rege.*

North-
umbria.
Ethelbert
(Ethelred),
son of
Æthel-
wold Mol,
dethrones
Alcred in
the tenth
year of his
reign.
Will.
Malmesb.
i. 72,
p. 104.
Higden
Polychron.
A.D. 764,
p. 250.

ALCREDUS sive Aldredus rex Northumbrorum ex hac vita transiens decimo regni sui anno regnum quod invaserat prius per provinciales dimittere compulsus, Ethelbertum sive Ethelredum filium Æthelwoldi Mol supradicti habuit successorem. Iste Alcredus sive Aldredus habuit duos filios, Osredum scilicet qui tertius post eum regnavit, et sanctum Alcmundum qui postmodum in auxilium Merccensium contra Westsaxones veniens a duce Wiltonensium occisus est.

CONTINUATIO. *De successione regum Northumbrorum.*

Kings of
North-
umbria.
Will.
Malmesb.
i. 72, p.
104.
Ethelbert
(5 years).
Alfwold
(11 years).
Osred
(1 year).
Ethelbert,
son of
Ethelwold,
a second
time (4
years.)

ETHELBERTUS sive Ethelredus filius Æthelwoldi cognomento Mol provincialium consensu rex levatus quinto anno regni sui ab eisdem expulsus est. Tunc rex Alfwoldus acclamatus post undecim annos perfidiam provincialium ingemuit, sine culpa trucidatus; quod et celebris apud Haugustaldum sepultura et divina pratendunt miracula. Ei nepos suus, filius Alcredi sive Aldredi Osredus succedens, vixque anno emenso expulsus, regnum Ethelberto, qui et Aldredus dictus est, vacuavit. Iste Ethelbertus sive Aldredus filius fuit Ethelwoldi Mol, regnumque post duodecim annos recipiens, quattuor annis tenuit. Quibus exactis, fatum superiorum effugere non valuit misere occisus. Quare offensi plures episcopi et optimates a patria fugerunt. Quidam merito plexum affirmant, quod in occisione iniusta Osredi consensum[1] suum obligaverit, cui sufficere potuerit quod principatu eiectus sedem

---

[1] *consensum*] concensum, MS.

illi restituerit. De huius regni exordio Alcwinus
ita memorat. " Benedictus Deus, qui fecit mirabilia Extracts
solus. Nuper Etheldredus filius Æthelwoldi de car- from Alcuin on the
cere processit in solium, et de miseria in maiestatem,[1] beginning
cuius regni novitate detenti sumus ne veniremus of this
ad vos." De nece ita ad Offam regem Merciorum. reign.
" Sciat veneranda dilectio vestra quod dominus Karolus amabiliter et fideliter sæpe mecum locutus est de
vobis, et in eo habetis fidelissimum amicum. Ideo
et vestræ dilectioni digna dirigit munera, et per
episcopales sedes regni vestri. Similiter et Ethelredo
regi et ad suas episcoporum sedes dona direxit.
Sed heu! pro[2] dolor! donis datis et epistolis in manus
emissorum, supervenit tristis legatio per missos, qui
de Scotia per nos reversi sunt, de infidelitate gentis
et nece regis. Ita Karolus retracta donorum largitate
in tantum iratus est contra gentem illam, ut ait,
perfidam et perversam et homicidam dominorum suorum, peiorem eam paganis æstimans, ut nisi ego in-
tercessor essem pro ea, quicquid eis boni abstrahere
potuisset et [mali][3] machinari, iam fecisset."

Post Ethelredum nullus ad regnum ascendere ausus, Will.
dum quisque superiorum sibi casum timeret, et otio Malm. i. 73
p. 106.
inglorio tutus victitare, quam ancipiti discrimine
pendulus regnare mallet : plerosque regum Northumbrorum familiari pæne exitio vitam exisse. Ita Anarchy
cessante rectore per triginta tres annos provincia for 33
years in
illa risui et prædæ finitimis fuit. Siquidem cum Northumbria.
Dani loca sanctorum populati fuissent, domum re- Danes.
gressi ceteris insulæ copiam habitatorumque igna-
viam nuntiarunt ; barbari raptim copioseque insulam petentes illas usque in id tempus partes occupaverunt. . Nam et regem multis annis habuerunt

---

[1] *maiestatem*] magestatem, MS.   [2] *mali*] om. MS.   See Will.
[3] *pro*] proch, MS.   Malm.

R

proprium, qui tamen ad regis Westsaxonum spectaret

arbitrium. Transactis enim illis triginta tribus annis hanc etiam regionem cum ceteris obtinuit rex Egbertus anno Dominicæ incarnationis octingentesimo vicesimo septimo, anno regni sui vicesimo octavo.

Cap. LXIII.

De Kinewlfo Occidentalium Saxonum rege.

Expulso a regno Occidentalium Saxonum, sicut præmisimus, rege Sigeberto, Kinewlfus iuvenis de stirpe regali procerum regni et totius populi provida deliberatione in regem promotus est. Iste quidem Kinewlfus clarus extitit morum compositione militiæque gestis. Sed uno solo adversus Offam regem Merciorum propter Benesingtone vicesimo quarto regni anno prœlio victus, multisque perinde damnis afflictus, fœdo etiam exitu finem vitæ sortitus est. Nam cum regnasset viginti sex annis[1], et contra Britones et alios multos prœlia plurima laudabiliter commisisset, exulavit tandem iuvenem quendam nomine Kinchardum, fratrem Sigeberti regis quem Kinewlfus a regno privaverat, habens illum suspectum ne aspiraret ad regnum vel denique necem fratris sui in ipsum vindicaret. Kinehardus vero tempori cedendum credens, dissimulans animo quasi volens aufugit. Sed mox cum furtivis prædonum conventiculis nemorosa petens abdita in insidiis multis expectabat diebus, propter proverbium quo dicitur:

Quod non longa mora dare solet, dat brevis hora.

Interea dum rex Kinewlfus alienis serviens amoribus

---

[1] *viginti sex*] xxxi. Will. Malm.

in villa quæ Meritona dicitur furtivæ **veneri** indul- Kinewlf is murdered at Meriton.
geret, et hoc **a** Kinehardo supradicto compertum
fuisset, cum suis complicibus domum foris obsedit. **Sed**
rex, qui **cum** parvo comitatu et quasi solus advenerat,
ut se **ab hostibus undique** vallatum conspexisset, ostia
domus obclusit, sperans **latrones vel** terrere imperio,
vel mulcere alloquio. **Sed frustra. Nam cum** a multitudine rex circumventus fuisset, dum cedere hostibus
damnum gloriæ suæ arbitraretur, **defensioni vacans
ipsum Kinehardum** crudeliter vulneravit. **Hoc autem
viso,** Kinehardus cum **suis in regem** irruens ipsum
interfecit. **Pauci** quoque **ex clientela regis qui ad-** Will. Malm. p. 58.
erant, **cum non** manus dare sed dominum **suum** vin-
dicare intendunt, omnes fuerunt pariter obtruncati.
Continuo fama dilabitur ad principes perempti regis,
qui non longe excubias agebant. Inter quos Osricus
maior ceteris **socios** hortatur, **ne tantam** ignominiam
inultam dimitterent. **Unde** strictis **ensibus** irruunt in
hostes. **Kinehardus** hæc **videns,** cognationem præ-
tendit, multa **pollicetur. Sed ubi** nihil **proficit, suos**
ad resistendum **accendit.** Tandem regiis ministris **iusta**
proveniente victoria, Kinehardum cum **suis omnibus**
peremerunt. **Corpus vero Kinewlfi regis Wintoniæ
sepultum est; Kinehardi autem apud Repindon, quod
tunc nobile cœnobium erat et et famosum, corpus est
sepultum.**

CONTINUATIO.   *De Brithrico rege Occidentalium
                     Saxonum.*

DEFUNCTO rege Occidentalium Saxonum **Kinewlfo** Will. Malm.
Brithricus filius eius successit in regnum sexdecim i. 43, p. 59.
annis. Iste Brithricus pacis **quam** belli studiosior, ar- Rog.Wend. A.D. 786, i. p. 246;

Matth.
Westm.
A.D. 787,
p. 281
Brithric,
son of
Kinewlf,
16 years
king of
Wessex.
Rog.
Wend.
. p. 247,
A.D. 790;
Matth.
Westm.
A.D. 791,
p. 282.
Son-in-law
of Offa.
Matth.
Westm.
A.D. 791,
p. 282.
Expels
Egbert.
First
coming of
the Danes.

tifex amicitias componere, externos blande appellare, domesticis conivere, in his duntaxat quæ vigorem regni non enervarent. Atque ut ampliorem gratiam apud propinquos locaret, filiam Offæ regis Merciorum eo tempore potentissimi in coniugium accepit, de qua, quod sciam, nullum liberum tulit. Cuius affinitate fultus Egbertum sive Egbrightum solum regalis prosapiæ superstitem, quem regni sui utilitatibus futurum metuebat hostem, in Franciam fugavit. Namque ipse Brithricus et ceteri infra Inam reges, licet natalium splendore gloriantes, quippe qui de Serdicio traderent originem, non parum tamen a linea regiæ stirpis exorbitaverant. Quo expulso, rex securo vacabat otio, cum gens Danorum piratica rapina vivere assueta, tribus advecta navibus pacem provinciæ perturbavit. Istos quoque quasi exploratores advenisse suspicandum est, ut inhabitantium virtutem et ubertatem patriæ explorarent, sicut postea Danorum multitudo superveniens, quæ totam replevit Britanniam, luce clarius demonstravit. Tunc ergo furtive appulsi regiam villam, quæ prope erat, aggressi, villicum regis, qui eis ad pugnandum occurrit, peremerunt. Hic primus ex Angligena natione interfectus est; sed multa postmodum ex eis milium milia corruerunt. Tandem a multitudine populorum occurrente excussa Danorum præda, ad naves fugere compulerunt.

Rog.Wend.
. p. 268.
Matth.
Westm.
A.D. 802,
p. 295.
Cf. Will.
Malm.
. 113,
p. 169.
Brithric
is poisoned
by his wife
Eadburga.

Prædictus autem Brithricus rex Occidentalium Saxonum veneno periit in hunc modum. Habuit rex iste, ut superius est relatum, reginam nomine Eadburgam, Offæ regis Merciorum filiam, quæ multis suffulta honoribus miris se ambitionibus extollebat. Nam materna tyrannide incitata omnes de regno nobiles ordinatos et viros religiosos ad regem accusare et execrari consuevit. Unde et principibus ducibusque perosa extitit, cum magistratibus et populis universis. Siquidem malefica illa ita regem instruxit blanditiis, ut

illos quos accusabat aut vita aut regno privabat. Et si
hoc a rege inpetrare non potuit, veneno eos clam perdere consuevit. Erat autem eodem tempore adolescens
quidam genere praeclarus ac regi valde familiaris et
amantissimus ; quem cum malefica regina accusare non
valuit, veneno illum extinxit. De quo veneno cum
rex ignoranter gustasset, animam subito exhalavit.
Nec tamen illa regi dare proposuerat poculum mortis,
sed adolescenti. Veruntamen ambo biberunt et potu
venenifero perierunt. Rege itaque in hunc modum
perempto, mulier nequissima timore perterrita fugiens
cum thesauris impretiabilibus mare transiit, et Karolum
Francorum regem adiens multa ei exennia praesentavit.
Cui cum astaret inter mulieres nequissima, licet pulcritudine pulcherrima, sic eam rex allocutus ait : " Elige,
Eadburga, quem volueris, vel me vel filium meum, qui
mihi astat in solario, in societatem accipere coniugalem."
At illa sine deliberatione et freno soluto pudicitiae
respondens ait : " Si mihi optio daretur vel libertas eli-
gendi, filium tuum quam te magis diligerem, quia iunior
esse videtur." Tunc rex intelligens illam explendae libidinis cupiditate ductam, eleganter respondit : " Si me,"
inquit, " elegisses, filium meum haberes; et quia illum
elegisti, nec me nec illum habebis." Contulit tamen
illi rex propter improbitatem eius et nimiam pulcritudinem nobile monasterium feminarum, in quo illa
habitu deposito saeculari sub specie hypocrisis indumento monialium assumpto abbatissae vices annis pau-
cissimis fungebatur. Nam parvo post tempore, dum
quae sancta erant, execraret, a quodam propriae gentis
ignobili viro dicitur constuprata. Mulierem ergo in
adulterio deprehensam rex a sancto monasterio expelli
praecepit. . Quae deinceps miserrime in paupertate tempora vitae suae vituperabiliter ad finem usque perduxit.
Defuncto itaque rege Brithrico atque apud Werham
sepulto, successit ei Egbertus sive Egbrightus in regnum triginta sex annis, qui ex regali gentis illius

Cf. Sim.
Dunelm.
p. 672, E.
Cf. Asser.
de reb.
Ælfr.
p. 471, D.
seq.; Flor.
Vigorn.
p. 552.

Eadburga
flies to
Charle-
magne.

Becomes
abbess of a
nunnery.

Her end.

Egbert
succeeds
Brithric.

prosapia originem ducens multa potenter regna suo
adiecit imperio. Unde omnibus ante se regibus merito
est praeferendus.

CAP. LXIV.

De sancto Æthelberto rege Orientalium Anglorum.[1]

Acta
Sanct.
(Mai.d.20),
vol. v.
p. 241, seq.
Jo. Cap-
grave,
Nova
Legenda
Angl.
fol. 136 b.
Cf. Brom-
ton,col.748,
seq.
Æthelbert,
king of
East
Anglia.
His
parents.

GLORIOSUS Orientalium Anglorum rex Æthelbertus
secundum sæculi dignitatem clarus extitit, natalibus
oriundus ex antiquorum regum nobilitate conspicuus,
morum præfulsit honestate præclarus, patre quidem
Æthelredo, cuius supra meminimus, progenitus, matre
vero Leoveroma[2] natus. Uterque parens rex et regina
fuit, uterque Christianissimus in catholica simplicitate
refulsit. Qui cum hunc solum genuissent filium, hunc
omnium facultatum successorem et totius regni sui de-
siderabant heredem. Baptizatur itaque infans pretiosus,
et a parentibus et amicis Æthelbertus vocatur.

CONTINUATIO.

His pedi-
gree.

DE quibus parentibus descenderit [dictum est][3]; sed
paulo altius vertere libet articulum, ut de quo genere
pater eius prodierit breviter intimetur, et linea religiosæ
propaginis ad augmentum sanctitatis intexta memo-

---

[1] This account of Ethelbert is fuller than any other; Capgrave's seems to be an extract from it; the Bollandists have reprinted Bromton, with additions from Capgrave and from a MS. of Giraldus (Cotton Vitell. E. 7).

[2] Leoveromia, Capgrave.

[3] *dictum est*] om. MS.

retur, quamvis de his aliqua superius succincte dixe-
rimus. Quidam enim vocabulo Anna suo in tempore Auna.
rex erat Orientalium Anglorum, vir bonus et iustus
atque optimæ genitor sobolis, illius videlicet incorruptæ
et quasi adhuc viventis in carne reginæ gloriosæ atque
perpetuæ virginis Ætheldrithæ. Hic a beato Furseo
viro Dei monasterium in regno suo ædificatum augustioribus ædificiis ac donariis adornavit, possessioni-
busque ac copiis temporalium rerum Christo ibidem
servientibus augmentare non desiit. Qui postea in
defensione Christianæ religionis a quodam pagano Merciorum rege Penda nomine, sicut prædiximus, occisus
est, a quo et duo prædecessores sui, reges videlicet
Orientalium Anglorum Sigebertus pro Christo monachus
effectus et Egricus cognatus eius, quorum supra meminimus, interfecti. Habuit idem sanctus rex Anna duos Ætheler.
fratres, Æthelerum et Æthelwaldum, qui ut uterque
prior et posterior regnavit, postquam per passionem
martyrii ex hac vita sanctus Anna decessit. Æthelerus
vero genuit de regina sua sancta Herewida sorore
beatæ Hildæ virginis et abbatissæ insignis duos filios,
maximæ industriæ et summæ strenuitatis viros, Ældul-
fum et Alewoldum. Peremptus est autem Ædeherus
rex in bello, sicut prædiximus, ab Oswio Northumbrorum rege cum Peanda Merciorum rege ac tyranno.
Cui germanus suus Adelwaldus successit, assumpta
tyrannide et potestate in regno. Quo defuncto filius
Adelheri maior natu Ældulfus nomine sceptra mode- Ældulf.
randa suscepit, et annis nonnullis regnavit. Cumque
appositus esset et ipse ad patres suos et totius vitæ
suæ dies omnes consummasset et annos, Alewoldus Alewold.
frater eius habenas regni superando temperavit, et prædecessores reges antiquos tam sapientia et moribus,
quam gloria et honore nobilitatis æquavit. Et ut in
Chronicis Anglorum antiquis scriptum reperimus, quia
longius ab illo Beda scribendo generationem non extendit, de sanguine eius exortus Beorno Orientalibus Beorno.

Æthelred
father of
Æthelbert.

Anglis imperavit. Hic quoque Beorno magnanimus princeps et rector populi regem genuisse dicitur Æthelredum, patrem sancti martyris et regis Æthelberti. Hæc breviter de regali beati Æthelberti generatione modo dicta sufficiant, ne me atavos tanti viri aut proavos negligenter indiscussos iam præterisse reprehendant; intelligantque nonnunquam de bono semine non immerito fructum maturare messis exurgere. Mater vero eius ex illustribus Merciorum regibus ac ducibus exorta cum ingenuitate et nobilitate carnis, moribus quoque adornabat dignitatem mentis.

CONTINUATIO. *De eo quod litteris sacris et bonis moribus informatus sit.*

Æthelbert's
education.

Capgrave,
c.

EDUCANT itaque liberaliter infantem sibi donatum a Deo. Infans autem crescebat et confortabatur, quoniam gratia Dei erat cum eo. Cum autem intelligibiles processisset ad annos, traditur sanctissimæ indolis puer sacris litteris erudiendus, quem fonte scientiæ salutaris imbuere non desiit Spiritus Sanctus. Proficit in disciplina litterarum, crescit in moralibus virtutum sanctarum; nec, ut assolet talis ætas, illecebris voluptatum implicari studuit, sed orationibus et eleemosynis ceterisque operibus bonis tota sollicitudine insudavit. Cœvi eius et cœtanei exercebantur ad ludos et ad gymnasia[1]; Æthelbertus puer gloriosus ad ecclesiastica tendebat instituta. Illi certabant appetere laudes hominum; iste Regi placere gestiebat angelorum.

---

[1] *gymnasia*] gignasia, MS.

CONTINUATIO.   *Quod patri defuncto in regnum*
successerit.

CUM hæc itaque et huiusmodi in Christo operaretur
Æthelbertus et iam pueriles annos evaderet, adolescens
effectus tandem patre orbatur, et in regali solio per
regni proceres maxima strenuitate sublimatur.   Nacto
vero principatus istius gubernaculo et moderamine
tantæ potestatis assumpto, quantus excreverit in iustitia, quam perfectus extiterit in misericordia, si ali-
quibus verbis explicari deberet, oporteret ut aut
Virgilius Maro revocaretur ab inferis, aut Jeronimus
presbyter transmitteretur e superis.   Attamen quantumcunque nostri suppeditat virtus ingenii, quantumcunque
suggerit paupertas eloquii, dignum de eo duximus
veram facere mentionem et simplicem fidelibus historiæ
texere veritatem.   Confortatus in regno sanctus Dei
providus et prudens erat in consilio, iustus et misericors semper in iudicio, verax per omnia et mansuetus
in verbo.   Concordia per eum veritatis enituit, et
iustitia in regno summæ pacis excrevit.   Senex et
maturus erat non tam ætate, quam sapientia, sicut
scriptum est: "Cani sunt autem sensus hominis, et
ætas senectutis vita inmaculata."   Huic optima cura
de salute patriæ, de profectu et statu reipublicæ fuit,
de tuitione urbium, de veneratione parentum, de vera
fide et fixo amore in Deum, de dilectione proximorum,
de gubernatione civium, de circumspecta providentia
in subiectos, de iusta liberalitate erga universos.   Bene
siquidem novit, ut gentilis poeta ait :

"Parcere subiectis et debellare superbos."

Matrem suam diligebat ut dominam, quæ se ei humilem exhibebat tanquam ancillam : quæcunque placebant

Æthelbert
succeeds
his father.

Wisd. iv. 9.

Capgrave,
fol. 137.
Virg. Æn.
vi. 854.

matri, non displicebant sibi : noverat illud in Lege
præceptum : "Honora patrem tuum et matrem, ut sis
longævus super terram." Super quam terram? "Quam
Dominus Deus tuus," inquit, "dabit tibi." Hæc est
terra viventium, non terra morientium. Alioquin si
de hac terra miseriæ dictum est, in istam beatus rex
Æthelbertus longævus non fuit ; sed consummatus in
brevi multa tempora cum Christo in æternum victurus
explevit ; sicuti incepti operis consequens textus
edocebit.

CONTINUATIO.   *Quod inducitur per consiliarios regni*
uxorem sortiri.

MONETUR ergo ab omnibus totius regni sui ducibus,
immo ab optimatibus cogitur universis, ut vitam pro
more et consuetudine antecessorum suorum instituat,
virginem quandam nobilem vultu et elegantia corporis
præcellentem eligat, de qua maritali sibi copulata
coniugio heredem proprio suscitare possit in regno ;
nec convenire regem absque liberis esse astruentes,
profecto cum regna omnia desolentur vastitate hostili,
quæ restaurata non fuerint regii generis successione
principali. "Præsertim," inquiunt, "cum et virtus et
fortitudo tibique tuisque, o rex, augeatur, ne aliquis
tumultus insidiantis exercitus nostris in finibus formi-
dabilis habeatur. Nunquid pater tuus uxorem sibi
non duxit? Nonne et mater tua patri tuo nupsit?[1]
Quod factum in neutram partem ignominiosum, sed
coram Deo et hominibus fuit valde gloriosum." Adquievit igitur rex huiuscemodi consilio, et quamvis ci
magis placeret pudicitia virginalis quam castitas matri-

---

[1] *nupsit*] nupcit, MS.

monii sive copula coniugalis, elegit tamen pro voluntate
principum aurem sibi benignam familiariter applicare
et spe successionis hereditariæ docile cor ad sponsam
capessendam[1] intendere. Sciebat enim scriptum per Brompton,
quendam sapientem virum : " Omnia fac cum consilio, et col. 741,
post factum non pænitebis." Audierat etiam in prima Ecclus.
creatione cœli et terræ quia masculum et feminam xxxii. 19.
creavit Deus, et quod eis benedixit et ait : " Crescite
et multiplicamini et replete terram et subicite eam, et
dominamini piscibus maris et volatilibus cœli." etc.
Huius sacræ conventionis iugo non se denegat gloriosus Dei athleta vinciri, quamvis incorruptæ virginitatis incorrupta sindone intemerata suæ carnis gloria
mallet absque detrimento præmuniri. Quærit hic
iccirco diligenter ab eis, cuius filiam regis aut ducis
tanta sciant pulcritudine præclivem, quam moribus et
divitiis dignam sibi iudicare videantur uxorem.

CONTINUATIO. *Quod repudiat Egeonis filiam propter*
patris perfidiam.

LAUDAT quidam consul Gwero nomine cuiusdam Capgrave,
Egonis filiam, quam in australibus maioris Britanniæ l. c.
partibus copia divitiarum noverat opulentam, eamque Æthel-
in scriptis Anglicæ gentis vocatam legimus Soledriam.[2] bert's
Huic defuncto patre, quia sine fratribus erat, regnum rejecting
remanserat omnino paternum, eique consilium datur daughter of
ut copuletur in coniugium, diemque ac tempus pro- Egeo.
curent nuptiarum, et sic suadetur fieri de duobus
regnis unum. Repudiatur istud consilium tanquam
inutile, affirmatque rex patrem virginis nequaquam
fuisse degenerem, veruntamen ad omnem fraudem et

---

[1] *capessendam*] capescendam, MS. | [2] *Soledriam*] Seledridam, Capgr.

dolum cum semper extitisse proclivem. " Patri," inquit,
" meo graves tetendit insidias, fraudesque ei non distulit moliri diversas. Displicet ergo mihi ignobile in
eodem genere sortiri contubernium[1], quod hactenus a
fide et veritate extitisse dinoscitur alienum. Ignobile
iccirco vocari debet, quia fundamentum nullius stabilitatis habet. Egeo ille frequenter periuria erga benignitatem mei patris incurrit, quia formidolosus et totius
nequitiæ artifex fuit, genitoremque meum toto mentis
desiderio et fefellisset, si eum quoquo proditionis modo
male fallere potuisset. Sed universorum Conditor Deus,
in quem bono animo confidimus et speramus, ea nobis
prævideat quæ sibi non displiceant, ut per eius gratiam
quæcumque agenda utiliter agamus, et viventes in illo
sive morientes eius voluntatem in omnibus impleamus.
Et vos qui vicem meam in profectibus universis efferre,
qui actibus et usui honoris mei inservire debita veneratione iudicamini, memoriæ vestræ recordationem ubi
ubi circumspecte dirigite, et postquam huiusmodi opus
requisitum iri condecet, vestri mihi consilii operam
date."

CONTINUATIO. *Quod consilio Oswaldi disponit appetere
filiam Offæ tyranni.*

Æthelbert
advised by
Oswald to
demand the
hand of
Offa's
daughter. AD hæc Oswaldus, consularis potentiæ vir hono-
randus, qui et regis a secretis familiaris erat, et ei fide
bona consulere solebat, " Applicare," inquit, " rex
gloriose, animum tuum ne differas, quin affinium principum divitias perscruteris universas; et si cuiusquam
tibi regia proles tam ætate coæva quam pari iuventutis elegantia ut beneplacens arriserit, inceptum

---

[1] *contubernium*] contibernium, MS.

persequi dignare propositum, ut tibi coniugali copula
Deo disponente coniuncta sit. Attamen de me iam si
non diffidas, si dicta factis compensare non renuas,
novi in regno Merciorum mirabilis gloriæ et potestatis
maximæ tyrannum, longævæ vetustatis senio confectum,
cuius circumquaque tremendum adeo extenditur imperium, ut maiestate feritatem transcendat omnium
antecessorum regum. Quis enim Offa rege potentior?
Quis in Angliæ ducibus hoc duce superbior? Quis in
omnibus regibus illo robustior? Quis inter principes
tanto principe fortior? Quis gazis et opibus innumeris
ditior? Quis purpura et bysso, sericis et cycladibus[1]
opulentior? Auro et argento et lapide pretioso quis
in regno venustior? Huius ego quia consuetudines et
mores experimento didici, quia gloriam et honorem
regni illius agnovi, filiam virginem moribus insignem
tibi cupio nubere, quam mihi in patris ædibus
fortuito[2] contigit aliquando videre. Cuius forma et
honestas tantæ est pulcritudinis, ut filiabus regum
supereminent universis. Hanc si tibi poscis[3] in coniugium, mortuo tyranno optinebis simul et regnum.
Grandævus utique rex in diebus suis processit, iam
iamque penes se fere emortua carne totus emarcuit.
Adhibe itaque tibi consiliarios nobiles regni tui duces,
et prosperante Deo iter istud non inconsultus aggredere,
dum ita tenus absque dubio quod proposuisti reperies."

CONTINUATIO. *De eo quod Dei fultus auxilio Offam
adire disponit.*

LENITER igitur iuvenis gloriosus, cuius mens in
Christo fundata erat, consulentis viri verba sustinuit,

Æthelbert's
prepara-
tions for
his journey
to Offa's
court.

---

[1] *cycladibus*] sicladibus, MS.
[2] *fortuito*] fortuitu, MS.

[3] *poscis*] possis, MS.

et longa ex cordis intimo trahens suspiria, ad magni
consilii angelum orationem suam convertit : " Adiuva,"
inquit, " me, Domine Jesu Christe, viventis Dei Patris
Unigenite, qui cum eodem Patre et Spiritu Sancto
crederis, ut confitemur,[1] cuncta condidisse, eandemque
mihi digneris concedere virginem, si in filiabus regum
aliquam mihi decrevisti sortiri uxorem. Aut enim in
petitione mea postulata accipiam, aut in gente illa, ut
præsagit mens mea, lucem vitæ amittam. Tu tamen
quia perfecte pius, perfecte bonus es, committo tibi
totam curam meam, ut in misericordia tua disponas
et perficias eam." Convertit etiam se ad optimates
regni, aperiens eis desiderium cordis sui, talique eos
allocutus est sermonis exordio, quorum se efflagitabat
roborari virtutis auxilio. " Gaudeo de strenuitate et
probitate vestra, commilitones egregii, quia vos suffultos
fortitudine bonæ mentis agnovi. Quare præmoneo ne
ab incepta intentione retrorsum corda flectatis, verumtamen[2] opus initum strenue mecum explere contendatis.
Adeamus[3] cum fiducia gratiæ Dei maiestatem[4] tyranni,
quandoquidem nobis est sors huiuscemodi appetenda
consilii." Favent denique omnes regiæ voluntati, et se
præsto esse astruunt, quacunque eos iubeat proficisci.
Quid plura? Sole ruente dies clauditur, et rex in
cubiculo nocte collocatur : apponit quietis membra
sopori. Faciunt et idem obsecundantes viri : quiescunt
per noctem et dormiunt ipsi. Transacto itaque mediæ
noctis spatio, et tempore quietis suæ incunctanter
emenso, rex religiosus ad faciendum opus Dei maturat
exurgere et in cordis iubilo faciem Domini in confessione prævenire. Ingrediens autem ecclesiam omnipotentis Dei misericordiam deprecatur, ut via eius

---

[1] *confitemur*] confiteamur, MS.
[2] *Verumtamen*] Verumptamen, MS.
[3] *Adeamus*] Aeamus, MS.
[4] *maiestatem*] magestatem, MS.

ubique ab illo dirigatur, cumque sua gratia et præ-
veniat et sequatur; in psalmis et hymnis[1] et canticis
offerebat Deo sacrificium laudis, et depromebat Altissimo iocunda vota pii cordis. O quam gloriosa oratio,
quam præclara vita regis et pura, quando Creatori sic
servire satagit creatura! Symphoniæ melodis concen-
tibus matutina synaxis expletur, et gloriosi regis oratio
sanctorum orationibus ammiscetur. Tandem tenebris
aurora rutilans effugatis redit, et post peracta matuti-
narum sollemnia pulcro diluculo sol exortus incalescit.
Altaris ministri sacris vestibus induuntur; corpus et
sanguis Christi in odorem suavitatis Deo et Patri
offeruntur; missa sollemniter et festive celebratur; rex
beatus in lacrimis et sanctarum precum victimis
Altissimo humiliatur. Expleto quoque tantæ devotionis
obsequio signaculo[2] crucis Christi corpus suum ab omni
parte munivit, et Salvatori sæculorum itineris sui
curam commendans, valedicens clero et populo, ostia
deinceps pro[3] dolor! non rediturus exivit.

CONTINUATIO. *De eo quod mater sua hoc ei nego-*
tium dissuadet.

PRETIOSUS Dei athleta Æthelbertus aulam ingrediens
tantæ eius dignitati pro loco et tempore congruam,
vestimentis gloriæ regaliter adornatur, et ad matrem
suam licentiam eius et benedictionem postulans incli-
natur. Apprehendentes autem mutuas manus ad
invicem sequestraverunt se filius et mater ab universo
aliorum cœtu seorsum, vicissim colla sua alterutra
pietate deosculantes mutuisque lamentis et fletibus

Æthelber mother warns him against the proposed alliance with Offa.

---

[1] *hymnis*] ympnis, MS.   [3] *pro*] proch, MS.
[2] *signaculo*] singnaculo, MS.

facies suas irrigantes, absentiam sui ægre utrimque
pertulerunt et hinc inde gravi cordis contritione dolue-
runt.   Regina regem interpellare, mater filio inpro-
perare tyranni perfidiam, difficilem viam, plebem perversam, levem mortis causam, patriæ ruinam, hostis
lætitiam, desolationem sui, depopulationem populi,
invasionem regni, impetus inimicorum, deprædationes
exercituum barbarorum.   "Noli," inquit, "noli, fili
mi unice amor et dulcedo animæ meæ, noli regem
Offam socerum tibi eligere, neve studeas tam ver-
suto tyranno te generum efficere. Desiste incredulos
Britones propinquos tibi coniungere, ne disponas fidem
tuam illorum fidei assignare.   Frequenter studia eorum
et exercitia circa proditiones et dolos versata sunt, nec
aliquando fidem aut sacramenta quæ custodirent inviolata cum aliquo pepigerunt. Idem vero rex minister
scelerum, inveteratus dierum malorum, iniquitatis
prædo, impietatis laqueus, avo tuo, patri videlicet meo,
linguæ blandimenta simulavit, et nunquam[1] promissio-
nem fidei secundum verba iurata servavit. Quare, fili
mi, causa tantæ talisque perfidiæ iam suadet matrem
tuam conqueri, meque compellit regiam tuam maiestatem humiliter alloqui, ut relicta tanta intentione, cui
tanta sedulitate obstinatus inhæres, natale solum tui
absentiam viduare nolis, dum te opportune vel inop-
portune ingeris nationibus alienis." Tum rex iocundo
ut erat animo, hilari vultu, summissa voce respondit,
matrique suæ alacriter aperta voce dixit.   "Ne pro-
hibeas, domina mea, ne dissuadeas iter meum, genetrix
gloriosa; licet enim vitam meam in scrinio vel arca[2]
dicionis tuæ teneres inclusam, eamque seris ac vectibus
ferreis haberes obfirmatam, terminos meos pertransire
non potero, quos mihi siquidem novi constitutos a Deo,
sicut præscivit et prædestinavit Conditor gloriæ sem-

---

piternæ, expecto misericordiam aut iudicium, quam
reddet pro meritis iustitia dextræ suæ. Iccirco fidens
in illum mandatis eius exequendis intendam, et præ-
duce gratia Dei, Offam grandævum regem Merciorum
revisam. Quod placet Conditori meo ut perferam, ipse
prævideat. Si contigerit in pace cum salute reverti, illius
erit omnipotentis auxilii: si vero me sicarius incautum
occiderit, Redemptor mundi custos animæ meæ sit."
Hæc et plura huiuscemodi prosequente Æthelberto,
filius et mater divisi sunt ab alterutro. Et quis in tam
amica divisione non fleret? aut quis eos sine planctu
et gemitu videret? tantam patriæ desolationem si
nosset, a dolore et lacrimis quis temperare posset?
Hæc omnia in civitate regia facta sunt, quam antiquitus Orientales Angli urbem Baderogi vocaverunt.

CONTINUATIO.   *Ubi Æthelberto proficiscente terræ
motus factus est.*

PROFECTUS est igitur rex cum ducibus et tribunis An earth-
et primis regni, benedictione etiam roboratus episco- quake.
pali, non ultra visurus generosam faciem dilectæ genetricis suæ nisi donante et annuente Deo in regeneratione[1] sanctorum et gloria inmortalitatis æternæ.
Sed in ipso exordio profectionis suæ, antequam equum
legatur ascendisse, mirabile signum a Deo stupentibus
cunctis evidenter innotuit, quod omnium audientium
corda maximo terrore concussit.   Sub eo namque
ascendente terra mota est, imminensque periculum
mortis eius tali eventu figuratum est.   Quid mirum,
si eadem in morte sanctorum Dominus ostendit, quæ
in passione sua a Judæis crucifixus exhibuit?   Cum
in ligno enim penderet clavis confixus, terræ motus
subito factus est magnus. Quare ergo non faceret pro

---

[1] *regeneratione*] regenerationem, MS.

Æthelberto quod fecit Dominus pro se ipso, cum
Christus caput sit Æthelberti, Æthelbertus autem
membrum corporis Christi? Fragor itaque tam me-
tuendi signi aures perculit totius vulgi: iamiamque
præsagiebat unusquisque causam eandem esse infor-
tunii, quam eventuram infausto auspicio tam glorioso
vaticinati sunt regi. Cuius genetrix gloriosa plus
omnibus laboravit in gemitu suo, in gravi dolore
singultuum, in effusione lacrimarum, in assiduitate
orationum sanctarum. Prosequitur rex Deo placens
iter inceptum, xenniaque plurima ac diversa donaria
dorsa substrata baiulant iumentorum, insignia regalium ornamentorum, odoriferas species aromatum, multam supellectilem[1] pretiosarum vestium, quæ Cæsares
et reges solent vehere secum. Quam triumphalem
gloriam præmittit vexillorum! quanta vis etiam suc-
cedit armorum! Magis tamen vir beatus didicit in eo
confidere, per quem reges regnant, quam in armata
exercitus sui, qui cum tanta frequentia comitantes
obambulabant.

CONTINUATIO.   *De eo quod sol obscuratus est,*
et orante Æthelberto dies reddita est.

An eclipse
of the sun.

ALIUD quoque signum mirabile sibi fertur accidisse
quod nequaquam debemus prætermittere, immo scribendo et legendo glorificare Deum, qui et in vita et
post devictum triumphatumque sæculum signis et miraculis coruscare[2] facit beatum regem et martyrem
Æthelbertum. Tempore eodem, cum claritas iocunda
solis exorti[3] pervium suo splendore regis illustraret
exercitum, et diem in virtute sua candore insolito

---

[1] *supellectilem*]   suppellectilem,   [2] *coruscare*] choruscare, MS.
MS.   [3] *exorti*] exhorti, MS.

redderet rutilum, ecce subito tota lux illa subtracta
disparuit, et quasi quædam columna nebulis hinc inde
oppositis obducta sub nube erupit, quæ aliquamdiu
quadam tenui flamma eis vestigia lucis ministrare non
desiit. Quæ columna longo temporis intervallo pervi-
antibus est agnita, sed postmodum dispensante Deo
rursum a nube suscepta. Deinde visus est nigrescere
sol et horridas tenebras noctis ingerere, medioque diei
spatio picea caligine involutos omnes pariter exterrere.[1] Cumque in societate beati viri comites stupefacti
mirarentur, et ex insperato quod acciderat miraculo
suspecti tenerentur, Æthelbertus homo Dei eis blandam
consolationem intulit, talique sermone seriem suæ narrationis incepit. "Nolite," inquit, "filii, nolite turbari, licet radiis occultatis nobis Phœbus lucem nega-
verit diei, nulla mæstitiæ gravitate afficiantur animi
vestri. Cumque alter alterum videre non possit, facia-
mus supplices id quod nobis expedit, mentes nostras
et corpora prosternamus humi gratias agentes [Deo] et
Patri. Humiliemus illi animas nostras, contritorum
cordium immolantes victimas, quia sacrificium Deo
spiritus contribulatus, et hoc est quod acceptare solet
universorum Conditor Deus. Adoremus Jesum Christum
viventis Dei Filium Unigenitum, cum eodem Patre et
Spiritu Sancto in Trinitate perfecta unum verum Deum,
orantes ut tenebras amoveat et cordis et corporis,
nobisque lucem infundat inæstimabilis suæ claritatis.
Qui cum summus Princeps sit omnium, dextera[2] potentiæ suæ sustentans et gubernans mundum, tribuat
sua gratia lucem diei citius inclarescere, quam nobis
iam contigit aliquanto tempore non potuisse videre."
His et huiusmodi gloriosi regis monitis omnes præbent
assensum, et pariter cum illo corruentes in terra
unanimes orationem suam emittunt ad Deum. Cum-

Light re-turns at the prayer of Æthelbert.

---

[1] *exterrere*] exterrerent, MS.　　[2] *dextera*] detera, MS.

que omnipotentis Dei famulus Æthelbertus diutius
orasset, seque et exercitum suum surgens a loco orationis sanctæ crucis signaculo interius exteriusque val-
lasset, ecce repente exortum est in tenebris lumen
rectis,[1] et splendor illuxit divinæ claritatis, solque suos
patefecit radios tenebrosasque profundæ noctis dispersit
abyssos; dies paulo ante absconditus prorumpit in
lucem, omnemque cohortem invitat tantum revereri et
diligere principem.   Videntes vero qui affuerant sanctam regis sui orationem sic profecisse, glorificaverunt
Deum qui salvos facit sperantes in se.

CONTINUATIO.   *Comparatio sanctorum regum et
nostri temporis sacerdotum.*

Compari-
son between
royal saints,
such as
Æthelbert,
and the
corrupt
priests of
the author's
age.

COMPAREMUS, si placet, talibus regibus, dilectissimi,
nostri temporis sacerdotes, qui in sacrario Domini die
noctuque deservire videntur, et valde imperfecti in
eorum æstimatione invenientur.   Qui enim deberent
reges esse et sacerdotes,—reges videlicet subiectos sibi
in sanctitate vitæ protegendo, sacerdotes autem seipsos
Dei laudis sacrificium[2] offerendo,—ipsi talentum a Domino acceptum[3] in terra defodiunt et pecuniam eius
districte cum venerit requirendam ad usuram non ex-
tendunt, in torporis sui negligentiis dissoluti iacent,
vixque de lecto ægritudinis suæ aliquando exurgere
valent; sicque solliciti terrenis cupiditatibus inhiant,
ut ad spiritualia lucra sanctarum animarum non in-
tendant; fitque cum pastores supra custodiendos greges
non exerceantur, ut oves Christi per incuriam cor-
ruptæ fame moriantur.   Unde per prophetam[4] dicitur:

---

[1] Ps. cxi. 4.

[2] *sacrificium*] saficium, MS.

[3] *acceptum*] accertum, MS.

[4] Hos. iv. 9.

"Erit sicut populus, sic et sacerdos." Quod utique
verum est : Nam et sacerdotes ad prædicandum sunt
desides, et populi ad audiendum negligentes. "Omnes
declinaverunt; simul inutiles facti sunt; non est qui
faciat bonum, non est usque ad unum."[1]   Si assit
etiam qui verbum Dei audiendum requirat, raro aut
nunquam aliquis invenitur qui populum ad amorem
vitæ cœlestis accendat. Impleri quippe cotidie videa-
mus quod Jeremias[2] ait : "Parvuli petierunt panem,
et non erat qui frangeret eis." Subiecti cum cordis
contritione misere mendicant, et dispensatores in superbia obstinati non ministrant.   Sed ecce temporalis
princeps iste beatus Æthelbertus et rex fuit et sacerdos Domini, quia ad fidem et amorem Dei inflamma-
vit corda populi sui. Cuius caro nivea quia inviolata
fuit et tota sine macula, non inmerito subsequta
sunt Divina miracula, patuitque in fine gloriosæ orationis suæ, quanta ei[3] cœlestis lucis magnitudo fulsit
in mente. Circumveniant igitur sacerdotes Dei universa opera sua, ut, cum Unigenitus Filius Patris
iudex advenerit in maiestate sua, ne tunc pro iniquitate eorum a sanctis cogantur regibus iudicari,
quorum dextera plena fuit iustitia in principatu temporali. De quibus sanctis regibus et sacerdotibus
beatus Petrus[4] apostolus ait : "Vos autem genus elec-
tum, regale sacerdotium, gens sancta, populus adquisi-
tionis, ut virtutes annuntietis eius qui de tenebris
vos vocavit in admirabile lumen suum." Eduxit Dominus Deus noster de tenebris beatum regem Æthelbertum et vocavit in admirabile lumen suum, quando
corporalibus eius oculis diem caligine tenebrarum tem-
poraliter involvit, et postmodum orantem eum splendore suæ claritatis illustravit.

---

[1] Ps. lii. 4.   [3] ei] eis, MS.
[2] Lam. iv. 4.   [4] Ep. i. c. ii. v. 9.

CONTINUATIO.   *Quid*[1] *terræmotus et sol absconditus significaverit.*

Interpretation of the earthquake and eclipse.

IN hoc miraculo diligenter libet intueri mirabilia Dei, quoniam qui in morte Redemptoris nostri a sexta hora usque in horam nonam lucem omnem effugavit diei, quando sol obscuratus est et velum templi scissum est, ipse *ostendere* voluit quod tanta cæcitate corda Judæorum caligaverunt, qui sub Pontio Pilato præside[2] Dominum maiestatis crucifixerunt. Impletum videmus in corpore, quod præcessit in capite : prius in rege, postea in milite. Obscuratus est sol in morte Domini : obtenebratus est et ante mortem servi. Terra mota est in passione Salvatoris ; tremuit et ipsa ante mortem principis temporalis. Duo signa terribilia quæ inter plurima operatus est Deus in passione Unigeniti sui, legimus per eum declarata[3] ante necem beati regis Æthelberti : terræ motus factus est et sol obscuratus est. Per terræ motum dedit intelligi desolationem regni, quæ statim subsequta est post interfectionem beati viri, quando de loco stabilitatis suæ commota sunt corda subiectorum populorum, cum eos affligeret gravis exterminatio persequentium barbarorum. Hoc eidem regno novimus accidisse, quod per annos plusquam sexaginta, usque ad tempus quo *regnare sanctus* Edmundus incepit, sine regibus instabile per *subregulos* fuit. Et iccirco durus eos terræ motus *perculit*, quoniam in incerto pervagantes post se sine principio et rege reliquit. Per obscuritatem quoque solis conicere possumus cæcitatem cordis quam Offa in se princeps

---

[1] *quid*] quod, MS.
[2] *præside*] præsidie, MS.
[3] *declarata*] declarat, MS.

impiissimus habuit, cuius nefanda factione beatus rex et
martyr Æthelbertus occubuit. Et vere in tenebris
cæcus erravit, qui diem Domini præ oculis habere
recusavit. In illa die stabunt iusti in magna constantia
adversus eos qui se angustiaverunt.[1] Tunc erunt ac-
cusatores, qui nunc fuerunt accusati : tunc erunt damna-
tores, qui nunc fuerunt damnati.

CONTINUATIO. *Invectio in Offam et male agendi correctio.*

QUID facies, Offa, quid facies, quando videbis Æthelbertum iudicem venire cum Christo et recepta carne
gloriosa quam punisti per sæcula sæculorum regnare
cum illo ? Tunc illuminabuntur abscondita tenebrarum
et manifestabuntur consilia cordium. Fugere non
poteris : latere nequibis. Si in vita tua dignam exegisti
pœnitentiam, veram a Deo recipies indulgentiam : si
autem non pœnituisti in sæculo, pœnitentia tua erit
remedio. Quare, fratres mei, verum est quod quidam
philosophus ait, in hac vita delinquentes similes esse
super æquale solum cadentibus, quibus denuo præsto
sit surgere sine difficultate : animas vero ex hac vita
cum delictorum sordibus recedentes æquandas his qui
abruptum ex alto præcipitique delapsi sunt, unde
facultas nunquam sit resurgendi. Ideo ergo utendum
concessis vitæ spatiis, ut perfectæ purgationis sit maior
facultas. Utamur et nos, dilectissimi, temporis spatio
nobis a Domino Deo nostro concesso, et quod Salomon[2]
ait unusquisque nostrum retinere operando studeat in
corde suo. "In omnibus operibus tuis memorare novissima tua, et in æternum non peccabis." Et alibi nos

Invective against Offa.

---

[1] Wisd. v. 1. | [2] Ecclus. vii. 40.

ab iniquitate revocare volens, "Quodcunque" inquit,[1]
" potest manus tua facere, instanter operare, quia nec
opus, nec scientia, nec ratio erunt apud inferos, quo
tu properas." Studeamus itaque hanc ammonitionem
diligenter attendere, et intellectam bonis operibus adimplere, ne, cum venerit incarnata Dei Sapientia in igne
sæculum iudicare, nobis improperando incipiat dicere :[2]
" En proferam vobis Spiritum meum, et ostendam verba
mea. Vocavi vos, et rennistis ; extendi manum meam,
et non erat qui aspiceret. Despexistis omne consilium
meum, et increpationes meas neglexistis. Ego quoque
in interitu vestro ridebo, et subsannabo cum vobis quod
non timebatis advenerit."

Quoniam tantisper de his ex quibus certi sumus ad
ædificationem vestram aliquam digressionem fecimus,
hæc vobis modo dicta sufficiant ; ceterum ad narrationis
nostræ propositum cœpto ordine redeamus.

CONTINUATIO. *De eo quod Æthelbertus Mercium*
ingrediens tyranno munera præmisit.

SANCTUS igitur Æthelbertus veniens in regno Merciorum ad quendam vicum regium, qui Villa Australis
a populo patriæ dicebatur, in quadam ibi campestri
planitie tentorium suum fixit, et maximo honoris glori-
æque tripudio in eodem territorio pernoctavit. Plurima
autem regalium ornamentorum insignia infausto tyranno
præmisit, quæ idem princeps in præcipua veneratione
cum gratiarum actione suscepit. Veruntamen[3] in corde
suo adversus sanctum Dei fraudulenter egit, sicuti
postea rei eventus approbavit.

---

[1] Eccles. ix. 10.
[2] Prov. i. 23.

[3] *Veruntamen*] verumptamen, MS.

CONTINUATIO.   *De visione quæ ei nocte cælitus apparuit.*

EADEM vero nocte cum beatus vir sua membra sopori dedisset et intempestæ noctis silentio in circuitu eius militia tota quiesceret, visio pulcra sibi a Deo semi-vigilanti apparuit, quam expergefactus a somno supra memorato familiari suo Oswaldo his verbis referre curavit. " Videbatur," inquit, " mihi, dilecte mi, me in regno meo fore, consulesque ac tribunos regni mei pariter assistere.   Ubi de nostra publica re multa percunctatus, multisque sermonibus cum meis ultro citroque habitis, ruit a summo culmine totum fastigium regiæ domus meæ, cornua quoque thalami mei, in quo recumbere soleo, micantibus hinc inde parietibus evulsa aforis excelsa cecidere.   Mater mea præsens hæc contemplabatur et lamentans lacrimabatur.   Lacrimæ vero eius cadentes super sindonem suam erant quasi guttæ sanguinis decurrentes in terram.   Deinde aspiciebam arborem pulcherrimam in domicilio meo quandam excrescere, qua nulla procerior erat altera, foliorum viridantibus[1] comis in superficie latitudinis extensa, frondibus in gyrum apporrectis valde decora, nullius arboris similitudini pulcritudine comparanda.   Cuius ad radices quidam ultro insistebant, qui hanc toto conamine suæ feritatis incidebant.   Ex qua succisione quidam torrens sanguinis effluxit, qui contra orientem magno impetu cursum suum extendere festinavit.   In contemplatione vero eiusdem visionis eximiæ columnam lucis ab austro sole splendidiorem videbam exurgere, et mirantibus qui aderant atque stupentibus universis ad

Cf. Capgrave ap. Acta Sanct. Maii 20 (vol. v. p. 243*). Æthelbert's vision.

---

[1] *viridantibus*] viridentibus, MS.

cœlum usque flammivomis radiis sequentibus ascendere.
Ego autem eram singularis avis in terra, totaque extremitas alarum mearum erat aurea: æstimabamque me
illam arborem leviter posse circumplecti, si fortitudini
meræ vel potentiæ aliqua occasio pateret amplectendi.
Demum pennarum remige temperato celeri volatu su-
periora columnæ lucis ascendo. Cum autem in supremo
culmine illius consedissem, et claris luminaribus, quæ [1]
summus ille omnium Princeps Deus in firmamento
collocavit, toto oculorum aspectu sedulus inhiarem,
audivi voces in sublime cœlestis harmoniæ miscere
concentus, cuius nectarea suavitate delectatus, sive ad
dulcedinem melodiæ magis magisque intentus, somno
solutus sum."

CONTINUATIO. *De eo quod Oswaldus falso somnium
interpretatus sit.*

Oswald's
false inter-
pretation
of Æthel-
bert's
vision.
OSWALDUS ad hæc hilaris et gaudens verba gratanter
regis excepit, eique hac voce interpretationem somnii
patefacere attemptavit; sed se res eadem longe aliter
habuit, quam Oswaldo interpretanti visum fuit. "Cum
itaque in petitione tua, rex bone, frustratus non fueris,
petitionis effectum optinueris, triumphum victor egeris,
et reversus Orientalem visitaveris Angliam, iterum
absens princeps deligere, defunctoque tyranno prœlium
conficies maximum, Merciam, Bretoniam, septemque
provincias exscindes[2]: tribus victis hostibus subiugabis.
Sed hac prius eadem die temporis cum maximo tripudio in triclinium invitatus[3] et regis amicitiis familiariter illectus per filiam principis legali tibi fœdere

---

[1] *luminaribus, quæ*] luniaribus | [2] *exscindes*] excindes, MS.
quem, MS. | [3] *invitatus*] inventus M.S.

copulatam [1] ; in te unum se tota provincia convertet,
probitatem magnanimitatis tuæ strenui quique loquen-
tur, nomen tuum et famam omnes boni dilatabunt, te
urbes et oppida ad sua præsidia vocabunt, civitates et
suburbia te patricio exultabunt, seditionem patriæ
inferentes tantum vindicem formidabunt. Rempublicam
per veteres constitutam, per te vero in melius provec-
tam et sublimius [2] auctam tuearis oportet, et diem
exultationis et lætitiæ tanto principe victoriæ de
prœlio redeunte finibus tuæ nativitatis inducas. Talis
erit expressio somnii, quam a me, invincibilis heros,
audisti." Reliqua his similia cum vir ingenuus cum
suo principe contulisset, et cœlestis contemplator
visionis vehementer ingemisceret, leniter, "Quæso, vir
egregie," inquit, "ne me hac oppressione studeas
efficere certum, quoniam revelatio alterius interpretationis requirit effectum. Sed ades adhuc animo,
taliterque disserere visionem omitte, et quæ tibi
edicam commenda memoriæ. Fides enim revelationis
aliud habebit experimentum, et maioris interpretationis
longe altiorem pertinget ad actum. Facilis fortasse
nobis hodie ad tyrannum patebit ingressus ; verum
ignoratur, utrum optio proponatur libera revertendi.
Sententiam, quæ super me præfinita est a Deo, animo
non infrunito patienter expecto."

Cf. Cap-
grave
ap. Acta
Sanctorum,
l. c.

CONTINUATIO. *Interpretatio somnii beati martyris
pro consideratione veritatis.*

HÆC athleta Domini Æthelbertus de se. Nos autem,
adiuvante Spiritu veritatis, quantumcunque de somnii
veritate poterimus conicere, huic operi interpretando

The author
proposes
another
interpreta-
tion.

---

[1] *copulatam*] copulam, MS. | [2] *sublimius*] sublimus, MS.

Cf. Cap-
grave,
ap. Acta
Sanctorum,
l. c.

non pigebit inserere.   Videtur itaque casus ille domus
a summo fastigio corruentis desolationem regni significare, unde ruina gravis exorta est Orientalibus Anglis,
tantæ innocentiæ viro apud nefandas nationes frandu-
lenter extincto.   Cornua vero thalami cadendo ad
terram confracta, fortitudo est principatus eorum, per
mortem principis sui conculcata ab inimicis et ad
nihilum redacta.   Unde per Abacuc [1] prophetam de
prœliatore nostro dictum est [2] : "Cornua in manibus
eius ; ibi abscondita est fortitudo eius." Sanguino-
lentæ lacrimæ, quas beati Æthelberti mater eiulans
effundebat, [3] dolores cordis sunt et passiones intrinsecus,
quos pro amissione filii sui sine intermissione perfere-
bat.   Unde senex ille Simeon, qui in ulnis suis
Dominum portavit infantem, "Ecce," ait, "positus est
hic in ruinam et resurrectionem multorum in Israel,
et in signum cui contradicetur."   "In ruinam," videlicet infidelibus, et "in resurrectionem" credentibus.
Credere enim debemus quæcunque de eodem Deo et
Domino nostro in evangelio scripta sunt, et catholice
atque orthodoxe prædicare quæ per eum in sanctis
eius mirabiliter gesta sunt.   "Et in signum cui contradicetur."   Cui signo contradictum est ?   Resurgentis
gloriæ duntaxat a mortuis et multa secum corpora
mortuorum resuscitantis.   Ad beatam vero Mariam,
"Et tuam," inquit, "ipsius animam pertransibit
gladius."   Gladius iste dolor est passionis Christi, qui
in illa cotidie penetravit usque ad divisionem animæ
ac spiritus, compagum quoque ac medullarum, quo
cordi eius infixo fons effluxit lacrimarum, donec mirantibus cunctis curiæ cœlestis prælectis ordinibus, gloriosa
et felix æternæ maiestatis Dei thalamum introivit, ubi
super omnes angelorum dignitates assumpta, singulare

---

[1] *Abacuc*] Abacum, MS.
[2] Hab. iii. 4.

[3] *effundebat*] effudebat, MS.

miserorum solamen, Filium pro nobis interpellare non
desinit. Ne contradicamus, dilectissimi, operibus sanctorum, quæ in eis operatus est Christus Deus eorum.
Arbor vero[1] illa procera et longa regis mihi videtur
significare personam, cuius summitas foliis et frondibus
densa et in latum hinc inde circumquaque extensa
latitudinem sanctarum portendit virtutum, per quam
vita sanctorum adornatur virorum.   Viri autem illi
qui arborem succidebant, occisores beati martyris et
gloriosi regis erant.   Torrens quoque sanguinis de suc-
cisa arbore fluctuatim egredientis, sanguinis esse creditur Christi gloriosi militis, qui ad Orientem cursum
suum direxit, quando innocentia mortis eius ad Deum
in cœlo ut vindictam acciperet clamavit.   Testatur
beatus Johannes quod sub throno Dei sancti eius
clamant: "Vindica sanguinem nostrum, Deus noster."
Et David: "Vindica sanguinem sanctorum tuorum qui
effusus est." Nam et sanguis protomartyris Abel, qui
innocenter occisus est, legitur ad Deum clamasse de
terra: "Ecce," inquit Dominus ad Cain, "vox sanguinis fratris tui Abel de terra clamat ad me."   Ad
illum videlicet Orientem cursum suum dirigebat, de
quo propheta[2] ait, "Ecce vir, cuius est oriens nomen
eius." Columna lucis, quæ in cœlum usque tendebatur,
claritas bonorum operum illius exprimitur.   Quod
videbat se esse avem pulcritudine singularem, cuius
alæ in extremitate erant aureæ, significat spiritum eius
geminis alis[3] virtutum, dilectione videlicet Dei et
proximi, circumdatum, splendentem fulgore et luce
bonorum operum, quibus in summo culmine lucidæ
columnæ sublevari et pertingere posset ad gloriosam
visionem æternæ maiestatis Dei.   Audivit etiam voces
in cœlo gloriæ cœlestis ad gaudia festivitatis angelorum
specialiter invitantes.[4]

---

[1] *vero*] vera, MS.

[2] Zech. vi. 12.

[3] *geminis alis*] gemini salis, MS.

[4] *invitantes*] imitantes, MS.

Hæc de beati viri visione significata considero: ceterum qui melius novit exponere, exponentis arbitrio interpretanda relinquo.

CONTINUATIO. *Quod Æthelbertus ab Altrida laudatur.*

Feelings of Alfrida (Altrida) daughter of Offa, at the sight of Æthelbert.

AD narrationis itaque nostræ seriem revertamur, et qualiter beatus martyr ad Deum suum gloriosus ascenderit, simplici relatu veraciter exequamur. Collectis demum tentoriis et apparatibus eorum generaliter expeditis, mane valde diluculo suis ad se diligenter evocatis huiusmodi verba rex effudit coram eis. " Obsecro vos, consortes et complices meæ quoque dignitatis et gloriæ, ut cum principis huius aulam ingressi fuerimus, prudentiæ semitis iugiter innitamur,[1] ne fatuitatis et insipientiæ stupidi sectatores esse merito arguamur. Tyrannus enim superbus est, et populi patriæ contumaces valde. Facite quod postulo, nec a bono proposito desistatis." Promiserunt se duces et tribuni rectoris sui edictum excipere et voluntatem eius, prout possent, in omnibus specialiter adimplere. Sanctus igitur amicus Domini Æthelbertus de mansionis eiusdem loco profectus venit ad curiam supra memorati tyranni, ut rex cum rege loqueretur, et uterque ab alterutro gratanter exciperetur. In die illa stabat Alfrida Deo dilecta virgo nobilis et gloriosa in excelso solio patris sui, consideransque principem Orientalium Anglorum advenientem cum populo exercitus sui, admirata est pulcritudinem illius et gloriam, tantæque novitatis antea incognitam vehementer gavisa est contemplari militiam. " Papæ ! " inquit, " genetrix mea, cuius est ista familia ? Cui

---

[1] *innitamur*] imitamur, MS.

ascribuntur clipei et enses? Cuius sunt armis instructæ
tantæ phalanges? Cuius sunt equi tam velociter præ-
currentes? Cui obsequuntur tot et tanti præcursores?
Sicine, mater, incedit ornatus rex Æthelbertus, tantæ
nobilitatis splendore refertus? Tantane est gloria militiæ cum eo ut merito præferri iudicetur patri meo?
Videsne quanta iuventutis elegantia? Cernisne colla
eius tanto candore vernantia? Nonne aspicis tam rubi-
cundas genas tota benignitate et dilectione plenas,
faciem vero tam iocundam, gracilem manum, carnem
autem mundam? Totus enim aureus vestibus incedit
auratis, nec rex usquam maioris videbitur auctoritatis:
auctoritatis dicam, an potestatis? sed ut melius con-
cludam, et auctoritatis et potestatis. Offa, Merciorum
inclementissimus rex, merito eum[1] revereri ut dominum
et per omnia ipsius exequi deberet imperium. Nullus
ita placuit in oculis meis, nullus ei similis invenitur
in nationibus universis. Neminem vidi quem adeo
diligam, nullum præter eum amatorem admittam. Quis
enim tam pulcræ iuventutis et gloriæ, aut quis princeps
tam electæ extitit militiæ? Neque fas fuit quandoque
speculari tantæ industriæ et feritatis exercitum, militaribus rebus et earum[2] instrumentis potenter suffultum.
Intueor eos esse animis validos et exemplo antiquorum
terribiliter armis instructos. Recognoscat rex Offa sese
tanto viro iure fore subditum, dominumque sibi regem
faciat Æthelbertum."

CONTINUATIO. *Ubi Æthelbertus a regina ad Offam
         tyrannum accusatur.*

UT autem regina huiusmodi verba ex ore virginis
processisse cognovit, statim irreverenter in animo suo

Offa's
queen ca-
lumniates
Æthelbert.

---

[1] *eum*] cum, MS. | [2] *earum*] eorum, MS.

deliberavit sanctum regem et amicum Dei Æthelbertum
velocius morti tradere, et regnum Orientalis Angliæ
tanti regis interitu viduare. Quæ invidiæ stimulis
agitata ad regem Offam introivit, et procidens in terram
ante conspectum eius ingemuit suspirans et ait: "Ad-
quiesce, princeps insignis, consiliis meis, et ne tradas
regnum tuum gentibus alienis, qui super populum tuum
constituent prœlium et contra filios tuos suscitabunt
bellum. Heredes tui laqueis eorum capientur, et captivi
in maxima miseria interficientur. Ad patres tuos cum
appositus fueris, si advenam nobis dominari permiseris,
absque liberis erunt uxores et viduæ, et viri earum
morientur morte. Ecce Æthelbertus Orientalibus Anglis
princeps prælatus, Tyrio[1] ostro et sericis atque cycladibus circumdatus, argento et auro et lapidibus pretiosis
oneratus, petiturus hodie filiam tuam, superbam facturus
per te gentem suam, si stabili conubio regi adolescenti
coniunxeris eam; fietque per eam rex idem semper
ditior, tu vero ad omnia explenda pauperior; Æthelbertus fortior, Offa inpotentior; ille superior, tu inferior;
ille robustior, tu deterior. Et quia provecta est ætas
tua et iam vertitur ad senium, illum autem in iuventutis gloria quasi leonem sciunt esse magnanimum, huic
duces tui et consules familiariter obsequentur, ut ab
amore et timore imperii tui sua fortitudine roborentur.
Fac ergo ut eius gloria fiat in ignominiam, et superbia
hominis vertatur in ruinam. Morte turpissima præcipe
ut moriatur, et e medio obprobrium nostræ gentis
auferatur. Audistis, mi rex, quæ tibi sunt necessaria:
tu autem prævide quæ nobis et populo tuo sunt profutura." Ecce, dilectissimi, inpudens et inproba mulier
illa Jezabel antiqua sanctis prophetis Dei vehementer
inimica! ecce in furore nimio suæ impietatis iterum
exardescit, quæ beatum Heliam a finibus Israel exter-

---

[1] *Tyrio*] tyro, MS.

minare præcepit! ecce altera Herodias in spiritu nequam
item revixit, quæ caput Johannis Baptistæ Herode
imperante in disco accepit! ecce Jezabel et ecce
Herodias, per utramque enim operatus est Sathanas!
Jezabel sanctum persequta est Heliam, Herodias morti
destinavit Johannem Baptistam. Et ecce tertia in
numero earum accrevit, quæ in morte beati Æthelberti
fraudulenter desævit! Quid, inquam, vates uterque
commisit? aut in quo mortem rex gloriosus promeruit?
Helias, quoniam Acab et Jezabel reprehendebat, passus
est exterminium; Johannes capite plexus est, quia
Herodis et Herodiadis prohibebat incestum. Nec hoc
dicimus, ut aliquem inter natos mulierum beato velimus
coæquare Johanni, sed ut in beato martyre Æthelberto
laudemus et glorificemus mirabilia Dei. Nec eum beato
Heliæ conamur præferre, quem in igne Deus legitur de
mundo rapuisse, sed ut ostendamus quoniam [qui]
Heliam adhuc in carne viventem tanto dignatus est
circumvenire splendore, ipse sanctum hodie Æthelbertum
ad gaudia duxit festivitatis æternæ.

CONTINUATIO. *Quod Offa suggerente Gwinbertus facit
homicidium.*

OFFA vero omnibus consulibus, tribunis, ducibus et Gwinbert
optimatibus populi sui ad se evocatis, "Num," inquit, offers to kill
"mea detrimenta et damna non consideratis? Nonne Æthelbert.
videtis gentes advenas regis adolescentis insipienter
huc advenisse, iam iamque super nos exercere dominium firmo animo decrevisse? Qui huc usque mea
magna potentia fuistis fortes et liberi, sicine
nationibus alienis tolerabitis[1] esse subiecti? Ne

---

[1] *tolerabitis*] tolerabilius, MS.

T

patiamini, viri fortes, hanc vobis illatam contume-
liose iniuriam: opprobrio deputabitur æterno, extraneæ
gentis in vos excipere disciplinam. Qui vult, vindi-
caturus omne genus nostrum accedat, meque larga
manu pecunias infinitas erogante præmia meritis condigna, quæ ad sua secum reportet, accipiat. In
tantum enim per manum apprehendat, et prudenter
in triclinium meum regem inprudentem ut amicus
inducat; ingressusque cum fuerit domicilium, mortis
ex abrupto patietur supplicium." Prosilit statim e
medio Gwinbertus, homo malignitatis spiritu inflam-
matus, urgentibusque ardentis avaritiæ stimulis agita-
tus, "Assum," inquit, "gloriose rex, si vis, facturus
quod præcipis, accepturus autem quod promittis, quoniam in populo totius regni tui neminem poteris
reperire, quem ad hoc exequendum negotium liberius
ad te queas arcessere. In domo etenim patris sui per
quindecim annorum tempora altus atque educatus
moraliter extiti, et post mortem Æthelredi filio eius
Æthelberto obsequio strenuæ probitatis adhæsi. Nemo
umquam ei familiarior, nemo amicior fuit, solusque
ego maxime votis illius concordavi. Quo maioris
erant pretii regalium donorum insignia, quo præ-
clariora videbantur consularis gloriæ ornamenta,
quanto magis appretiabantur cuiuscunque generis
munera meliora, anuli, armillæ, lapides pretiosi, sericæ
vestes, auro et argento radiantes enses et clipei et
pleraque instrumenta militaris negotii, tanto mihi
instantius ab illo erant oblata, tametsi animo plura
appetentis recusata. Postremo factis et seditione et
homicidio in patria aufugi ad te in terra aliena; et
ecce, quia magis confidit in me quam in ceteris
fortibus viris potentiæ tuæ, propter aurum per te
mihi copiosa manu recompensatum caput eius tibi
cedet in præmium." Accepta autem pecunia proditor
infaustus exivit, et iniquitatem quam conceperat
expeditius egit.

CONTINUATIO.   *Ubi Æthelbertus ad regis thalamum*
                  invitatur.

UT enim tuba vocis eius ad eum pertingere potuit, Gwinbert
Gwinbertus regem Æthelbertum clamore huiusmodi summons
appellavit. "Optime advenisti, princeps desiderabilis; into Offa's
prospera tibi cuncta sint, adolescens·spectabilis. Quic- presence.
quid petiturus accessisti, nequaquam difficulter obti-
nebis, et quod animo deliberasti ad votum gratanter
explebis. Ea loquitur dominus meus; hoc pollicetur
rex meus; eadem tibi delegari imperat princeps
meus. In accubitu quippe suo regem Offam in-
venies, et cum resideris coram eo, quælibet postulata
cum amore percipies. Perendie enim minuit sanguinem nec audet diei admittere claritatem. Introeamus
proinde ambo pariter ad aspectum tyranni, adventus
tui causam illi quantocius exposituri; sitque procul
a nobis quæque frequentia." [Fecit vir] Dei secundum consilium viri sanguinis et dolosi, atque equo
desiliens proditorem suum bracchiis et manibus festinavit amplecti. E converso ille pacis ei osculum
familiarius tradidit, sed cordis perfidiam, quæ post
patuit, non ostendit. Traditor autem ille ocius præcessit, traditus vero subsequi properavit, et post eos
obseratur ianua, quæ ceteris advenientibus esse solet
aperta. Cum ad ostium thalami in quo rex erat cum
maxima congratulatione accederent, et uterque introire
iam iamque alter alterum prævenire studerent, proditor animi simplicitatem, qua carebat, sola linguæ
blanditia simulans,[1] et iniquitatem cordis dolosi nulla
nota malignitatis ostentans, "Depone," inquit, "quæso,
rex Æthelberte, balteum militiæ et gladium suspen-

---

[1] *simulans*] similans, MS.

sum[1] lateri quolibet in loco reconde, quoniam ad
tyrannum nemo intrare valet armatus, nisi velit ut
hoc idem rex ulciscatur iratus." Fecit velociter amicus
Dei quod inimicus eius consuluit ei. Ingressus est
enim rex sanctus cum proditore suo; proditor vero
deliberabat in animo suo innocentem virum nocenter
damnare, et se in loco Judæ Scariotis infeliciter
subrogare.

CONTINUATIO. *Ubi Æthelbertus captus ligatur.*

Æthelbert
is pinioned.

UT autem vir Domini Æthelbertus thalamum intravit, statim captus præcipitur ligari et ante conspectum infausti principis sine mora præsentari. Ostia et
ianuæ omnia recluduntur, duces eius et consules intro
non admittuntur. Sola caro beati viri ibi sine adiutorio
morietur, sed beata anima Christo adiutore ad cœlestia
subvehetur. Stat beatus Æthelbertus quasi agnus
mansuetus ad victimam veram, habens in humilitate
patientiam. Commendat Domino Deo suo animam
suam, ut in misericordia sua suscipiat eam, et per
temporales pœnas præsentis vitæ dolores queat evadere
infelicitatis æternæ. Deinde vero palam omnibus
ingemuit, et huiusmodi verba cum inmensa utique
pietate profudit. " Non est in homine via eius, multaque ei ex insperato possunt accidere, quæ sibi acci-
dentia nequaquam frequenter solet æstimare. Heri et
nudiustertius eram securus et liber, nec thalamus
adhuc regius erat mihi carcer; necdum eram manicis
ferreis oneratus. Nunc sto miserabiliter catenis vincu-
latus: tenebræ, quæ me tanta[2] caligine involverunt,
hanc mihi mortis horam Deo terminante prodiderunt:

---

[1] *suspensum*] supremum, MS. | [2] *tanta*] tanto, MS.

sol dum suos radios retraxit, huius vitæ lucem mihi
subtractam esse signavit. Sperabam petitionis meæ
bonum præstolari eventum, et ecce! in compedibus
diris meipsum considero crudeliter astrictum. Tanquam
latro ac prædator alicuius pecuniæ expecto sententiam
damnationis meæ." Dum hæc et huiusmodi plura vir
Domini intermisceret, tyrannus non ferens diutius
vivere quem vellet iam olim in morte dormire, " Quid,
ministri mei," inquit, " expectatis? quid opus desideratum non acceleratis? Irruite velociter in eum et crudeliter perficite imperium meum." Cum hæc sanctus
martyr audiret, intimo cordis affectu cum magna devotione oravit ad Deum, et se ante iustitiam eius pecca-
torem esse cognovit et reum. Et quod ore et labiis
minus personare potuit, defæcatæ mentis pura intentione supplevit.

CONTINUATIO.   *Ubi Æthelbertus a Gwinberto decollatur.*

ACCURRENS interdum Gwinbertus diabolico spiritu
exacerbatus et avaritiæ funibus totus circumligatus,
cum furentis ardoris impetu in sanctum Dei irruit, et
suo ipsius gladio gloriosum caput amputavit. Sed
benedictus Deus, qui non derelinquit sperantes in se,
qui in sanctis suis semper est mirabilis et in universis
operibus suis gloriosus atque laudabilis, innocentem
animam per sanctos angelos suos ad gaudia sempiterna
subvexit, et inter innocentes innocentiæ veste in regno
protexit. Tali enim modo rex et martyr Æthelbertus
innocenter extinctus accepit coronam vitæ, quam re-
promisit Deus diligentibus se. Hoc tandem detestabile
factum cum ad commilitones occisi regis pervenisset,
ante lucem recesserunt ab aula, ne de ipsis simile
iudicium fieret metuentes. Offa quoque rex Merciorum

Gwinbert
beheads
Æthelbert.

de commisso facinore lugens in cœnaculo sese reclusit, ac per tres dies cibum non gustavit. Missa tamen expeditione non modica regnum Orientalium Anglorum suo imperio copulavit. Sanctus autem Æthelbertus diu inhoneste tumulatus omnibus latebat incognitus, donec corpus eius cœlesti lumine declaratum a fidelibus inventum et apud Herefordensem delatum civitatem nunc sedem episcopalem miraculis exornat et virtutibus illustrat. Caput vero beati regis. et martyris Æthelberti solidum ac cerebro incorrupto plenum in ecclesia beati Petri Westmonasterii prope Londoniam in quodam pretioso scrinio argenteo et deaurato ac beryllis et aliis diversis lapidibus pretiosis operose insertis usque in hodiernum diem honorifice conservatur.

CAP. LXV.

De Egfrido et Kenulpho regibus Merciorum.

OFFA Merciorum rege mortuo successit ei in regnum Merciorum filius eius Egfridus, invenis egregius et animi nobilitate præditus. Protinus cum fuisset in regno confirmatus, pia patris imitatus vestigia ecclesiæ beati Albani protomartyris Anglorum terras multas et possessiones devotus contulit, illasque cum omnibus aliis quas pater eius ecclesiæ præfatæ contulerat cum omnibus libertatibus regiis, quas liberiores habet vel alicui ecclesiæ conferre potest, suo privilegio confirmavit. Et eius donatio ut perpetuæ firmitatis robur optineret iuxta morem ecclesiæ Romanæ omnium episcoporum comitum et baronum totius imperii sui subscriptionem[1] et signum crucis apposuit. Et præterea in omnibus patris cupiditatem declinans, quæcunque ille ad exaltationem regni sui ex diversorum possessionibus

---

[1] *subscriptionem*] subscriptione, MS.

monasteriorum attenuaverat, ille prona devotione restituit et sub privilegio cunctis id petentibus roboravit.
Ad petitionem quoque Adhelardi Cantuariensis archiepiscopi emollitus, dignitates ab archiepiscopo Lambri-
tho, ut prædictum est, amissas libenter restituisset,
nisi mors inmatura illum de medio sustulisset.   Nam | Egfrid dies 141 days after his father.
centesima et quadragesima prima die post exitum
patris sui defunctus omnibus regni sui nationibus
causam præbuit magni doloris.   Unde nec arbitrandum
reor quod iuvenis adeo nobilis mortuus sit propter
peccata sua, sed quia pater eius pro regni sui confirmatione sanguinem multum effudit.

CONTINUATIO.   *De Kenulpho rege Merciorum.*

EGFRIDO autem Merciorum regi defuncto successit | Kenulph 24 years king of Mercia.
in regnum Merciorum Kenulfus, vir magnificus, Cuth-
berti filius et trinepos Wibbæ regis, qui regnavit
viginti quattuor annis.   Huic regina sua Alfritha ge- | Rog.Wend. i. p. 263 ;
nuit Kenelmum postea sanctum et filias Quendritham | Matth. Westm.
et Burgenildam.   Iste Kenulphus nulli ante se regi | A.D. 797, p. 291.
potentia vel religione impar, in primis magnus vir et
virtutibus famam supergrediens, nihil quod livor digne | Will. Malm. i. 87,
carperet umquam admisit.   Domi religiosus, in bello | p. 119 fin.,
victoriosus ; vir cuius laudes merito nitentur in altum, | und 95, p. 130.
quamdiu æquus arbiter in Anglia invenietur ; laudan-
dus tum regni sublimitate, tum mentis humilitate qua
enituit amplissime ; parum faciens rex mundanum in
sua provincia supercilium, dum modo antiquitus statu-
tum non transgrederetur tramitem canonum   Nam | Rog.Wend.;
accedentes ad eum Æthelardus Cantuariensis et Ean- | Matth. Westm.
baldus Eboracensis archiepiscopi super amissam Can- | ll. cc.
tuariensis ecclesiæ dignitatem regem convenerunt.   Qui | He restores the see of
ab ipsis quantum nefas in mutilatione Cantuariensis | Canterbury

to its old
dignity.

Will.
Malm. i.87,
88, p. 120,
seq.
Kenulph's
letter to
pope Leo.

diocesis antecessor eius Offa rex commisisset edoctus,[1]
antiquitatis morem devotissime reparavit. Missis igitur
ad Leonem papam Adriani successorem sua et omnium Anglorum pontificum epistolis, ipso archiepiscopo
Æthelardo legationem gnaviter fungente, quod petiit
impetravit. Regalis vero epistolæ partem, simul et
pontificalis, apponere dignum reor. " Domino beatissimo et vere amantissimo Leoni, sanctæ et apostolicæ
sedis Romanæ pontifici, Kenulphus Dei gratia rex
Merciorum cum episcopis et ducibus et omni sub nostra dicione dignitatis gradu, sincerissimæ dilectionis in
Christo salutem. Gratias omnipotenti Deo semper
agimus, qui ecclesiam suo pretioso sanguine adquisitam
inter diversas mundi huius procellas novis semper,
prioribus ad vitam sumptis, suescit ducibus ad portum
salutis adtrahere eamque nova luce infundere, quatinus
nullo sit tenebrarum errore fuscata, sed viam veritatis
inoffenso pede gradiatur. Unde merito omnis per orbem exultat ecclesia, quia cum omnium verus Remu-
nerator bonorum gloriosissimum gregis sui pastorem
Adrianum perpetuo remunerandum super æthera dux-
isset, suis tamen ovibus pia erexit providentia præ-
vium qui scit ovile Dominicum ad caulas non inferius
vitæ agitare. Nos quoque merito, quos extremitas
orbis tenet, eodem modo præ ceteris gloriamur, quia
illius sublimitas nostra salus est, illius proceritas nobis
perennis exultatio ; quia unde tibi apostolica dignitas,
inde nobis fidei veritas innotuit. Quapropter opportunum arbitror tuis sanctis iussionibus aurem obedientiæ nostræ humiliter inclinari, et quæ tuæ pietati rite
nobis sequenda videantur toto nisu implenda, quæ vero
rationi contraria deprehensa fuerint citius declinanda
ac interim a nobis omnimodis resecanda. Sed modo
ego Kenulphus gratia Dei rex excellentiam tuam hu-

---

[1] *edoctus*] eo doctus, MS.

milis exoro, ut te sine offensione animi vestri de profectu nostro, ut optamus, liceat alloqui, quatinus in
gremium me pietatis tuæ tranquilla pace percipias, et
quem meritorum nulla facultas erigit, larga benedictionis tuæ ubertas ad plebem suam regendam locuple-
tet, ut una mecum gentem quam vestra apostolica auctoritas fidei rudimentis imbuit, per intercessionem tuam
contra impetus exterorum Omnipotens erigat, et per se
regnum, quod ipse Deus dedit nobis, dilatare dignetur.
Hanc benedictionem omnes qui ante me sceptro præfuere Merciorum meruerunt ab antecessoribus tuis adipisci; hanc ipse humilis peto et a vobis, o sanctissimi,
impetrare cupio, quatinus in primis adoptionis sorte me
tibi filium suscipias, sicuti te in patris persona diligo
et totis obedientiæ viribus semper amplector. Decet
enim inter tantas personas fides sancta servari, inviolata caritas custodiri, quia paterna pietas filiorum
felicitas in Deo esse credenda est secundum illud
Ezechiæ :[1] 'Pater filiis notam faciet veritatem tuam,
Domine.' In quibus verbis te, amande genitor, imploro
ut filio tuo tam si indigno veritatem Domini tuis
verbis sacrosanctis notam facere non deneges, ut per
tuam sanam eruditionem Deo adiuvante ad melioris
vitæ propositum merear pervenire. Quinetiam, dulcissime, cum omnibus episcopis nostris et cuiuscumque apud
nos dignitatis persona deprecor, uti nobis de multimo-
dis inquisitionibus, super quis maximam subtilitatem
vestram dignum duximus perquirere, benigne respondeas, ne sanctorum traditio patrum et ab illis tradita
nobis regula quasi incognita per aliquid vitietur in
nobis ; sed sermo tuus directus nobis in caritate et
mansuetudine veniat, ut per Dei misericordiam profu-
turum in nobis percipiat fructum. Primum namque
est quod pontifices nostri ac peritissimi quique in nobis

---

[1] Is. xxxviii. 19.

dicunt, quod contra canones et apostolica statuta quæ
nobis a patre beatissimo Gregorio dirigente statuta
sunt, sicut vos scitis, auctoritas Dornernensis metropolitani in duas scinditur parochias; cuius, eodem patre
mandante, dicioni subiacere debent episcopi duodecim,
sicut per ecclesias nostras legitur in epistola, quam
fratri et coepiscopo Augustino direxit de duobus Londoniæ et Eboracæ metropolis episcopis, quam etiam
apud vos haberi non dubitamus. Sed ipse primum
pontificalis apex, qui tunc Londoniæ sub honore et
ornamento pallii fuerat conscriptus, pro eo Dorovernensi [1] oblatus est atque concessus. Nam quia beatæ
recordationis Augustinus, qui verbum Dei imperante
Gregorio ministrabat et gloriosissime ecclesiis præfuit
Saxoniæ, in eadem civitate diem obiit, et corpus illius
in basilica beati Petri apostolorum principis, quam
successor eius Laurentius sacravit, conditum fuisset,
visum est cunctis gentis nostræ sapientibus, quatinus
in illa civitate metropolitanus honor haberetur, ubi
corpus pausat, qui his partibus fidei veritatem inseruit.
Cuius itaque, sicut vos scitis, dignitatis honorem primum rex Offa propter inimicitiam cum venerabili
Lambrighto et gente Cantuariorum acceptam avertere
et in duas parochias dissipare nisus, et piissimus co-
episcopus et antecessor vester Adrianus rogatu prædicti regis facere cœpit, quod prius nemo præsumpsit,
et Merciorum præsulem pallio extulit. Neutrum tamen
ex his culpamus, quos Christus, ut credimus, æterna
victoria triumphat. Sed tamen excellentiam vestram
humiles exoramus, quibus a Deo merito sapientiæ clavis
collata est, ut super hac causa cum sapientibus quæ-
ratis, et quicquid vobis videatur, nobis postea servan-
dum rescribere dignemini, ne tunica Christi inconsu-
tilis alicuius inter nos dissensionis schisma patiatur,

---

[1] *Dorovernensi*] Doroversi, MS.

sed per vestram sanam doctrinam, ut desideramus,
ad veræ pacis unitatem dirigatur. Magna enim humilitate simul et dilectione hæc tibi scripsimus, papa
beatissime, clementiam tuam profusius precantes, quatinus ad ea quæ a nobis necessario explicita sunt,
benigne et iuste respondeas ; sed et illam epistolam,
quam Æthelardus archiepiscopus coram cunctis provincialibus episcopis nostris multiplicius de suis ac
totius Britanniæ causis et necessitatibus tibi scripsit,
pio amore perscrutari digneris, et quicquid de rebus
quæ in ea scripta sunt fidei normula poscat, pagina
nobis veritatis patefacere memineris. Ergo præterito
anno legationem meam etiam et episcoporum per
Wadan abbatem misimus. At ille accipiens illam legationem, segniter, immo insipienter, deduxit. Sed
modo tibi modicum amoris gratia munus per Brine
presbyterum et Fildas et Ceolberht ministros meos,
pater amande, mitto, quod est, centum viginti manculas cum litteris, precans te ut benigne suscipias, et
benedictionem tuam nobis donare digneris. Omnipotens Deus te longævo tempore ad laudem suæ ecclesiæ custodiat incolumem."

Continuatio. *Epistola Leonis papæ directa*
Kenulpho regi Merciorum.

" Domino excellentissimo, filio Kenulpho, regi Mer- Pope Leo's
ciorum provinciæ Saxonicæ, Leo papa. Veniens ad reply to
Kenulph.
sacratissima limina beatorum apostolorum Petri et
Pauli, tam · orationis vota fideliter solvens, quamque Malm.
i. 89,
nostræ apostolicæ sedi causam sui sacerdotii suggerens, p. 124.
reverentissimus et sanctissimus frater Æthelardus archiepiscopus Doruernensis ecclesiæ obtulit nobis vestræ
regalis excellentiæ syllabas, quibus in duabus epistolis
a vobis directis plenis fidei rectæ magnam humilitatem

vestram reperientes, omnipotenti Deo referimus grates,
qui vestram prudentissimam excellentiam in omnibus
ornavit ac decoravit erga beatum Petrum apostolorum
principem et nobiscum habere dilectionem et in omnibus apostolicis humiliter consentire censuris. Porro in
una ex illis epistolis reperimus, qualiter gratia nostræ
apostolicæ functionis, si iuxta fuissetis, animam vestram
pro nobis posuissetis benigne ; immo et nostræ pros-
peritati multum in Domino congaudeatis, et quando
nostræ dulcissimæ admonitionis litteræ ad vestræ una-
nimitatis perveniunt aures, cum omni suavitate cordis
et gaudio spiritali quasi filii paternum munus suscipere fatemini. Fatebatur et hoc, quod aliquantulam
ex vestra facultate benedictionem nobis offerri deman-
dastis, id est, centum viginti manculas, quas cum
amore pro animæ vestræ salute suscepimus. Et prædictus archiepiscopus cum sociis suis honorifice ac benigne a nobis susceptus est, et adiuvari eum in suis
necessitatibus libenter fecimus. Interea credentes vestræ
prudentissimæ excellentiæ, ubi ferebatur in ipsis tuis
regalibus apicibus, quod nostris apostolicis sanctionibus
nullus Christianus contra ire præsumit, ideo totis
nisibus nostris ea quæ tuo regno expediunt emittere
atque prædicare conamur, ut ea quæ nobis prælatus
frater noster Æthelardus archiepiscopus, seu tota
synodus evangelicæ atque apostolicæ doctrinæ sancto-
rumque patrum necnon prædecessorum nostrorum pontificum canonica censura prædicante vestræ regali
excellentiæ, seu cunctis principibus gentis vestræ et
universo populo Dei, edisserit, nequaquam in orthodoxa
eorum doctrina quippiam resistere debeatis, Domino
ac Redemptore nostro in evangelio dicente, ubi ait :[1]
' Qui vos recipit, me recipit : et qui recipit prophetam
in nomine prophetæ, mercedem prophetæ accipiet.'

---

[1] S. Matt. x. 40, 41.

Quanto magis pro ipso sæpe dicto archiepiscopo, quem
nobis valde nimisque collaudastis, sicuti et est videlicet
clarissimus, dignissimus, carissimus, atque peritissimus,
et quia illum scitis prudentem, bonis ornatum moribus,
Deoque et hominibus dignum.   Ecce, fili dulcissime et
amantissime atque præstantissime, rex bone, in his
tuis assertionibus collaudamus Deum omnipotentem,
qui talem vobis demonstravit antistitem, qui, sicut
verus pastor, indicere verbis secundum doctrinam sanctarum scripturarum dignam pænitentiam valet, et
eruere qui sub dicione sacerdotali eius existunt, animas
eorum ex inferno inferiori et ab igne inextinguibili
deducens eos et infra deducens in portum salutis, et
offerre pro illis hostiam dignam et immaculatam in
conspectu Divinæ maiestatis omnipotenti Deo.   Et
quia multum nobis prænominatus archiepiscopus in
omni sanctitate sua et vitæ conversatione ultro citroque placuit, valde nimis ei credentes ex auctoritate ei
beati Petri apostolorum principis, cuius vel inmeriti
vices gerimus, talem præbuimus præsulatum, ut si quis-
piam ex subiectis suis tam regibus et principibus,
quamque universo populo transgressus fuerit dominica
mandata, excommunicet eum usque pæniteat ; et si
impænitens fuerit, sit vobis sicut ethnicus et publi-
canus.   De vero Æthelardo iam facto archiepiscopo
Doruernensis ecclesiæ, sicut nobis poposcit vestrorum
præsulum excellentia, ut ei iustitiam faceremus, de
diocesibus suis tam episcoporum quamque monasteriorum, quibus illicite, ut cognovistis, expoliatus est, et
a venerabili sede eius, quas dudum tenuit, ablatæ sunt,
nos per omnia enucleatius trutinantes in sacro scrinio
nostro repperimus sanctum Gregorium prædecessorem
nostrum in ipsa sancta sede omnia in integro, ipsam
parochiam numero duodecim Augustino syncello suo
archiepiscopo tradidisse et confirmasse episcopos conse-
crandi.   Unde et nos veritate ipsa reperta, ordinatione
seu confirmatione nostra, apostolica auctoritate eas illi

in integro, sicut antiquitus fuerunt, constituentes red-
didimus, et privilegium confirmationis secundum sacrorum canonum censuram ecclesiæ suæ observandum tradi-
dimus."

CONTINUATIO. *De munificentia regis Kenulphi.*

MEMORATUS rex Merciorum Kenulphus contra Cantuaritas successivum ab Offa rege antecessore suo suscipiens odium regionem illam valde afflixit, eamque
hostiliter perlustrans prædatus est, regemque eorum
Eadbertum cognomine Wren sive Spren viribus sibi
imparem comprehendit, et vinctum secum cum victoria
abduxit. Sed non multo post humana miseratione
mollitus solvendum curavit. Nam non multo post apud
Wynchescumbam, ubi ecclesiam Deo ædificaverat,[1]
quam etiam sollenniter fecerat dedicari, ipsa die dedicationis et consecrationis ecclesiæ prædictæ regem captivum ad altare manumittens libertate donavit, memorabile clementiæ suæ spectaculum exhibens. Aderat
ibidem munificentiæ regiæ applausor Cuthredus, quem
prædictus Kenulphus rex in regem præfecerat Cantuaritis loco Eadberti regis supradicti. In sollennitate
vero præfatæ dedicationis ac propter dicti regis Kenulfi
munificentiam basilica plausibus resonabat, platea dis-
cursibus fremebat, quod ibi in conventu tredecim episcoporum et decem ducum, nullus largitatis passus est
repulsam, dum singuli refecti marsupiis hinc abibant.
Nam præter illa exennia quæ optimates susceperant,
inæstimabilis scilicet pretii et numeri, in utensilibus,
vestibus, equis electissimis, omnibus qui agros non habebant libram argenti, presbyteris marcam auri, monachis

---

[1] *ædificaverat*] edicaverat, MS.

solidum unum, et postremo multa universo populo
erogavit. Monasterium quoque præfatum tam magnis
et tantis ampliavit redditibus, quod hoc tempore incre-
dibile videatur.

CONTINUATIO.

PRÆDICTUS etiam rex magnificus Kenulphus erga Kenulph's
beatissimum Petrum principem apostolorum specialem liberality
to St.
gerens devotionem, ecclesiam regalem eiusdem beati Peter's,
apostoli in loco qui Westmonasterium nuncupatur in West-
minster.
occidentali parte Londoniæ sitam, quam idem apostolus in sui ipsius proprium in Spiritu dedicavit
honorem, multis ampliavit possessionibus ac honoribus
et privilegiis extulit diversis.   Kenulphus igitur post
plura gesta præclara ab eodem facta anno regni sui
vicesimo quarto, anno Dominicæ incarnationis octin- Death of
gentesimo vicesimo primo obiit, corpusque eius apud Kenulph,
A.D. 821,
Winchecombe in monasterio quod ipse a fundamentis anno regni
construxerat, sicut prædictum est, accepit honorabilem 24.
sepulturam tanti principis meritis condignam.   Successit ei in regnum Merciorum Kenelmus filius eius,
sicut suo loco inferius dicetur.

CONTINUATIO.   *De Eardulpho rege Northumbrorum.*

Sim.
Dunelm.
an. 798.
p. 669 c.

PER idem tempus rex Northumbrorum Eardulphus Matth.
in loco qui Billingho dicitur prœlium commisit contra Westm.
p. 292.
Wade ducem et alios quosdam conspiratores suos ; sed Eardulph,
demum multis hinc inde interfectis rex regaliter vic- king of
Northum-
toriam optinuit ex hostibus supradictis. bria,
defeats
Wade.

Matth.
Westm.
A.D. 830,
p. 294.

A.D. 830.

Invasion
of the
Danes.

Death of
Alhmund.

CONTINUATIO. *De persequutione Danorum.*

ANNO Domini octingentesimo tricesimo exercitus Danorum paganorum nefandissimus ecclesias de Hercenes et de Tynemuth crudeliter spoliavit et cum spoliis ad naves recurrit. Eodem anno Alhmundus filius Alcredi regis a tutoribus Eardulphi regis Northumbrorum apprehensus est, eiusque iussione cum suis profugis interfectus.

CAP. LXVI.

De Egbrighto Westsaxonum rege.

Will.
Malm.
ii. 106,
p. 145.

Egbert,
king of
Wessex.

At Offa's
court.

BRIHTRICO Occidentalium Saxonum rege defuncto, Egbrightus sive Egbertus, regis Inae de fratre Inegildo abnepos, amplo apud suos loco natus et ingenue educatus a pueritia inter Westsaxones emicuit. Continuatio virtutum incendit invidiam, et quod[1] fere a natura comparatum est ut[2] reges iniquo intuitu aspiciant, siquos in spem regni adolescere videant, Brithricus, ut praedictum est, suspectum habens memorandae indolis iuvenem, e medio tollere cogitabat. Quod Egbrightus praesentiens ad Offam regem Merciorum fuga lapsus est. Quem dum ille sedula diligentia obumbraret, consequti sunt Brihtrici nuntii qui perfugam ad supplicium repeterent, habentes in manibus traditionis pretium. Accedebat quod suo regi filiae ipsius postulabant nuptias, ut genialis tori foedus perpetuas inter eos con-

---

[1] *quod*] quo, MS. | [2] *ut*] et, MS.

tineret amicitias. Ita Offa, qui bellicis minis non
cederet, ad blanditias conivente, Egbrihtus trans- Egbert in
navigato mari Franciam venit.   Quod Dei consilio France.
factum intelligo, ut vir ille ad tantum regnum electus
regnandi disciplinam a Francis acciperet. Est enim
gens illa et exercitatione virium et comitate morum
cunctarum occidentalium facile princeps.   Hac igitur
contumacia Egbertus usus est, qua detrita inertiæ
rubigine aciem mentis expediret, et mores longe a
gentilicia barbarie alienos indueret. Itaque defuncto
Brithrico frequentibus suorum nuntiis Britanniam Recalled
reversus, moxque imperare iussus, patriæ desideriis and raised
to the
satisfecit anno Dominicæ incarnationis octingen- throne.
tesimo.   Confirmatus igitur in regnum Westsaxonum A.D. 800.
Egbrihtus, quod de re militari in Galliis didicerat,
suis subditis tam plebanis quam liberis infudit, fortes
et agiles ordinavit milites, ac tempore pacis arma
portari fecit.   Interea Egbrihtus, cum clementia et Matt.
Westm.
mansuetudine subiectorum amorem redemisset, prima A. D.
virium documenta in Britones, qui eam insulæ partem 809 etc.
quæ Cornubia dicitur inhabitant, viriliter exercuit, p. 296.
Subdues
eosque subiugavit et dictam provinciam suo adiecit Cornwall,
regno, multis hinc inde interfectis. Quibus subiugatis
Aquilonales Britannos, qui a prædictis bracchio maris
dividuntur, tributarios fecit.   Deindo vero rex Eg- and Wales.
brihtus sive Egbertus omnes Britannorum fines
pervagando penetrans ab Aquilone usque in meridiem
igne accumulato spoliavit, et eos sibi faciens tributa- Will.
rios ad propria remeavit.   Cumque rex Egbertus Malmesh.
II. 106.
prædictus vidisset sibi prospera cuncta succedere, p. 147.
misit Æthelwlfum filium suum cum Æthelstano Scire- Subjuga-
burnensi episcopo et consule Wihardo cum electa manu tion of
Kent and
pugnatorum in Cantiam, qui regem Ealdredum ultra Sussex.
flumen Tamense fugantes regnum Kantiæ cum South- Matt.
Westm.
sexia Egberto regi subdiderunt.   Quo etiam tempore A.D. 827.
Orientales Angli regem Egbertum in patronum et p. 299.
dominum susceperunt.   Provincia etiam Southreiæ Submission
of East

U

Egberto regi sese dedit. Harum victoriarum fama
cum reliquos territaret, Bernulphus rex Merciorum,
tumidum quid spirans gloriosumque arbitratus, si
audacia sua ceterorum metum demeret, studiaque
Egberti deridens bellum indixit, rigideque Egberto
imperat, ut sibi faciat homagium. Egbertus vero
damnum ducens si cederet, denegato homagio alacriter
cucurrit ad bellum; consertaque pugna fugit Bernulphus
miserabiliter victus. Factum est hoc bellum apud
Helleldone, iuxta Wintoniam. Cumque rex Occidentalium Saxonum Egbertus sive Egbrihtus omnia australia Angliæ regna optinuisset, exercitum grandem
in Northumbriam ducens provinciam illam gravi depopulatione contrivit, regemque Eandredum statuit

sub tributo. Nec multo post Orientales Angli auxilio Egberti regis animati Bernulphum regem Merciorum trucidarunt, eo quod regnum illud ut suum a
tempore Offæ regis invadere et sibi vendicare temptaret. Ludecanius etiam, Bernulphi successor, eadem
sorte vitam finivit, ab Orientalibus Anglis pro causa,
qua et suus prædecessor Bernulphus, modo consimili
interfectus. Withlawius, Ludecanii successor, a rege
Egberto expulsus annis tribus exulavit, ac postea in
fidem tributariam acceptus principatum Westsaxonum
ampliavit. Eodem quoque tempore prædictus rex Eg-

bertus Swithedum, regem Orientalium Saxonum, debellavit et a regno fugavit. Swithedo quoque rege
fugato regnum Orientalium Saxonum reges Westsax-

onum tenuerunt. His ita gestis Egbertus, rex poten-

tissimus, exercitum ducens in Walliam copiosum Walenses omnes cum regibus suis dicioni suæ spontanea
voluntate subiecit. Tantis et talibus victoriis Egbertus insignitus regna Merciorum, Cantuariorum,
Northumbrorum, ceteraque Anglorum regna quæ in

octo extiterant divisa in unum compingens Westsaxonum regno univit, cepitque Legecestriam, quæ est
Urbs Legionum, super Britones usque tunc a Britoni-

bus possessam.   Deinde convocatis proceribus suis apud His coronation. Wintoniam coronatus est rex totius Britanniæ, ubi edictum fecit, ut ab illo die omnes Saxones et Juti vocarentur Angli, et insula vocaretur Anglia.   Egbertus Anglia. denique unus ex octo regibus fuit, qui totam insulam usque ad mare Gallicum subiugatam possedit.   Ita Will.Malm. ibid. tota Britannia potitus reliquum vitæ per annos novem tranquille cucurrit, nisi quod extremis fere diebus manus Danorum piratica littoribus eius appulsa otium Danish invasions. regni fœdavit.   Ita versatur humanarum rerum alea, ut primus omnibus Anglis imperitans cognatorum obsequium posset parvi pendere, dum externus hostis Rog.Wend. and Matt. se suosque non sineretur incessere.   Exercitus enim Westm. Danorum piraticus[1], postquam apud Dunemutham victi A. D. 833 and 834. et fugati fuerunt, Schepeiam, id est, Ovium Insulam, deprædati sunt.   Applicuerunt enim ibidem pagani illi cum navibus triginta quinque, et spoliata insula illa navigaverunt et applicuerunt[2] in loco qui Carrum nuncupatur; prædis ibidem et spoliis vacantes, nulli sexui pepercerunt.   Unde rex Egbertus ingenti exercitu congregato contra prædictos paganos vexilla direxit et arma.   Sed Dani post nimiam hinc inde illatam stragem alea belli prævaluerunt. Ceciderunt itaque inter ceteros Herefridus Wintoniensis et Sigelmus Schireburnensis episcopi cum ducibus Duda et Rog.Wend. and Matt. Esmundo.   Quo facto   Walenses cum Danis iunctis Westm. viribus igne et ferro regnum Egberti invadentes cas- A.D. 835 and 836. tella eius et municipia diruere satagebant.   Quo audito, rex Egbertus cum exercitu copioso hostibus occurrens maximam ex obstantibus stragem fecit, et tandem Danos cum Walensibus damnosam inire fugam coegit, patriamque ab hostium irruptione liberavit. Ac non multo post idem rex Egbertus novum Danorum adventantem exercitum contritione gravi conterens

---

[1] *piraticus*] piraticñ. MS. | [2] *applicuerunt*] applicant, MS.

Death of
Egbert.

Rog. Wend.
and Matt.
Westm.
A.D. 837.

Will.
Malmesb.
ibid.
p. 149.

in fugam convertit. Postremo rex Occidentalium
Saxonum Egbertus, expletis in regno annis triginta
septem et mensibus septem, ex hoc sæculo transiens
apud Wintoniam sepulturam accepit, magnas laudum
occasiones heredibus relinquens, felicesque fore pro-
nuntians, si regnum quod multa texuerat industria
ipsi consueta genti illi non interrumperent ignavia.
Successit autem Egberto regi Æthelwlfus filius eius,
quem quidam Aldulphum appellant, viginti annis et
quinque mensibus, de quo suo in loco inferius plura
dicemus.

<h2 style="text-align:center">Cap. LXVII.</h2>

De sancto Kenelmo rege Merciorum.

Cf. Acta
Sanctorum
Jul. 17
(Vol. iv.
p. 297,
seq).*

Death of
Kenulph,
king of the
Mercians,
A.D. 819.
anno regni
24.

His son
Kenelm
succeeds to
the throne.
au. æt. 7.

KENULPHUS, rex Merciorum piissimus, anno Domini
octingentesimo nonodecimo, imperii vero sui vicesimo
quarto, migrans ad sidereum regnum, et, sicut præmisimus, apud Winchecombam sepultus, Kenelmum
filium puerum septennem paterno affectu reliquit heredem.   Erant autem Kenelmo regiæ germanæ duæ,
Quendritha quæ postea fraternum sanguinem hausit, et
Burgenhilda quæ fratrem sororia affectione dilexit.
Puer Kenelmus inter candida Anglorum pignora spe-
ciosus forma et illustrante superna gratia amabilis Deo
et hominibus florebat ætatula: præventus a Deo spiritu
dilectionis ac benignitatis multis charismatibus gratiarum
apparebat filius divinæ adoptionis. Hunc ævo parvulum
sed animo ac pietate magnificum in regem elegerat
amor populi sui iuxta natalicium privilegium et testa-

mentum patris Kenulphi. At Quendritha, sævo livore Quen-
et regnandi ambitione stimulata, insidiabatur illi ut dritha.
Herodias Johanni, ut Heliæ Jezabel, ut Caim Abel. sister,
Quem cum veneno non posset extinguere, eius nutri- plots
cium et procuratorem intimum, nomine Askebertum, against
quia non est perniciosior[1] pestis quam familiaris amicus, his life.
ingentibus præmiis et spe consortis imperii armat in
fraternum iugulum. Tali modo invicem consiliati
absconderunt laqueos, intenderunt arcum, paraverunt
sagittas suas in pharetra, ut sagittent in obscuro rectum
corde.

CONTINUATIO. *De visione quam vidit in somnis beatus Kenelmus.*

EA tempestate vidit per somnum claram visionem Kenelm's
Dei hostia Kenelmus, quam cum suspirio retulit nutrici vision.
suæ degenti Winchescombæ, habenti gratiam interpretationis et intelligentiæ, nomine Wlwenne. " Visum
est," inquit, " mihi, o mater carissima, quod ante
cubiculum meum arbor staret altissima usque ad sidera.
Me vero videbam stare in eius arduo vertice, unde late
poteram omnia aspicere. Erat autem pulcherrima et
late effusis ramis spatiosa, ab imo ad summum omnibus
floribus refertissima. Videbam quoque innumeris luminaribus et lampadibus totum ardere, mihi vero tres
partes huius terræ prona curvari devotione. Cumque
de tanta specula mirarer visionem, quidam meorum
subter irruentes succiderunt arborem et illa cecidit
ingenti ruina. Ego vero protinus efficiebar avicula
candida et libero volatu penetravi æthera." Vix elo-
qutus erat alter Josephus visionem, cum nutrix pectus
tundens talem erupit in vocem. " Heu me !" inquit,

---

[1] *perniciosior*] pernicior, MS.

tili mi dulcissime, heu lactatio et nutrimentum meum
suave! ergone insidiae tuorum, ergone maligna consilia
sororis et nutricii tui praevalebunt adversum te? Heu,
quam timeo arborem illam succisam indolis tuae prae-
signare iacturam, cum tribus partibus regni subiectis
partem [cum] sorore habeas adversam! Verum tamen
in avicula, qua penetrabas aethera, intelligitur ascensurae
animae tuae gloria." Non haec terrebant infantem,
quia, ut scriptum est,[1] "Qui ambulat simpliciter, ambulat confidenter." Tandem Askebertus, ut ille alter
Askebert leads Kenelm into a wood. Scarioth, proditor domini sui, rapta occasione sceleris
maturandi, Kenelmum adducit in silvam gratia venandi,
quasi oblectandum amore studii paterni. Ille imitator
Domini sui, ut agnus ductus ad victimam, praesaga
mente cruentum hostem comitabatur ad coronae gloriam.
Septem circiter annorum tunc puer fuisse describitur.
Ubi vero silvae appropinquabant, tenellus pusio somno
praegravante equo delabitur, ibique recubans securus
malorum totus soporatur. Tunc cruentissimus nutricius
pro cunis et lectulo fossam parat, in qua eum citius
obruat. Verum ubi puer expergiscens consilium prae-
venit lanistae, fertur prophetica mente sapientiam par-
Kenelm's prophecy. vulis praestante Domino dixisse: "Frustra hanc molitus
es mihi speluncam: non enim hic, ut cogitas, sed re-
motiori loco, ubi Deus providit, occumbam. Unde tibi
certum dabit signum haec virga" (nam virgam manu
gestabat et terrae affixerat), "si modo plantata fron-
Miracle. deat." Haec eo pronuntiante statim radicata virga
coepit frondescere. Unde adhuc ingens fraxinus ostenditur, quae in memoriam beati Kenelmi celebris habetur.
Hinc saevissimus carnifex percussus et voce veridica et
dira conscientia longius puerum abducit obturata fovea.
Cleutho vale. Est profunda vallis inter duos montes abdita in ipsa
silva Cleutho dicta. Jam haerentem hostem et diversa

---

[1] Prov. x. 9.

petentem secreta mente furiata sic increpare videbatur
martyr voce Dominica: "Quod facis, fac citius." Ibi
igitur sub arbore spinea caput Kenelmi lacteum septen- Kenelm is
nis, ut dictum est, parvuli absciditur, quod ipse pro- beheaded.
tinus extensis palmulis excepisse memoratur, quo velut
lilium aut demessa rosa gratificatur, ut in conspectu
Domini mors pretiosa sancti sui commendetur. Hinc
et lactea columba aureis pennis transvolasse æthera
merito creditur, qualis ipse sibi avicula in superiori
visione videbatur. Asseritur etiam quod iam decoll-
landus sacrum hymnum "Te Deum laudamus, Te
Dominum confitemur," inceperit, atque in illo versu,
" Te martyrum candidatus laudat exercitus," iugulatus
occubuerit. Ilico autem impius percussor cæsum innocentem terra obruit, nequiquam[1] ratus quod illa deserti
vastitas scelus suum absconderet, cum Veritas clamet,
" Nihil opertum, quod non reveletur." Denique qui
cœlo teste erat martyrizatus, cœlo teste est declaratus: A pillar of
light on his
grave.
quatinus fulgida lucis columna ab æthereis arcibus
sæpe videretur super eum effusa. Quem etiam ab
humana notitia abscidere nitebatur inhumanitas belu-
ina, illum prodebat hominibus peculialis diligentia.
Nam candida bos cuiusdam, ut fertur, viduæ relicta A cow
discovers
the grave.
publica pascua ab alto monte ad infimum sepulti monu-
mentum decurrit, ibique inseparabilis adhæsit, mira
videlicet oblectatione divinitus attracta et allecta, ut
nullius inde avelli posset instantia sive inventa, sive
ignota. Quotiens vero nota stabula domi repetisset
plena, totum armentum duplo lactis superabat copia:
tam salubri circa sanctam glebam pascebatur herba
et gratia. Miroque modo quod vesperi detonsum erat,
recrescente virore mane abundantius inveniebat. Hic Vaccæ
Vallis.
autem locus idem Vaccæ Vallis appellari assuevit.

At Quendritha empto per fratricidium regno potita, Quen-
dritha
forbids
search for
Kenelm.
tali edicto omnes terruit, ut siquis Kenelmum requi-

---

[1] *nequiquam*] ne quisquam, MS.

reret vel indicaret vel etiam nomen loqueretur, sine
dilatione capite plecteretur. Hinc de cœlo indicabant
clara luminaria et in terris quodammodo muta loque-
bantur animalia, nec muttire audebat humana ignavia,
et gemitum extincti domini premebant ab indictione
terrifica. Verum præfulgida lucerna, quæ obfuscatur
in Anglica patria, clarius emicuit in arce mundi Roma,
quatinus latius diffunderet illa excellentia quod claude-

A dove
deposits
on the
altar of
St. Peter's
at Rome
a scroll,
bearing in
English
an account
of Kenelm's
murder.

bat angusta invidia. Nam cum Silvester papa missarum sollemnia innumerabili populo astante celebraret,
ecce columba super nivem candida desuper palam
omnibus apparuit, quæ niveam membranam aureis
litteris Anglice inscriptam blando rostro ferens, super
altare beati Petri deposuit, sicque in altum sublata
disparuit. At sacer apostolicus cum tremore respiciens
novam schedulam ignotis verbis ac litteris editam,
populum diversarum nationum ad beatum Petrum con-
fluum obtestatur, quatinus indicarent, si quis inter eos
aliquid huius epistolaris relationis cognovisset. Inter-
erant tot terrarum conventibus plerique Angli, sive
Mercii sive in Anglica[1] schola a superioribus Anglorum
regibus Romæ ordinata constituti, sive ab ipsa Anglia
recenter adventicii. Ab his recitatur sacra epistola,

Cf. Ra.
Higden
Polychron.
p. 253.
Matt.
Westm.
and Rog.
Wend.
A.D. 821.

cuius interpretatio est ista. " In Clentho Vaccævalli
" Kenelmus regius natus iacet sub pino capite trun-
" catus." Tum vero obnixius papa insistente, post-
posita feminearum minarum terrore, Angligenæ cives
omnia suo ordine et signa super eum visa exposuere.
Dehinc memoratus papa mittit cum Anglis fidelibus
legatos cardinales cum litteris et potestate apostolica
ad archipræsulem Dorobernie ceterosque pontifices
Anglorum. Ipsum quoque cœlitus allatæ epistolæ
mittit indicium, quatinus de indigno latibulo in ecclesiam Deo placitam probabilem Dei martyrem transfer-

---

[1] *Anglica*] Anglia, MS.

rent Kenelmum in patrocinium multorum venerandum.
Itaque ad auctoritatem apostolicam et archipræsulis
potentem gratiam tota plebe Merciorum conspirante,
excipitur sacrum corpus Kenelmi martyris cum superna
laude, quatinus transferretur ad beatum genitorem
suum Winchecomb, ubi idem Deo amabilis rex requiescit in templo quod ipse Dei genetrici regaliter condidit ac regiis opibus extulit, cum ibi firmaverit oppidum muro cinctum.   In assumptione autem almifluæ
glebæ ab ipsa eius spelunca a repente fons sacer emersit,
qui hactenus in rivum effluit et multis inde gustanti-
bus salutem impendit. Cum ergo efferretur e silva,
confluente cum patribus maxima multitudine, detentus
est in itinere, ubi plurima turba cæcorum, surdorum,
claudorum, diversorumque languorum undique annitens
curata est. Cum autem asportaretur a populo provinciæ Gloucestriæ, occurrit armatus populus Wygornensis
provinciæ, obstititque ad vadum Piriford, quatinus
illum pretiosissimum thesaurum a Glauestrensibus, nisi
ultro cederent, in castrum Wigornense auferrent. Alter-
cantibus autem utrisque partibus, sicut quondam Tu-
ronicis et Pictavis pro beati Martini corpore, complacuit
tandem ut populus [qui] in crepusculo sequentis diei
prior evigilasset, sacratissimum Kenelmum quasi divinitus datum sibi auferret.   Itaque Glauestrenses vigi-
lantiores iam quinque miliariis cum sacra gleba evasere,
antequam Wigornenses possent expergiscere.   Tunc
vero accensi ira et rubore insequuntur tota animi celeritate.   Quos ubi eminus respexere fugitivi, invocato
suffragio ducis Kenelmi per angustam semitam inter
frutecta protegentia excurrere anheli.   Iamque in conspectu monasterii Winchecombensis fuga, labore, sitique
gravissima defessi subsederunt cum sancta gleba respi-
raturi.   Nec prodire ausi, poscebant se tanti patroni
præsentia remediari. Continuo vero fons erupit sub
quadam petra ; qua ablata totus cœtus salutem bibit
et processit.   Fons autem hactenus in amnem decurrit.

Kenelm's
body is
disinterred.

The men of
Gloucester
and Wor-
cester con-
tend for
the relic.

Quendri-
tha's eyes
fall out.

Stabat tunc Quendritha in solario occidentalis ecclesiae beati Petri, quam viae spatium dirimit ab atrio monasterii. Quae respiciens a monte decurrentem multitudinem cum triumpho fraternae gloriae, ira et indignatione felle cœpit tabescere. Acceptoque psalterio quodam praestigio studuit non cantare pro illo sed incantare contra illum centesimum octavum psalmum, quatinus a fine ad caput, ab ultimo versu ad primum, pervertendo cum fraternae felicitati officeret perniciosum. Verum in ipsam redundavit maledictum suum. Cum enim a a fine ascendendo hunc versum ore volverit venefico: " Hoc opus eorum qui detrahunt mihi apud Dominum, " et qui loquuntur mala adversus animam meam;" continuo sibi utrique oculi suis sedibus extirpati decidere super ipsam quam legebat paginam. Adhuc autem ipsum psalterium argento paratum huius correptionis praebet indicium in eadem serie lapsorum orbium cruore maculatum. Ipsa vero infelix post paululum interiit, quam ferunt nec in ecclesia, nec in atrio, nec in campo sepultam posse teneri, sed quendam infantem lucidissimum apparentem cuidam iussisseque in quodam profundo semoto proici. Regius vero martyr Kenelmus paterno monasterio Winchecoumbe cum altisonis laudibus infertur, ubi ipsum patris monumentum sancta memoria celebratur, et ipse filius innumeris ibi signis tunc et deinceps exhibitis hostia cognoscitur sanctitatis. Quibus ab antiquitate cœlo reconsignatis, exequamur pauca ex multis.

Kenelm is
buried at
Winche-
coumbe.

CONTINUATIO. *De miraculis post l.*   *mortem beati martyris Kenelmi ipsius meritis a Deo factis.*

SUB rege Cnuto vir praedives Esgotus, nomine Digera, Danus natione, partem terrae adiacentem ruri beati Kenelmi in Neventuna suae possessioni ad Cudintone moliebatur adiungere, ubi collecto provincialium

placito **Godwinus** tunc abbas **beatum** Kenelmum
medium intulit iudicio. Iudicatur ergo **ut ille** præpo-
tens cum triginta quattuor paribus optimatibus suum
ius probet sacramento **super** sanctum præsentis Kenelmi
corpus iurando. Cumque ille in abbatem **probrosus** Miracle.
ad iusiurandum sese proriperet, subito clara Dei virtute
repulsus retrogradus abscessit, et **quasi vasto ictu**
obrutus supinus concidit. Tunc omnis ille conventus
coram sacro feretro humi affusus veniam flagitavit,
ipsique suam partem incunctanter adiudicavit. Adver-
sarius vero ut amens domum deductus **non diu super-**
vixit, et qui unam sancti possessiunculam inique **auferre**
temptavit, omnia possessa cum sæculo iure **perdidit.**

CONTINUATIO.   *Item aliud miraculum.*

ITEM **quidam** notissimus nomine Godwinus, cum Another
de collecto censu plebis **calumniaretur** in placito miracle.
provinciali habito, iuravit per sanctum Kenelmum
se nunquam inde **quicquam** vel ad quattuor nummos
defraudasse; statimque **mutus factus** reatum suum
tacendo prodidit, quem loquendo defenderat, totaque
plebs silentio cognitum fraudatorem corripuit.

CONTINUATIO.

EA tempestate iusserat ex more sacerdos in Pelin- Another
tona festum beati Kenelmi intermissis operibus miracle.
celebrari. Quod cum audisset eidem villæ præsidens
matrona, uti recumbebat ad prandium **in ipso die**
festo, typho **superbiæ refutavit, atque indignantia**
verba in sanctum **retorsit, nec** quicquam operis
intermitti tumido fastu imperavit. "Pro Kenelmo,"
inquit, "nescio quo fructum diei perderemus?" Vix
eloquta erat, et utrique oculi super mensam cecidere

excussi, ut supra indignæ martyris sorori.   Tum vero
sera pænitentia cum luctu et ululatu inclamat sanctum
Kenelmum, eiusque cum omni reverentia feriari rogavit
diem festivum.   Merito autem omnium dierum re-
spectum perdidit, quæ unum diem Dei dilecti despexit.
Porro boves ipsius, qui eodem die iugabantur ad
vehicula, omnia lora et iuga excutientes ita dispersi
sunt ut deinceps inveniri non possent.

CONTINUATIO.

CELEBERRIMUM quoque est in Herforda quomodo
fabro in eiusdem sollemnio proterve operanti in-
hæserit malleus dextræ et forceps sinistræ palmæ, vel
molam rotanti ministro ad acuendam falcem ita ligno
incluso manus coaluerit, ut solvi cuneis et malleis
impellentibus nequierit,   magisque teneretur   quam
teneret.   Votis vero factis requirendo sancto retinacula
quidem cessisse, sed clausos pugnos artius impressis
ungulis palmæ, donec ad sanctum medicum veniretur,
perdurasse.   Conspexere inde præsentes fratres im-
pactis digitis manum contractam, iamque luminaribus
oblatis sancto Kenelmo integre reparatam.

CONTINUATIO.   *Item in ipsius natalicio.*

CUM ex tota Anglia ad eius festa annuo usu con-
fluerent, cæcus natus, Leoflius nomine, ibidem sancti
martyris suffragia postulabat, cum ecce! raptus in
ecstasi coram ipso corruit, totoque volutabatur et
impingebatur vestibulo, anhelis vocibus clamitando,
"Sancte Kenelme, parce mihi! quid me sic crucias?"
Interea contemplatur puerum, ut postea referebat,
speciosissimum ac splendidissimum sibi assistere duo
sidera præfulgida manu gestantem et ea oculorum

sedibus sibi imprimentem. Nec mora : reversus ad
se reseratis oculis profluente sanguine hausit diem ;
mirabatur ignotas rerum species, mundi amplitu-
dinem, lucis nitorem. Pro quo abbas Godwinus cum
fratribus grates Deo immolat excelsis laudibus.

CONTINUATIO.

SIMILITER alius advenerat mutus a nativitate altor Another
canum et assecla venationum Alfrici viri clarissimi, miracle.
qui in vico Adstretel mansitabat. Hic quoque eodem
die decidens in excessum mentis vidit fulgido decore
parvulum cum cereo flagrante sibi advenire, atque ita
ardentem in os sibi patulum impingere, sicque exiliens
loquebatur recte, quæque prius tantum poterat audire,
iam valebat referre. Testabatur autem dominus suus,
qui a parvulo norat, quod nunquam antea loqutus
sit, et quod canes in venando ad sui oris sonitum
licet inconditum assuefecerit.

CONTINUATIO.

ALIUS nihilominus mutus ad gradum presbyterii Another
velut amens hac illac iactabatur, et miserabiliter miracle.
sanctum Kenelmum inclamabat ut sibi misereretur.
Isque redditus loquelæ coram prædicto abbate et
fratribus turbisque frequentibus in laudem Dei omnes
compulit, qui in sanctis suis gloriosus existit. Interrogatus autem ab ipso monasterii patre, quid angustiæ
sibi fuisset, cur ita volutatus succlamasset, iurabat se
nihil sensisse, nihil prorsus scire, nisi quod excitatus
a quiete redditus sit facundiæ.

CONTINUATIO.

DEBILEM quoque repentem per humum canatis Another
truncis [quos] alligaverat genibus pro cothurnis pedalibus, miracle.

(et calceatis ligno poplitibus nitebatur pro gressibus.
Scabellula pro bacillis suppeditabant manibus, et ægre
sustentabant labile corpus) videres hominem ad
cœlestia contemplanda sublimatum peccati condicione
in reptile conversum. Igitur coram beato Kenelmo
tota die uniformiter genuflexus aut genu progressus
implorabat multis comptum salutis munus. Verum
transacta sollemni die, cum iam sequenti diluculo
pararet discedere desperando, subito corripitur miraculo. Rumpuntur fortia lora lignorum, excutiuntur
hinc inde ligneæ conchæ genuum, surgit de trunco vir
procerus in statum suum. Unde omnes cantant Domino in sancto suo laudis hymnum.

CONTINUATIO.

Another
miracle.

ALIO quoque tempore venerat illuc quidam Saxoni-
cus ferro ventrem accinctus, per visum de tam longinquo in Angliam ad beatum Kenelmum, ut ipse
referebat, venire iussus, nimirum apud ipsum sol-
vendus. Quindecim autem diebus anticipaverat eius
nataliciam sollemnitatem, postulans speratam ipsius
absolutionem. Jam vero instantem celebritatem
attentioribus vigiliis et orationibus exercebat, utpote
qui hanc sibi maxime remediabilem expectabat. Sed
expectandus est Dominus donec misereatur, qui non
nostro, sed suo qui nos fecit, arbitrio nobis salutem
operatur. Itaque finita illa luce sollemni, obtenebrescere
cœpit in advena lux præsumptæ fidei. Mane, cum
discedere salute iam desperata pararet, valedicens
sancto cum alto clamabat suspirio, "O beate Kenelme,
cœlitus mihi revelate et in liberationem promissam
de tam longinquo quæsite, quomodo mihi tandem
lente et expectate, derelinquis me, ut sine spe remedii
cogar abscedere?" Tali modo eo conquerente statim
ferreus nexus eius confractus dissiliit, et absolutus reus

cum venia peccatorum in gratiarum actionem se salvatori prostravit. Cui exesum et liventem uterum
molli cera abbatis refovit benignitas, donec rediret
sanitas. Excusso etiam ferro ab alterius bracchio
medietas circuli supra chorum fratrum evolavit,
reliqua vero medietas inveniri non potuit.

CONTINUATIO.

SED quia lux tanto clarius, quanto vicinius conspicitur, oculis et manu fidei proximius [1] attrectentur nuper
patrata miracula.   De proxima villa Suderham ante
altare beati Kenelmi pater illatum filium proiecit ita
contractum, ut calcanei natibus infixi et manus hinc
inde hærerent lateri, nec poterant nisi portando moveri
loco. Is ergo, abbate Godrico vespertinam antiphonam
in evangelio incipiente, absolutus subita virtute cunctis
aspicientibus supra pedes stetit, et manus in gratiarum
actione Deo extendit.

CONTINUATIO.

QUODAM autem tempore placuit patri monasterii et
fratribus quatinus ad antiquum suæ passionis locum
revisendum deferretur beatus Kenelmus. Cum hospi-
tarentur in oppido Wik, illustrissimi viri Osberti filius
sursum versis oculorum pupillis visibusque latentibus
sub palpebris velut in nube stellis cæcus aderat.   Qui
orans ibi ad sanctum Kenelmum utraque acie in rectum
conversa protinus attigit lucis gaudia.

CONTINUATIO.

IPSA vero nocte omnibus somno oppressis, candela
ardens super altare coram apposito sancti corpore de

---

[1] *proximius*] proximus. MS.

candelabro cecidit, diuque super pallia et linteamina
altaris ac si super siccum lapidem arsit.   Cumque
monachi ceterique ministri expergefacti ad tantam
negligentiam suam exilissent, invenerunt candelam ad
mensuram ulnæ favilla signante conflagratam, raptim-
que levantes candelam excussa favilla viderunt omnia
illæsa, nullam prorsus incendii vel cerei fluoris maculam
habentia.   Quis tunc in tanto populo tacere Dei præ-
conia poterat in martyre suo ?

CONTINUATIO.

IN Clentum vero delatus locum monumenti sui tertio
miraculo celebrat.   Nam ibi puellam terræ tenus incli-
natam gratia Salvatoris erexit, secundum illam videlicet curvam in evangelio restitutam.

CONTINUATIO.

QUIDAM miserabiliter a nativitate contractus erat,
talos videlicet natibus impressos manusque retortas
adeo ut digiti retrorsum bracchiis inhærerent.   Hunc
frater suus carnalis sanitatis gratia per plerasque de-
portaverat ecclesias, sanctorum requirens suffragia.
Summo tandem cum labore pervenit Romam, sancti
Petri cum lacrimis expetens beneficia.   Nec cessit ei
in vacuum tanti itineris perrexisse spatium.   Edocetur
enim per somnium ut in patriam cito redeat, locum
vocabulo Winchecoumba adeat, et a sancto martyre
Kenelmo fratris sui salutem obtineat.   Quod gratanter
accipiens, laboremque spe salutis parvi pendens, debilem
fratrem illuc a Roma detulit et ante altare deposuit.
Cumque summa cordis intentione sanctum martyrem
uterque depoposcerat, debilis sopore depressus puerum
speciosissimum de altari vidit descendere, aureaque

virga quam manu gestabat se tangere, et ut surgeret
imperare.   Ilico mirum in modum qui nisi alienis
nunquam loco motus est, supra pedes suos stetit cur-
suque veloci bracchiis extentis altari superincumbens
infantem prædictum sanatorem suum, ut ipse postea
retulit, visus est apprehendere.   Postquam enim virga
salutis eum tetigerit, visus est illi velociter altare con-
scendere, scriniumque quo sacra eius ossa requiescunt
intrare.   Qua de re valde lætantes qui aderant, Deum
in sanctis suis mirabilem collaudabant.   Vir autem ille
omnium membrorum plenissime vigore percepto plurimis
postea mansit annis, habens semper cicatrices patulas in
natibus ubi calcaneos infixos habuerat.

CONTINUATIO.

SUCCESSIT autem sancto Kenelmo in regno Merciorum
Colwlphus patruus suus, duobus annis.   Qui postea de
regno Merciorum expulsus Bernulphum habuit successorem quattuor annis.   Quo Bernulpho ab Orientalibus
Anglis, sicut præmisimus, interfecto, Ludecanius eidem
successit eadem sorte qua et suus prædecessor interfectus, prout superius prælibavimus.   Cui successit
Whitlawius, qui continuo a rege Egberto expulsus
annis tribus exulavit.   At postea Withlawius in gratiam
Egberti receptus suscepit ab Egberto regnum Merciorum, ut illud de eo teneret sub tributo.

Ra. Higden
Polychr.
A.D. 820,
p. 253.
Successors
of Kenelm.

Matt.
Westm.
and Rog.
Wend.
A.D. 828
and 830.

CAP. LXVIII.

De causa Danicæ afflictionis.

NUNC igitur ad plagam maximam et horribilem per-
venimus, ut peccatis exigentibus per Danos Angligenis

Rog.Wend.
p. 280.
Matt.
Westm.
p. 301.

The
Danish
invasion
provoked

X

by the
sins of the
nation.

Hen. Hunt.
v. Prol.
p. 736. b.
nationibus illata est.   Libet eiusdem cladis causam ad
cautelam futurorum breviter legentibus intimare.   In
Anglorum quidem ecclesia primitiva religio **clarissime**
resplenduit, ita ut reges et reginæ, principes ac duces,
consules et barones ecclesiarumque rectores cœlestis
regni desiderio succensi **monachatum**, spontaneum exilium, vitam solitariam certatim appetentes, relictis
omnibus Dominum sequerentur.   Processu vero temporis adeo in eis omnis **virtus** emarcuit, ut nulla gens
proditione vel fraude eis consimilis videretur.   Nec
erat eis invisum aliquid nisi pietas et iustitia, nec
honor nisi bella plusquam civilia,[1] et sanguinis effusio
innocentum.   Misit ergo eis Deus omnipotens gentes
paganas et crudelissimas, velut apum examina, quæ
ne quidem sexui muliebri aut parvulorum parcerent
ætati, **Danos** scilicet et **Norwegenses**, **Gothos** et **Swathe-
dos**, **Wandalos** et **Fresos**, quis ab exordio regis Ethel-
wlfi, de quo nunc in proximo dicemus, usque ad
Normannorum adventum, per annos ferme ducentos
triginta terram hanc peccatricem a mare usque ad mare
et ab homine usque ad pecus deleverunt.   Siquidem
Angliam crebro et undique invadentes, non eam subiugare ac possidere, sed prædari et perdere satagebant.
Ibid.
p. 736. a.
Qui si aliquando vincerentur, non proficiebant Angli,
cum alibi classis maior et exercitus ex improviso et
subito adveniret.   Nimirum dum modo reges Anglorum
in plagam regni orientalem contra illos tenderent
pugnaturi, antequam turmis appropinquassent hostibus,
dicens nuntius advolabat: " Quonam, rex, iter sumis?
Ecce nunc classis paganorum innumerabilis ex australi
parte regni littora occupans, urbes et villas prædans
ferro quæque sibi obvia et incendio conflagravit."
Nec minus ideo rumor huiusmodi ab oriente vel occidente aut aquilone superveniens omnem indigenis

---

[1] Lucan. i. 1.

spem salutis ademit. Sicque tot malis **ac rumoribus
sinistris** reges cum subiectis cordibus **dissecautes contra**
hostiles incursiones **dubium** certamen inibant.   **Unde**
contigit **ut** quandoque **cives, quandoque vincerentur et**
hostes.

Cap. LXIX.

De Ethelwlfo sive Adulfo rege Westsaxonum.

REX Occidentalium Saxonum Egbertus sive Egbri- | Rog. Wend.
hitus expletis in regno annis triginta septem et men- | and Matt. Westm.
sibus septem, ex hoc sæculo transiens, apud Wintoniam, | A.D. 837.
sicut prædiximus, sepulturam accepit.   Cui succedens | Æthelwlf
Æthelwlfus, quem quidam Adulphum vocant, viginti | or Adulph, Egbert's
annis et quinque mensibus imperavit. Hic Æthelwlfus | son and
aliquando beato Helwistano ·Wentano præsuli trade- | successor. Ra. Higden,
batur educandus, a quo et diaconus effectus est ; | p. 253.
tandem iubente papa ad regnum Westsaxonum assump-
tus est. Qui ex regina sua, nomine Osburga, quattuor | His sons.
filios inclitos generavit, quorum primus dictus est
Eadbaldus, secundus Ethelbertus, tertius Ethelredus,
quartus Alfredus sive Aluredus, qui omnes post patrem
per ordinem regnaverunt.   Quintum habuit filium,
nomine Ethelstanum, non de matrimonio generatum, | Æthelwlf
cui pater Æthelwlphus omnia regna quæ eius genitor | resigns
Egbertus potenter adquisierat contulit, Occidentalium | all his dominions,
Saxonum solummodo ipse contentus regno.   Nam | except
natura erat lenis, et qui sub quiete degere, quam | Wessex. to
multis provinciis imperitare mallet.   Buredum regem | Rog. Wend.
Merciorum,. Bertulphi successorem, contra Britones | and Matt. Westm.
iuvit.   Nam dictus Buredus, Merciorum rex, filiam | A.D. 852.
regis Occidentalium Saxonum Æthelwlphi uxorem | Bured, king of
accipiens in regno confirmatus est.   Celebratæ sunt | Mercia,
quoque nuptiæ in villa regia quæ Chippenham appel- | Æthelwlf's
latur, ubi puella Ethelwitha reginæ nomen promeruit. | son-in-law.

Will.
Malmesb.
ii. 108.
p. 150.

Piratas vero Danorum per totam insulam vagantes et
inopinatis appulsionibus littora omnia infestantes, non
semel per se et duces suos contudit; quamvis, ut est
fortuna bellorum, ipse in eisdem frequentes et insignes
calamitates acciperet, Londonia et omni prono Kantia
vastata, obsistebat tamen semper aerumnis consiliatorum
regis vivacitas, qui nihil umquam hostes impune delin-
quere paterentur, quin communi umbone in eos ulcis-

Incursions
of the
Danes

cerentur. Habebat enim duos suo tempore praecellentes
praesules, beatum Swithinum dico Wintoniae, et Alel-
stanum Schirebourniae. Hi videntes regem crassioris
et hebetis ingenii, admonitionibus ad scientiam regnandi stimulabant. Swithinus nauseans[1] dominum
ad coelestia informabat: Alestanus, forensia quoque
non negligenda ratus, eundem contra Danos animabat,
ipse pecunias fisco sufficiens, ipse exercitum componens.
Multa per illum in talibus et inchoata constanter et
terminata feliciter, qui annales legerint, invenient.

Matt.
Westm.
Rog. Wend.
A.D. 839.

Saevientibus igitur in Anglorum exitium Danis paganis,
Herebertus comes apud Marsmiarum contra dictos
paganos pugnavit. Ubi Danis vincentibus et suis
bellatoribus fugientibus, idem comes occubuit. Deinde

Matt.
Westm.
Rog. Wend.
A.D. 841.

paganorum exercitus per Orientales Angliae partes, id
est, per Kantiam et Estangliam, hostiliter perrexit,
ubi turbam innumerabilem interfecit. Eodem quoque
tempore et idem pagani Lindissae depopulati sunt

Matt.
Westm.
Rog. Wend.
A.D. 842.

regionem. Quo facto Danorum nefandissimus exercitus
terram Angliae profundius ingredientes circa Doroberniam et Rofecestriam ac Londoniarum civitatem multitudinem hominum maximam utriusque sexus pereme-

Matt.
Westm.
Rog. Wend.
A.D. 844,
845.

runt. Eodem tempore rex Westsaxonum Æthelwlfus
apud Carrum contra gentem Danicam pugnavit, sed
Dani victoriam sunt adepti. Dux vero Ciamulphus[2]
cum Sumersetensibus et dux Osricus cum Dorsetensibus
et Alstano Schireburnensi episcopo apud Petheredes-

---

[1] *nauseans*] in terrenis n. Will.
Malmesb.

[2] *Ciamulphus*] Earnulphus, Matt.
Westm., Rog. Wend., etc.

muth contra Danos pugnantes maxima ex hostibus strage facta victoria potiti sunt. Athelstanus etiam episcopus et consul Altherus apud Sanwicum contra paganorum invisum exercitum prœlium conferentes, novem puppes maximas occupantes ceteras compulerunt in fugam.

Matt.
Westm.
Rog.Wend.
A.D. 846.

CONTINUATIO.

Asser. de reb. gestis Ælfr.

ANNO Domini octingentesimo quadragesimo nono natus est Æthelwlpho regi Occidentalium Saxonum filius in provincia Berceusi, in villa regia quæ Wanetinge appellatur, quem in sacra baptismatis regeneratione vocavit Alfredum. Mater vero eius, sicut prædiximus, Osburga dicebatur, femina satis religiosa, nobilis genere et ingenio, quæ filia erat Aslaci, famosi pincernæ regis Æthelwlphi. Ortus enim erat ex Gothis et Juthis de semine duorum fratrum, Stuphi scilicet et Withgari. Hi potestate accepta ab avunculo suo rege Westsaxonum primo Wectæ insulæ et Kenerico consobrino eorum paucos Britones, quos eiusdem accolas invenerunt, in loco qui Wihtgaresburih, id est, Burgum Withgari, dicitur, peremerunt, atque deinceps insulam illam, ut supra dictum est, occupatam possederunt.

p. 469 a.
Rog.Wend. and Matt.
Westm.
A.D. 849.
Birth of Alfred.
A.D. 849.

CONTINUATIO.

Asser.
p. 469. b.
Rog.Wend. and Matt.
Westm.
A.D. 851.

MAGNUS paganorum acervus cum navibus trecentis quinquaginta in ostium Thamensis fluminis veniens, Doroberniam, id est Cantuariam, depopulatus est, et regem Merciorum Bernulphum, qui contra paganos ad pugnam venerat, propulerunt in fugam. Post hæc autem audaciores effecti cum omni multitudine sua in Suthreia convenerunt. Quod a rege Westsaxonum

Invasion of Kent and Surrey by the Danes.

Their
defeat at
Aele.
Rog. Wend.
and Matt.
A.D. 853.
Æthelwlf
and Burchd
subdue
the Welsh.

Æthelwlpho cum fuisset compertum, magno exercitu
congregato cum filio suo Ethelbaldo in loco qui Aele
dicitur conserto prœlio paganos fugavit et superavit, ac
eos inandita cæde maceravit.   Deinde rex Westsaxonum Æthelwlfus et rex Merciorum Burchdus,
qui filiam regis Æthelwlfi nomine Ethelfwitham, sicut
prædiximus, accepit uxorem, mediterraneos Britones
bello vicerunt et suæ dicioni sumpserunt.[1]

CONTINUATIO.

REX vero Æthelwlfus futuri certe generis sui splendidissimum caput et de qua sanctissimi fructus orirentur
et pretiosissima radix fuit.   Hic in regno terreno
semper meditabatur cœleste, ut manifeste daretur intelligi, cum non victum cupiditate, sed caritate provo-
catum, alienæ necessitati regnando consulere, non suæ
voluntati dominando satisfacere.   Erat enim pater
orphanorum et iudex viduarum, ecclesiarum defensor,
propagator monasteriorum.   Eleemosynæ sane sic
operam dabat, ut totam terram suam pro Christo decimaret, et partem decimam per ecclesias monasteriaque
divideret.

CONTINUATIO.

PRÆDICTUS autem rex Æthelwlphus post triumphatos
hostes regnumque compositum cum honore maximo
multoque apparatu Romam profectus, duxit secum
Alfredum sive Aluredum filium suum iuniorem, quem
ceteris omnibus plus dilexit, ut a papa Leone quarto
moribus pariter et religione informaretur ibidem. Qui
etiam optulit sancto Petro tributum quod Anglia

---

[1] *sumpserunt*] submiserunt. Matt. Westm. Rog Wend.

pensitat in hodiernum diem. Perendinansque ibidem anno integro loca sancta frequentabat, vigiliis et orationibus vacans, eleemosynas multas erogans; sed et ecclesiis beatissimorum apostolorum Petri et Pauli ipsique summo pontifici pro regia munificentia plurima largitus est dona, scholamque Anglorum, quæ ab Offa rege Merciorum primitus fuerat instituta et proximo anno conflagraverat, egregie reparavit; fecitque magnificus Westsaxonum rex Æthelwlfus filium iuniorem Alfredum tunc a papa Leone in regem coronari. Atque post annuam peregrinationem ad patriam rediens, duxit Juditham filiam Caroli Calvi Francorum regis secum in Angliam sibi matrimonio copulatam. Sed interea, dum rex moram faceret in partibus transmarinis, exorta est contra regem prædictum magnatum quorundam conspiratio itaque facta coniuratione ab Ethelbaldo filio regis primogenito et Schireburnensi episcopo Alstano cum Eantulpho Sumersetensis pagi comite, quod a Roma repatrians nunquam reciperetur in regnum. Causa autem bifaria erat; una, quod filium iuniorem Alfredum, quasi aliis a sorte regni exclusis, in regem Romæ [coronaverat][1]; alia vero causa erat, quod spretis omnibus Angliæ mulieribus filiam regis Francorum alienigenam sibi per coniugium copulavit. Audierunt præterea coniuratores prædicti quod contra morem et statuta regum Westsaxonum Judetham Francorum regis filiam, quam nuper desponsaverat, reginam appellabat et in mensa ad latus suum convivari faciebat: gens vero Westsaxonum non permittit reginam iuxta regem sedere, nec etiam reginam sed regis coniugem nominare. Hæc autem infamia ab Eadburga. Offæ regis filia, cuius supra meminimus, eiusdem gentis Westsaxonum regina exorta est, quæ virum suum Brithricum regem veneno perdidit, et iuxta regem sedens omnes regni nobiles accusare sole-

Marginal notes:
Restoration of the English school.

Pope Leo crowns Alfred.

Conspiracy against Æthelwlf.

Judith, daughter of Charles the Bald, queen of Wessex.

---

[1] *om.* MS.

bat, et, sicut alio in loco praediximus, quos accusare non
potuit, potu eos venenifero necare consuevit.   Itaque
pro reginae maleficio, sicut superius prolixe tractatum
est, omnes coniuraverant, quod nunquam regem super
se regnare permitterent, qui in praedictis culpabilis
inveniretur.   Revertente autem a Roma Æthelwlfo
rege pacifico, praedictus filius eius Ethelbaldus cum suis
complicibus conceptam nequitiam ad effectum perducere

Æthelwlf
resigns the
eastern
portion of
Wessex to
his son
Ethelbald.

attemptavit.   Sed Deus omnipotens non permisit : nam
ne forte plusquam civile bellum inter patrem et filium
convalesceret, ineffabilis[1] regis clementia omnem con-
spirationem nobilium et episcoporum cassavit, dividens
cum filio suo regnum Westsaxonum antea indivisum,
ita ut pars regni orientalis in sortem filii cederet et
occidentalis patri remaneret.   Et cum tota regni nobi-
litas pro rege decertare et filium a iure regni depellere
vellent, si pater id fieri permisisset, ipse mentis nobilitate ab avaritiae sese vitio excludens filii sui con-
cupiscentiae satisfecit.   Sicque pater iusto Dei iudicio
regnare debuerat, illic filius pertinax et iniquus regnavit.   Praeterea piissimus rex Æthelwlfus quoddam
scriptum libertatis pia ductus devotione universali
ecclesiae concessit Anglicanae.   Cuius tenor talis est :

Æthelwlf's
charter,
granting
tithes to
the church.
Will.
Malm. ii.
114. p. 170.

" Æthelwlfus, Dei gratia Westsaxonum rex, universis
sub nostro regimine constitutis ad perpetuam rei memoriam, regnante Domino nostro in perpetuum : dum
in nostris temporibus bellorum incendia et direptiones
opum nostrarum, necnon et vastantium crudelissimas
depraedationes hostium, barbararum paganarumque gentium multiplices tribulationes, [ad] adfligendum usque ad
internicionem tempora cernimus incumbere periculosa.
Quamobrem ego Æthelwlfus rex Occidentalium Saxonum
cum consilio episcoporum ac principum meorum consilium atque uniforme remedium affirmavi, ut aliquam
portionem terrarum hereditariam, antea possidentibus
omnibus gradibus, sive famulis et famulabus Dei, Deo

---

[1] *ineffabilis*] ineffabili, MS.

servientibus sive laicis, semper decimam mansionem,
ubi minimum sit, tamen decimam partem in libertatem
perpetuam perdonari diiudicavi, ut sit tuta atque
munita ab omnibus saecularibus servitutibus necnon
regalibus tributis maioribus et minoribus sive taxationi-
bus, quod nos dccimus Witereden ; sitque libera omnium
rerum pro remissione animarum et peccatorum nostrorum Deo soli ad serviendum, sine expeditione et
pontis instructione et arcis munitione, ut eo diligentius pro nobis ad Deum preces sine cessatione fundant,
quo eorum servitutem in aliqua parte levigamus.

" Placuit autem tunc postea episcopis Alhstano
Schireburnensis ecclesiæ et Swithino Wintancestrensis
ecclesiæ cum suis abbatibus et servis Dei consilium Masses to
inire ut omnes fratres et sorores nostræ ad unam- be said for
Æthelwlf
quamque ecclesiam omni hebdomada die Mercurii, every Wed-
hoc est Wodensday, omnis congregatio cantet quin- nesday.
quaginta preces et unusquisque presbyter duas missas,
unam pro rege Æthelwlfo, et aliam pro ducibus eius
huic dono consentientibus pro mercede et refrigerio
delictorum suorum : pro rege vivente, ' Deus qui ius-
tificas' ; pro ducibus viventibus, ' Prætende, Domine' :
postquam defuncti fuerint, pro rege defuncto singula-
riter, pro principibus defunctis communiter, et hoc sit
tam firmiter constitutum omnibus Christianitatis
diebus, sicut libertas illa constituta est, quamdiu
fides crescit in gente Anglorum."

Scripta est autem hæc donationis cartula anno A.D. 844.
Dominicæ incarnationis octingentesimo quadragesimo
quarto, indictione quarta, die quoque[1] nonas Novembris, in civitate Wentana in ecclesia sancti Petri
ante altare capitale. Et hoc fecerunt pro honore
sancti Michaelis archangeli et sanctæ Mariæ reginæ,
gloriosæ Dei genetricis, simulque beati Petri apos-

---

[1] *quoque*] quinto, Will. Malm.

tolorum principis, necnon et sancti patris nostri
Gregorii papae atque omnium sanctorum. Et tunc am-
pliore firmitate rex Æthelwlfus posuit cartulam supra
altare sancti Petri, et episcopi pro fide Dei acceperunt
et postea per omnes ecclesias Angliæ transmiserunt
in suis parochiis.

CONTINUATIO.

Rog. Wend.
and Matt.
Westm.
A.D. 857.

ÆTHELWLFUS vero rex pacificus inter alia bona præsentis vitæ studia de suo transitu ad viam universi-
tatis cogitans, ne filii eius post obitum suum inter se

Æthelwlf's
will.

disceptarent, hereditariam scribere epistolam imperavit,
in qua et regni inter filios Ethelbaldum et Ethelredum, et inter filiam et propinquos ac regni sui

Will.
Malm. ii
113, p. 170.
Bequest to
the poor,

nobiles summæ[1] pecuniarum, quae post se superesset,
divisionem ordinabiliter mandare litteris procuravit.
Pro utilitate animæ suæ et salute per omne regnum
suum semper in decem hedis vel mansionibus pauperem
unum indigenam vel peregrinum cibo potu et operi-
mento successoribus suis usque in finem sæculi post se
pascere præcepit; ita tamen, ut si terra illa pecoribus

to the
Church of
Rome.

habitum daret et ab omnibus[2] coleretur. Romæ autem
singulis annis trecentorum denariorum mancusas portari
fecit, qui taliter dividerentur ibidem; centum mancusas scilicet in honorem sancti Petri apostolorum
principis specialiter ad emendum oleum, quo imple-
rentur omnia luminaria ecclesiæ apostolicæ in vespera
Paschæ et tantundem in galli cantu; et centum ibidem
mancusas in honore sancti Pauli eisdem de causis;
centum præterea mancusas universali papæ præcepit
exhiberi ad suas eleemosynas ampliandas. Iste autem
rex Deo devotus ante obitum Egberti sive Egbrihti

---

[1] summæ] summam, MS.   [2] omnibus] hominibus, Matt. Westm

regis patris sui **Wentanæ** urbis fuerat episcopus ordinatus, sed patre **defuncto**, licet multum repugnans,
rex creatus **est, cum non** esset alius de regio genere
qui **regnare debuisset.** Tandem cum rex Æthelwlfus
illustris **regnum** Westsaxonum annis septemdecim deli-
gentissime gubernasset, **in** senectute bona collectus est
ad patres **suos,** regnum certe non amittens sed mutans,
temporale **deserens et adipiscens æternum.** Æthelberto
autem filiorum **secundo regnum Cantiæ** cum Southsexe
concessit, **et filius eius primogenitus Æthelbaldus in**
Westsexe **pro patre** regnavit. **Rex vero Æthelwlfus**
apud Wintoniam **sepulturam cum honore regio in**
ecclesia cathedrali suscepit. **De filiis vero et heredibus**
dicti regis Æthelwlfi **suo in loco inferius dicemus.**

Death of
Æthelwlf.
anno regni
17.

Æthelbert,
king of
Kent and
Sussex ;
Æthelbald,
king of
Wessex.

Cap. LXX.

De sancto Eadmundo Rege et Martyre.[1]

GLORIOSISSIMUS rex et martyr Edmundus ex nobili
prosapia antiquorum Saxonum originem ducens provinciæ Orientalium Anglorum culmen regiminis suscepit
anno ab incarnatione Domini octingentesimo quinquagesimo quinto, anno autem a nativitate sua tertio
decimo, die Dominicæ nativitatis, octavo kalendas
Januarias. Iste Edmundus atavis regibus editus, cum
bonis polleret moribus, omnium comprovincialium un-

Capgrave
Nov. Leg.
cvii.
Rog.Wend.
and Matt.
Westm.
A.D. 855.
St. Edmund
accedes to
the throne
of East
Anglia,
Dec. 25.
æt. 13.
A.D. 855
MS. A.
fol. 4.

---

[1] Compare Edmund's life by Abbo
Floriacensis (MS. Cotton. Tib.B. II.
fol. 1, seq., here cited as MS. A ;
also in Surius Act. Sanct. Nov. 20);
another life by Osbert de Clare,
prior of Westminster, A.D. 1136

(MS. Cotton. Titus A. VIII. fol. 67
seq. here cited as MS. B); a third
life in French (MS. Cotton. Domit.
XI. 1). His miracles by Arcan.
Hermann, Tib. B. II. fol. 19 seq.

animi favore, non tantum eligitur ex generis successione, quantum rapitur ut eis praeesset sceptrigera
potestate. Quem Humbertus antistes unxit oleo conse-
cravitque cum magno gaudio et honore maximo in
villa regia quae Buren dicitur, in ipsa Dominicae
nativitatis die. Erat autem ei species digna imperio,
quam serenissimi cordis iugiter venustabat tranquilla
devotio. Erat omnibus blando eloquio affabilis, humilitatis gratia praecluis, et inter suos coaevos mirabili
mansuetudine residebat dominus absque ullo fastu
superbiae. Iamque vir sanctus praeferebat in vultu
quod postea manifestatum est divino nutu, quoniam
puer toto conamine virtutis arripuit gradum, quem
divina pietas praesciebat martyrio finiendum. Nactus
vero culmen regiminis, quantae fuerit in subiectos
benignitatis, quantae in perversos districtionis, non est
nostrae facultatis evolvere, qui eius minima quo conveniret sermone non possumus expedire. Siquidem
ita columbinae simplicitatis mansuetudine temperavit
serpentinae calliditatis astutiam, ut nec antiqui hostis
deciperetur simulatione fraudulenta, nec malignorum
hominum reciperet contra iustitiam sententias, rem
quam nesciebat diligentissime investigans : gradiensque
via regia nec declinabat ad dexteram extollendo se de
meritis, nec ad sinistram succumbendo vitiis humanae
fragilitatis. Erat quoque egentibus dapsilis liberaliter,
pupillis et viduis clementissimus pater, semper habens
prae oculis dictum illius sapientis.[1] "Principem te
constituerunt, noli extolli ; sed esto in illis quasi unus
ex illis." Cumque tam conspicuis in Christo et ecclesia
emineret bonorum actuum ornamentis, eius patientiam,
sicut et sancti Job, aggressus est experiri humani
generis inimicus, qui eo bonis[2] acrius invidet, quo
appetitu bonae voluntatis caret.

---

[1] Ecclus. xxxii. 1. | [2] *bonis*] bonis bonis, MS.

Nov. 20.
Surius Vit.
Sanct.
vii. 465.
Rog.Wend.
and Matt.
Westm.
A.D. 876.
Cf. Brom-
ton,col.804.
Causes of
St. Ed-
mund's
martyrdom,
Lothebroc
the Dane
entertained
by St.
Edmund.

CONTINUATIO. *De causa martyrii sancti Edmundi.*

QUONIAM in Danorum persequtione gloriosus rex et
martyr Edmundus gladiis inimicorum Hinguar et
Hubbæ fratrum interfectus occubuit, dignum est hoc
in loco referre tanti causam martyrii et unde duces
prædicti occasionem nacti fuerint regem piissimum
nece adeo crudelissima condemnare. Erat igitur in
diebus non longe præteritis in regno Danorum vir
quidam de stirpe regia illius gentis progenitus,
nomine Lothebrocus. Hic cum duos filios, Hingwar scilicet et Hubbam, ex uxore genuisset, quadam die cum accipitre solus brevem naviculam ingressus, ut in insulis [aucuparetur, in] maris latitudinem raptus diebus aliquot cum noctibus huc
illucque deiectus graviter vexabatur. Qui tandem
maris pericula perpessus, in Angliam proiectus est et
in provincia Orientalium Anglorum, quæ Northfolk ab
incolis dicitur, apud Bedham villam applicuit. Qui
forte ab hominibus regionis cum accipitre solus inventus regi Estanglorum Edmundo pro miraculo præ-
sentatur, et ab ipso rege propter elegantissimam corporis formam cum honore receptus aliquamdiu in curia
eius remansit. Et quoniam lingua Danorum Anglicanæ
loquelæ vicina est, Lothebroeus regi narrare cœpit,
quo casu in Angliam proiectus fuisset. Placuerunt
itaque Lothebroco in rege Edmundo morum plenitudo
et militiæ disciplina quam plurimum, simul et curia-
litas astantium ministrorum, quos regalis industria in
omni rerum ornatu et schemate verborum pleniter
informavit. Ad hunc quoque Lothebrocus morum disciplinam provocatus rogabat regem propensius ut sibi
liceret in eius curia demorari, ut regiis posset plenius
instrui disciplinis. Cumque rex Edmundus petitionem
eius clementer exaudisset, iunxit se Lothebrocus vena-

tori regis, nomine Berno, ut artem venatoriam in qua
fuerat eruditus ad plenum cum ipso frequentaret.
Erat enim tam in aucupatione quam in venatorio
exercitio gratiosus ; unde in avibus simul ac bestiis
capiendis pro voto sibi omnia succedebant. Capiebat
quicquid volebat, et mensam regis delicatissimis ferculis
persæpe ditabat. Et cum fuisset a rege, prout eius
gentilitas permisit, dilectus, cœpit venator regis ei
graviter invidere, pro eo quod in artibus prædictis
ipsum in omnibus superabat. Et mortali invidia contra
Lothebroc's Lothebrocum succensus, quadam die dum venatum
murder. pariter irent, ipsum nequiter interfecit et in densitate
nemoris interfectum abscondit. Quo facto accessit
venator nequissimus et canes cornicando ad se vocavit.
Nutriverat autem Lothobrocus leporarium quendam in
curia regis Edmundi, qui ipsum, ut fieri solet, multum
dilexit, et venatore cum ceteris canibus recedente, ille
solus cum corpore domini sui remansit. In crastino
quoque, cum rex sederet ad mensam et inter ceteros
commilitones Lothobrocum non vidisset, quæsivit propensius a ministris quid de illo actum fuisset. Cui
respondens venator Bernus dixit quod hesterna die,
cum de venatu domum rediret, ipse remansit in silva
post eum et quod eum postea non viderit profitetur.
Sed vix verba compleverat, et ecce leporarius quem
nutriverat Lothebrocus domum regiam ingressus omnibus et maxime regi adulante cauda applaudere sata-
gebat. Quem rex cum vidisset, astantibus dixit,
" Ecce," inquit, " canis Lothobroci adveniens dominum
venientem prævenit." Et præ gaudio rex canem diligenter pavit, sperans per eum eius dominum adven-
turum. Sed secus contigit quam sperabat : nam ilico[1]
cum leporarius satiatus fuisset, reversus est ad dominum
suum et iuxta corpus eius consuetas excubias celebravit.

---

[1] ilico] iliquo, MS.

Qui iterum post triduum, **fame** illum **compellente, ad
mensam regis ingressus** denuo reficiendus. **Rex vehe-**
menter admirans iussit insequi vestigia canis, si rece-
deret ab aula, et diligenter quo pergeret explorare.
Factum est autem a ministris ut eis a rege fuerat im-
peratum : et canem recedentem subsequentes ad Lothobroci corpus exanime sunt perducti. Cumque hæc regi
declarata fuissent, perturbatus est vehementer **et iussit
ut corpus** sepulturæ honestius traderetur.

CONTINUATIO. *Ut depopulata Anglia strages
hominum sit sequta.*

Surius,
Rog.
Wend.,
Matth.
Westm.,
Bromton,
H. ec.

TUNC rex Edmundus diligenti de morte Lothobroci
facta inquisitione Bernum venatorem de opere nefando
convicit, et iussit a militibus de curia sua adiudicari
ac legisperitis quid de homicida foret agendum.[1] At
omnes in hoc pariter consenserunt, ut venator in illa
navicula, in qua sæpe dictus Lothebrocus in Angliam
applicuit, poneretur et in medio maris solus sine omni
instrumento navali dimissus probetur, si illum Deus
velit a periculo liberare. Itaque venator, iuxta sen-
tentiatum fuerat in profunditatem dimissus, post dies
paucos in Daciam est proiectus. Qui cum a portuum
custodibus inventus fuisset, cognoverunt naviculam
Dani quod in illa dominus eorum Lothobrocus consueverat aucupari, et perduxerunt eum ad Hingwar et
Hubbam filios Dani in Anglia interfecti, viros potentes
et crudeles, qui continuo adhibitis tortoribus exege-
runt a Berno quid de patre suo, qui in illa navicula
ab eis fuerat **subtractus,** actum fuisset. Bernus quoque
graviter et diu diversis afflictus tormentis, fingens
mendacium dixit, quod pater eorum, cum casu appli-

Bern, the
murderer
of Lothe-
broc, is cast
adrift on
the sea,

and car-
ried to
Denmark.

He imputes
the crime
to St.
Edmund.

---

[1] *agendum*] agenda, MS.

enisset in Angliam, a rege Estanglorum Edmundo
inventus et ipso iubente fuerat interfectus. At illi
prorumpentes in fletum amarissimum, de morte patris
sui inconsolabiliter perturbati iuraverunt per omnipo-
tentes deos suos, quod mortem illam non relinquerent
inpunitam. Bernum quoque venatorem, qui in navicula
patris sui advenerat, constituerunt ductorem suum, ut

Lothebroc's
sons
invade
England. se in regem Edmundum vindicarent. At deinde congregato exercitu copioso, cum viginti milibus arma-
torum mare ingressi, versus regionem Orientalium
Anglorum vela direxerunt et arma, ut se in regem
Edmundum de morte illa penitus insontem ultma
irent. Verumtamen ventis[1] in contrarium classem
impellentibus in Scotia apud Berewik super Twedam
compulsi sunt applicare. Ubi præscriptam depopulationem inchoantes, sæviendo ubique tandem ad Estangliam pervenerunt, et apud villam quæ Thetford
dicitur castra metati, quoscumque invenerunt ibi viros
ac mulieres in ore gladii peremerunt. Denique cum
ibi tyrannus Hingwar iniquissimus ex multitudine

A, fol. 6 a. interfectorum suam aliquantulum rabiem exsaturasset,
quosdam plebeios advocat, quos gladio suo iudicabat
indignos, atque ubi rex eorum Edmundus tunc temporis vitam duceret sollicitus investigabat. Fama
namque ad eum pervenerat, quod piissimus rex Edmundus viribus et armis esset strenuus, ac in omni
corporis dimensione simul et prosperitate incompa-
rabilis: quocirca festinabat quos circumquaque reperit
neci tradere, ne multo stipatus militum agmine ad
patriæ defensionem sufficere potuisset. Morabatur
autem eo tempore gloriosus rex et futurus martyr

Hægilis-
dun, A. Edmundus in villa regia quæ Heilesdonum dicebatur,
a qua et silva quæ vicina est eodem nomine appellatur,
ut a vulgo acceperat prædo nequissimus. Unde accito

---

[1] *ventis*] ventus, MS.

ad se dolose de commilitonibus uno, **cum** direxit ad A.D. 870. regem mandans ut cum eo thesauros dividat et paternas divitias **sub ipso regnaturus.** Sed nimis fraudulenter Hingwar thesauros exigebat, qui clementissimi regis caput potius quam pecunias sitiebat. Miles igitur cum volatu citissimo ad regem Edmundum pervenisset, in hunc modum ora laxavit.

CONTINUATIO. *De nuntio Hingwar ad regem Edmundum misso.*

Abbo Florine. c. 7 ; MS. A, fol. 6 b. ; MS. P, fol. 71 a. ; Rog. Wend. p. 308; Matt. Westm. p. 317. Hingwar's ternis.

" DOMINUS meus ubique metuendus Hingwar rex Danorum invictissimus ad hanc patriam hiematurus advenit. Cuius potentiæ si aspernator extiteris, et vita indignus et regno iudicaberis. Et quis tu tantæ potentiæ insolenter audeas contradicere ? Marinæ tempestatis procella nostris servit remigiis, nec removet a proposito directæ intentionis quibus nec ingens mugitus coeli nec crebri iactus fulminum unquam nocuerunt, favente gratia elementorum. Esto itaque cum tuis omnibus sub hoc imperatore maximo, cui famulantur elementa, pro sibi innata clementia quoniam novit piissimus in omni negotio parcere subiectis et debellare superbos."[1]

Quo audito rex Edmundus sanctissimus alto cordis dolore ingemuit, et advocato Humberto Helmanhensi episcopo, qui ei erat a secretis, quid super his respondere deberet, consulit, dicens : "O serve Dei vivi, Humberte, et dimidium animæ meæ, ecce adventus barbarorum imminet inimicorum, qui dulcem patriam cum suis habitatoribus iam pro parte desolatam, quod

Abbo, c. 8; MS. A, fol. 7 a.

Edmund consults Bp. Humbert.

---

[1] Virg. Aen. vi. 853.

A.D. 870.

MS. A,
fol. 7 b.;
MS. B,
fol. 72 a.

residuum a nostrorum memoria successorum funditus
delere conantur. Ecce barbarus advena districto ense
veteribus regni nostri colonis imminet, et quondam felix
indigena suspirando gemens tacet. Et utinam in prae-
sentiarum quique vivendo gemerent, ne cruenta caede
perirent, quatinus patriae dulcibus arvis etiam me
occumbente superstites fierent, et ad pristinae felicitatis
gloriam post mortem meam redirent. O[1] utinam occumbente me subiectus mihi populus vivus evadere
potuisset! Nam ego pro amore regni temporalis vel
lucro vitae praesentis non me subiciam tyranno gentili,
cum pro gente moriens et patria miles possim effici
signifer Regis aeterni." Cui episcopus : " Quos, rex,"
inquit, "mihi dilectissime, optas esse superstites patriae,
cum iam hostilis gladius vix aliquem reliquerit in
plena urbe? Hebetatis securibus tuorum cadaveribus
te destitutum milite veniunt loris constringere. Quapropter, rex dimidium animae meae, nisi fugae praesidio
aut deditionis infausto patrocinio praecaveritis, hic
statim aderunt proditores nefandi, quorum nefando
obsequio poenas lues, ac te cum tibi subiectis auferre
de medio conabuntur." Ad haec rex clementissimus :
" Hoc est," inquit, " quod desidero, hoc omnibus votis
antepono, ne supersim meis carissimis fidelibus, quos
cum liberis et uxoribus in lecto eorum animas furando

MS. A,
fol. 8 a.

perdidit pirata truculentus. Et quid est quod suggeris,
ut in extremis vitae, desolatus meo satellite, fugiendo
gloriae nostrae crimen inferam, qui nunquam militiae
probra hucusque sustinui, semper delatoriae accusationis
calumniam evitavi, nunquam extiti militiae proditor
aut ignaviae seu formidinis merui subire flagitium?
Et iccirco hoc in animo deliberans finaliter elegi,
honeste potius pro patria mori quam pagano iniquis-
simo subdi aut mortem timens ignave fugere, quia

---

[1] O] Oo, MS.

nunc mei proditor ero voluntarius, cui pro amissione A.D. 870.
carorum ipsa lux est fastidio. Est mihi omnipotens MS. B,
rerum arbiter Rex Coelestis, quod nullus me barbaro- fol. 72 b.
rum metus seu vivum seu mortuum separabit a caritate
Christi, cuius in confessione baptismatis suscepi anulum
fidei, abrenuntiato Sathana et omnibus pompis eius.
Qua abrenuntiatione contigit, ut ad laudem et gloriam
æternæ Trinitatis tertio mererer consecrari, delibutus
ob compendium perennis vitæ sanctificati chrismatis
perunctione : primo quidem accepta stola lavacri salutaris ; secundo per confirmationem exhibitam maiusculo
pontificali signaculo ; tertio ubi vestra et totius populi
communi acclamatione usus sum hac regni perfunctoria
potestate. Sicque unguento mysticæ consecrationis MS. A,
tripliciter irroratus, Anglorum reipublicæ decrevi plus fol. 8 b.
prodesse quam præesse, aspernando subdere colla iugo,
nisi Divino servitio. Nunc simulata benevolentia præ-
tendit callidus suæ machinationis muscipulam, qua
servum Christi irretiri deliberat, maxime cum promittit
quod nobis largitas superna concessit. Vitam indulget,
qua necdum careo ; regnum promittit, quod habeo ;
opes conferre cupit, quibus non egeo. Pro his ergo
nunc incipiam servire duobus dominis, qui me sub
Christo solo vivere, sub Christo solo regnare, præsentibus palatinis devoverim?" Tunc conversus ad eum, Abbo, c. 9.
qui de condicione regni loquturus ab impiissimo Edmund's
Hingwar fuerat missus, "Madefactus," inquit, "cruore reply to
Hingwar.
meorum mortis supplicio dignus extiteras. Sed plane
Christi mei exemplum sequtus nolo puras commaculare
manus, qui pro eius nomine, si ita contigerit, libenter
paratus sum vestris telis occumbere. Rediens ergo ad MS. B,
dominum · tuum festinus, hæc illi responsa perfer fol. 73 a.
quantocius. Bene filius diaboli patrem tuum imitaris, MS. A,
qui superbiendo intumescens cœlo corruit, et mendacio fol. 9 a.
suo humanum genus involvere gestiens plurimos suæ
pœnæ obnoxios fecit. Cuius tu sectator præcipuus me
nec minis terrere prævales, nec blandæ perditionis

A.D. 870. lenociniis illectum decipies, quem Christi gratia fulcitum[1] reperies.   Thesauros et divitias, quas nobis hactenus contulit Divina providentia, sumat consumatque tua insatiabilis aviditas, quoniam etsi hoc corpus caducum, fragile, confringas velut vas futile, vera libertas animi [nunquam][2] tibi tuæque infidelitati vel ad momentum suberit.   Honestum est enim perpetuam defendere libertatem simulque fidei puritatem, pro quibus etiamsi necesse est occumbere, non inutile reputamus, quoniam pro altero gloriosum est mori, pro altero vero opponitur contumacia servilis.   Quippe servum, quascunque domini condiciones accepit, acceptas servare convenit: si eas quamlibet iniquas respuit, reus maiestatis adiudicatur

MS. A, fol. 9 b. servilibus suppliciis.   Sed esto: gravis huius servitutis usus; at gravior exulceratio, quæ solet nasci huiusmodi infortunio.   Siquidem, ut noverunt qui frequentius ratiocinando forensibus causis intersunt, ex repugnantibus facta complexionis consequentia certum est quia si[3] libertas petitur, procul dubio dominus suo contemptu læditur.   Iccirco seu sponte seu invitus de carcere suo meus ad cælum evolet liber spiritus, nulla emancipationis aut abalienationis specie contaminatus, quia regem diminutum capite nunquam Danus videbis ad triumphum supervivere.   Sollicitas me spe regni, interfectis omnibus meis, ac si mihi tam dira sit cupido regnandi ut velim præesse domibus vacuis habitatore nobili et pretiosa supellectili; ut cœpit tua sæva feritas, post famulos regem solio diripiat,[4] trahat, expuat, colaphis cædat, ad ultimum iugulet.   Rex regum ista miserans videbit, et secum, ut credo, regnaturum ad æternam vitam transferet.   Unde no-

Bromton col. 805. veris quod pro amore vitæ temporalis Christianus rex

---

[1] *gratia fulcitum*] institutis inermem, A.

[2] *nunquam*] supplied from A.

[3] *si*] A; ei, MS.

[4] *diripiat*] diripat, MS.

Edmundus non se subdet pagano duci, nisi prius
effectus fuerit compos nostræ religionis, malens esse
signifer in castris æterni Regis."

CONTINUATIO. *De prælio inter regem Edmundum
et Hingwar commisso.*

Rog.Wend.
p. 310;
Matt.
Westm.
p. 318.
Battle near
Thetford
between
Edmund
and
Hingwar.

RECEDENTE itaque nuntio truculento rex Edmundus
iussit commilitones ad arma convolare, asserens dignum
pro fide pariter pugnare[1] et patria, ne desertores
militiæ se esse et depopulatores probarentur. Igitur
ad instantiam Humberti episcopi ac nobilium virorum
animatus beatissimus rex Edmundus cum toto exercitu
quem habere potuit audacter processit in hostes et non
longe ab urbe quæ Thetford[2] appellatur contra adver-
sarios sibi in obviam venientes grave certamen ac
nimis utrobique damnosum commisit. Nempe cum a
mane diei usque ad vesperam mutua se nece prostra-
vissent, et pro nimia interfectorum multitudine ac
sanguine loca certaminis rubuissent, piissimus rex
Edmundus non solum ex strage commilitonum suorum,
pro patria, gente, et fide Jesu Christi decertantium,
quos iam martyrio coronatos agnovit, condolebat, verum
etiam pro nece barborum infidelium ad inferni baratrum
detrusorum nimis amare lugebat. Recedentibus itaque
primitus de loco funeris paganis beatissimus confessor
Christi, rex Edmundus, cum reliquiis commilitonum
suorum, qui superstites erant, ad Hailesdunam villam
regiam profectus immutabiliter statuit in animo suo
se nunquam de cetero contra barbaros pugnaturum,
sed hoc solummodo dixit sibi fore necessarium, ut solus
moreretur pro populo et non tota gens periret.

---

[1] *pugnare*] pignare, MS. | [2] *Thetford*] Theford, MS.

Rog. Wend.
p. 311;
Matt.
Westm.
p. 319.

Passion of
St. Ed-
mund.

CONTINUATIO. *De passione Sancti Edmundi regis et martyris.*

HINGWAR igitur cum de strage suis illata inconsolabiliter anxiatur, venit ad cum apud Thetford[1] Hubba frater eius, qui iam Merciam totam depopulaverat cum decem milibus armatorum. Et sic iunctis viribus, ut se vindicarent in sanctum regem Edmundum castra moventes, ad Hailesduum villam, quo rex beatissimus Edmundus tunc erat, celeriter pervenerunt. Tunc tyrannus Hingwar iussit circumcingi regem cum turba, ne quidem unus ex omnibus evaderet vivus. Sanctissimus

Abbo,
c. 10.

itaque rex Edmundus, cum se ab hostibus undique vallatum cognosceret, de consilio Humberti Helmahensis episcopi confugit ad ecclesiam, ut se membrum Christi ostenderet, et armis temporalibus proiectis coelestia induit, humiliter Patrem et Filium cum Sancto Spiritu deprecans, ut sibi in passione constantiam largirentur. Igitur a ministris iniquitatis clementissimus rex Edmundus ab ecclesia truculenter extra-

MS. A,
fol. 10 a;
MS. B,
fol. 73 b.

hitur, loris durissimis coartatur, et sicut Christus ante Pilatum præsidem, ita ducitur Edmundus sanctissimus ante iniquissimum iudicem, cupiens eius sequi vestigia, qui pro nobis immolatus est hostia. Vinctus itaque multis modis illuditur, ac tandem fustigatus acri instantia producitur ad quandam arborem vicinam, ad quam religatus flagris durissimis diutissime vexatur; nec vincitur, semper Christum invocando flebilibus vocibus. Sicque athleta Dei Edmundus inter flagella Christum semper invocando tortores suos compulit in furorem. Qua de re adversarii in furorem versi, quasi ad signum ludendo eum toto corpore sagittarum telis

MS. A,
fol. 10 a.

confodiunt,[2] multiplicantes acerbitatem cruciatus crebris telorum iactibus, quoniam vulnera vulneribus imprime-

---

[1] *Thetford*] Theford, MS.   [2] *confodiunt*] confodunt, MS.

bant, dum iacula iaculis locum dabant. Sicque factum A.D. 870.
est ut spiculorum terebratus aculeis, circumfossus, pal-
pitans hæreret,[1] velut asper hericius aut spinis hirtus
carduus, in passione similis Sebastiano egregio martyri.
Cumque nec sic Hingwar carnifex truculentus sanctum
martyrem Edmundum a fide Christi et confessione
Trinitatis potuit separare, ut suis iniquis persuasionibus
præberet assensum, protinus lictori[2] mandat ut ense MS. B,
fol. 74 a.
cruento martyris caput præcidat. Cumque staret
mitissimus rex tanquam aries de toto grege electus,
volens felici commercio mutare vitam sæculo ; divinis
intentus beneficiis iam recreabatur visione internæ
lucis, qua in agone positus satiari cupiebat attentius.
Unde inter verba orationis et confessionem[3] Christi no- MS. A,
fol. 11 a.
minis, spiculator sanctum de stipite truculenter evulsum
uno ictu decapitando hac luce privavit. Atque ita Deo
gratissimum holocaustum beatus Edmundus igne passionis examinatus cum palma victoriæ et corona iustitiæ
rex et martyr[4] intravit senatum curiæ cœlestis die Death of
Edmund,
Nov. 20.
A.D. 870
duodecimo kalendarum Decembrium, secunda feria,
anno ætatis suæ vicesimo nono, regni vero sui sexto
decimo, anno ab incarnatione Domini octingentesimo
septuagesimo, talique exitu crucis mortificationem, quam Abbo,
c. 11.
iugiter in suo corpore rex pertulit, Christi Domini
sequtus vestigia consummavit. Ille quidem purus
sceleris in columna, ad quam vinctus fudit[5] sanguinem,
non pro se sed pro nobis flagellorum suorum signa
reliquit : iste pro adipiscenda gloria inmarcescibili
cruentato stipite similes pœnas dedit. Ille integer
vitæ ob detergendam rubiginem nostrorum facinorum
sustinuit benignissimus immanium clavorum acerbitatem
in palmis et pedibus : iste propter amorem nominis

---

[1] *hæreret*] horreret, A.
[2] *lictori*] licori, MS.
[3] *confessionem*] confessioue, MS.
[4] *martyr*] iusticie, MS. ; martyr,
A.
[5] *fudit*] fuit, MS.

A.D. 870.
MS. B,
fol. 74 b.

MS. A,
fol. 11 b.

Dei toto corpore gravibus sagittis horridus et medullitus asperitate tormentorum dilaniatus, in confessione patienter perstitit, quam ad ultimum accepta capitali sententia finivit. Cuius corpus ita truncum et aculeis hirsutum relinquentes, cum suo auctore Dani ministro diaboli illud caput sanctum, quod non impinguaverat peccatoris oleum sed certi mysterii sacramentum, in silvam cui vocabulum est Heglesdonne recedentes asportaverunt, ac inter densa veprium frutecta longius proiectum occuluerunt, id omni sagacitate elaborantes, ne a Christianis, quos vix paucos reliquerant, sacratissimum corpus martyris cum capite pro tumulantium modulo honestæ traderetur sepulturæ. Huic spectaculo tam horribili quidam nostræ religionis delitescendo interfuit, quem subtractum, ut credimus, paganorum gladiis Divina providentia ad manifestandum huius rei indaginem reservavit; licet omnino ignoraverit quid de capite factum esset, nisi quod cum eo carnifices Danos interiorem silvam petere conspexisset. Quamobrem quantulacunque reddita ecclesiæ pace, cœperunt Christiani de latibulis consurgere, diligenti inquisitione satagentes ut caput sui regis et martyris inventum reliquo corpori unirent et iuxta suam facultatem condigno honore reconderent. Siquidem paganis abeuntibus et depopulationi locorum operam dantibus, illud corpus sanctissimum adhuc sub divo positum, facillime est repertum in eodem campo ubi rex occubuit completo cursu sui certaminis. Qua propter antiquam beneficiorum memoriam et ingenitam regis clementiam populi undique gratuito confluentes cœperunt mæsto animo graviter ferre, quod caruissent tanta corporis portione. Quorum animos superna inspiravit benignitas, postquam audierunt illius verba utilia, qui tantæ visionis, ut dictum est, particeps astiterat, ut collecta plurimorum multitudine quaquaversum per invia silvarum experirentur, si ad id loci devenire contingeret, quo viri sancti caput iaceret. Pro certo enim omnibus vere

Abbo,
c. 12.
MS. B,
fol. 75 a.

MS. A,
fol. 12 a.

sapientibus inerat, quod alienæ sectæ cultores invidendo A.D. 870.
nostræ fidei sustulissent caput martyris, quod non
longius infra densitatem saltus abscondissent, aut vili MS. A,
fol. 12 b.
MS. B,
fol. 75 b.
cæspite obrutum, aut avibus et feris devorandum.
Cumque inito consilio omnes pari affectu ad id concurrerent, decreverunt ut cornibus vel tubis ductilibus
singuli contenti essent, quatinus circumcirca pervagantes
vocibus aut tubarum strepitu sibi mutuo innuerent, ne
aut lustrata repeterent aut non lustrata desererent.
Quod ut factum est, res dictu mirabilis et sæculis
inaudita contigit.   Quippe caput sancti regis longius
remotum a suo corpore prorupit in vocem absque
fibrarum opitulatione aut arteriarum præcordiali munere.
Vespillonum sane more pluribus pedetentim invia per-
lustrantibus, cum iam possit audiri loquens, ad voces
se invicem cohortantium, et utpote socii ad socium
alternatim clamantium, "Ubi es?" illud caput respondebat designando locum patria lingua dicens, *her, her,
her;* quod interpretatum Latinus sermo exprimit, "hic, MS. A,
fol. 13 a.
hic, hic."   Nec umquam eadem repetendo clamare
destitit, quoad omnes ad se perduxit.   Palpitabat
mortuæ linguæ plectrum infra meatus faucium, manifestans in se Verbigenæ magnalia, qui rudenti asellæ MS. B,
fol. 76 a.
humana compegit verba, ut increparet prophetæ insi-
pientiam. Cui miraculo rerum Conditor aliud annexuit,
dum cœlesti thesauro insolitum custodem dedit. Quippe
inmanis lupus eo loci Divina miseratione est repertus,
qui illud sacrum caput inter bracchia complexus procumbebat humi, excubias inpendens martyri : nec sibi
depositum permisit lædere quampiam bestiarum, quod
inviolabile solo tenus prostratus oblita voracitate ser-
vabat attentius.   Quod stupefacti videntes qui con-
fluxerant beatissimum regem et martyrem Edmundum
illi viro desideriorum [1] indicaverunt meritis similem,

---

[1] Dan. x. 19.

Abbo,
c. 13.
MS. A,
fol. 13 b.

qui inter esurientium rictus leonum illæsus sprevit
minas insidiantium. Assumentes ergo unanimi devotione quam invenerant inæstimabilis pretii margaritam,
cum profusis præ gaudio lacrimarum imbribus retulerunt
ad suum corpus, benedicentes Deum in hymnis et
laudibus, prosequente usque locum sepulcri lupo earundem reliquiarum custode et baiulo. Qui eis a tergo
imminens, et quasi pro perdito pignore relugens, cum

MS. B,
fol. 76 b.

neminem etiam irritatus læderet, nemini importunus
existeret, nota dilectæ solitudinis secreta illæsus repetiit ; nec ulterius in illis locis lupus specie tam
terribilis apparuit. Quo tandem recedente, cum summa
diligentia et omni sagacitatis studio aptantes, quibus creditum est, caput cum corpore sancto, pro tempore tradiderunt utrumque pariter iunctum competenti mausoleo.
Qua etiam ædificata vili opere desuper basilica multis
annis requievit humatus, donec sedatis omnimodo bellorum incendiis et valida tempestate persecutionis cœpit
respirare religiosa pietas fidelium erepta de pressuris
tribulationum. Quæ ubi tempus opportunum invenit,

MS. A,
fol. 14 a.

devotionem, quam erga beatissimum regem et martyrem
Edmundum habuit, operum exhibitione multipliciter
propalavit. Idem namque sanctus sub vili tugurio
sanctificatæ domus, cuius esset apud Deum meriti,
crebris manifestabat miraculorum signis. Quibus rebus
permota eiusdem provinciæ multitudo, non solum vulgi
sed etiam nobilium, in villa regia quæ lingua Anglorum

Bedrices-
gueord,
MS. A.
MS. B,
fol. 77 a.
Abbo,
c. 14.

Bedriceswrthe dicitur, Latina vero Bedrici curtis vocatur, construxit permaximam miro ligneo tabulatu
ecclesiam, ad quam eum, ut decebat, transtulit cum
magna gloria. Sed mirum dictu ! cum illud pretiosum
corpus martyris putrefactum putaretur ob diuturnum
spatium transacti temporis, ita sanum et incolume est
repertum, ut, non dicam caput redintegratum et com-
paginatum corpori, sed omnino in eo nihil vulneris,
nihil cicatricis apparuerit. Sicque cum reverentia no-
minandus sanctus rex et martyr Edmundus integer

et viventi simillimus ad prædictum locum est translatus, MS. A, fol. 14 b.
ubi adhuc in eadem forma expectat beatæ resurrectionis
gaudia repromissa. Tantum in eius collo ob signum
martyrii rubet una tenuissima linea in modum fili
coccinei, sicut testari erat solita quædam beatæ recordationis femina, Oswen vocabulo dicta, quæ[1] apud eius
sacrosanctum tumulum ieiuniis et orationibus vacans
multa transegit annorum curricula. Cui venerabili
feminæ aut Divina revelatione aut nimia devotione
mos inolevit, ut patefacto beati martyris sepulcro quot- MS. B, fol. 77 b.
annis in Dominica cœna eius attondendo præcideret
capillos et ungues : quæ omnia diligenter colligens et
in capsella recondens, non neglexit quamdiu vixit
excolere mira affectione, posita super altare eiusdem
ecclesiæ, ubi adhuc reservantur debita veneratione.

CONTINUATIO.

Abbo, c. 15.

SED et beatæ memoriæ Theodredus, eiusdem provinciæ religiosus episcopus, qui propter meritorum
prærogativam bonus appellabatur, quod de incorrup-
tione sancti regis diximus tali ordine est expertus. MS. A, fol. 15 a.
Cum, ut narrare adorsi sumus, præfato loco martyris Miraculous detection of a robbery at St. Edmund's Church.
tumulationi congruo a quibusque religiosis multa
conferrentur donaria et ornamenta in auro et argento
pretiosissima, quidam malignæ mentis homines, omnis
boni immemores, aggressi sunt sub nocturno silentio
eandem infringere basilicam latrocinandi studio. Fuerunt autem octo qui absque ulla reverentia sancti
decreverant satisfacere suæ vesanæ voluntati, rapiendo
furtim omnia quæcunque invenissent sibi utilia infra
eiusdem monasterii sæpta. Unde sumptis machinis et
quibuslibet utensilibus, quibus ad id perficiendum

---

[1] *quæ*] ' paulo ante hæc nostra moderna tempora,' added in A.

MS. B,
fol. 78 a.

habebant opus, quadam nocte aggrediuntur praemedi-
tatum facinus, et stantes in atrio ecclesiae diverso
conatu unusquisque instat conceptae nequitiae. Quorum
alius postibus scalam applicat, ut per insertam fene-
MS. A,
fol. 15 b.
stram se ingerat, alius cum lima ac fabrili malleo instat serae aut pessulo, alii cum vangis et ligonibus
suffossionem[1] parietis machinantur. Sicque disposito
opere cum singulis certatim insudant pro virium
facultate, sanctus martyr eos ligat in ipso suo conamine, ut nec pedem loco possent movere, nec arreptum
officium deserere, sed[2] alius cum sua scala penderet
sublimis in aere, alius palam incurvus fossor fieret,
qui ad id operis furtivus venisset. Interea quidam
matriculariorum, qui infra basilicam iacebat, somno
excitus lecto procumbebat invitus, quem martyris
potentia suo conatu vinxerat, ne suis obvius factis[3]
mirabilibus sonus fragoris creber custodis pulsaret
aures interius. Sed quid dicam non posse surgere?
quando nec in vocem poterat erumpere. Tandem
Theodred
(Bp. Elm-
ham, A.D.
975) sen-
tences the
robbers to
death.
MS. B,
fol. 78 b.
MS. A,
fol. 16 a.
mane adhuc persistentes fures incepto opere, compre-
hensi a pluribus traduntur vinculis artioribus, et
tandem praedicti sancti episcopi Theodredi iudicio
subduntur. Qui inpraemeditatus sententiam dedit,
quam se dedisse postea omni tempore vitae suae
paenituit. Nam omnes simul iussit affigi patibulis,
eo quod ausi fuissent atrium sancti Edmundi martyris
furtive ingredi, non reducens ad memoriam quod
Dominus per prophetam admonet,[4] "Eos qui ducun-
tur ad mortem, eruere non cesses;" factum quoque
Helisaei prophetiae, qui latrunculos de Samaria pastos
pane et aqua remisit ad propria, dicens regi volenti
percutere ilico, quod non eos cepisset in gladio et
arcu suo; apostoli etiam praeceptum quod dicit:[5]

---

[1] *suffossionem*] suffocionem, MS.
[2] *sed*] si, MS. sed, A.
[3] *factis*] A; factus, MS.

[4] Prov. xxiv. 11.
[5] 1 Cor. vi. 4.

"Sæcularia negotia si habueritis, contemptibiles qui Circ. A.D.
975.
sunt in ecclesia," id est, viros sæculares, "constituite
ad iudicandum." Unde canonum[1] auctoritas prohibet
ne quis episcopus aut quilibet de clero delatoris
fungatur officio, quoniam satis dedecet ministros vitæ
cœlestis assensum præbere in mortem cuiuslibet MS. A.
fol. 16 b.
hominis. Quamobrem prædictus episcopus in se re-
versus graviter indoluit, et sibi pœnitentiam indicens
diutius se in gravibus lamentis dedit. Qua tandem
peracta prænitentia, populos suæ diocesis mandat, man-
dando convocat, convocando suppliciter persuadet, ut
triduano ieiunio a se Divinæ indignationis iracundiam
removeant, removendo avertant, quatinus sacrificio MS. B.
fol. 79 a.
spiritus contribulati placatus Dominus illi suam
gratiam concederet, qua corpus beati martyris tangere
et lavare auderet, qui licet tantis virtutibus floreret
in mundo, vili tamen et sibi incongruo continebatur
mausoleo. Factumque est; et illud sacratissimi regis
corpus ante[2] dilaceratum et truncum, ita [ut][3] iam
retulimus, unitum et incorruptum repperit, lavit, et
rursum novis et optimis vestibus indutum ligneo
locello reposuit, benedicens Deum, qui mirabilis est MS. A.
fol. 17 a.
in sanctis suis et gloriosus in omnibus operibus suis.

CONTINUATIO.

Abbo,
c. 16.

NEC piget referre de quodam magnæ potentiæ viro, Leofstan
punished
for irre-
verence
towards
St. Ed-
mund.
Leofstano vocabulo, qui iuvenilis ætatis impetum non
refrenans, ad id flagitii lasciviendo prorupit, ut sibi
quadam singularis potentiæ auctoritate præciperet
ostendi corpus tanti martyris. Cumque inhiberetur

---

[1] Decret. Pars 2. Caus. 2. Qu. vii. c. 7, 38 and 39 ; Caus. 23. Qu. viii. c. 20. "In mortem cuiuslibet hominis episcopi se miscere formident."

[2] ante] A; aut, MS.
[3] ut] supplied from A.

a pluribus, maxime tamen a suis fidelibus, prævaluit
eius imperium, **quoniam** propter arrogantiam **suæ**
nobilitatis **omnibus** erat terrori. Reserato ergo locello,
astitit, aspexit, **et** eodem momento in amentiam
versum **tradidit illum** Deus[1] in reprobum sensum,
ac pœna sua didicit, quia præsumpsisset quod non
licuit. Quod audiens pater eius, vir religiosus admodum **cui** erat Alfgarus **vocabulum,** exhorruit facinus
flagitiosissimum, **ac martyri gratias retulit,** filiumque
a se removit. Qui tandem ad summam inopiam per-
ductus, iudicio Dei vitam finivit vermibus consumptus. Sic sanctus rex Edmundus omnibus innotuit
non se esse inferiorem meritis Laurentii, beati Levitæ
et martyris, cuius corpus, ut refert beatus pater
Gregorius, cum quidam, seu digni, seu indigni, levare
volentes conspicerent, contigit ut septem ex eis ibidem
subita morte perirent. O quanta reverentia locus ille
dignus existit, qui sub specie dormientis tantam
Christi testem continet, et in quo tantæ virtutes fiunt
et factæ esse referuntur, et quantas hac tempestate
apud Anglos nusquam alibi audivimus, quas ego
brevitatis studio prætereo, ne alicuius fastidiosi offen-
sam incurrerem iusto prolixior, credens ista posse
sufficere quæ dicta sunt ardenti desiderio eorum, qui
præter Deum huius martyris patrocinio nil præferunt.
De quo constat, sicut et de aliis sanctis omnibus iam
cum **Christo** regnantibus, **quod licet eius anima sit**
in cœlesti gloria, **non tamen per** visitationem die
noctuque longe **est a corporis præsentia** cum qua
promeruit ea, quibus iam perfruitur, beatæ immortalitatis gaudia. **Nam** dum in æterna patria ei
iungitur qui ubique totus est, de eo habet posse
quicquid habuerit et velle, præter id solum quod
infatigabili desiderio concupiscit, ut per resurrectionem,

MS. B,
fol. 79 b.

MS. A,
fol. 17 b.
Greg. Mag.
Lib. 3.
epist. 30.

MS. B,
fol. 80 a.

MS. A,
fol. 18 a.

---

[1] *Deus*] Deum, MS.; Dñs, A.

circumdetur stola demutatæ carnis, quoniam tunc erit perfecta beatitudo sanctorum, cum ad id fuerit Christo largiente perventum. Sed de hoc sancto martyre æstimare licet, cuius sit sanctitatis in hac vita, cuius caro mortua præfert quoddam resurrectionis decus sine sui labe aliqua. Quandoquidem eos, qui huiuscemodi munere donati sunt, extollant catholici patres suæ relationis indiculo, de singulari virginitatis adepto privilegio dicentes, quod iusta remuneratione etiam hic gaudent præter mortem de carnis incorruptione, qui eam usque ad mortem servaverint non sine iugis martyrii valida persequutione. Quid enim maius sub caritate Christianæ fidei quam adipisci hominem cum gratia quod habet angelus ex natura? Unde divinum oraculum quasi singulari quodam dono repromittit, quod virgines sequntur Agnum quocunque ierit.[1] Considerandum igitur quis iste fuerit, qui in regni culmine intra tot divitias et luxus sæculi semetipsum calcata carnis petulantia vincere studuit, quod eius ostendit caro incorruptibilis. Cui humano obsequio famulantes satagant illi ea placere munditia, quam ei perpetuo placuisse manifestant membra incorrupta, etsi non possunt virgineo flore pudicitiæ, saltem ex parte, voluptatis iugi mortificatione. Quoniam si illa sanctæ animæ invisibilis et illocalis præsentia alicuius famulantium spurcitia offendatur, timendum est quod propheta terribiliter comminatur.[2] "In terra sanctorum iniqua gessit, et ideo gloriam Domini non videbit." Cuius terrore sententiæ permoti, huius sancti Edmundi regis et martyris imploremus patrocinium, ut nos cum sibi digne famulantibus expiet a peccatis quibus meremur supplicium, per eum qui vivit et regnat in sæcula sæculorum. Amen.

Abbo. c. 17.

MS. A. fol. 18 b. MS. B. fol. 80 b.

---

[1] Apoc. xiv. 4. | [2] Isai. xxvi. 10.

MS. A,
fol. 24 b.
seq. ;
MS. B,
fol. 86 b.
Cf. Rog.
Wend. and
Matt.
Westm.
A.D. 1104.
Edmund
delivers
England
from the
tyranny
of Swein.
MS. B,
fol. 87 a.

CONTINUATIO. *Quomodo beatus Edmundus populum Anglorum liberavit a tyrannide Swen regis Dacorum.*

IGITUR Ætheldredo regni Anglorum, de quo inferius suo loco plura dicemus, monarchiam modeste gubernante, periculosa pestis, quæ dudum extincta putabatur, rediviva denuo pullulare adoritur. Nam quos Anglia velut mortale virus iampridem evomuerat, rursus ad eandem tamquam ad hereditaria iura Daci reditum moliuntur. Ad quod effectui mancipandum quidam nomine Swein dux et princeps præficitur, bellis quidem aptus, sed superbia tumidus dominandique cupidus. Hic Angliæ libertatem Daciæ reputabat captivitatem. Ad huius igitur edictum copiosa classis instauratur, armata multitudo contrahitur. Sicque sulcantes æquora proris prospero cursu apud Genesburc portum sortiuntur. Quorum adventu cognito Æthelredus cum paucis in Normanniam salvandus transvehitur. Cuius hostes absentia fidentiores effecti miseram plebem absque ullo miserationis respectu nemine prorsus resistente prosternunt. Cumque igitur truculentus rex vix tandem animi ferocitatem mitigasset, instinctu diabolico pro-
MS. B,
fol. 87 b.
vulgari mandat decretum, ut ex universa scilicet regione generale sibi persolvatur tributum : divulgatoque regis imperio lugubres insulani impositum iugum nullatenus refellere queunt. Parere durum est, reniti non est tutum. Inducias petunt ; nemo exaudit. Sed cum nec sancta quidem loca fieri possent inmunia, contigit censores a sancti Edmundi contubernialibus instanter exposcere regis vectigalia. At illi legem inauditam exhorrent, insolentiam tyranni potius quam regis admirantur, et concepta fiducia[1] tributarii regis pervasoris

---

[1] *fiducia*] fadicia, MS. ; fiducia pro peculiari circa martyrem cultu, B.

fieri respuunt. Pendentes autem nefarii regis ferocitatem necnon fautorum eius proterviam, non modo
convicanei verum et accolæ adiacentis provinciæ cum
luminaribus et pacificis oblationum votis ad basilicam
sui regis et martyris Edmundi unanimi devotione
vigiliis et orationibus insistentes catervatim se con- MS. B,
ferunt, Dominum, in cuius omnipotenti manu cor regis fol. 88 a.
est, per eius præclara merita rogaturi, quatinus miseri-
cordiæ suæ rorem super eos instillando intolerabilem
truculenti regis indignationem clementer averteret,
atque iugum captivitatis quod sub eius imperio iam
per decem circiter annos Anglia gemebunda contraxerat,
potenti virtute vel sero contereret. Qua tempestate vir Cf. MS. A,
quidam venerabilis, vocabulo Ægelwinus, sæculari spreta seq.
conversatione, apud sanctum Edmundum suscepto habitu
monachico religiosam actitavit vitam. Huic ob amorem,
quo totus in sanctum flagrabat, quasi pro sæculari
familiaritate mos inolevit, ut pia permotus audacia
intemeratum corpus eius certis vicibus aqua dilueret,
pectine cæsariem componeret, defluentes capillos diligenter ut vere pretiosas reliquias recondens; cum et
idem vir ita a sancto fovebatur ut per nocturnam revelationem, pæne quotiens vellet, ei confabularetur, præ- Cf. MS. A,
sertim quando pro diversis calamitatibus cum interpel- seq.
lare soleret. Cum ergo salutares excubiæ gererentur, MS. B,
idem monachus quieti modicum indulserat mærore con- fol. 88 b.
fectus. Cui subito beatus astitit Edmundus, nivea stola
præfulgidus, vultu hilaris, sermone iocundus. Ac primo
mæstitiam eius solito more blande consolans, deinde,
" Vade," inquit, " ad regem Swein maturato, hæc illi
ex ore meo mandata perferens. ' Utquid vexas pusillum gregem meum, inponendo iugum quod sub nullo
traxere regum ? Vectigales nunquam esse didicerunt,
tributa nunquam pendere consueverunt. Quapropter
dum licet, iniustam sententiam corrige, ne forte cum
volueris minime liceat. Quodsi mea monita non reve-
reris obstinatus, me provinciæ defensorem experieris

attrectatus.'" Igitur monachus divino oraculo admonitus, imperatis obsecundans laborem itineris aggre-
MS. B,
fol. 89 a.
ditur; ingressusque ad regem, ex parte sancti Edmundi
humili præmissa salutatione, legationis causam prosequitur. Sed hæc rex ferocissimus nec attendere digna-
batur nec respondere; servum quoque Dei multis
lacessitum obprobriis a conspectu suo iubet arceri,
iurando contestans, nisi celerius abscedat, ignominiæ
nota fœdatum suus Edmundus cum reciperet, si tamen
mortis discrimen evadat. Vir autem Domini ut iudicem
iniquitatis animadvertit nec Deum timere nec hominem
revereri, tristis admodum viam carpere cœpit domum
MS. B,
fol. 89 b.
revertens. Cum autem in territorio Lincolniensi humili
satis hospitio frueretur, noctu pater Edmundus apparuit ei in somnis dicens: "Quid," inquit, "timore
sollicitaris? Quid mærore tribularis? An verba mea
oblitus periculum incidisti desperationis? Surge ergo
festinus: aggredere[1] callem præmaturus; quia priusquam
peracti metas itineris pertingas, de rege Swein celebris
fama te et compatriotas tuos exhilarabit universos."
Qui cum mane facto aggerem calcaret publicum, audivit
post se quorundam murmur equitantium, a quibus
brevi consequtus, more viantium mutuo salutati
affatim colloquia miscent. Cui et unus illorum ait:
"Heus," inquit, "sodes! tune es presbyter, quem
nudiustertius apud regem conicio me vidisse cuiusdam
Edmundi mandata perorantem?" Ad quem ille: "Ego
MS. B,
fol. 90 a.
sum." Tum ille, "Heu! heu!" inquit, "quam pon-
derosa fuit comminatio tua! quam verum vaticinium!
Rex enim Swein morte sua lætificavit Angliam, mæstam
ac luctuosam reliquit Daciam." Postquam igitur vir
Dei hæc audivit, tam stupore quam gaudio perfusus
narranti sibi ait: "Ista quidem contingi posse nequaquam dubito; sed veritatem audire desidero." Quem
relator suspensum intuens: "Ut facilius," ait, "horum

---

[1] *aggredere*] B; *egredere*, MS.

tibi fidem persuadeam, ordinem rei gestæ pandam
Cum igitur post recessum tuum sequenti nocte securus
et gaudens nihilque adversi suspicans rex cubitum
isset, ac per totum palatium familiæ strepitus conquie- *Cf. Flor.*
visset, intra cubiculum regi adhuc vigilanti subito *Vigorn. p. 589 b.*
miræ pulcritudinis miles astitit ignotus, vibrantibus
armis ornatus, vocansque proprio nomine regem ait :
' Vis habere tributum, O rex, de terra sancti Edmundi ?
Surge, suscipe illud.'   Qui consurgens in toro resedit;
sed mox conspectis armis terribiliter vociferari cœpit.
Quem continuo miles impetu facto lancea perfossum
abiens reliquit.   Ad cuius clamorem expergefacti concur-
rentes, invenimus cum cruore proprio fœdatum animam
eructasse."   Quod audiens venerandus monachus ad tam *MS. B,*
evidentem relationem ilico magna exultatione tripudia- *fol. 90 b.*
bat, Deumque ac sanctum suum Edmundum benedice-
bat : verum etiam citato gradu perveniens ad suos,
secretum, quod solus multis arbitrabatur aperire, ab
omnibus contigit cum primitus audire.   Nam rumorem,
cuius neminem suorum conscium æstimabat, iam nemo
illum ignorabat.   Siquidem in provincia quæ lingua *Cf. MS. A,*
Anglorum Estsexe dicitur, ægrotus quidam tanto lan- *fol. 29 b. Miracle.*
guore percussus iacebat, ut nullo membrorum suorum
officio, ne linguæ quidem, uteretur : triduoque in agonia
protracto, morti finitimus cunctis spem vitæ denegabat.
Cuius cum quadam nocte parentes et vicini circum-
stantes exitum præstolarentur, recuperata virtute in
sessum se erigens, voce gratulabunda dixit : " Hac
nocte et hac hora sancti Edmundi lancea transver-
beratus rex Swein occubuit."   Quod cum dixisset, in
lectulo recumbens ultimum flatum emisit, atque morte
sua tyranni mortem indubitanter asseveravit.   Quis
igitur non obstupescit Dei magnalia ? quis non perti-
mescit eius occulta iudicia ?   Encliticus iste mori diffe-
rebat, quoniam Edmundus nondum[1] superbiam hostis

---

[1] *nondum*] non cum, MS.

conterebat. Porro Daci remordente conscientia de vita
periclitantes, domini sui cadaver exanime copiose sale
salitum a fœtoribus munierunt, secumque per immensa
æquora asportaverunt.

CONTINUATIO. *De cœco ad tumbam beati Edmundi
illuminato.*

IN primis cum adhuc athleta Dei Edmundus raro
veneraretur habitatore, cœcus quidam cum puero, cui
gressuum ducatum crediderat, viam carpens, cum ad de-
cliva lux diurna festinaret, saltum quo martyr sanctus
tumulabatur, utpote regionis ignarus, ingreditur; et
modicam inibi invenientes cellulam, eam protinus ingressi tumulum beati martyris offendunt. Quem, ut
erat, sepulturam hominis autumantes, primum horripilatione[1] percelluntur, deinde præsumpta securitate
ianuam obicibus artant straveruntque sibi, tumba martyris vicem cervicalis ministrante. Necdum vero plane
poterant obdormisse, cum subito flammiflue columnæ
splendor totius habitaculi[2] ambitum occupavit. Moxque discissa caligine, ubi oculi eiusdem cœci sunt
illuminati, lux inmensa[3] redit, sed lucis signa sibi[4]
reliquit.

CONTINUATIO. *De præside qui de ecclesia beati
Edmundi mulierem violenter extrahere voluit.*

VIR quidam curialis quoque, nomine Leofstanus, præ-
fectoria dignitate a rege sublimatus, erga sanctum

---

[1] *horripilatione*] ut humanitatis est, horrore, B.
[2] *splendor tot. hab.*] B ; t. h. s., MS.
[3] *inmensa*] cœlitus emissa, B.
[4] *sibi*] cœco, B.

Edmundum non solum nullam devotionem gerebat, verum etiam audita eius miracula contracta nare subsannabat. Hic statuto die ad quendam locum martyri contiguum concionandi gratia devenit, ubi cum animadvertit quandam abesse mulierem iudiciariæ suæ potestati ream, atque eam timore perterritam ad sancti confugisse tumbam, præ nimio cordis tumore[1] statim totus infremuit missisque apparitoribus suis eam tribunalibus sub omni celeritate sisti præcepit. Quibus ut iussa compleant abeuntibus, ille non ferens tædium tarditatis, festinus viator suorum vestigiis imminet. Porro ubi apparitores mulierem trahentes sanctum iugiter exclamantem vix ab ecclesia pedem extulerant, ecce repente præses, qui iam infra atrium basilicæ ad condemnandum eam cum universa concione descenderat, possessus a dæmone diris cruciatibus vexabatur. Cumque diu torqueretur, inter tormenta miseram emittens vocem, animam exhalavit.

[margin: mund punished with death.]

CONTINUATIO. *Quomodo beatus Edmundus Lundoniam fuerit delatus.*

COMES quidam nomine nobili Tuchilles, Dacus genere, apud Gippewicz cum magna classe appulit. Cum quo Angli tertio congressi, maxima strage profligati sunt Angli. Hæc ergo persequtio adeo fuit generalis, ut nec cœnobiis quidem nec sacris ædibus parceretur. Quod ut cubicularius beati martyris Edmundi, quidam monachus, animadvertit, atrocitatem indomitæ gentis pavitans, præsertim cum et[2] hoc sanctus hortaretur, impositum bigæ cum sanctissimi corporis gleba ligneum illud sarcofagum, latenter viam carpere cœpit,

[margin: MS. B, fol. 91 b. Cf. MS. A, fol. 32 a, seq. Removal of St. Edmund's body to London. (A.D.1010. Cf. Sax. Chron., Flor. Vigorn.) MS. B, fol. 92 a.]

---

tumore] timore, MS. | [2] *et*] ad, B.

Londoniam tendens. Cum iter ageret, sole ruente diversorium subire nox vicina compellebat. Tunc prospecta cuiusdam presbyteri congrua mansione, illo deflectens aditum precabatur. Abnuit sacerdos, homines ignotos hospitio recipere detrectans. At ille domo seclusus, ne vel atrii saeptis arceatur supplex implorat. Quo vix impetrato, recubat monachus sub martyre, martyr vero sub divo lucifluae columnae. Quarta autem instante noctis vigilia cœperunt vehiculi rotae velut ad gradiendum concitari. Quarum stridore praefatus vir expergefactus, mox iter quod cœperat aggreditur.

MS. B,
fol. 92 b.

Iamque a loco longius processerat, et ecce respiciens intuetur eminus flammis ultricibus presbyteri casam conflagrari. Cumque inde monachus cœptum iter conficeret, Stratfordiae vadum offendit, quod tribus a Londonia secretum milibus se viantibus offert. Cui brevis plurimisque in locis pons interruptus superiacebat, tutum nullius, praesertim militantium, vestigium sustinens. Quid ergo monachus ageret, quo se verteret, consilio pauper prorsus ignorabat. Dacus a tergo perurget; diverticula nulla patescunt; remorari non est consultum. In se vero tandem reversus, cum reda sua infidi ponticuli semitam auriga fidelis ingreditur, moxque altera rotarum superficie[1] pontis volvebatur, altera inter cœlum et fluidum elementum compari haut humilior aera sulcabat. Cum igitur gloriosus rex et martyr Edmundus Londoniam fuisset ingressus,

Cf. Bromton, col. 806.

MS. B,
fol. 93 a.
Miracles.

ægroti variis vexati languoribus aggregantur; plateae debilium multitudine constipantur; per cunctorum ora Edmundi nomen, Edmundi laus, Edmundi praeconium reboat. At ille de sinu misericordiae diversa profert curationum fomenta, notas exerit medicinas. Caecis peregrina mundi species tunc primo formatur; claudis rudis incessus innovatur; paralyticis fluxa membrorum

---

[1] *superficie*] per superficiem, B.

officina restringitur ; leprosis corporum munditia restituitur ; fit diserta lingua mutorum ; patescunt aures MS. B.
fol. 93 b.
surdorum.   Sicque sub momento sola fides optinere
promeruit, quod medicorum diuturna sedulitas conferre
non valuit.   Audito itaque vulgari plausu, quædam
strato recubans contracta mulier, quam adeo nodosi-
tatis huius pernicies a lumbis talo tenus occupaverat,
ut, non dicam incedere, sed nec grabato quidem extendere sufficeret pedem ;—hæc mulier, audito clamore
concurrentis populi, domesticis ait : " Quisnam hic est
fragor multitudinis vociferantis ?"   Ad quam illi, " Beatus," inquiunt, " Edmundus, rex Orientalium Anglorum, hanc urbem ingressus plurimos languore
depulso reddidit sospitati."   Tunc illa, " Heu mihi ! "
ait " quam Deus non indicavit dignam illius oblatam
præsentiæ misericordiam promereri.   Nam si vel feretri
pallam attingerem, ab hoc incommodo confido me
continuo per eius merita liberandam."   Ex his dictis
confestim marcidis membris vivax fimus[1] illabitur,
stupentibus poplitum nervis flexibilis tepor infunditur,
damnabili torpentibus otio plantis inexpertus incedendi MS. B.
fol. 94 a.
usus tribuitur, ac sic reliqua corporis fabrica stipitibus
erectis attollitur.   Postquam Divinæ largitionis miser-
atio famuli sui nomen Edmundi per miraculorum
exhibitionem celebre reddidisset, (decem enim et novem a diversis incommodis ea die curati fuisse memo-
rantur), in ecclesia beati Gregorii papæ, quæ sita est
prope basilicam apostoli Pauli, (ibi etenim[2] sanctissimi
martyris pretiosum corpus deponitur)—ubi dum Londonienses cum oblationibus beatum martyrem excoler-
ent, Dacus quidam prædives explorare[3] satagens, quisnam esset, cuius fama tantam populi frequentiam
invitaret, cum devotis ingreditur versipellis ; et ceteris

---

[1] *fimus*] sucus, B.
[2] *ibi etenim*] om. B.

[3] *explorare*] B; explorari, MS.

MS. B,
fol. 94 b.
orationi procumbentibus, ipse rigidus ac tumore vanitatis inflatus velo, quod coram sacrario oppansum erat,
revulso, curiosis oculis perscrutari cœpit interiora.
Quod cum impudens irreverenter ageret, utrorumque[1]
luminum cæcitate multatur.   Quam cladem temerarius
ut persensit, mox solo tenus prostratus lacrimas uberes
fundit, se peccasse, se errasse, se nequiter egisse, miserando clamore protestans.   Basilicam mugitibus replet
gemebundis, atque eiulatu diuturno circumstantium
animos ad pietatem inflectit, se fidelem devotumque
sancto deinceps sacramentis multis affirmans.   Quid
multa? Invitantur universi; oratio indicitur generalis;
sanctus Edmundus invocatur; ut misero subveniat,
imploratur.   Quorum precibus tandem sanctus martyr
Edmundus pulsatus et præsumtoris humili satisfactione
complacatus optatæ lucis gratum indigenti munus de-
tersa caligine rependit.

CONTINUATIO.   *De reditu beati Edmundi ad*
                      Betricheworthe.

St. Ed-
mund's
body is
taken back
to Bury.
COMMORANTE aliquandiu sancto martyre Edmundo
apud Londonienses innumeras clades Orientales Angli
se pertulisse deplorant.   Unde crebris exhortationibus
venerabilem monachum Ægelwinum implorant, quatinus patrem patriæ, spem vitæ suæ, Edmundum ad
MS. B,
fol. 95 a.
propria reducere non differat.   Quorum miseriis venerabilis monachus condolens, ingressus ad urbis[2] episcopum facultatem postulat abeundi.   Quod præsul ægre
ferens et indies differens, tandem invitus annuit.
Simulata tamen devotione fraudem adumbrans, reli-
gioso famulatu sanctum se prosecuturum pollicetur,

---

[1] *utrorumque*] B; utrumque, MS. | [2] *urbis*] Elfinum, B.   Elfwin,
bp. of London, A.D. 1004—1014.

parochiam convocat, causam palam eloquitur. Mærent universi, desolationem urbis recedente protectore mox affuturam conquerentes. Procedit interim dealbatus antistite prævio clericorum cuneus, vulgus promiscuum lamentando subsequitur. Tunc secum ascitis tribus de clericis, etsi non simpliciter, tamen reverenter accedens, thecam cum thesauro subiectis humeris præsul conatur attollere. Ad quod dum enixus elaborat, sentit onus intolerabile. Alii quattuor adiunguntur; sed vires minime suppetunt. Admissi duodecim incassum fatigantur. Ad postremum viginti quattuor iunctis viribus circa lecticam disponuntur; sed et ipsi velut in agone desudantes inacti resiliunt. Inter hæc astans populus tali spectaculo delectabatur, Dei sanctique Edmundi suspicans esse voluntatem in posterum se non perdere, quod semel contigerat accepisse. At episcopus sua videns machinamenta nihil proficere, una cum populo et ipse pudore suffusus admirabatur. Siquidem domesticis suis et quibusdam civibus indixerat, ut cum ecclesia feretrum extulissent, concitato tumultu et elato clamore baiulos abire volentes ad ecclesiam beati Pauli gradum deflectere compellerent, contradictores, si quos forte paterentur, terrore minisque compescerent. Verum cum ab huiusmodi spe Dei nutu præpeditus recidisset, contectalis martyris Ægelwinus præstolante multitudine domino suo procidit, propensius eum obsecrans, ne propriam deserat regionem, ne alumnos suos patris absentia pupillos diripientium ludibrio exponat, neve lupos in ovile Dominicum, ut pastor incuriosus, diutius desævire permittat. Et cum ab oratione luminum imbribus irroratus exurgeret, tribus ex comitibus suis sibi iunctis, tanta facilitate thecam eandem elevat, ut nil ponderis habuisse putaretur. Unde patuit universis antistites inposturæ zizanio nullatenus caruisse. Arrepta demum via, in magno mærore civitatem reliquit, plurima plebis frequentia sanctum procul ab urbe prosequente. Nec

MS. B,
fol. 95 b.

MS. B,
fol. 96 a.

iam, ut prius, latibula captat, nec celari satagens
puplicos conventus devitat. Sed fama praeconante de
vicis quibusque per itineris tramitem se porrigentibus
in occursum eius proruentes cum ingenti favore lau-
disque iubilo illum deducunt. Deinde pristino cum
summa honorificentia reponitur in loco, ubi Deo pro-
pitio devote se petentibus hodieque non desistit
suffragari.

MS. B,
fol. 99 b.

CONTINUATIO. *De repraesentatione corporis sancti
Edmundi.*

Miraculous
virtues of
St. Ed-
mund's
body.

OPERÆ pretium referendum esse videtur illud
supereminens et insigne miraculum, quod de incorrupta
corporis integritate incliti regis et victoriosi martyris
Edmundi Divina propitiatio propalare dignata est, ut
tortuosa eorum corda, qui vel simplicitate falluntur
vel, quod periculosius est, fermento perfidiae corrum-
puntur, aequissimæ regulæ fidei colliniret, suæque
virtutis magnificentiam eorum pectoribus altius inti-
maret. Igitur Vino ecclesiæ sancti Edmundi primo
abbate rebus exempto, venerabilis vir Leofstanus ovilis
Dominici curam unanimi fratrum voto suscepit agen-
dam. Quo tempore mulier quædam a nativitate muta
de pago Wintoniensi sanctum invisit Edmundum, ab
eo proprii flagitatura remedium incommodi. Iam enim
pene seniles annos apprehenderat, necdum tamen in-
fantiæ primordia vocis indiga deseruerat. Hæc ergo,
quia voce non poterat, intimo cordis affectu, qui
multotiens maiorem auribus Divinæ pietatis ingerit
strepitum, constanter Deum eiusque martyrem exora-
bat. Deinde perseverante illa iuxta sepulcrum martyris in gemitu et contritione cordis, solvuntur eius
linguæ repagula, vocis organa formantur ad nova
famina ; post annosa demum silentia in aperta prorupit verba, cum omnibus qui aderant, Salvatoris virtu-

Cf. MS. A,
fol. 42 a
seq.
Leofstanus
succeeds
Vinus, first
abbot of
St. Ed-
mund's.
Cure of a
dumb
woman.

tem laudantia. Quæ cum sibi loquelam pæne redditam[1] comperisset,[2] ilico patriam parentesque repudians,
nunquam ab obsequela martyris vel ad modicum re- MS. B,
cessuram se devotavit. Hæc postmodum in tantam fol. 100 a.
sanctæ conversationis puritatem excrevit, ut sancti
crebra visionis pariter et allocutionis mereretur revelatione confoveri. Quadam nocte solita præsentiæ suæ
dulcedine permulcens talibus eam verbis affatur;
" Vade," inquiens, " ne cuncteris; dic Leofstano
abbati: ' Cur ita negligenter agis, ut nulla mea
tuum compungat animum sollicitudo? Facies mea
cassibus aranearum indecenter obducitur, omnis circa
me venerationis cultura sopitur. Audita curiosius
perscrutare; perscrutata satage cautius emendare.'"
Mox illa parens imperatis nil intactum prætermisit.
Abbas autem muliebria verba parvi pendens, velut
aniles ineptias respuebat; quippe qui iamdudum in
commune decreverant, a tanti contactu sanctimonii
reverenter abstinere. Porro quod credebatur, pro
negligentia imputabatur; et unde gratiores haberi
confidebant, inde periculosius displicebant. Paucis
admodum elapsis diebus, rursus illi suæ consecretali, MS. B,
sicut prius, adest pater Edmundus. Iam dicta re- fol. 100 b.
plicat, eademque[3] consignat. Illa geminat officium;
nec sic ullus laboris fructus emergit. Tertio demum
id ipsum repetens, austeritati verborum terrorem
immiscet minarum. Quibus abbas auditis, magis
perhorrescens vindictæ promissæ[4] severitatem quam
reveritus fuerat admonitionis promissæ lenitatem,
fratribus innotescit negotium. Res ventilatur in
medium; flagitatur a Domino consilium. Tandem
habita deliberatione, audita statuunt experiri. Ieiunia
protelantur, vigiliæ et orationes continuantur, implo-

---

[1] *redditam*] reddita, MS.
[2] *comperisset*] comperissent, MS.
[3] *eadem*] eandem, MS.

[4] *promissæ*] om. B, which reads
præmissæ below.

ratur Divinitas, fides fervet et sanctitas. Explicito
tandem triduano ieiunio, quinta feria illuxit, in qua
immensa Christi gratia, quae in sanctum Edmundum
redundabat, mentibus humanis infulsit.   Tunc abbas
cum fratribus ad opus dispositum praeelectis, quos
et innocentis vitae meritum et constantia commenda-
bat animorum, cum summa venerationis humilitate
celebrata sollemniter missa, procedit ad sacrosanctum

locellum pretiosum pretiosi martyris Edmundi con-
cludentem lipsanum, ceteris interim in claustro sedere, psalmis hymnisque instanter vacare iussis. Quo
patefacto Agelwinus monachus, de quo supra multa
narrata sunt, iam prae nimia senectute corporali
privatus lumine, propius admovetur, ut palpando
probet, an adhuc ita perseverat[1], quemadmodum se
reliquisse meminisset.   At ille nihil tricans, nihil
haesitans, ut puta quia[2] simile quid saepius praesumpsisset, non modo integros sed et corpulentos domini
sui contractat[3] artus. Vertit ac revertit; nil mutatum
animadvertit.   Tunc demum caeco ductoribus suis
vicissim ducatum praebente, singuli manus inicere
gaudent.   Expositus autem super ligneam tabulam

deponitur; mulieris attestatio veridica cognoscitur;
pristinis induviis exuitur; interula illa, in qua miles
Christi legitimus callidi tyrannidem hostis viriliter triumphavit, cum creberrimis telorum ictibus [perforata][4],
cum infectione sacrati cruoris intertincta, alioquin
autem reperitur penitus incorrupta. Pulvillus quoque
ille, qualem pro loco et tempore parvae fidelium reliquiae in passione sancti Edmundi composuisse referuntur, non ex plumis vel bombyce alicuius generis, sed
solummodo tenuissimis lignorum dolaturis, capiti
regali,   quod non impinguarat oleum peccatoris,[5]

---

[1] *perseverat*] perseveret, B.
[2] *quia . . . . praesumpsisset*] qui
exegisset, B.

[3] *contractat*] contrectat, B.
[4] *perforata*] from B.
[5] Ps. cxl. 5.

sed charisma sacrarat mysticæ unctionis, hucusque
levamen præstiterat.   O quam dulce spectaculum!
quam evidens, quam stupendum miraculum!   Illi
funereas tractant exequias ; ille vitalem eorum op-
tutibus exhibet imaginem.   Vultus severitate, membrorum formositate, quædam resurrectionis insignia
præsentando nil distabat a vivente, si mobilis effi-
cacia non defuisset.   Inter hæc accidit quiddam
beato martyri Edmundo, qui se ipsum Deo sacrificium in odorem suavitatis optulit, satis dignum,
quique cum Paulo dicere potuit,[1] " Christi bonus
odor sumus Deo in omni loco et in his qui salvi
fiunt."   Nam ex quo lignea illa elatus est theca,
tanta inexperti et inusitati mox odoris fragrantia
emanavit, adeo quoque[2] fratrum eorundem sensus
occupavit, ut inter virentis amœna paradisi se crederent consisti.   Et cum inæstimabilis dulcedinem
suavitatis olfactu haurirent, nullatenus tamen dis-
cernere quibant quid sentirent ; nec semel emissus
ilico evanuit, verum totius diei spatium optinuit.
Ad cuius gratiosum allapsum caterva fratrum in
claustro psallentium subito stupefacta, psalmodiæ con-
centum interrumpens admiratione non modica tene-
batur.   Opinabantur tamen quod rei veritas appro- MS. B.
fol. 101 b.
babat, quod tanta scilicet de patroni sui lipsano
gratiæ copia efferbuisset.   Porro cum abbatis complices
super his quæ intuebantur mente consternati sanctum
pristino reponi locello persuaderent, sæpefatus abbas, The abbot's
incredulity
punished.
nisi manus oculis attestantur[3], dubietatis caliginem
nullatenus detersam fore fatetur.   Quod olim perce-
perat auditu, iam nunc rimatur et visu ; quod etiam
tactus renuntiet, explorare non cunctatur.   Legerat
siquidem in ipsius passione caput corpori compagi-
natum cohæsisse.   Proponit ergo sententiam, indicit

---

[1] 2 Cor. ii. 15.   [3] *attestantur*] attestentur, B.
[2] *quoque*] que, B.

obedientiam, ut se manibus utrisque martyris caput
complectente unus illorum arripiat plantas, quatinus,
dum ad se quisque nititur, nil ulterius ambigui
veritas examinata in cuiuslibet pectore residere patiatur.   Ad hoc expavescunt singuli ; nullus illicita
præsumit, non rebellionis quidem protervia, sed
timoris nimirum reverentia.   Tandem abbas singulis
circumspectis unum eorum, nomine Curstanum[1], quem
a puero intra sacras monasterii disciplinas educaverat,
taliter affatur; "Tu præ ceteris," inquiens, "mihi
peculiarem debes obedientiam ; tibi vel ad momentum meis reniti mandatis facultas nulla suppeditat.
Accede ergo nil dubitans ; animum vacillantem fir-
miore gradu consolida." Tum illo beati pedes martyris Edmundi annisu quo valebat astringente, sæpefatus abbas alteram cervici, alteram mento sup-
ponens manum, tanto traxit impetu, ut e diverso
reluctantem post sacratissimum corpus inclinaret et
monachum. Post hæc percutiens cor suum exhorruit
ausum, extremuit factum. Non enim ad distrahenda
vel divaricanda revelanda testis Christi membra, sed
ad curanda honorifice atque condienda fuerat invitatus. Ideo statim punitur præsumptio debilitatis
nota torquente: stupentibus etenim nervis manus
utraque contrahitur, acies livosa obducitur, lingua
torpescit, suoque docetur exemplo quantum fuerit
dubitasse nefas. Ceterum sicut Thomæ infidelitas
hodieque fidei catholicæ famulatur ecclesiæ, sic et
huius ambiguitas multorum retundit perfidiam blas-
phemiæ.   Dum enim audacter intulit ipse sibi per-
niciem, ceterorum de cordibus abstulit damnosam
fidei segnitiem.   Diutino igitur talis incommodi
flagello correctus, eodem qui percusserat mediante
linguam recepit et oculos, manuum ariditate ad testimonium præsumptionis permanente.

MS. B.
fol. 102 a.

---

[1] *Curstanum*] Turstanum, B.

Cf. Rog.
Wend. and
Matt.
Westm.
A.D. 1020.
MS. A,
fol. 38 a
seq.
MS. B,
fol. 96 b.
Cnuth
founds a
monastery
at Bury.
MS. B,
fol. 97 a.

CONTINUATIO.

CNUTHUS itaque regni sibi monarchiam a Deo perpendens attributam, **primates** regionis provectosque viros atque modestos convenire præcepit, ea scilicet de causa ut quæcunque iusta, quæcunque utilia pro libitu et arbitrio in commune ipsi decernerent, ipse decreta **sanciret. Dixit** et opere [dicta][1] complevit. Tunc accedens Elfwinus, præsul diocesanus, Eliensis autem **monachus, vir totius** amator sanctitatis, **suggessit** ei de clericis qui habitabant apud sanctum Edmundum, dicendo iustum et Deo bene placitum videri, quatinus illorum in loco, si rex iubeat et optimatum in id concurreret sententia, monasticus ordo succederet, ut scilicet peculiari famulatu ac honestiori cultu sanctus, ut dignus est, veneraretur. **Laudantibus universis** devotionem antistitis, **ait rex: "**Etiam **Turchilli comitis,** in cuius dicione locus idem **fundatur,** assensus in hac parte **sciscitari debet." Qui confestim** advocatus, audita **regis** et principum **voluntate** libens annuit. Denique [rex][2] omnium consilio **et** favore constantior episcopo præfato negotii perficiendi [summam][3] delegavit. Ipse quoque **plurimis** beato martyri Edmundo eiusque servitoribus collatis **donariis,** locum **eundem** cum appendiciis **suis** ab omni querela et consuetudinum exactione perpetua libertate sublimavit.[4] Ad postremum **clericis eliminatis** inthronizantur monachi **auctoritate regali, consensu necnon universali.** Quibus præficitur abbas Winus, **vir prudens et honestus, quique super Dominicam** constitui mereretur[5] familiam **dignus, anno** ab incarnatione Domini **millesimo vicesimo,** a passione sancti Edmundi centesimo quinquagesimo.

Winus first
abbot.
A.D. 1020.

---

1 *dicta*] from B.
2 *rex*] from B.
3 *summam*] from B.
4 *sublimavit*] donavit, B.
5 *mereretur*] B; meretur, MS.

CONTINUATIO.

Cf. MS. A.
fol. 38 b.
seq.

MS. B.
fol. 97 b.
Death of
King
Chuut.

Cum igitur Chnutus Angliæ rem publicam per
plurium annorum curricula strenne gubernasset, laudabilis vitæ tempore finito viam universæ carnis ingreditur. Certantibus autem Haraldo et Hardecnuto
duobus filiis eius de prioratu, quicquid emolumenti
sobrietas patris contulerat liberorum tempestate pessum
ire visum est. Quibus tandem evangelica illa securi
succisis, qui fractus putabatur, suæ rursus olivæ ramus

Cf. Rog.
Wend.
p. 479.
Edward,
son of
Æthelred,
makes a
pilgrimage
to St. Ed-
mund's.

inseritur. Egressus enim a Normannia Edwardus,
Aethelredi regis generosa propago, domesticum pariter
et stipendiarium secum habens exercitum copiosum,
quippe qui fratris præmonitus exemplo similia perpeti
metuebat, ius paternum reposcere non torpescit. Sed
summo cum tripudio susceptus ab illis, quorum legatione fuerat invitatus, heres legitimus ad honoris insignia promovetur, regali diademate decoratus. Nec
multo post sanctum martyrem Edmundum pro statu
et prosperitate regni et, unde maior pendebat solicci-
tudo, pro delictorum impetrando levamine supplicaturus
adiit, sed aliter quam illi qui fervente pompa sæculari,
vecti faleratis equis, de vehiculo super limen ipsius
basilicæ sæpius dilabuntur.[1] Cum enim procerum et
aulicorum[2] stipatus frequentia memorato loco propin-
quasset itinere miliarii, ex equite mutatur in peditem.
Quem putas comitum equo tunc redisse sublimem,
cum cernerent dominum suum regem humilem pedibus
ambulantem? Qui etsi se interea vocari regem [vole-
bat][3] ac gaudebat, propriæ tamen memor condicionis

MS. B.
fol. 98 a.

suum et omnium in cœlo regem agnoscebat. Denique
perveniens ad monasterium cum hilari gratulationis
voto, propensiori fratrum excipitur obsequio. Ubi
quanta Deo piæ confessionis holocausta, quanta puræ

---

[1] *dilabuntur*] delabuntur, B.   [3] *volebat*] om. MS.
[2] *aulicorum*] B; Anglicorum, MS.

orationis mediante sancto Edmundo profuderit Edwardus libamina, quis digne perfari[1] sufficiat? Gratiam His gift of land to the abbey. devotionis exhibitio approbat operationis; quum ne infructuosus eius esset adventus, loco eidem dedit octo et semis centenaria, quæ iuxta linguæ idioma *hundret* indigenæ vocitare consueverunt.

CONTINUATIO. *De ergumeno in præsentia præfati regis Edwardi sanato.*

Cf. MS. A, fol. 45 b seq.

DIE quadam dominica contigit ut idem beatus rex MS. B, fol. 102 a. et confessor Edwardus apud sanctum Edmundum, A demoniac cured. utputa vir totius religionis cultor et custos, fratrum subiret capitulum, aut eorum consulens utilitatibus aut eorum se commendans orationibus. Interea vero quidam Dacus, nomine Esgotus, auro textis induviis Osgoth, B. adornatus, aureis armillis decoratus, ac deaurata bipenne more Dacorum ab humero dependente, sancti martyris Edmundi ingreditur basilicam. Et introgressus dum in presbyterio sacrosancto subsistit, cum bipennem a collo deponere temptaret, ut super eam incumbens magis curiose quam devote quæ agebantur consideraret, ilico virtute Divina manibus eius divulsa in pavimentum procul detruditur. Ipse quoque correptus a dæmonio miseras emittens voces in terram eliditur. Fit clamor inconditus: ecclesia tota turbatur. Sed et rex in capitulo strepitu pulsatus insolito cognovit a narrante prædictum Danum in ecclesia pervasum a dæmone. Quo comperto, conversus rex ad abbatem[2] ait: "Tuum est," inquit, "pater, pro huius restituenda salute sanctum suppliciter Edmundum cum monachis tuis interpellare." Et surgens rex cum abbate energumenum ad tumbam sancti Edmundi curandum deferri faciunt. Quo allato omnibus in commune psalmis et MS. B, fol. 103 a. letaniis incumbentibus, tandem ab imagine Dei nequam spiritus egredi conpulsus est.

---

[1] *perfari*] profari, B. | [2] *abbatem*] abbatem Leofstanum, B.

A A

MS. B,
fol. 98 a.

CONTINUATIO. *De muliere enclitica sanata.*

Miraculous
cure of a
cripple.

DEBILIS quædam mulier die noctuque recedentibus
ceteris ipsa ab ecclesia non abscedebat; quippe quia
nimirum manuum fulta remigio scabellulis rependo
nitebatur, reliquam corporis partem[1] aridis cruribus
trahens.   Hanc in petitionis instantia perseverantem
nocte quadam gratior solito somnus obrepserat. Accidit
etiam tunc orationis gratia nobilem quandam matro-
nam affuisse votivas cum accenso cereo excubias cele-
brantem.   Cumque conticinium præoccupasset diei

MS. B,
fol. 98 b.

tempora, et illa pervigil noctem insomnem transigeret,
vidit subito virum vultu et habitu venerandum de
sacrario egredi, amplissimo fulgentem lumine.   Qui
deambulans per navem ecclesiæ, venit ubi enclitica
prædicta iacebat, et stans super illam, salutifera dextra
percurrente crucis super eam vexillum depingit.   Quæ
statim somno excitata salva facta est.

MS. B,
fol. 105 b.

CONTINUATIO.   *De milite ab ardoribus multigenarum*
febrium liberato.

Miraculous
cure of a
soldier.
MS. B,
fol. 106 a.

QUIDAM etiam miles[2] dolendo torquebatur incommodo,
quoniam non unius tantum aut duarum sed omnige-
narum urebatur ardoribus febrium.   Qui tandem parata
evectione ad monasterium sancti regis et martyris
Edmundi pertrahitur, ubi facta oblatione necessitas
deploratur, auxilium martyris Edmundi [imploratur.
Hinc delatus ad hospitium lectulo reclinatur.   Qui
continuo velut in extasim raptus, sensibus alienis, ore
supino, patulis luminibus ardua rimabatur.   Cumque[4]
paulisper sic attonitus quievisset, apparuit ei iam pæne
defecto vir quidam ignotus, statura procerus, cuius

---

[1] *partem*] fabricam, B.
[2] *miles*] miles Willelmus nomine
filius Asketilli de Herefordensi provincia, B.

[3] *imploratur*] from B.
[4] *Cumque*] Cum vero, B.

tunc primum faciem gratissimæ flos pubertatis vestie- MS. B,
bat, quadam vultus et habitus prærogativa regiam fol. 106 b.
præferens maiestatem.   Qui propius admotus sic iacentem compellabat.   "Quid hic agis, o homo? vel quare
ita iaces?" Cui ille, "Febribus," inquit, "validis attritus
sanctum Edmundum expetivi, sanitatem pristinam per
eum recipere suspicatus."   Ad quem rursus ait : "Cre-
disne[1] illum tibi posse conferre quod postulas?"   Ille
inquit, "Credo."   Et ille, "Surge ergo iam incolumis
ad propria festinans regredi."   At ille formam eius
attentius intuens, percunctari cœpit quis esset.   "Ego
sum," ait, "Edmundus, Domini Iesu Christi servus.
Sta, inquam, super pedes tuos, et assumptis comitibus
domum revertens narra quanta tibi fecit Omnipotens."
Qui statim sospitati redditus eadem hora iussit
mensam apponi, cunctisque stupentibus ac præ gaudio
Deum benedicentibus, una cum eis cibum et potum
alacriter sumpsit, atque medico suo gratias agens
cunctis quæ circa se gesta fuerint[2] innotuit.

CONTINUATIO.   *Quomodo salvati sunt tres viri in
profundo maris.*

NAVIS quædam divitiis pluribus virisque multis Three men
onusta ex Norwegia veniens pontum versus Angliam miracu-
lously pre-
flatu prospero sulcavit.   Verum ex temporis perfidia served in
orta subito tempestate gurges intumescit, fervet the depth
of the sea.
fretum, venti perurgent, dies tenebrescit; navis autem
periculosa vertigine rotatur, huc atque illuc procella
sæviente iactatur, nunc ad alta sustollitur, nunc ad
ima demergitur.   Tunc clamor inconditus ab omnibus
erigitur, confusa vox omnium in cœlum attollitur.
Iam etenim omni destituti solamine, ultimum quisque
suum innuens inspicit periculum.   Quid multa?
Denique navis tempestate acerrime quassata maris

---

[1] *Credisne*] B ; Credis nō, MS. | [2] *fuerint*] fuerant, B.

fluctibus agentibus ad quendam sabuli acervum pro-
pellitur, ubi tabulati iunctura omnis disploditur, asser
ab assere discissitur.[1] Confracta itaque nave perierunt
singuli qui in ea erant praeter tres, quos saeviens
aequoris unda se retrahendo vivos reliquit.　Illi
autem sedentes super sabulum dixerunt ad invicem :
" Fratres, deest nobis sacerdos, qui nobis in hoc confinio mortis positis consulat, qui de peccatis nostris
paenitentiam iniungat,　et　iccirco confiteatur alter
alteri peccata sua, dum adhuc anima est in nobis.
Inundante enim mari sententiam, quam perpessi sunt
socii nostri, nulla restat via per quam evadere
possimus."　His dictis, cum fletu et planctu valido
confessi sunt alterutrum peccata sua.　Deinde unus
ex eis ait : " Fratres, nihil Deo difficile, nec est
numerus bonitatis ipsius, et iccirco confidenter agentes
invocemus eum spiritu humili et corde contrito gloriosumque martyrem eius Edmundum, ut per martyrium
quod pro Dei amore sustinuit, ab hoc instanti periculo
nos eruat.　Si enim fides affuerit veraciter, sciatis,
non deerit nobis gloriosi martyris Edmundi subsidium.
Experimento namque multoticns didici, quantae benignitatis sit his, qui invocant eum in veritate.　In
multis quippe periculis constitutus, eum invocando
semper adiutorem inveni, nullusque in eo confidens
deceptus est, nec in terra nec in mari."　His auditis,
qualecunque ex eius verbis conceperunt solacium,
modicum tamen :　praeoccupaverat enim totum cor
illorum timor mortis.　Unde et aiunt :　"Scimus
quidem, quia amicus Dei est et magni meriti apud
Deum beatus Edmundus, potens de hoc periculo
eripere nos, si eius pietati placuerit.　Sed in profundo
maris constituti quod genus evasionis sperare poterimus?"　"Nolite," inquit, "diffidere ; sed prout moneo,

---

[1] Sic MS.

intimo affectu gloriosum martyrem Edmundum invocemus, et aderit nobis absque omni haesitatione divinitus auxilium." Qui eius consilio adquiescentes, in
huiusmodi vociferationem ora resolvunt: "Sancte
Edmunde, adiuva nos; succurre nobis, pie pater
Edmunde." Hæc autem illis sæpius replicantibus,
turbidum mare crevit vehementer ascendens. Quo
viso, commonitor eorum fide plenus et quasi Spiritu
Divino edoctus, evaginato gladio, quem forte secum
in naufragio retinuerat, circulum fecit in sabulo circa
se et socios suos, dicens: "Adiuro te, aqua, per
Deum Patrem Omnipotentem qui te creavit atque
præclara regis et martyris Edmundi merita, ne hunc
circulum intrare præsumas." Mira res et valde
stupenda! Adveniens quippe unda maris ad circulum,
ilico restitit, et ibi se in sublime erigens altissime
supra stetit, nullatenus circulum transiens. Illi vero
sedebant super sabulum in imo quasi in puteo, et
aqua erat eis ex omni parte quasi murus, nihilque
videre poterant præter aquam et cœlum. Sub undis
itaque maris latitantes, læti ad invicem dixerunt:
"O quam prædicabilis et veneranda, quam admirabilis
et magnificanda Dei nostri pietas et potentia, quæ
in ipso naufragio nobis portum largitur, quæ et in
profundo istius maris per merita gloriosi martyris
Edmundi tam mirabiliter nos protegit et custodit."
Dum autem hæc loquerentur, iam mari se aliquantulum retrahente, quidam ex eis a longe aspiciens
vidit velum navis æquora sulcantis, et avem esse
æstimans ait: "Ecce, fratres, ut mihi videtur, avem a
longe volantem prospicio." Illi autem diligenti intuitu hoc considerantes animadverterunt non avem
esse, sed carbasum cuiusdam carinæ illuc advenientis.
Et facto temporis intervallo, omnis hæsitatio a mentibus eorum evanuit. Unde gavisi sunt gaudio magno,
intelligentes preces suas a Deo exauditas fuisse. Ap-
propinquante vero navi ad eundem locum, elevaverunt

voces suas et cum clamore valido dixerunt: "Amici
Dei, qui ibi prospere navigatis, quos Deus ad nostram
salvationem huc destinavit, pro amore eius qui
homines salvat in terra et in mari, ne nos pertrans-
eatis, sed miseremini nobis miseris, qui in huius
pelagi profundo periclitamur. Miseremini, quæsumus;
ne sinatis nos perire, quos ineffabilis bonitas voluit
salvari." Illi autem humanam vocem esse intelligentes, supra modum admirati sunt, quomodo homines
sub undis maris vivere possent, submissoque velo
emiserunt cum celeritate scapham de navi, ut ad
eundem locum remigarent. Quo pervenientes, viderunt
tres prædictos viros sedentes in imo quasi in puteo,
nec aquam ex aliqua parte eos posse contingere. Hæc
autem intuentes, vehementiori stupore quam antea
fuerat, perculsa est mens eorum; et immisso fune
traxerunt eos in scapham, ducentes secum ad navem.
Ubi audito ex ordine salvationis suæ modo, omnes
qui in nave erant glorificaverunt Deum, dicentes:
"Vere mirabilis est Deus in omnibus operibus suis,
et vere magni meriti apud Deum gloriosus martyr
Edmundus." Salvati vero ut portum contigerant,
concito gradu beati martyris Edmundi basilicam, ubi
corpus eius cum integritate quiescit, expetierunt,
ibique pro sua salvatione gratias Deo sanctoque
Edmundo devota mente referentes, monachis populoque tanti miraculi seriem diligenti relatione expo-
suerunt. Quo audito, omnes voce publica Deum
benedixerunt, qui illud stupendum miraculum, quod
quondam operatus est in apostolo Paulo, qui die ac
nocte in profundo maris fuit, dignatus est moderno
tempore meritis martyris sui Edmundi in peccatoribus
operari. Viri autem prædicti in memoriam tanti
miraculi gladium, quo circulus in profundo maris
foratus fuerat, monacho sancti Edmundi feretrum cus-
todienti tradiderunt. Redeuntes cum gaudio ad propria,
beati Edmundi merita ubique magnificaverunt.

CONTINUATIO.

Cf. MS. A, fol. 63 a seq. MS. B, fol. 104 b. A storm laid by a relic of St. Edmund's.

COMMORANTE aliquandiu abbate sancti Edmundi Baldewino in partibus transmarinis cum rege Willelmo, [cum] ex mora diuturna quædam usualia[1] consumpta deficerent, ex[2] domesticis suis [unum][3] Normannum nomine domum destinavit ut quæ minus forte suppetebant, rediens ipse suppleret. Insinuavit etiam abeunti de quodam phylacterio martyris Edmundi pretiosa pignora concludente, quatinus illo secum assumpto quantocius repedaret.[4] Ille parens imperanti, MS. B, fol. 105 a. transito mari calle citato properat ad cœnobium ; et assumptis quæ iussus fuerat, phylacterium quoque collo suspendens præpeti gressu redeundo iter suum tetendit ad mare. Ubi cum ratem prægrandem hominibus et animalibus sarcinisque negotiatorum quam plurimis onustam repperisset prosperos flatus operientem, dato naulo, licet ægre, ingressum eius optinuit. Deinde dantes vela ventis, proram fluctibus, infido pelago fidem accommodant ; abstractique a littore placidum æquor sulcante carina in altum porriguntur. Tum repente exorta tempestate gurges intumescit, undarum fluida moles montium instar tumida terga sustollit, fervet fretum, procella desævit, salo turbato navis inpulsa quassatur. Nunc ad alta subrigitur, nunc ad ima relabitur. Exonerata tandem animalibus levius quidem, sed pæne periculosius ferebatur. Ad postremum ventorum vehementiam minime ferentes, origone summisso remigando furentibus elementis aliquatenus reluctari nitebantur. Verum flabris stimulantibus cedit virtus victa nautarum : proreta tamen, etsi languentibus lacertis, gubernaculum retendebat. Sed cum nec sic in ventum posset conari, data nave flatibus omnipotentiæ Divinæ maiestatis causam

---

[1] *usualia*] victualia, B.
[2] *ex*] et, MS.
[3] *unum*] from B.
[4] *repedaret*] remearet, B.

suam committunt. Veruntamen in hoc laborabant,
ut non modo sentina, sed et irruentibus undis puppim
certatim exportarent. Quo per biduum iactati infortunio : spes omnis evadendi perierat. Iam tertiæ
noctis labentibus umbris lux optata successerat, et
ecce præmissus Normannus labore pariter defectus et
horrore paululum dormitare cœperat. Cui elegans
persona claro aspectu et iocundo affatu confestim
astitit, arreptumque humerum eius blande concutiens
ait : " Cur inerti, Normanne, deprimeris somno, tam
horrendo vallatus periculo ? Expergiscere : fidei tor-
porem excute. Tolle quod collo inhæret phylacterium :
invoca illum cuius insignitur nomine tibi sociisque

MS. B.
fol. 105 b. tuis tranquillitatem optenturus ipsius iuvamine." Qui
statim exiliens, et utraque manu phylacterium collo
avulsum in sublime porrigens, his verbis comites
hortabatur : " O viri, animæquiores estote ! Propior
est enim nostra salus quam sperabamus." Et exponens eis seriatim modum visionis, taliter conclusit :
" Erectis igitur manibus in cœlum intimo [cordis][1]
affectu sanctum exoremus Edmundum, ut ab imminenti
discrimine nos potenter dignetur eripere." Cuius
sermonibus animati per multam horam consona voce,
consimili devotione nomen martyris Edmundi concre-
pabant. Nec mora : venti mitigantur, aura serenatur,
mare sedatur ; itaque timor in securitatem, desperatio
in consolationem, mæror in gaudium, lamenta mutan-
tur in iubilum. Flocci pendunt iacturam rerum, lucri-
facta salute corporum. Igitur Edmundum in Deum,
Deumque glorificantes per Edmundum, sese mutuis
exhortationibus ad eius amorem et obsequium pariter
accendebant. Interim famulantibus ad votum clementis,
lenibus acta flabris gratam per æquoris planitiem
carina velificabat ; immensisque decursis oceani spatiis
optati stationem littoris brevi nanciscuntur. Inde

---

[1] *cordis*] from B.

divertentibus singulis in sua, miraculi seminarium procul
dispersum est.

Rer. Angl.
Ser. post
Bedam,
Franc.
1601,

CONTINUATIO.

Occiso Estanglorum rege sancto Edmundo, frater
suus Edwoldus exhorrens mundi delicias, eo quod se et
fratrem suum durior fortuna exceperit, apud Carne-
liense coenobium in Dorsetania iuxta fontem perluci-
dum, quem sanctus · Augustinus ad baptizandum
populum precibus produxerat, vitam eremiticam solo
pane et aqua protrivit.   Fit enim plerumque ut
adversitatibus sæculi admonitus animus generosus ad
Deum se convertat attentius, qui nec falli nec fallere
novit.   Ibi postmodum constructum est monasterium
satis locuples, si illi quorum interest non nebulonibus
sed Dei servis ea impertirent.   Sed omnia nostro sub
tempore ita in Anglia mutavit ambitio, ut res, quas
antiqui liberaliter contulerunt monasteriis, magis dis-
pergantur possessorum ingluvie, quam indigentium
hospitum famulentur vitæ.   Sed certe datores non
fraudantur mercede, quorum intentiones librantur
divina lance.

pp. 250,
251; Ita.
Higd.
p. 255.
Cf. Brom-
ton, col.
807.

Edwold,
brother of
St. Ed-
mund,
becomes a
monk.

CAP. LXXI.

De successione filiorum Æthelwlphi regis
Westsaxonum.

Asser.
A.D. 858,
p. 472.
Sim. Dun.
A.D. 855,
p. 676A.

Defuncto inclito Westsaxonum rege Æthelwlpho
Æthelbertus, filius secundus dicti Æthelwlphi regis,
regnum Cantiæ cum Southsexe et Estsexe gubernandum
suscepit; et filius dicti Æthelwlphi regis primogenitus
Æthelbaldus in Westsexe pro patre regnavit.   Æthelbaldus protinus cum fuisset in regem promotus, contra
Dei præceptum et Christiani nominis dignitatem,

Sons of
Æthel-
wlph,
Æthelbert,
king of
Kent,
Sussex,
and Essex;
Æthelbald,
king of
Wessex.

Angl. Sacr.
i. 204. necnon et contra omnium paganorum morem, torum
patris defuncti ascendens Judithan, Caroli regis Fran-
corum filiam, in matrimonio ducens, effrenis duobus ac
dimidio post patrem annis Occidentalium [Saxonum]
apicem crudeliter gubernavit. Tandem Æthelbaldus rex
ab errore supradicto resipiscens, dimissa Judithan
Death of
Æthelbald. noverca sua, cuius torum fœdaverat, peracta pœnitentia
Asser,
A.D. 860. tempore quo postea supervixit regnum cum pace et
iustitia tractavit. Sed post quinquennium in regno
Rog.
Wend. and peractum Æthelbaldus morte est inmatura præreptus
Matt.
Westm.
A.D. 861. et apud Schireburnam regio schemate est sepultus.

Rog.
Wend. and
Matt.
Westm.
A.D. 861.

CONTINUATIO.

Ethelbert
succeeds
his brother
Æthelbald
in Wessex.
Danish
invasions. Successit autem Æthelbaldo in regnum Westsaxo-
num frater eius Ethelbertus qui Westsaxoniam, Cantiam,
Æstsexiam et Suthsexiam sub suo dominio manci-
pavit. In diebus autem illius magna Danorum multitudo per oceanum adveniens Wentanam civitatem
populosam hostiliter spoliavit. Quibus cum ingenti
præda ad naves revertentibus, comes Hamptunensis
Asser,
A.D. 864 ;
Rog.
Wend. and
Matt.
Westm.
A.D. 863.
Death of
Ethelbert.
Will.
Malm. ii.
117, p. 175. Osricus et Bericensis comes Athulpus illis viriliter oc-
currentes multos ex eis trucidabant, ceteris per fugam
elapsis. Prædicti vero Dani in insula Tanet hiem-
averunt, firmumque pacis fœdus cum Cantuaritis
pepigerunt. Sed more vulpino rupto fœdere de nocte
ex castris erumpentes totam orientalem Cantiæ plagam
depopulati sunt, et ad naves cum spoliis revertuntur.
Ethelbertus vero rex strenue dulciterque regnum
moderatus naturæ debitum solvit post regni quinquen-
Rog.
Wend. and
Matt.
Westm.
A.D. 866.
W. Malm.
ii. 118. nium, Schireburnæ sepultus.

CONTINUATIO.

(A.D.867.)
Ethelred
succeeds
his brother
Ethelbert. Anno Dominicæ incarnationis octingentesimo sexagesimo septimo frater eius Ethelredus successit ei in

regnum quinque annis, eodem scilicet annorum numero, A.D. 867.
quo et fratres sui supradicti, miserabili et prorsus
dolenda sorte, ut immatura omnes occumberent morte,
nisi quod tantis malis obstrepentibus regii pueri magis
optarent honestum exitum quam acerbum imperium.
Adeo animose pro patria se certamini dabant, ut non
illis imputari debeat, si minus cedebat ex sententia
quod intendebat audacia. Denique memoriæ proditum
quod iste rex novies anno uno collatis et infestis
signis contra hostes conflixerit, varia licet fortuna,
sæpius tamen victor, præter subitos excursus, quibus
bellicæ artis gnarus populatores palantes crebro afflixit.
Interfecti enim sunt a parte Danorum rex unus,
comites novem populusque de Danis sine numero. Battle of
Mirabilis præ ceteris pugna fuit, quam apud Aschendon Aschen-don.
fecit. Congregato [1] namque eo loci Danorum exercitu Will.
et in partes diviso, hinc duobus regibus illinc omnibus Malm. ii.
ducibus, rex cum fratre Alfredo sive Aluredo adven- 119, p. 176.
tavit. Itaque sortito par pari retulere, ut Ethelredus
contra reges, Alfredus sive Aluredus contra duces
consisteret. Utrorumque [2] exercituum animis erectis,
vesper iam occiduus bellum in crastinum protelavit.
Vix ergo repente diluculo Alfredus sive Aluredus paratus
aderat; frater vero eius rex Ethelredus divino intentus Infr.,
officio remanserat in tentorio: stimulatusque nuntio p. 385.
paganos efferatis mentibus irruere, negavit rex se
quoquam progredi, quoad esset finis officii. Quæ fides [3]
regis multum fratrem adiuvit inmaturitate iuventæ
præproperum et iam progressum. Namque iam acies
Anglorum declinabant, et urgentibus ex alto adversariis
fugam meditabantur, quod iniquo Christianis loco pugnaretur; cum ille Dei cruce consignatus ex insperato
advolat, hostem proturbans, civem in arma acuens.

---

[1] congregato] congregata, MS.

[2] utrorumque] Will. Malm. ; utro-que, MS.

[3] fides] fidei, MS.

Cuius virtute simul et Dei miraculo Dani territi,
pedibus salutem committentes fugerunt. Caesus ibi
fuit rex Oseg, comites quinque, vulgus innumerum.

Will.
Malm. ii.
120, p. 177.
Danish
successes
in Mercia
and East
Anglia.

CONTINUATIO.

MEMINERIT interea lector, quod interni reges Merciorum et Northumbrorum captata occasione adventus
Danorum, quorum bellis rex Ethelredus insudabat, a
servitio Westsaxonum respirantes dominationem paene
suam asseruerant. Ardebant ergo cunctae saevis popu-
latibus provinciae. Unusquisque regum inimicos magis
in suis sedibus sustinere, quam compatriotis laborantibus opem porrigere curabat. Ita dum malunt vin-
dicare quam praevenire iniuriam, socordia sua exanguem
reddidere patriam. Dani sine obstaculo succrescere,
dum et provincialibus timor incresceret, et proxima
quaeque victoria per additamentum captivorum instru-
mentum sequentis fieret. Orientalium [Anglorum] pagi
cum urbibus et vicis a praedonibus sunt possessi. Rex
eorum sanctus Edmundus, sicut praefati sumus, ab
eisdem praedonibus interemptus temporaneae mortis com-
pendio regnum emit aeternum. Mercii non semel obtriti
Reduction
of North-
umbria. obsidatu miserias suas levaverunt. Northumbri iam
dudum civilibus [1] dissensionibus fluctuantes, adventante
hoste correxerunt discordiam. Itaque Osbrihtum regem
quem expulerant in solium reformantes, magnosque
moliti paratus, obviam prodeunt. Sed facile pulsi intra
urbem Eboracum se includunt. Qua mox a victoribus
succensa, cum laxos crines effusior flamma produceret,
tota depascens moenia, ipsi quoque conflagrati patriam
ossibus texere suis. Sic Northumbria bellico iure
obtenta barbarorum dominium multo post tempore
conscientia libertatis ingemuit.

---

[1] civilibus] Will. Malm.; anilibus, MS.

CONTINUATIO. *Quod Alfredus sive Aluredus uxorem* Asser,
Rog.
Wend., and
Matt.
Westm.
A.D. 868.
duxit.

ALFREDUS sive Aluredus, frater regis Ethelredi, Alfred
marries
Alswitha. iuvenis admirandæ probitatis, uxorem duxit de regali genere Merciorum, filiam scilicet Ethelredi comitis Gainorum, qui cognominabatur **Muchel**, quod Latine "grandis" sonat. Mater vero eius Eadburga dicebatur de nobili genere regum prædictorum ; puella vero quam desponsaverat Alswitha dicebatur.

CONTINUATIO.

Asser,
Rog.
Wend., and
Matt.
Westm.
A.D. 868.
Danes in
Notting-
ham.

EODEM anno sæpedictus Danorum exercitus North- umbros deserens Snotingham adiit, et ibidem hiemavit. Snotingham autem Britannice Cinguobauc dicitur, Latine vero "domus speluncarum." Buhredus quoque rex Merciorum, audito eorum adventu, nuntios ad regem Occidentalium Saxonum Ethelredum et ad fratrem eius Alfredum sive Aluredum direxit suppliciter auxilium postulantes, quo[1] possent Deo et hominibus paganorum invisum exercitum expugnare. Qui protinus undique immenso exercitu congregato, Merciorum regem adeunt, et usque ad Snotingham bellum quærentes unanimiter pervenerunt. Cumque pagani arcis tuitione muniti prœlium conserere denegarent, et Christiani muros confringere non sufficerent, pace inter Mercios et paganos ad tempus composita, singuli ad propria sunt reversi. Præfatus vero paganorum exercitus ad North- Asser,
A.D. 869. umbros denuo transiens Eboracam petiit civitatem, et ibidem hiemavit.

---

[1] *quo*] Matt. West. ; quod, MS.

Rog.
Wend. and
Matt.
Westm.
A.D. 870.

Self-muti-
lation of
Ebba,
abbess of
Colling-
ham, and
her nuns.

CONTINUATIO. *De admirabili facto Ebbæ abbatissæ*
sanctæ.

APPLICUERUNT in Scotia Danorum innumera multitudo, quorum duces fuerunt Zingwar et Hubba quorum
supra meminimus in passione sive gestis beatissimi
regis et martyris Edmundi, diræ perversitatis homines
et fortitudinis inauditæ. Qui totius fines Britanniæ
in exterminium adducere conantes, pueros et senes
quosque sibi obvios iugulabant, matronasque sanctimoniales seu virgines ludibrio tradendas mandabant.
Cumque per omnes regnorum fines tanta tyrannorum
immanitas disseminata fuisset, Ebba sancta Collinge-
hamensis cœnobii abbatissa, intuens ne et ipsa, cui
sollicitudo regiminis et cura pastoralis commissa fuerat,
cum sibi subiectis virginibus ludibrio traderetur paganorum, ut pudicitiam amitteret virginalem, convocatis
sororibus in capitulum universis in hanc vocem prorupit, dicens : " Advenerunt nuper," inquit, " ad partes
nostras pagani nequissimi et totius humanitatis ignari,
qui loca regionis huius singula perlustrantes nec sexui
muliebri nec parvulorum quidem parcunt ætati, ecclesias et personas ecclesiasticas destruunt, et obvia sibi
quæque conterendo consumunt. Itaque si[1] consiliis
meis adquiescere decreveritis, spem certam de clementia
Divina concipio, quod et barbarorum rabiem effugere
valebimus et perpetuæ virginitatis pudicitiam custodire." Cui cum universa virginum congregatio certis
promissionibus spopondisset, sese maternis velle in
omnibus obtemperare præceptis, illa admirandæ ani-
mositatis abbatissa palam cunctis sororibus exemplum
castitatis præbens, non solum sanctimonialibus illis
proficuum,[2] verum etiam omnibus successuris virginibus

---

[1] si] a, MS.

[2] *proficuum*] Matt. Westm. ; pro-
fectum, MS.

æternaliter amplectandum, arrepta novacula [nasum]
proprium cum labro superiori ad dentes usque præcidens,
horrendum de se spectaculum astantibus præbuit universis. **Quod factum** memorabile cum congregatio tota
videns admiraretur, simili de se opere a singulis per-
petrato materna sunt vestigia insequtæ. Et his ita
gestis cum mane crastinum illuxisset, supervenerunt
tyranni nequissimi, ut feminas sanctas et Deo devotas
ludibrio traderent, simul et ipsum monasterium spoli-
atum ignibus concremarent. Sed conspicientes abbat-
**issam illam et singulas sorores tam enormiter mutilatas
et in suo sanguine a planta pedis usque ad verticem
tabefactas, cum festinatione recesserunt de loco, dum
nimis longum sibi videretur vel ibidem etiam per breve
temporis spatium demorari.** Sed inde recedentes duces
prædicti præceperunt suis satellitibus nefandis, **ut
iniecto igne monasterium cum omnibus officinis et
sanctimonialibus concremarent.** Sicque executione completa a ministris iniquitatis sancta abbatissa et omnes
cum illa [virgines] sanctissimæ ad martyrii gloriam
pervenerunt.

CONTINUATIO. *De multorum desolatione cœnobiorum.*

ET his ita gestis, velificaverunt infideles **nequissimi**
per maris litus sursum, quæque sibi obvia **igne depopu-**
lantes et ferro. In hac quoque persequutione diabolica
destructa referuntur nobilissima monasteria in margine
maris sita, **id est Lindisfarnense monachorum, in quo**
sedes tunc erat cathedralis, quam beatus antistes **Cuth-**
bertus sacra sui corporis præsentia decoravit ; Tyne-
muense sanctimonialium ; Girfense et Weremuthense
monachorum, in quibus sanctus et venerabilis Beda
presbyter legitur educatus ; Streneshalense sanctimonialium, quod sanctissima Hilda abbatissa fundavit et
multas in eo virgines congregavit. Et sic nefandi
duces per pagum Eboracensem transitum facientes

Rog.
Wend. and
Matt.
Westm.
A.D. 870.
Destruc-
tion of
monas-
teries.

ecclesias civitates et villas combusserunt, homines
cuiuscunque sexus et ætatis cum spoliis et iumentis
funditus deleverunt. Deinde sursum per flumen
Humbri navigantes, consimili ibidem rabie sæviebant.
Indeque progressi cuncta cœnobia in paludibus sita
monachorum ac virginum interfectis habitatoribus destruxerunt. Horum autem nomina cœnobiorum sunt
hæc : Crulandia, Thorneya, Rameseya, Hamstede quod
nunc Burgum Sancti Petri dicitur, cum Insula Heliensi
et cœnobio olim famosissimo feminarum, in quo dudum
sancta virgo et regina Etheldreda abbatissæ officium
multis annis laudabiliter adimplevit.

Asser.
Rog.
Wend., and
Matt.
Westm.
A.D. 871.

CONTINUATIO.   *Ut Danorum exercitus Estangliam deserens Westsaxoniam invaserit.*

The Danes
invade
Wessex.

SUPRADICTUS paganorum exercitus dictis monasteriis
destructis Orientales Anglos deserens et regnum Westsaxonum adiens, venit ad villam regiam quæ Radingum
dicitur ad meridiem Thamensis fluminis sitam, in pago
videlicet Berrocensi. Post quorum adventum die tertia

Battle of
Anglefeld. duo comites eorum cum multitudine copiosa armatorum
exierunt ad prædandum, aliis interim vallum facienti-
bus inter duo flumina, Thamisiam scilicet et Kenetam, a
parte dextra eiusdem villæ. Quibus Ælthelphus comes
Berrocensis cum suis in loco qui Anglefeld, id est
campus Anglorum, dicitur, obviavit. Ubi acriter ex
utraque parte pugnaverunt, donec comes unus paganorum cum maiori parte sui exercitus deletus reliquis
causam præbuit fugiendi. Sicque Christianis victoria
potitis, post dies quattuor Ethelredus rex et frater eius

Battle of
Reading. Alfredus sive Aluredus exercitu congregato ad Radingum venerunt, cædendo et prosternendo quoscunque ex
paganis extra arcem invenerunt. Tandem pagani ex
omnibus portis erumpentes totis viribus prœlium commiserunt : ubi diu et acriter prœliantes comitem Aeth-

ulfum peremerunt et Christianos in fugam coegerunt.
Ex quo casu Christiani plurimum perturbati convenerunt iterum post quattuor dies ad pugnam in loco qui Battle of
Aschedun, id est mons fraxini, dicitur, cum tota forti- Aschedun.
tudine quam habere potuerunt. Sed pagani in duas
se turmas dividentes, in una duos reges Bairiscay et
Haldene, in altera vero omnes consules cum suis subditis ordinarunt. Quod cernentes Christiani, et ipsi
se similiter in duas acies statuerunt, unam regi Ethelredo et alteram Alfredo sive Aluredo fratri suo committentes. Erat autem rex Ethelredus, sicut prædixi- Supr.,
mus, in tentorio missam audiens: ubi cum sæpius a suis p. 379.
invitaretur ad certamen, constanter affirmavit se non
recessurum, priusquam presbyter missam complevisset.
Quæ fides, sicut præfati sumus, Christiani regis multum
sibi profuit die illa. Erat autem in loco certaminis
arbor quædam admodum brevis, circa quam hostiles
acies ingenti strepitu concurrerunt. Cum autem diutius
animose nimis hinc inde pugnaretur, pagani Divino
iudicio Christianorum impetum ferre non valentes,
suorum maxima parte interfecta ignominiosam arri-
puere fugam. Quo in loco duo reges paganorum,
Baeiscay et Haldene, multaque cum eis milia interempti descenderunt ad inferos, ignibus perpetuis cruci-
andi. Ex altera vero parte, ubi consules fuerunt et
duces contra quos pugnabat Alfredus sive Aluredus
frater eius, ceciderunt consules Sidrac senex et Sidrac
iuvenis, Osbernus, Frane, et Haroldus cum aliis innumeris ; et totus paganorum exercitus cum nocte sequente
et die in fugam conversus, per totam Aschedun planitiem contritus est et dispersus. Convenerunt iterum
post dies quattuordecim rex Ethelredus et eius frater Battle of
Alfredus sive Aluredus contra paganos pugnaturi iunctis Basing.
viribus ad Basingum. Quibus diu et acriter decertan-
tibus, pagani victoriam sunt adepti. Iterum duobus
mensibus evolutis, rex Ethelredus et frater eius Alfre- Battle of
dus sive Aluredus apud Merentonam cum nefandis Merenton.

Rog.
Wend. and
Matt.
Westm.
A.D. 871.
Death of
Ethelred,
Apr. 23,
an. regn.
5.
pugnantes infidelibus diu vicerunt et paganos in fugam compulerunt; sed illis demum revertentibus contra Christianos, cum victoria recesserunt. Tandem præfatus Westsaxonum rex Ethelredus laboribus bellicis multipliciter infractus regni sui anno quinto, nono kal. Maii diem suum clausit extremum. Quo regio more apud Winburnam sepulto, Alfredus sive Aluredus frater eius, qui prius Romæ a papa Leone coronam susceperat et regiam unctionem, totius regni illius cum summa omnium accolarum lætitia, prout in proximo inferius dicemus, gubernacula suscepit.

CONCLU-
SION OF
BOOK II.
Igitur regulorum sive subregulorum Angliæ gesta, prout ex diversis scriptorum monumentis Domino adiuvante compilare potuimus, huic operi annotare decrevimus; et quia iam monarcharum istius regni Anglicani tempora attigimus, placet Secundo Libro istius Speculi finem imponere; sequentem librum historiæ præsentis ab Alfredo sive Aluredo, qui Angliæ monarcharum extiterat primus, opitulante Domino recto ordine inchoantes.

Explicit Liber Secundus Speculi Historiails.

END OF VOL. I.

LONDON:
Printed by GEORGE E. EYRE and WILLIAM SPOTTISWOODE,
Printers to the Queen's most Excellent Majesty.
For Her Majesty's Stationery Office.

LIST OF WORKS

PUBLISHED

By the late Record and State Paper Commissioners,
or under the Direction of the Right Honourable
the Master of the Rolls, which may be pur-
chased of Messrs. Longman and Co., London;
Messrs. J. H. and J. Parker, Oxford and London; Messrs. Macmillan and Co., Cambridge and
London; Messrs. A. and C. Black, Edinburgh;
and Mr. A. Thom, Dublin.

PUBLIC RECORDS AND STATE PAPERS.

ROTULORUM ORIGINALIUM IN CURIA SCACCARII ABBREVIATIO. Henry
III.—Edward III. *Edited by* HENRY PLAYFORD, Esq. 2 vols.
folio (1805—1810). *Price*, 25s. boards, or 12s. 6d. each.

CALENDARIUM INQUISITIONUM POST MORTEM SIVE ESCAETARUM.
Henry III.—Richard III. *Edited by* JOHN CALEY and JOHN
BAYLEY, Esqrs. Vols. 2, 3, and 4, folio (1806—1808; 1821—1828)
boards : vols. 2 and 3, *price* 21s. each; vol. 4, *price* 24s.

LIBRORUM MANUSCRIPTORUM BIBLIOTHECÆ HARLEIANÆ CATALOGUS.
Vol. 4. *Edited by* The Rev. T. H. HORNE, (1812), folio, boards.
Price 18s.

ABBREVIATIO PLACITORUM, Richard I.—Edward II. *Edited by* The
Right Hon. GEORGE ROSE and W. ILLINGWORTH, Esq. 1 vol.
folio (1811), boards. *Price* 18s.

LIBRI CENSUALIS vocati DOMESDAY-BOOK, INDICES. *Edited by* Sir
HENRY ELLIS. Small folio (1816), boards (Domesday-Book,
vol. 3). *Price* 21s.

LIBRI CENSUALIS vocati DOMESDAY-BOOK, ADDITAMENTA EX CODIC.
ANTIQUISS. *Edited by* Sir HENRY ELLIS. Small folio (1816),
boards (Domesday-Book, vol. 4). *Price* 21s.

STATUTES OF THE REALM, large folio. Vols. 4 (in 2 parts) 7, 8, 9, 10, and 11, including 2 vols. of Indices (1819—1828). *Edited by* Sir T. E. TOMLINS, JOHN RAITHBY, JOHN CALEY, and WM. ELLIOTT, Esqrs. *Price* 31s. 6d. each, except the Alphabetical and Chronological Indices, *price* 30s. each.

VALOR ECCLESIASTICUS, temp. Henry VIII., Auctoritate Regia institutus. *Edited by* JOHN CALEY, Esq., and the Rev. JOSEPH HUNTER. Vols. 3 to 6, folio (1810, &c.), boards. *Price* 25s. each.

₊ The Introduction is also published in 8vo., cloth. *Price* 2s. 6d.

ROTULI SCOTIÆ IN TURRI LONDINENSI ET IN DOMO CAPITULARI WESTMONASTERIENSI ASSERVATI. 19 Edward I.—Henry VIII. *Edited by* DAVID MACPHERSON, JOHN CALEY, and W. ILLINGWORTH, Esqrs., and the Rev. T. H. HORNE. 2 vols. folio (1814—1819), boards. *Price* 42s.

" FŒDERA, CONVENTIONES, LITTERÆ," &c. ; or, Rymer's Fœdera, A.D. 1066—1391. New Edition, Vol. 2, Part 2, and Vol. 3, Parts 1 and 2, folio (1821—1830). *Edited by* JOHN CALEY and FRED. HOLBROOKE, Esqrs. *Price* 21s. each Part.

DUCATUS LANCASTRIÆ CALENDARIUM INQUISITIONUM POST MORTEM, &c. Part 3, Calendar to the Pleadings, &c., Henry VII.—Ph. and Mary ; and Calendar to the Pleadings, 1—13 Elizabeth. Part 4, Calendar to Pleadings to end of Elizabeth. (1827—1834.) *Edited by* R. J. HARPER, JOHN CALEY, and WM. MINCHIN, Esqrs. Folio, boards, Part 3 (or Vol. 2), *price* 31s. 6d. ; and Part 4 (or Vol. 3), *price* 21s.

CALENDARS OF THE PROCEEDINGS IN CHANCERY IN THE REIGN OF QUEEN ELIZABETH; to which are prefixed, Examples of earlier Proceedings in that Court from Richard II. to Elizabeth, from the originals in the Tower. *Edited by* JOHN BAYLEY, Esq. Vols. 2 and 3 (1830—1832), folio, boards, *price* 21s. each.

PARLIAMENTARY WRITS AND WRITS OF MILITARY SUMMONS, together with the Records and Muniments relating to the Suit and Service due and performed to the King's High Court of Parliament and the Councils of the Realm. Edward I., II. *Edited by* Sir FRANCIS PALGRAVE. (1830—1834). Folio, boards, Vol. 2, Division 1, Edward II., *price* 21s. ; Vol. 2, Division 2, *price* 21s.; Vol. 2, Division 3, *price* 42s.

ROTULI LITTERARUM CLAUSARUM IN TURRI LONDINENSI ASSERVATI. 2 vols. folio (1833—1844). The first volume, 1204—1224. The second volume, 1224—1227. *Edited by* THOMAS DUFFUS HARDY, Esq. *Price* 81s., cloth ; or separately, Vol. 1, *price* 63s.; Vol. 2, *price* 18s.

PROCEEDINGS AND ORDINANCES OF THE PRIVY COUNCIL OF ENG
LAND, 10 Richard II.—33 Henry VIII. *Edited by* Sir N. HARRIS
NICOLAS. 7 vols. royal 8vo. (1834—1837), cloth, 98s.; or separately, *price* 14s. each.

ROTULI LITTERARUM PATENTIUM IN TURRI LONDINENSI ASSERVATI,
A.D. 1201—1216. *Edited by* THOMAS DUFFUS HARDY, Esq.
1 vol. folio (1835), cloth. *Price* 31s. 6d.
⁎ The Introduction is also published in 8vo., cloth. *Price* 9s.

ROTULI CURIÆ REGIS. Rolls and Records of the Court held before
the King's Justiciars or Justices. 6 Richard I.—1 John. *Edited
by* Sir FRANCIS PALGRAVE. 2 vols. royal 8vo. (1835), cloth.
Price 28s.

ROTULI NORMANNIÆ IN TURRI LONDINENSI ASSERVATI, A.D. 1200
—1205; also, from 1417 to 1418. *Edited by* THOMAS DUFFUS
HARDY, Esq. 1 vol. royal 8vo. (1835), cloth. *Price* 12s. 6d.

ROTULI DE OBLATIS ET FINIBUS IN TURRI LONDINENSI ASSERVATI,
tempore Regis Johannis. *Edited by* THOMAS DUFFUS HARDY,
Esq. 1 vol. royal 8vo. (1835), cloth. *Price* 18s.

EXCERPTA E ROTULIS FINIUM IN TURRI LONDINENSI ASSERVATIS.
Henry III., 1216—1272. *Edited by* CHARLES ROBERTS, Esq.
2 vols. royal 8vo. (1835, 1836), cloth, *price* 32s.; or separately,
Vol. 1, *price* 14s.; Vol. 2, *price* 18s.

FINES SIVE PEDES FINIUM SIVE FINALES CONCORDIÆ IN CURIA
DOMINI REGIS. 7 Richard I.—16 John (1195—1214). *Edited by*
the Rev. JOSEPH HUNTER. In Counties. 2 vols. royal 8vo.
(1835—1844), cloth, *price* 11s.; or separately, Vol. 1, *price* 8s. 6d.;
Vol. 2, *price* 2s. 6d.

ANCIENT KALENDARS AND INVENTORIES OF THE TREASURY OF HIS
MAJESTY'S EXCHEQUER; together with Documents illustrating
the History of that Repository. *Edited by* Sir FRANCIS PAL
GRAVE. 3 vols. royal 8vo. (1836), cloth. *Price* 42s.

DOCUMENTS AND RECORDS illustrating the History of Scotland, and the
Transactions between the Crowns of Scotland and England;
preserved in the Treasury of Her Majesty's Exchequer. *Edited
by* Sir FRANCIS PALGRAVE. 1 vol. royal 8vo. (1837), cloth,
Price 18s.

ROTULI CHARTARUM IN TURRI LONDINENSI ASSERVATI, A.D. 1199—
1216. *Edited by* THOMAS DUFFUS HARDY, Esq. 1 vol. folio
(1837), cloth. *Price* 30s.

REGISTRUM vulgariter nuncupatum "The Record of Caernarvon," e
codice MS. Harleiano, 696, descriptum. *Edited by* Sir HENRY
ELLIS. 1 vol. folio (1838), cloth. *Price* 31s. 6d.

REPORTS OF THE PROCEEDINGS OF THE RECORD COMMISSIONERS, 1800 to 1819, 2 vols., folio, boards : *Price 5l. 5s.* Report of their Proceedings, 1831 to 1837, 1 vol., folio, boards : *Price 8s.*

ANCIENT LAWS AND INSTITUTES OF ENGLAND ; comprising Laws enacted under the Anglo-Saxon Kings, from Æthelbirht to Cnut, with an English Translation of the Saxon ; the Laws called Edward the Confessor's ; the Laws of William the Conqueror, and those ascribed to Henry the First ; also, Monumenta Ecclesiastica Anglicana, from the 7th to the 10th century ; and the Ancient Latin Version of the Anglo-Saxon Laws ; with a compendious Glossary, &c. *Edited by* BENJAMIN THORPE, Esq. 1 vol. folio (1840), cloth. *Price 40s.*

—— 2 vols. royal 8vo. cloth. *Price 30s.*

ANCIENT LAWS AND INSTITUTES OF WALES; comprising Laws supposed to be enacted by Howel the Good ; modified by subsequent Regulations under the Native Princes, prior to the Conquest by Edward the First ; and anomalous Laws, consisting principally of Institutions which, by the Statute of Ruddlan, were admitted to continue in force. With an English Translation of the Welsh Text. To which are added, a few Latin Transcripts, containing Digests of the Welsh Laws, principally of the Dimetian Code. With Indices and Glossary. *Edited by* ANEURIN OWEN, Esq. 1 vol. folio (1841), cloth. *Price 44s.*

—— 2 vols. royal 8vo. cloth. *Price 36s.*

ROTULI DE LIBERATE AC DE MISIS ET PRÆSTITIS, Regnante Johanne. *Edited by* THOMAS DUFFUS HARDY, Esq. 1 vol. royal 8vo. (1844), cloth. *Price 6s.*

THE GREAT ROLLS OF THE PIPE FOR THE SECOND, THIRD, AND FOURTH YEARS OF THE REIGN OF KING HENRY THE SECOND, 1155—1158. *Edited by* the Rev. JOSEPH HUNTER. 1 vol. royal 8vo. (1844), cloth. *Price 4s. 6d.*

THE GREAT ROLL OF THE PIPE FOR THE FIRST YEAR OF THE REIGN OF KING RICHARD THE FIRST, 1189—1190. *Edited by* the Rev. JOSEPH HUNTER. 1 vol. royal 8vo. (1844), cloth. *Price 6s.*

DOCUMENTS ILLUSTRATIVE OF ENGLISH HISTORY in the 13th and 14th centuries, selected from the Records in the Exchequer. *Edited by* HENRY COLE, Esq. 1 vol. fcp. folio (1844), cloth. *Price 45s. 6d.*

MODUS TENENDI PARLIAMENTUM. An Ancient Treatise on the Mode of holding the Parliament in England. *Edited by* THOMAS DUFFUS HARDY, Esq. 1 vol. 8vo. (1846), cloth. *Price 2s. 6d.*

MONUMENTA HISTORICA BRITANNICA, or, Materials for the History of Britain from the earliest period. Vol. 1, extending to the Norman Conquest. Prepared, and illustrated with Notes, by the late HENRY PETRIE, Esq., F.S.A., Keeper of the Records in the Tower of London, assisted by the Rev. JOHN SHARPE, Rector of Castle Eaton, Wilts. Finally completed for publication, and with an Introduction, by THOMAS DUFFUS HARDY, Esq., Assistant Keeper of Records. (Printed by command of Her Majesty.) Folio (1848). *Price 42s.*

REGISTRUM MAGNI SIGILLI REGUM SCOTORUM in Archivis Publicis asservatum. A.D. 1306—1424. *Edited by* THOMAS THOMSON, Esq. Folio (1814). *Price 15s.*

THE ACTS OF THE PARLIAMENTS OF SCOTLAND. 11 vols. folio (1814—1844). Vol. I. *Edited by* THOMAS THOMSON and COSMO INNES, Esqrs. *Price 42s.* Also, Vols. 4, 7, 8, 9, 10, 11 ; *price 10s. 6d.* each.

THE ACTS OF THE LORDS AUDITORS OF CAUSES AND COMPLAINTS. A.D. 1466—1494. *Edited by* THOMAS THOMSON, Esq. Folio (1839). *Price 10s. 6d.*

THE ACTS OF THE LORDS OF COUNCIL IN CIVIL CAUSES. A.D. 1478—1495. *Edited by* THOMAS THOMSON, Esq. Folio (1839). *Price 10s. 6d.*

ISSUE ROLL OF THOMAS DE BRANTINGHAM, Bishop of Exeter, Lord High Treasurer of England, containing Payments out of His Majesty's Revenue, 44 Edward III., 1370. *Edited by* FREDERICK DEVON, Esq. 1 vol. 4to. (1835), cloth. *Price 35s.*

—— Royal 8vo. cloth. *Price 25s.*

ISSUES OF THE EXCHEQUER, containing similar matter to the above, James I.; extracted from the Pell Records. *Edited by* FREDERICK DEVON, Esq. 1 vol. 4to. (1836), cloth. *Price 30s.*

—— Royal 8vo. cloth. *Price 21s.*

ISSUES OF THE EXCHEQUER, containing similar matter to the above ; Henry III.—Henry VI. ; extracted from the Pell Records. *Edited by* FREDERICK DEVON, Esq. 1 vol. 4to. (1837), cloth. *Price 40s.*

—— Royal 8vo. cloth. *Price 30s.*

NOTES OF MATERIALS FOR THE HISTORY OF PUBLIC DEPARTMENTS. By F. S. THOMAS, Esq. Demy folio (1846). *Price 10s.*

HANDBOOK TO THE PUBLIC RECORDS. By F. S. THOMAS, Esq. Royal 8vo. (1853.) *Price 12s.*

STATE PAPERS DURING THE REIGN OF HENRY THE EIGHTH. 11 vols. 4to., cloth, (1830—1852), with Indices of Persons and Places. *Price 5l. 15s. 6d.* ; or separately, *price 10s. 6d. each.*

Vol. I.—Domestic Correspondence.
Vols. II. & III.—Correspondence relating to Ireland.
Vols. IV. & V.—Correspondence relating to Scotland.
Vols. VI. to XI.—Correspondence between England and Foreign Courts.

HISTORICAL NOTES RELATIVE TO THE HISTORY OF ENGLAND ; from the Accession of Henry VIII. to the Death of Queen Anne (1509 —1714). Designed as a Book of instant Reference for ascertaining the Dates of Events mentioned in History and Manuscripts. The Name of every Person and Event mentioned in History within the above period is placed in Alphabetical and Chronological Order, and the Authority whence taken is given in each case, whether from Printed History or from Manuscripts. By F. S. THOMAS, Esq., Secretary of the Public Record Office. 3 vols. 8vo. (1856.) *Price 40s.*

CALENDARS OF STATE PAPERS.

[IMPERIAL 8vo. *Price 15s.* each Volume.]

CALENDAR OF STATE PAPERS, DOMESTIC SERIES, OF THE REIGNS OF
EDWARD VI., MARY, and ELIZABETH, 1547–1580, preserved in
Her Majesty's Public Record Office. *Edited by* ROBERT LEMON,
Esq., F.S.A. 1856.

CALENDAR OF STATE PAPERS, DOMESTIC SERIES, OF THE REIGN OF
JAMES I., preserved in Her Majesty's Public Record Office.
Edited by MARY ANNE EVERETT GREEN. 1857–1859.

    Vol. I.—1603–1610.
    Vol. II.—1611–1618.
    Vol. III.—1619–1623.
    Vol. IV.—1623–1625, with Addenda.

CALENDAR OF STATE PAPERS, DOMESTIC SERIES, OF THE REIGN OF
CHARLES I., preserved in Her Majesty's Public Record Office.
Edited by JOHN BRUCE, Esq., V.P.S.A. 1858–1862.

    Vol. I.—1625–1626.
    Vol. II.—1627–1628.
    Vol. III.—1628–1629.
    Vol. IV.—1629–1631.
    Vol. V.—1631–1633.

CALENDAR OF STATE PAPERS, DOMESTIC SERIES, OF THE REIGN OF
CHARLES II., preserved in Her Majesty's Public Record Office.
Edited by MARY ANNE EVERETT GREEN. 1860–1863.

    Vol. I.—1660–1661.
    Vol. II.—1661–1662.
    Vol. III.—1663–1664.
    Vol. IV.—1664–1665.

CALENDAR OF STATE PAPERS relating to SCOTLAND, preserved in
Her Majesty's Public Record Office. *Edited by* MARKHAM JOHN
THORPE, Esq., of St. Edmund Hall, Oxford. 1858.

    Vol. I., the Scottish Series, of the Reigns of Henry VIII.,
    Edward VI., Mary, and Elizabeth, 1509–1589.
    Vol. II., the Scottish Series, of the Reign of Elizabeth,
    1589–1603 ; an Appendix to the Scottish Series, 1543–
    1592 ; and the State Papers relating to Mary Queen of
    Scots during her Detention in England, 1568–1587.

CALENDAR OF STATE PAPERS relating to IRELAND, preserved in Her
Majesty's Public Record Office. *Edited by* H. C. HAMILTON, Esq.
1860.

> Vol. I.—1509–1573.

CALENDAR OF STATE PAPERS, COLONIAL SERIES, preserved in Her
Majesty's Public Record Office, and elsewhere. *Edited by* W.
NOËL SAINSBURY, Esq. 1860–1862.

> Vol. I.—America and West Indies, 1574–1660.
> Vol. II.—East Indies, China, and Japan, 1513–1616.

CALENDAR OF STATE PAPERS, FOREIGN SERIES, OF THE REIGN OF
EDWARD VI. *Edited by* W. B. TURNBULL, Esq., of Lincoln's Inn,
Barrister-at-Law, and Correspondant du Comité Impérial des
Travaux Historiques et des Sociétés Savants de France. 1861.

CALENDAR OF STATE PAPERS, FOREIGN SERIES, OF THE REIGN OF
MARY. *Edited by* W. B. TURNBULL, Esq., of Lincoln's Inn,
Barrister-at-Law, and Correspondant du Comité Impérial des
Travaux Historiques et des Sociétés Savants de France. 1861.

CALENDAR OF LETTERS AND PAPERS, FOREIGN AND DOMESTIC, OF THE
REIGN OF HENRY VIII., preserved in the Public Record Office,
the British Museum, &c. *Edited by* J. S. BREWER, M.A., Professor of English Literature, King's College, London. 1862.

> Vol. I.—1509–1514.

CALENDAR OF LETTERS, DESPATCHES, AND STATE PAPERS relating to
the Negotiations between England and Spain, preserved in
the Archives at Simancas, and elsewhere. *Edited by* G. A.
BERGENROTH.

> Vol. I.—Hen. VII.—1485–1509.

In the Press.

CALENDAR OF STATE PAPERS RELATING TO IRELAND, preserved in
Her Majesty's Public Record Office. *Edited by* H. C. HAMILTON,
Esq. Vol. II.

CALENDAR OF LETTERS AND PAPERS, FOREIGN AND DOMESTIC, OF THE
REIGN OF HENRY VIII., preserved in Her Majesty's Public Re-
cord Office, the British Museum, &c. *Edited by* J. S. BREWER,
M.A., Professor of English Literature, King's College, London.
Vol. II.

CALENDAR OF STATE PAPERS, DOMESTIC SERIES, OF THE REIGN OF CHARLES II., preserved in Her Majesty's Public Record Office. *Edited by* MARY ANNE EVERETT GREEN. Vol. V.

CALENDAR OF STATE PAPERS, DOMESTIC SERIES, OF THE REIGN OF ELIZABETH (continued), preserved in Her Majesty's Public Record Office. *Edited by* ROBERT LEMON, Esq., F.S.A.

CALENDAR OF STATE PAPERS, DOMESTIC SERIES, OF THE REIGN OF CHARLES I., preserved in Her Majesty's Public Record Office. *Edited by* JOHN BRUCE, Esq., F.S.A. Vol. VI.

CALENDAR OF STATE PAPERS, FOREIGN SERIES, OF THE REIGN OF ELIZABETH. *Edited by* the Rev. J. STEVENSON, M.A., of University College, Durham.

In Progress.

CALENDAR OF STATE PAPERS relating to ENGLAND, preserved in the Archives of Venice, &c. *Edited by* RAWDON BROWN, Esq.

CALENDAR OF LETTERS, DESPATCHES, AND STATE PAPERS relating to the Negotiations between England and Spain, preserved in the Archives at Simancas, and elsewhere. *Edited by* G. A. BERGENROTH. Vol. II. Henry VIII.

CALENDAR OF STATE PAPERS, COLONIAL SERIES, preserved in Her Majesty's Public Record Office, and elsewhere. *Edited by* W. NOËL SAINSBURY, Esq. Vol. III. East Indies, China, and Japan.

THE CHRONICLES AND MEMORIALS OF GREAT BRITAIN AND IRELAND DURING THE MIDDLE AGES.

[Royal 8vo.   *Price* 10s. each Volume or Part.]

1. THE CHRONICLE OF ENGLAND, by JOHN CAPGRAVE.   *Edited by* the Rev. F. C. HINGESTON, M.A., of Exeter College, Oxford.

2. CHRONICON MONASTERII DE ABINGDON. Vols. I. and II.   *Edited by* the Rev. J. STEVENSON, M.A., of University College, Durham, and Vicar of Leighton Buzzard.

3. LIVES OF EDWARD THE CONFESSOR.   I.—La Estoire de Seint Aedward le Rei.   II.—Vita Beati Edvardi Regis et Confessoris. III.—Vita Æduuardi Regis qui apud Westmonasterium requiescit. *Edited by* H. R. LUARD, M.A., Fellow and Assistant Tutor of Trinity College, Cambridge.

4. MONUMENTA FRANCISCANA ; scilicet, I.—Thomas de Eccleston de Adventu Fratrum Minorum in Angliam.   II.—Adæ de Marisco Epistolæ.   III.—Registrum Fratrum Minorum Londoniæ.   *Edited by* J. S. BREWER, M.A., Professor of English Literature, King's College, London.

5. FASCICULI ZIZANIORUM MAGISTRI JOHANNIS WYCLIF CUM TRITICO. Ascribed to THOMAS NETTER, of WALDEN, Provincial of the Carmelite Order in England, and Confessor to King Henry the Fifth.   *Edited by* the Rev. W. W. SHIRLEY, M.A., Tutor and late Fellow of Wadham College, Oxford.

6. THE BUIK OF THE CRONICLIS OF SCOTLAND ; or, A Metrical Version of the History of Hector Boece ; by WILLIAM STEWART. Vols. I., II., and III.   *Edited by* W. B. TURNBULL, Esq., of Lincoln's Inn, Barrister-at-Law.

7. JOHANNIS CAPGRAVE LIBER DE ILLUSTRIBUS HENRICIS.   *Edited by* the Rev. F. C. HINGESTON, M.A., of Exeter College, Oxford.

8. HISTORIA MONASTERII S. AUGUSTINI CANTUARIENSIS, by THOMAS OF ELMHAM, formerly Monk and Treasurer of that Foundation. *Edited by* C. HARDWICK, M.A., Fellow of St. Catharine's Hall, and Christian Advocate in the University of Cambridge.

9. EULOGIUM (HISTORIARUM SIVE TEMPORIS), Chronicon ab Orbe condito usque ad Annum Domini 1366 ; a Monacho quodam Malmesbiriensi exaratum. Vols. I. and II. *Edited by* F. S. HAYDON, Esq., B.A.

10. MEMORIALS OF KING HENRY THE SEVENTH : Bernardi Andreæ Tholosatis Vita Regis Henrici Septimi ; necnon alia quædam ad eundem Regem spectantia. *Edited by* JAMES GAIRDNER, Esq.

11. MEMORIALS OF HENRY THE FIFTH. I.—Vita Henrici Quinti, Roberto Redmanno auctore. II.—Versus Rhythmici in laudem Regis Henrici Quinti. III.—Elmhami Liber Metricus de Henrico V. *Edited by* C. A. COLE, Esq.

12. MUNIMENTA GILDHALLÆ LONDONIENSIS ; Liber Albus, Liber Custumarum, et Liber Horn, in archivis Gildhallæ asservati. Vol. I., Liber Albus. Vol. II. (in Two Parts), Liber Custumarum. Vol. III., Translation of the Anglo-Norman Passages in Liber Albus, Glossaries, Appendices, and Index. *Edited by* H. T. RILEY, Esq., M.A., Barrister-at-Law.

13. CHRONICA JOHANNIS DE OXENEDES. *Edited by* Sir H. ELLIS, K.H.

14. A COLLECTION OF POLITICAL POEMS AND SONGS RELATING TO ENGLISH HISTORY, FROM THE ACCESSION OF EDWARD III. TO THE REIGN OF HENRY VIII. Vols. I. and II. *Edited by* T. WRIGHT, Esq., M.A.

15. The " OPUS TERTIUM," " OPUS MINUS," &c., of ROGER BACON. *Edited by* J. S. BREWER, M.A., Professor of English Literature, King's College, London.

16. BARTHOLOMÆI DE COTTON, MONACHI NORWICENSIS, HISTORIA ANGLICANA (A.D. 449—1298). *Edited by* H. R. LUARD, M.A., Fellow and Assistant Tutor of Trinity College, Cambridge.

17. BRUT Y TYWYSOGION ; or, The Chronicle of the Princes of Wales. *Edited by* the Rev. J. WILLIAMS AB ITHEL.

18. A COLLECTION OF ROYAL AND HISTORICAL LETTERS DURING THE REIGN OF HENRY IV. Vol. I. *Edited by* the Rev. F. C. HINGESTON, M.A., of Exeter College, Oxford.

19. THE REPRESSOR OF OVER MUCH BLAMING OF THE CLERGY. By REGINALD PECOCK, sometime Bishop of Chichester. Vols. I. and II. *Edited by* C. BABINGTON, B.D., Fellow of St. John's College, Cambridge.

20. ANNALES CAMBRIÆ. *Edited by* the Rev. J. WILLIAMS AB ITHEL.

21. THE WORKS OF GIRALDUS CAMBRENSIS. Vols. I. and II. *Edited by* J. S. BREWER, M.A., Professor of English Literature, King's College, London.

22. LETTERS AND PAPERS ILLUSTRATIVE OF THE WARS OF THE ENGLISH IN FRANCE DURING THE REIGN OF HENRY THE SIXTH, KING OF ENGLAND. Vol. I. *Edited by* the Rev. J. STEVENSON, M.A., of University College, Durham, and Vicar of Leighton Buzzard.

23. THE ANGLO-SAXON CHRONICLE, ACCORDING TO THE SEVERAL ORIGINAL AUTHORITIES. Vol. I., Original Texts. Vol. II., Translation. *Edited by* B. THORPE, Esq., Member of the Royal Academy of Sciences at Munich, and of the Society of Netherlandish Literature at Leyden.

24. LETTERS AND PAPERS ILLUSTRATIVE OF THE REIGNS OF RICHARD III. AND HENRY VII. Vol. I. *Edited by* JAMES GAIRDNER, Esq.

25. LETTERS OF BISHOP GROSSETESTE, illustrative of the Social Condition of his Time. *Edited by* H. R. LUARD, M.A., Fellow and Assistant Tutor of Trinity College, Cambridge.

26. DESCRIPTIVE CATALOGUE OF MANUSCRIPTS RELATING TO THE HISTORY OF GREAT BRITAIN AND IRELAND. Vol. I. (in Two Parts) ; Anterior to the Norman Invasion. *By* T. DUFFUS HARDY, Esq., Deputy Keeper of the Public Records.

27. ROYAL AND OTHER HISTORICAL LETTERS ILLUSTRATIVE OF THE REIGN OF HENRY III. From the Originals in the Public Record Office. Vol. I., 1216–1235. *Selected and edited by* the Rev. W. W. SHIRLEY, Tutor and late Fellow of Wadham College, Oxford.

28. THE SAINT ALBANS' CHRONICLES :—THE ENGLISH HISTORY OF THOMAS WALSINGHAM, MONK OF SAINT ALBANS. Vol. I., 1272–1381. *Edited by* HENRY THOMAS RILEY, Esq., M.A., Barrister-at-Law.

29. CHRONICON ABBATIÆ EVESHAMENSIS, AUCTORIBUS DOMINICO PRIORE EVESHAMIÆ ET THOMA DE MARLEBERGE ABBATE, A FUNDATIONE AD ANNUM 1213, UNA CUM CONTINUATIONE AD ANNUM 1418. *Edited by* the Rev. W. D. MACRAY, M.A., Bodleian Library, Oxford.

30. RICARDI DE CIRENCESTRIA SPECULUM HISTORIALE DE GESTIS REGUM ANGLIÆ. A.D. 447—1066. *Edited by* J. E. B. MAYOR, M.A., Fellow and Assistant Tutor of St. John's College, Cambridge.
    Vol. I.—447–871.

In the Press.

RICARDI DE CIRENCESTRIA SPECULUM HISTORIALE DE GESTIS REGUM ANGLIÆ. Vol. II. 872–1066. *Edited by* J. E. B. MAYOR, M.A., Fellow and Assistant Tutor of St. John's College, Cambridge.

LE LIVERE DE REIS DE BRITTANIE. *Edited by* J. GLOVER, M.A., Chaplain of Trinity College, Cambridge.

RECUEIL DES CRONIQUES ET ANCHIENNES ISTORIES DE LA GRANT BRETAIGNE A PRESENT NOMME ENGLETERRE, par JEHAN DE WAURIN. *Edited by* W. HARDY, Esq.

THE WARS OF THE DANES IN IRELAND : written in the Irish language. *Edited by* the Rev. J. H. TODD, D.D., Librarian of the University of Dublin.

A COLLECTION OF SAGAS AND OTHER HISTORICAL DOCUMENTS relating to the Settlements and Descents of the Northmen on the British Isles. *Edited by* GEORGE W. DASENT, Esq., D.C.L. Oxon.

A COLLECTION OF ROYAL AND HISTORICAL LETTERS DURING THE REIGN OF HENRY IV. Vol. II. *Edited by* the Rev. F. C. HINGESTON, M.A., of Exeter College, Oxford.

EULOGIUM (HISTORIARUM SIVE TEMPORIS), Chronicon ab Orbe condito usque ad Annum Domini 1366 ; a Monacho quodam Malmesbiriensi exaratum. Vol. III. *Edited by* F. S. HAYDON, Esq., B.A.

LETTERS AND PAPERS ILLUSTRATIVE OF THE WARS OF THE ENGLISH IN FRANCE DURING THE REIGN OF HENRY THE SIXTH, KING OF ENGLAND. Vol. II. *Edited by* the Rev. J. STEVENSON, M.A., of University College, Durham.

POLYCHRONICON RANULPHI HIGDENI, with Trevisa's Translation. *Edited by* C. BABINGTON, B.D., Fellow of St. John's College, Cambridge.

LETTERS AND PAPERS ILLUSTRATIVE OF THE REIGNS OF RICHARD III. AND HENRY VII. Vol. II. *Edited by* JAMES GAIRDNER, Esq.

OFFICIAL CORRESPONDENCE OF THOMAS BEKYNTON, SECRETARY TO HENRY VI., with other LETTERS and DOCUMENTS. *Edited by* the Rev. GEORGE WILLIAMS, B.D., Senior Fellow of King's College, Cambridge.

THE WORKS OF GIRALDUS CAMBRENSIS. Vol. III. *Edited by* J. S. BREWER, M.A., Professor of English Literature, King's College, London.

ROYAL AND OTHER HISTORICAL LETTERS ILLUSTRATIVE OF THE REIGN OF HENRY III. From the Originals in the Public Record Office. Vol. II. *Selected and edited by* the Rev. W. W. SHIRLEY, Tutor and late Fellow of Wadham College, Oxford.

ORIGINAL DOCUMENTS ILLUSTRATIVE OF ACADEMICAL AND CLERICAL LIFE AND STUDIES AT OXFORD BETWEEN THE REIGNS OF HENRY III. AND HENRY VII. *Edited by* the Rev. H. ANSTEY, M.A.

THE HISTORY AND CARTULARY OF ST. PETER's MONASTERY AT GLOUCESTER. *Edited by* W. H. HART, Esq., F.S.A. ; Membre correspondant de la Société des Antiquaires de Normandie.

YEAR BOOKS OF THE REIGN OF EDWARD THE FIRST. *Edited and translated by* ALFRED JOHN HORWOOD, Esq., of the Middle Temple, Barrister-at-Law.

THE SAINT ALBANS' CHRONICLES :—THE ENGLISH HISTORY OF THOMAS WALSINGHAM, MONK OF SAINT ALBANS. Vol. II. *Edited by* HENRY THOMAS RILEY, Esq., M.A., Barrister-at-Law.

ROLL OF THE PRIVY COUNCIL OF IRELAND, 16 RICHARD II. *Edited by* the Rev. JAMES GRAVES.

CHRONICLES AND MEMORIALS OF THE REIGN OF RICHARD THE FIRST, Vol. I. RICARDI REGIS ITER HIEROSOLYMITANUM. *Edited by* the Rev. WILLIAM STUBBS, M.A., Vicar of Navestock, Essex.

ANNALS OF TEWKESBURY, DUNSTAPLE, WAVERLEY, MARGAN, AND BURTON. *Edited by* HENRY RICHARDS LUARD, M.A., Fellow and Assistant Tutor of Trinity College, and Registrary of the University, Cambridge.

In Progress.

HISTORIA MINOR MATTHÆI PARIS. *Edited by* Sir F. MADDEN, K.H. Keeper of the Department of Manuscripts, British Museum.

DESCRIPTIVE CATALOGUE OF MANUSCRIPTS RELATING TO THE HISTORY OF GREAT BRITAIN AND IRELAND. Vol. II. *By* T. DUFFUS HARDY, Esq., Deputy Keeper of the Public Records.

March 1863.